Kohlhammer

Christoph Morgenthaler
Gina Schibler

Religiös-existentielle Beratung

Eine Einführung

Verlag W. Kohlhammer

Die Deutsche Bibliothek – CIP-Einheitsaufnahme

Morgenthaler, Christoph:
Religiös-existentielle Beratung : eine Einführung / Christoph Morgenthaler ;
Gina Schibler. - Stuttgart ; Berlin ; Köln : Kohlhammer, 2002
    ISBN 3-17-017177-1

Inhaltsverzeichnis

1. Einleitung

In diesem Buch werden Grundlagen und Arbeitsweisen religiös-existentieller Beratung dargestellt. Unter religiös-existentieller Beratung verstehen wir ein Angebot für Menschen, die in unterschiedlicher Weise Begleitung, Unterstützung und Klärung benötigen, damit sie sich mit Fragen und Konflikten in ihrem Leben produktiv auseinander setzen können, die einen religiösen Hintergrund oder Inhalt haben.[1] Wir sind überzeugt: Ein solches Beratungsangebot ist wichtig in unserer Zeit vielfacher Verunsicherungen. Das erhöhte Tempo gesellschaftlicher Veränderungen lässt immer neue Fragen aufbrechen. Die Sehnsucht nach tragfähigen Antworten treibt merkwürdige Blüten. Menschen erfahren den Abbruch tragender Traditionen und sind zugleich einem Bombardement neuer Sinndeutungsangebote ausgesetzt. Religiös-existentielle Beratung kann hier klärend wirken. Immer deutlicher zeigt zudem die empirische Forschung, dass Menschen in Krisen und schwierigen Zeiten auf ihre Religiosität als Ressource zurückgreifen.[2] Religiöse Prägungen und fehlgeleitete religiöse Sozialisation leisten manchmal aber auch einen Beitrag zur Entwicklung schwerwiegender psychischer Beeinträchtigung. Auch aus diesen Gründen scheint es angebracht, spezifisch religiöse Fragen in Beratung einzubeziehen.

Beratung ist heute in vielen Bereichen — von der Erziehungsberatung bis zur Budgetberatung, von der Sozialarbeit bis zur Studienberatung — aus einem differenzierten Angebot psychosozialer Hilfe nicht mehr wegzudenken. Beratung hat sich aus der Position einer kleinen, noch nicht ganz ernst zu nehmenden Schwester der Psychotherapie emanzipiert. Auch Disziplinen wie die Philosophie präsentieren sich mit Beratungsangeboten auf diesem Markt.[3] Es ist höchste Zeit, meinen wir, dass die Theologie ihre ganz spezifischen Kompetenzen und Ressourcen in neuen Vorstellungen und Modellen von Beratung erprobt und zur Verfügung stellt. Religiöse Einflüsse und Ressourcen, die in der durchschnittlichen beraterischen Praxis oft ausgeblendet werden, können hier kritisch gesichtet und ihr Potenzial für die persönliche Entwicklung und die Gestaltung von Beziehungen neu fruchtbar gemacht werden. Zudem verstehen wir Theologie selber als kritische Reflexionskraft, die in der Beratungsarbeit fruchtbar werden kann. Wir vermuten: Kirche wird auf dem florierenden Markt der Beratung gerade dann präsent bleiben, wenn sie dies erkennt und ihre Beratungsangebote im Sinn eines gesellschaftsdiakonischen Angebots auch religiös-existentiell profiliert.

Unsere Beratungskonzeption, die wir in den vergangenen Jahren entwickelten, haben wir in einem Modell verdichtet, das wir im Folgenden darstellen. In dieses Modell sind viele Erfahrungen, aber auch theoretische und methodische Erkenntnisse aus unterschiedlichen Traditionen der Beratung, Psychotherapie und Theologie eingeflossen. Wir werden dies noch ausführlich darstellen. Das Modell enthält dabei einige Grundbausteine, die den Rahmen der Beratung abstecken. Innerhalb dieses Rahmens finden vielfache Variationen von Beratungsabläufen Platz. Dieser Rahmen, das ist unsere Erfahrung, kann zudem in unterschiedliche Kontexte hinein übersetzt und dort je weiterentwickelt werden.

---

[1] Vgl. dazu Clinebell (1985), 233ff.

[2] Darstellungen von theoretischen Ansätzen und Ergebnissen der Erforschung des religiösen Coping finden sich bei Pargament (1997) und Koenig (1997).

[3] Vgl. z.B. Projekte einer philosophischen Praxis: Achenbach (1984), Ruschmann (1999).

Religiös-existentielle Beratung: Eckwerte

Zeitliche Strukturierung
Das Beratungsangebot ist zeitlich klar gegliedert und begrenzt. Insgesamt sind höchstens sieben Beratungsstunden vorgesehen. Eine erste Sitzung dient der Abklärung, fünf sich anschliessende Sitzungen im Abstand einer Woche sind für eine vertiefte Arbeit an einem thematischen Schwerpunkt vorgesehen. In einer siebenten Sitzung, die im Abstand von ungefähr einem Monat folgt, werden Erfahrungen und Einsichten aus der Beratung ausgewertet. Wenn nötig wird die betroffene Person beraten, wie sie vertieft an ihrem Thema weiterarbeiten könnte (z.B. in einer Psychotherapie, einer Selbsthilfegruppe oder auch im Rahmen eines Bildungsangebots).

Arbeit an einem religiös-existentiellen Fokus
Zusammen mit der ratsuchenden Person wird bestimmt, an welchem Fokus sich die Gespräche orientieren sollen. Dieser Fokus wird für die Dauer der Beratung beibehalten. Weitere Themen können natürlich unversehens auftauchen, werden aber immer wieder auf den Fokus bezogen. Das Verständnis für einen fokalen, religiös-existentiellen Konflikt vertieft sich im Verlauf der Beratung. Dadurch erschliessen sich neue Perspektiven des Selbst-, Welt- und Gottesverständnisses und kommen Veränderungen in Gang. Themen des Glaubens und Themen des Lebens lassen sich dabei nicht voneinander isolieren. Deshalb wird bei Anliegen, die auf den ersten Blick stark religiös eingefärbt sind, nach existentiellen, emotionalen und biographischen Aspekten gefragt und bei den auf den ersten Blick stark existentiell-praktischen Themen nach religiösen resp. theologischen Dimensionen.

Interventionen und kreative Anregungen
Das Beratungsgespräch wird durch Interventionen strukturiert (einfühlende und konfrontierende Äusserungen der Beratenden, Fragen etc.). Diese helfen der Person, die Beratung sucht, ihre Anliegen zu klären und zu einem vertieften Verständnis von Lebens- und Glaubensfragen zu finden. Gegen Schluss der Stunde ziehen sich die Beratenden zudem aus dem Beratungsraum zurück oder legen eine „meditative Pause" ein, um sich den Gang des Gesprächs nochmals zu vergegenwärtigen und Aufgaben resp. kreative Anregungen zu formulieren, die im Bezug zum Fokus stehen und bis zur nächsten Sitzung bearbeitet werden können. Was ihnen dabei wichtig wird, teilen sie der zu beratenden Person in einer kurzen Schluss-Sequenz des Gesprächs mit. Eine Sitzung dauert eine Stunde, davon entfallen rund fünfundvierzig Minuten auf das Gespräch, fünf bis zehn Minuten auf die meditative Pause, der Rest auf den Abschluss mit der Aufgabenstellung.

Beratung im Team
Die Beratung kann von einer beratenden Person allein durchgeführt werden. Als besonders fruchtbar und charakteristisch für unseren Ansatz betrachten wir aber die „Seelsorge im reflektierenden Team". Beratungen werden also von zwei Personen durchgeführt, die gleichzeitig mit der Person, die beraten wird, im Raum anwesend sind. Dabei führt im ersten Teil einer Stunde die eine beratende Person das Gespräch, die andere hört zu, macht gegebenenfalls Notizen, rät bei der Ausarbeitung von Aufgaben und kreativen Anregungen mit und formuliert im Schlussteil der Sitzung ebenfalls einen persönlichen Eindruck. Die Beratenden wechseln sich in diesen Funktionen ab, wobei sich ein regelmässiger Wechsel bewährt.

Wir haben dieses Modell zuerst in einem universitären Rahmen entwickelt.[4] Theologiestudierenden der evangelisch-theologischen Fakultät der Universität Bern wurde die Möglichkeit angeboten, eine religiös-existentielle Beratung in Anspruch zu nehmen (vgl. dazu auch Morgenthaler 2001). Dieses Angebot stiess auf ein erhebliches Interesse. Die Beratungssequenzen wurden dokumentiert, ausgewertet und supervidiert. Unser Beratungsverständnis entwickelte und präzisierte sich im Gespräch und in der fachlichen Auseinandersetzung dabei während längerer Zeit. Daraus ergab sich das Material, das in diesem Buch nun verarbeitet ist.

Wir werden unser Beratungsmodell an Beispielen solcher Begleitungen von Theologiestudierenden illustrieren. Wir haben mit immer neuer Faszination miterlebt, wie im klar abgesteckten Rahmen unserer Beratung vielfältige, religiös und existentiell bedeutsame Suchbewegungen in Gang kamen. Anhand von vielen Beispielen soll deutlich werden, wie wir genau arbeiten. Mit grundsätzlichen Überlegungen zu konzeptionellen Fragen wollen wir diese Form von Beratung zudem verdeutlichen, in der Fachdiskussion verankern und zugleich über das universitäre Umfeld hinaus einsichtig und nachvollziehbar machen. Denn: Wir sind überzeugt, dass ein solches Beratungsangebot in unterschiedlichen Anwendungsbereichen brauchbar ist und in Zukunft zunehmend wichtig werden könnte.

1. Beratung von Theologiestudierenden: Die Notwendigkeit, Existenz und Theologie in eine sinnvolle Beziehung zu bringen, ist eine der wichtigsten Herausforderungen eines Theologiestudiums, die im universitären Alltag aber oft zu wenig berücksichtigt wird. Ob man und frau sich ihr stellt, wird dem persönlichen Belieben überlassen, ins stille Kämmerlein oder auch in evangelikale Sondergruppen abgedrängt. Uns scheint dies problematisch. Das Theologiestudium ist der Ort, wo künftige Generationen von Pfarrerinnen und Pfarrern geprägt werden. Sie werden das Gesicht der Kirche der kommenden Jahrzehnte mitgestalten. Theologie und Subjekt können nicht voneinander getrennt werden. Das ist eine der Einsichten der Seelsorgebewegung, die unseres Erachtens nicht verloren gehen darf. „Gebildete Identität", dies ist aber auch ein Ziel des Theologiestudiums, wie es in der Arbeit der „Gemischten Kommission" beschrieben wird (Hassiepen/Herms 1993, 32). Wir haben bei unseren Beratungen festgestellt, wie fruchtbar es sein kann, wenn der Graben, der zwischen dieser Einsicht und dem Studienalltag klafft, überbrückt wird. Abwandlungen religiös-existentieller Beratung für die Ausbildungsphase des Vikariats, aber auch für andere Studiengänge (zum Beispiel der Religionspädagogik) scheinen uns möglich und wünschenswert.[5]

---

[4] Das ist — befragt man die Geschichte der Beratung — keineswegs untypisch (vgl. Nestmann 1997, 161ff.). Beratungskonzepte unterschiedlicher Art haben sich oft in einem bestimmten, nicht selten akademischen Kontext entwickelt, ohne dass sie in der Folge an diesen gebunden blieben.

[5] Vgl. dazu auch Blasberg-Kuhnke (1999), die meint, eine sinnvolle Korrelation von Glauben und Erfahrung, wie sie beispielsweise die religionspädagogische Korrelationsdiskussion im Auge hat und wie sie auch in Synodebeschlüssen befürwortet wurde, sei nicht möglich, wenn das Theologiestudium (als Ganzes!) nicht auch Einübung in eine Form „raumzeitlich und biographisch geerdeten Theologisierens ist" (55). „Theologie studieren soll als Praxis einer persönlich-biographisch verantworteten christlichen Existenz unter den gesellschaftlichen und kirchlichen Bedingungen der Gegenwart und der antizipierbaren Zukunft und im Zugehen auf eine religionspädagogische Berufsrolle erfahren werden" (59). Religiös-existentielle Beratung könnte eine Hilfe sein, auch in religionspädagogischen Studiengängen den christlichen Glauben als „identitätsbezogenes und -verbürgendes Wissen" (59) auf die Entwicklungsaufgaben des jungen Erwachsenenlebens zu beziehen.

2. Beratung von Pfarrerinnen und Pfarrern: Ein Angebot religiös-existentieller Beratung könnte in angepasster Form auch für Pfarrerinnen und Pfarrer im Amt hilfreich sein. Im heutigen gesellschaftlich-religiösen Umfeld wird es immer schwerer, zu einer theologischen Identität im Pfarramt nicht nur zu finden, sondern eine theologische Existenz in vielfachen Spannungsfeldern glaubwürdig zu leben. Beratungsangebote, in denen diese Herausforderung in reflektierter Form miteinbezogen und nicht in verlegenem Schweigen übergangen wird, könnten hier neu wichtig werden. Während es in anderen Kirchen eine lange Tradition der spirituellen Beratung — Exerzitien, „Spiritual Guidance" oder „Spiritual Direction" — gibt[6], besteht hier in unseren Landeskirchen eine ernsthafte Lücke.

3. Pfarramt: Religiös-existentielle Beratung ist auch in der Gemeindeseelsorge gefragt. Viele der Begegnungen, die pfarramtliche Seelsorge charakterisieren, tragen episodischen Charakter, bieten aber gute Anknüpfungspunkte für beratende Seelsorge. Wir hoffen, ein handhabbares Modell von Beratung mit einer beschränkten Anzahl Sitzungen erhöhe die Lust und Fähigkeit von Pfarrerinnen und Pfarrern, sich auf weiterführende beratende Begegnungen einzulassen. Unser Modell muss — hier ist die Kreativität der Praktiker gefordert — allerdings an diesen spezifischen Kontext angepasst werden. Pfarrer und Pfarrerinnen verfügen in ihrem Zeitbudget meist nur über eine sehr beschränkte Zeit für Beratung. Vor diesem Hintergrund nehmen sich die sieben Stunden, die wir vorsehen, schon beinahe fürstlich aus. Aus unserem Modell lassen sich aber durchaus noch kürzere Formen der Beratung ableiten.

Für eine „begleitende systemische Seelsorge im Miteinander und Nacheinander der Generationen" (vgl. Morgenthaler 2000, 33ff.) ist zwar eigentlich eine Langzeitperspektive charakteristisch. Pfarrerinnen und Pfarrer begegnen einem Familienverband nicht selten wiederholt an bestimmten Punkten des Familienlebenszyklus. Auch hier gibt es aber Zeiten, in denen eine konzentrierte beraterische Arbeit mit einem einzelnen Angehörigen sinnvoll ist. Die Modelle einer „systemischen Seelsorge", die sich auf den Gesamtzusammenhang von System und Person richten, und einer „religiös-existentiellen Beratung"— einer „Familienseelsorge ohne Familie" (in Analogie zu Weiss 1988) — ergänzen sich also in einer umfassenden psychosystemischen Sicht von Seelsorge.[7]

---

[6] Im englischsprachigen und katholischen Bereich ist dazu eine längere Diskussion in der Pastoralpsychologie in Gang: z.B. Thornton (1984), Leech (1992), deHoff (1998), Shea (1997); im deutschsprachigen Bereich ist hinzuweisen auf: Loretan-Saladin (1997), Müller (1993), Rüttgardt (1994), Schaupp (1994), die Übersetzung von Barry/Conolly (1992). Sogar die Reformierten haben hier einen Klassiker: Benoît (1940)! Beratung und Spiritual Direction müssen allerdings unterschieden werden. Nach Galindo (1997) ist Spiritual Direction beispielsweise stärker in christlich-kirchliche Traditionen eingebunden, will den Glauben fördern (sie strebt dies auch an, wenn keine manifesten Probleme vorliegen, die gelöst werden müssen) und hat nicht nur die Wiederherstellung der alltäglichen Funktiontüchtigkeit („functional living"), sondern „optimal christian living" im Kontext einer Gemeinschaft (401) zum Ziel.
[7] Es geht im folgenden also darum, die Weiterentwicklungen der Systemtherapie für das Unternehmen einer systemischen Seelsorge in Anspruch zu nehmen und die *psycho*-systemische Komponente eines Seelsorgeverständnisses auszuarbeiten, wie es Morgenthaler (2000) präsentiert. Zudem sollen Perspektiven aus feministischer Theologie und intermedialer Kunsttherapie aufgenommen und weitergeführt werden, die Schibler (1999) entwickelte.

4. *Akademiearbeit:* Persönlichkeitsorientierte Erwachsenenbildung, welche in einer Vielzahl kirchlicher Akademien seit dem zweiten Weltkrieg angeboten wird, leistet ebenfalls in hohem Mass religiös-existentielle Beratung, allerdings stärker in Gruppen als in Einzelbegleitung — und vermittelt damit zusätzlich — wenn auch „auf Zeit" — die Erfahrung von Gemeinschaft. Eine Vielzahl religiös-existentieller Themen und existentieller Lebenskrisen (Scheidung, Verwitwung, Abschiede, Paarkonflikte, berufliche Krisen, Arbeitslosigkeit etc.) werden aufgegriffen, es werden Lebenshilfe und religiöser Beistand vermittelt sowie Begleitung in Lebenskrisen zur Verfügung gestellt.[8] Erwachsenenbildung im Bereich „persönliche Lebensgestaltung" nimmt damit wichtige seelsorgliche Funktionen wahr. Die Bewältigung von Lebenskrisen und religiöse Sinnfindung stehen dabei im Mittelpunkt. Aus dieser Arbeit ergeben sich auch immer wieder Ansatzpunkte für eine beraterische Einzelbegleitung, die die Form einer religiös-existentiellen Beratung annehmen kann.

5. *Religiös-existentielle Beratung in kirchlicher Trägerschaft:* Beratung in kirchlicher Trägerschaft, das haben Diskussionen gerade in den letzten Jahren gezeigt, bleibt wichtig als „'diakonisches' Ohr einer 'hörenden' Kirche" (Wahl 1997, 317) und „exemplarischer Ort kirchlicher Wirksamkeit" (Czell 1998, 120). Zu solcher Arbeit gehört die hartnäckige Frage nach dem theologischen Proprium. Wir vermuten: Beratungsmodelle, die es erlauben, religiöse Themen bewusster anzusprechen und in denen theologische Arbeit eine begründende Rolle spielt, könnten zur Profilierung der Identität kirchlicher Beratung beitragen. So meint Czell in einer Bilanz (Czell 1998), es sei anzunehmen, dass kirchlich getragene Beratungsarbeit ihren Ort in der Vielfalt unterschiedlicher Unterstützungsangebote, die miteinander konkurrieren, in Zukunft deutlicher bestimmen müsse. Es würden „konkrete Antworten erwartet auf die Frage nach ihren Notwendigkeiten und Stärken — nach ihrem konkreten Tun und Lassen" (113). Wir hoffen, hier mit unserem Modell Anregungen zu vermitteln[9], auch wenn uns bewusst ist, dass religiös-existentielle Beratung in einem strikten Sinn auch in Zukunft nur eine Beratungsform unter vielen im weit gespannten kirchlichen Beratungsspektrum sein kann und darf.

6. *Beratung von fundamentalistisch geprägten Menschen und „akkumulativen Häretikern":* Wir haben erst nach und nach entdeckt, dass viele der Theologiestudierenden, die unsere Beratung beanspruchten, auf eine Vergangenheit zurückblicken, in der die Zugehörigkeit zu einer charismatischen oder evangelikalen Gruppe über längere oder kürzere Zeit von grosser Bedeutung gewesen war. Es ist eine interessante Frage, ob dies nicht für sehr viele Theologiestudierende heute zutrifft und hier eine besondere Herausforderung theologischer Ausbildung zu orten ist. Es war in vielen Fällen für die Ratsuchenden ein wichtiger Schritt, diese Frömmigkeit noch einmal genauer unter die beraterische Lupe zu nehmen. Nicht selten waren neue Schritte erst möglich, wenn

---

[8] Vgl. dazu Schibler (2000): Der Werkstattbericht „Sich durch Trauer verwandeln lassen" dokumentiert vielfältige Formen der (kreativen) Trauerbewältigung und Trauerrituale bei gewaltsamen Todesfällen, Trennungen, Scheidungen resp. Abschiedssituationen insgesamt.

[9] Religiös-existentielle Beratung, wie wir sie am Beispiel der Beratung von Theologiestudierenden vorstellen werden, ist genau im Berührungsbereich der vier Felder Jugendhilfe, Psychotherapie, Seelsorge und Bildung angesiedelt, den Czell (1998) als gesellschaftlichen Ort kirchlich getragener Beratung umschreibt.

auch positive Seiten solcher Phasen der persönlichen Frömmigkeitsgeschichte gewürdigt werden konnten. Der Rahmen der Beratung scheint gerade für Menschen mit so strukturierten Biographien hilfreich zu sein. Das Angebot religiös-existentieller Beratung könnte deshalb auch in dieser Hinsicht über den universitären Rahmen hinaus für Menschen wichtig werden, die in ihren religiösen Suchbewegungen als „akkumulative Häretiker" (Streib 2000, 153) Hilfe brauchen oder beim Ausstieg aus einer religiösen Gruppierung Klärung benötigen. Gerade die Konzentration auf einen fokalen religiös-existentiellen Konflikt ist geeignet, jene verborgenen Lebensthemen bearbeiten zu helfen, die hinter regressiven religiösen Bedürfnissen stehen. [10] Auch aus religiös-existentieller Beratung können sich schliesslich Menschen verabschieden, „die neue Ich-Stärke, neue Ich-Integrität und eine neue retrospektive Interpretation gefunden haben, die die benignen Dimensionen der fundamentalistisch-neureligiösen Regression verstärkt und, jedenfalls in Ansätzen, diese als 'Regression im Dienste des Ich' versteht bzw. 'um-erzählt'" (162).

Wir gehen im Folgenden so vor: Wir werden das Beratungsmodell in einem ersten Kapitel anhand einer ausführlich dokumentierten Beratung „in Aktion" vorstellen. Das entspricht dem Werdegang dieses Buchs, in dem Theorie und Praxis in enger Form miteinander verknüpft waren. Dabei sollen die Grundzüge der Beratungskonzeption, von der wir ausgehen, deutlicher werden. In einem zweiten Kapitel werden die theoretischen Grundlagen, von denen wir ausgehen, geklärt. Wir versuchen, Konzepte und Perspektiven aus vier unterschiedlichen „Traditionen" in unserem Modell zu verbinden: Überlegungen aus der psychoanalytischen Fokal- und Kurztherapie, aus systemischen Beratungsformen, aus der intermedialen Kunsttherapie und der feministischen Theologie (resp. einer für Gender-Fragen sensibilisierten Theologie). Wir gingen dabei von der Annahme — oder eher der Intuition — aus, dass wir am ehesten zu einer tragenden Konzeption unserer Beratung finden würden, wenn wir die Intentionen und Konzepte, die in unserer bisherigen Arbeit besonders fruchtbar geworden waren, authentisch in einen gemeinsamen Prozess einbringen. Verständlicherweise war dies nicht einfach. Wir hoffen, zu einer Form der Koexistenz dieser Traditionen gefunden zu haben, die die Identität der verschiedenen Konzepte nicht einfach verwischt, wohl aber interessante und fruchtbare Querverbindungen sichtbar macht.
Die an diese „Ouvertüre" anschliessenden Kapitel entfalten dann im Einzelnen die verschiedenen methodischen Elemente des Beratungsansatzes: Ausführlich wird geschildert, wie das Erstgespräch einer solchen Beratung geführt werden kann, da es für den weiteren Verlauf der Beratung von grosser Bedeutung ist. Es wird gezeigt, wie der Beratungsprozess in den anschliessenden Stunden vertieft und intensiviert werden kann, so dass er seine Dynamik entfalten kann. Insgesamt sind für religiös-existentielle Beratung — gerade im heutigen gesellschaftlichen Umfeld — Kreation und Imagination von grosser Bedeutung. Wie sie ins beraterische „Spiel" eingefädelt

---

[10] Nach Streib (2000) gibt es in dem von der Enquête-Kommission untersuchten Material keine Anhaltspukte, dass einzelne Variablen der Sozialisation allein für die Neigung zu entsprechenden Gruppen verantwortlich sind. Hingegen können spezifische Motivlagen, meist lebensgeschichtlich tief verankerte „Lebensthemen" (152) rekonstruiert werden, die für die Affinität zu bestimmten religiösen Gruppen verantwortlich sind. Die Bearbeitung der stillgelegten Lebensthemen, die hinter den regressiven Bedürfnissen nach Gruppenzugehörigkeit stehen, ist deshalb nach Streib seelsorglich von besonderer Bedeutung.

werden können und welche Bedeutung im Besonderen eine Hermeneutik haben könnte, die sich als kreative Resonanz versteht, soll dann entfaltet werden. Die Beratung ist zeitlich begrenzt. Gegenüber einer phantasierten Unendlichkeit von Unterstützung ist hier also von Anfang an die Trennung, die an den Beziehungstod in seinen vielen Formen erinnert, unausweichlich und offensichtlich näher rückender Moment. Die Bearbeitung von Bindungs- und Trennungsprozessen ist deshalb — wie in allen Formen der Kurztherapie — ein besonders sensibler Punkt. Deshalb ist diesem Aspekt ebenfalls ein eigenes Kapitel gewidmet.

Das Buch schliesst mit zwei Kapiteln, in denen Grundfragen religiös-existentieller Beratung nochmals aufgegriffen werden. Zuerst sollen die theoretischen Annahmen, die uns geholfen haben, die Beratungsprozesse tiefer zu verstehen, im Zusammenhang entfaltet werden. Die Beratungen waren so etwas wie ein „Laboratorium", in dem wir besser zu verstehen begannen, wie Selbstwerdung und Religiosität gerade in der kritischen Phase der Postadoleszenz miteinander verbunden sind. Prozesse der psychischen Differenzierung und Integration wurden in Gang gesetzt, die eine Fülle interessanter Einsichten ermöglichen. Die Frage nach dem Zusammenhang von Identitätsfindung und Gottesglaube, Selbstverhältnis und Christusverhältnis beschäftigte uns immer wieder. Wir nehmen sie deshalb im Schlusskapitel nochmals vertieft auf. Anhand einer ausführlich dokumentierten Beratung fragen wir, wie religiös-existentielle Beratung kontextuelle Theologie mit einem eigenen Wahrheitsanspruch werden kann.

Wir haben das Beratungsmodell im Team entwickelt und eine ganze Reihe der Beratungen als „reflektierendes Team" durchgeführt. So schreiben wir auch dieses Buch im Team. Wir hoffen, noch zu zeigen, wie fruchtbar diese Kooperation geworden ist. Als Mann und Frau brachten wir unterschiedliche Erfahrungen, Sensibilitäten und Fragestellungen in die gemeinsame Arbeit ein. Bei der Weiterentwicklung der Theorie und Methodik konnten wir Schwerpunkte unserer bisherigen Arbeit in einer spannenden Form aufeinander beziehen. Wir gehören zudem je einer anderen Generation an. Dies wird sich in den folgenden Kapiteln zeigen. Intensive Diskussionen gingen der Niederschrift des Textes voraus; die gemeinsame Redaktion brachte das Gespräch immer neu in Gang. Wir haben den Text so lange hin und her geschoben, bis unsere Beiträge so ineinander verwoben waren, dass wir einzelne Teile keinem von uns mehr besonders zurechnen können oder mögen.

Auch dieses Buch ist in einem Netzwerk der Anregung und Unterstützung entstanden. Wir danken allen jenen Studierenden der Theologie, die ihr Einverständnis zur Publikation von Fallbeispielen, Bildern und Texten gegeben haben. Wir danken dem Team des Praktisch-theologischen Instituts in Bern. Verschiedene Kapitel des Buchs konnten dort diskutiert werden. Wir danken Martin Maire für die Zusammenarbeit bei Beratungen und Kursen und für inhaltliche Anregungen. Wir danken Marianne Bühler und Monika Heuer-Pulver für die Unterstützung bei der Endredaktion des Buchs. Wir danken der Stiftung zur Förderung der wissenschaftlichen Forschung an der Universität Bern, die die Drucklegung des Buchs durch ihre finanzielle Unterstützung erleichtert hat.

2. Der „alte" und der „neue" Gott

Cristina Bandi steht ungefähr in der Mitte ihres Theologiestudiums. Sie hatte sich angemeldet, nachdem das Angebot einer religiös-existentiellen Beratung publik gemacht worden war. Der Prozess dieser Beratung soll beispielhaft nachgezeichnet werden. Dabei erläutern wir auch einige wichtige Arbeitsprinzipien religiös-existentieller Beratung.

2.1. Das Erstgespräch

In der ersten Stunde findet ein ausführliches „Joining" statt. Sorgfältig achten wir darauf, dass die thematischen und zeitlichen Grenzen des Beratungsangebots verständlich werden. Grosse Versprechungen machen wir nicht. Wir verdeutlichen aber, was Beratung im Unterschied zu Therapie leisten kann. Im Zentrum der ersten Sitzung steht zudem die Klärung des Auftrags und des Fokus, die Frage also: Wo soll das Thema liegen, an dem wir gemeinsam arbeiten?

Mit dieser Problematik wollen wir auch die Darstellung des Beratungsprozesses von Cristina Bandi beginnen.[1] Was ist unter einem Fokus zu verstehen? Auf einer ersten, umgangssprachlichen Verständigungsebene meinen wir damit ein „Thema", das in der Beratung ins Zentrum gestellt wird und auf das sich die Gespräche immer wieder beziehen. Auf einer zweiten, tieferen Ebene lässt sich dieser Fokus im Rahmen einer psychodynamisch-systemischen Theorie auch als eine komprimierte Formulierung eines wichtigen Konflikts der betreffenden Person verstehen. Er bezieht sich auf eine zentrale, sich wiederholende Problematik, die sich im Leben dieses Menschen und in seinen Beziehungen auf verschiedenen — kognitiven, emotionalen, verhaltensmässigen und oft auch religiösen — Ebenen auswirkt und eine dynamische, oft eben störende Wirkung entwickelt. Dieser Konflikt wird im ersten Gespräch angepeilt und umkreist. Nicht selten zeigt er sich zugleich in der Art und Weise, wie die Person, die beraten wird, ihre Beziehung zu den Beratenden gestaltet, ja inszeniert. Wo es gelingt, einen solchen Fokus zu bestimmen und im Verlauf weiterer Gespräche zu vertiefen und zu präzisieren, fühlt sich ein Mensch, der in Schwierigkeiten geraten ist, in tiefer Weise verstanden. An einem vitalen Punkt seines Erlebens, an dem Bedeutungsfelder und psychische Energien sich verdichten, wird er angesprochen und in emotionalen Tiefenschichten berührt. Solche tieferen Ebenen eines Fokus werden allerdings erst im Verlauf der Beratung mehr und mehr spürbar und (oft gegen Widerstände) ansprechbar (vgl. dazu bes. 5.4.).

Frau Bandi beschäftigt die Frage nach ihrer Gottesbeziehung. Sie war einige Jahre in einer fundamentalistisch orientierten Gemeinde engagiert gewesen, wo auch ihr Freund zuhause gewesen war. In dieser Zeit fühlte sie sich zwar mit Gott verbunden. Trotzdem empfand sie oft Schuldgefühle, v.a. Gott gegenüber. Sie hörte und spürte in und um sich die Forderung, sich ganz Gott zu übergeben und

---

[1] Die Beratungen wurden im Einverständnis mit den betroffenen Studierenden auf Tonband aufgenommen, dokumentiert und teilweise transkribiert. Texte und Bilder, die in den Beratungen entstanden, wurden uns freundlicherweise ebenfalls zur Verfügung gestellt. Wo dies nötig war, wurden Details geändert, um die Anonymität zu wahren. Die betroffenen Studierenden haben ihr Einverständnis zur Publikation gegeben. Die Namen wurden selbstverständlich ebenfalls geändert.

nur ihn handeln zu lassen (und musste ja dann trotzdem vieles auch selber machen). Die Beziehung zu Gott war eigentlich ganz ähnlich strukturiert wie die Beziehung zu ihrem Freund, geht ihr im Gespräch auf. Dieser Freund dominierte, wusste alles besser und konnte sich gewandter als sie ausdrükken. Nach und nach zog sie sich aus dieser Beziehung in sich zurück, sagte immer weniger, nur noch dies: „Du kannst doch alles wieder auf deine Mühle lenken." Die Freundschaft ging in Brüche und Frau Bandi zog sich auch aus der religiösen Gemeinschaft zurück. Was sie sucht, ist eine neue Beziehung zu Gott, die ihr Ruhe und Halt vermittelt, eine Beziehung, aus der heraus sie auch ein neues Gefühl für sich selber entwickeln kann. Eigenartig, so bemerkt sie, sei Folgendes: Sie möchte zwar eine solche Beziehung finden, irgendetwas blockiere sie aber, dies wirklich anzugehen.

Ein erstes Verständnis ihres Problem, Umrisse eines Fokus beginnen sich abzuzeichnen: Auf der „thematischen" Ebene geht es um die Gottesfrage, mit der Frau Bandi ringt. Sie sucht nach einem neuen Gottesverständnis, nach einer neuen Beziehung zu Gott. Mit diesem Thema ist auf einer psychodynamisch-systemischen Ebene ein ganzes Beziehungsfeld verbunden. Es geht um Frau Bandis Beziehung zu Gott, aber auch um die von ihr phantasierte Beziehung Gottes zu ihr. Es geht ebenfalls um Beziehungen zu anderen Menschen, zu ihrem Freund und zu einer Gemeinde, die offenbar eine bestimmte Beziehung zu Gott als normativ gesetzt haben. Und es geht — untrennbar damit verbunden — um die Beziehung, die Cristina Bandi zu sich selber hat. Auffällig an dieser Beziehungsstruktur[2] ist die Parallelität zwischen Gottesbeziehung und Liebesbeziehung, auffällig auch die Dominanz männlicher Bezugspersonen (bis in die dritte Beratungsstunde bleiben Frauen, z.B. die Mutter, ungenannt). Es ist deshalb nicht nur das „Thema Gott", sondern diese ganze Beziehungsstruktur, die für Frau Bandi zum Problem geworden ist. Gleichzeitig regen sich offensichtlich Widerstände, wenn sie an eine Veränderung herangehen will. Es ist auch leicht verständlich, weshalb dies so ist: Zentrale Aspekte ihres Selbstbildes, ihres inneren psychischen Bezugsystems und ihres Gottesbildes scheinen in diese Beziehungs- und Bedeutungsstruktur eingewoben. Die entscheidende beraterische Frage lautet deshalb: Wie kann Bewegung in dieses System von Vorstellungen und Beziehungen kommen, das mit mächtigen psychischen Energien und Emotionen verbunden und in einem Gleichgewicht eigener Art ausbalanciert ist?

als Ziel d. Erstgesprächs: meine beraterische Frage (für mich) formulieren

2.2. Anerkennung, kreative Anregungen und Aufgaben

Die Stunde wird mit einer meditativen Pause abgeschlossen. Die beiden Beratenden — wir haben Frau Bandi gemeinsam beraten — ziehen sich aus dem Raum zurück, um miteinander Eindrücke aus der Stunde auszutauschen und sich ein Bild davon zu machen, ob ein Beratungsangebot in diesem Fall sinnvoll und verantwortbar ist. Sie formulieren erste Anregungen resp. Aufgaben, die Frau Bandi mitgegeben werden können und an denen sie in der Zeit bis zur zweiten Beratungssitzung arbeiten kann. Frau Bandi wird aufgefordert, sich ihrerseits zu überlegen, ob sie sich im Rahmen einer solchen Beratung eine sinnvolle Arbeit vorstellen kann.

Das Beratungsteam kommt zum Schluss, dass eine Beratung in dieser Situation hilfreich wirken könnte. Frau Bandi scheint insgesamt psychisch stabil. Sie verfügt über differenzierte Möglichkeiten,

---

[2] Vgl. zu dieser Beziehungsstruktur später ausführlich Kap. 9.1.: Beziehungen, Gott, Selbst und Co.

sich auszudrücken und ihr Problem in Worte zu fassen. Sie ist motiviert, an der für sie zentralen Gottesfrage, die sie im Gespräch zudem bereits präziser fassen kann, zu arbeiten. Sie scheint die Möglichkeiten, aber auch Grenzen des Beratungsangebots realistisch einzuschätzen (vgl. dazu auch 4.6.). Das Team teilt ihr dies in der anschliessenden kurzen Schlussrunde mit und würdigt ihr Bemühen, in dieser für sie zentralen Frage zu grösserer Klarheit zu kommen. Auch Cristina Bandi möchte nach nochmaligem Überlegen auf das Beratungsangebot einsteigen. Das Seelsorgeteam regt sie deshalb zum Schluss an, zwei Wortcluster — also Assoziationsnetze — zu den Themen „der alte Gott" und „der neue Gott" zu erstellen und danach Gott einen Brief zu schreiben. Gleichzeitig stellt das Team in Aussicht, „Gott" werde ihr zurückschreiben, in einem übertragenen Sinn. Das Team verpflichtet sich damit zu einer schöpferischen Antwort.

Frau Bandi kommt mit einem langen Brief, den sie an Gott geschrieben hat, in die zweite Stunde. Sie liest ihn vor. In diesem Brief zitiert sie zuerst einen früheren Tagebucheintrag: „Herr, ich danke dir, dass ich erkennen darf, wo meine Fehler liegen, wo ich etwas schlecht mache, etwas, was mich von dir trennt. Ich weiss, wenn ich dir vertrauen würde, wäre mir die Anerkennung und die Bestätigung anderer Menschen nicht mehr so wichtig. Doch um dieses völlige Vertrauen zu erlangen und meinen ganzen Egoismus abzulegen und mich deinem Willen völlig zu unterwerfen, wird es ein Leben lang dauern. Hilf mir, dass mein Ego immer mehr in den Hintergrund tritt und ich dich und meinen Mitmenschen an erste Stelle setze." Sie spricht in ihrem Brief dann von ihrem langen Ringen, der ungeheuren Anstrengung, der „wahnsinnig grossen Aufgabe", die dies für sie bedeutete. „Ich habe es nicht geschafft, lieber Gott. Immer mehr hat mein Leben, mein Ich deinen Platz eingenommen." Sie erzählt nun in ihrem Brief, dass sie sich dem Glauben und der Kirche entfremdet habe. „Ich helfe mir selbst und muss wenigstens nicht ständig dir gegenüber ein schlechtes Gewissen haben, wenn ich nicht so lebe, wie es dir gefällt." Und doch: Sie sucht Gott, weil sie spürt, dass er irgendwo ist, kann aber mit ihm nicht mehr so wie früher in Beziehung treten. „Deine Nähe, dein Mitleiden, Miterleben mit mir und vor allem deine Solidarität mit mir möchte ich leibhaft spüren!" Bei ihrer Suche stösst sie auf alle ihre unbeantwortbaren Fragen, die Frage nach dem Leid und der Auserwählung. „Weisst du, manchmal bekomme ich richtig Angst vor dir, Angst vor deiner Allmächtigkeit, deiner Unberechenbarkeit, Angst vor der Ungewissheit, was einmal sein wird. Was ist, wenn dein Gericht wirklich kommt? Dann werde wohl ich auch nicht gut davonkommen." Jesus fühlt sie sich näher, ihn kann sie sich vorstellen. Immer wieder schiebt sich aber die Gottesfrage in den Vordergrund. „Versuche ich, mit Jesus in Kontakt zu treten, dauert es jeweils nicht lange und ich ringe wieder mit dir." Sie schliesst ihren Brief mit den Worten:

„Ich wünsche mir, lieber Gott, dass du dich mir ganz anders erweist. Dass ich auf einmal Seiten an dir entdecke, die ich niemals erwartet habe. Ich wünsche mir, dass die alten, belastenden Vorstellungen von dir von mir abfallen und ich frei werde für eine neue Begegnung mit dir! Eine Freundschaft wünsche ich mir. Denn in einer Freundschaft habe ich ja auch nicht das Gefühl, resp. den Zwang, dass ich morgens und abends jeweils um Vergebung bitten muss. In einer Freundschaft wären wir gleichberechtigt, würden uns gegenseitig zur Seite stehen. Ich habe mal einen Satz gelesen, der mir sehr gut gefallen hat und den ich letztes Jahr auf die erste Seite meines Tagebuchs geschrieben habe: ‚Gott braucht uns — und wir brauchen ihn.' Das wäre schön.

Aber ich möchte ich selber bleiben und mich nicht aufopfern und aufgeben müssen. Ich mache vieles falsch, komme oft nicht zurecht mit dem Leben, aber ich finde es irgendwie wichtig für mich, dass ich an meinen Fehlern reife und selbst an mir arbeite und nicht einfach an mir arbeiten lasse.

Ich hoffe auf dein Verständnis, Gott.

Cristina Bandi"

Frau Bandi spricht von Ängsten, die ausgelöst wurden, als sie diesen Brief formulierte: „Gehe ich mit meinen Anfragen nicht zu weit?" Ebenso spricht sie von ihrer Sehnsucht nach Selbstaufgabe, nach

Gott und wie sie so anders gelebt habe, nicht „gottgefällig". Etwas liege ihr im Wege, eine andere Beziehung zu Gott anzuknüpfen. Sie kommt auf theologische Schwierigkeiten zu sprechen, die sich ihr hier stellen (auf die Bedeutung der Trinität, die Vielfalt der biblischen Traditionen und Gottesbilder). Das Bild von Gottvater trage sie seit ihrer Kindheit mit sich. Als Kind habe sie ihn liebevoll und gütig erfahren. Je erwachsener sie wurde, desto strenger sei dieser Gott geworden. Sich selber gegenüber ist sie ebenfalls strenger als früher. „Gott überlegt sich viel, er ist nicht nur ein liebevoller Papa." Er ist etwas Hohes, ein Vorbild, doch nicht unerreichbar und erdrückend. Frau Bandi hat Angst davor, dass Gott verlangen könnte, dass sie werde wie er. Sie möchte in ihrer Begrenztheit anerkannt werden und spürt doch die hohen Ansprüche an sich selbst, die eindeutig auch aus der Bibel zu ihr sprächen. Diese könne sie heute zwar auch als Menschenzeugnis verstehen. Doch sie möchte es sich nicht zu einfach machen und nur jene Aussagen herauspicken, die ihr genehm sind. Sie spricht zum Schluss von ihrer grossen Mühe, wenn etwas in ihrem Leben nicht rund läuft.

Das Seelsorgeteam empfiehlt ihr als Aufgabe, zwei Listen mit Sätzen, Assoziationen und Erinnerungen herzustellen. Auf der einen solle sie wichtige Elemente ihrer Gottesbeziehung in der „fundamentalistischen" Zeit aufführen, auf der anderen Aspekte einer neuen Gottesbeziehung, wie sie sich diese ersehne.

Im Rückblick auf die beiden ersten Beratungsstunden zeigt sich: Frau Bandi nimmt die kreativen Anregungen des Beratungsteams auf und schreibt ihren Brief an Gott, in dem sie Biographisches und Aktuelles miteinander verwebt. Damit stellt sie die Frage, die sie heute beschäftigt, in einen Zusammenhang und eine Geschichte. Frau Bandi markiert bereits eine gewisse Distanz, indem sie zurückblickt und sich selber zitiert, und bleibt damit gleichzeitig empathisch sich selber gegenüber. In der dialogischen Beziehung, in die sie durch die Kunstform des Briefs eintritt, wird es ihr möglich, wichtige Fragen und Gefühle auszudrücken. Der Brief ist einem Gebet ähnlich und doch zugleich anders, förmlicher, sprachlich expliziter und nach aussen „geschickt". Mit der Form des Briefes ist zugleich suggeriert, dass Frau Bandi ja eine Beziehung zu Gott hat, dass sie sich in dieser Beziehung artikulieren kann, dass aber die Antwort noch aussteht, ihre Zeit braucht, letztlich nicht verfügbar und doch versprochen ist. Im Gespräch wird ihr ihre Geschichte mit Gott noch deutlicher — besonders der Zug, dass Gott mit zunehmendem Alter fordernder wird. Das Aufschreiben und Verbalisieren von problematischen Gefühlen in ihrer Gottesbeziehung weckt zudem Ängste. Frau Bandi verletzt damit offenbar Normen, die für sie wichtig geworden sind und sozusagen ihren „Verkehr" mit Gott in geregelten Bahnen gehalten hatten.

2.3. Gottesbild, Selbstbild und die Beziehungen

In die dritte Stunde bringt Frau Bandi zwei eng beschriebene Blätter mit. Auf dem einen hat sie — wiederum aufgrund früherer Tagebucheinträge — Forderungen von Gott an sich und an ihren Glauben notiert. Auf dem anderen Blatt stehen fast poetische Sätze darüber, wer ihr Gott jetzt ist. Der erste Text beginnt mit den Worten: „Was fordert Gott von mir? Ich übergebe mein Leben völlig in Gottes Hand. Ich bekenne, dass Jesus für mich gestorben ist, ich bekenne dies vor allen Mitmenschen. Ich bitte um Vergebung für meine Sünden ...". Der zweite Text hingegen setzt mit einer gebetsartigen Anrede ein: „Gott, du lässt mich nicht allein, ich bin geborgen bei dir, du hältst deine schützende Hand über mir ..." (vgl. auch Kap. 9.5.). Die Aufmerksamkeit richtet sich im Gespräch zunächst auf die unterschiedliche literarisch-stilistische Form, welche Frau Bandi gewählt hat: Formulierungen, welche alle mit „du" beginnen, stehen Forderungen und Schuldbekenntnissen gegenüber, welche in

Seltsam, gott ist für mich immer Du, während ich Menschen immer wieder als fordernd, verachtend, ablehnend, strafend empfinde.

Ich-Form formuliert sind, untermauert von Bibelversen. Sie hat beide Texte vor sich, die Liste mit den „starken Sätzen" in der dominanten rechten, den Brief mit dem neuen Gottesbild in der linken Hand. Ihre Blicke wandern immer wieder von einem Text zum andern. Sie erzählt, es sei einfacher gewesen, die Liste der Forderungen zusammenzustellen. Das Gebet zu schreiben, das sei schwierig gewesen, brauchte Zeit, sei mühsam geworden (anders als sonst musste sie sich Zeit lassen und konnte jene Seite nicht befriedigt werden, die sofort und perfekt etwas leisten will). Jetzt komme sie sich fast schizophren vor. Am liebsten würde sie den Brief stehen lassen und die Liste zusammenknüllen und wegwerfen. Aber das gehe auch nicht. Lediglich im Bild der Hand sehe sie noch eine Berührungsstelle zwischen Altem und Neuem. Die Hand als Bild sei zwar auf den beiden Blättern auch unterschiedlich empfunden — es ist die fordernde Hand auf der einen, die schützende Hand auf der andern Seite — , und doch tue es ihr gut, dass es noch eine Brücke gebe. Sie betrachtet hin und her die alte Liste und das neue Gebet. Die Liste empfindet sie als formelhaft. Man könnte sie nie in dialogische Du-Form umgiessen. Sie weckt Erstaunen, Konsterniertheit, Trauer. Andere konnten dies glauben und beten. Sie habe es nur immer versucht. Sie habe viele bekehrte Christen in der väterlichen Verwandtschaft, fühle sich jetzt sehr allein, komme sich schlecht vor, empfinde Scham, wie ein verlassenes Schaf. „Wenn die wüssten, was ich denke." Im Übrigen gebe es da auch noch die Seite ihrer Mutter, da seien alle aus der Kirche ausgetreten. Sie müsse immer wieder spöttische Bemerkungen wegen ihres Theologiestudiums einkassieren. Eine der Anregungen, die das Seelsorgeteam ihr anschliessend gibt, besteht darin, das Ernsthafte und Wichtige an den „alten" Formulierungen aufzunehmen. Was davon ist positiv? Was will Frau Bandi in verwandelter Form beibehalten?

Frau Bandi kommt mit einer langen Liste in die nächste Stunde, die sie nochmals genau anschaut. Punkt um Punkt hat sie geprüft, wie weit sie den alten Vorstellungen und Forderungen ihres Glaubens noch folgen und wie sie diese für sich neu formulieren könnte. Punkt um Punkt ackert sie in dieser Stunde nochmals durch. Dabei schiebt sich die Frage nach den Möglichkeiten und Grenzen des Vertrauens und des Glaubens in den Vordergrund. Frau Bandi ringt mit der Frage, wie weit das Vertrauen zu Gott allein gehen kann, wie wichtig das Vertrauen zu anderen Menschen für sie ist und welche Bedeutung Misstrauen haben darf. Die Beraterin deutet das Misstrauen neu auch als positive Kraft der Kritik. Frau Bandi entdeckt, dass ihr dieses Misstrauen wichtig ist und es ihr hilft, ihre Stellung klarer zu definieren. Trotz ihrer Unsicherheit, ob es richtig ist, wenn sie so ihre Sicht des Glaubens neu definiert, geht es ihr „erstaunlich gut" damit, Begriffe und Vorstellungen des Glaubens neu für sich zu erschliessen.

Cristina Bandi steht an der Schwelle zum selbständigen Erwachsenenleben. Es geht hier um eine Problematik, welche typisch für die Beratung von Menschen in dieser Phase des Familienlebenszyklus ist: um die Suche nach Autonomie, um Ablösungsprozesse von elterlichen Vorbildern und sozialen Bindungen aus der Zeit der Adoleszenz. Dieser systemische Prozess äussert sich auch im Kampf und in der Suche nach einem neuen Gottesbild, oder noch genauer: nach einer neuen Form des ganzen Beziehungsgeflechts, in das dieses Gottesbild eingelagert ist. In dieser rekursiven, kognitiv-emotionalen Struktur sind die wichtigen Beziehungen Frau Bandis zu anderen, sich selber und zu Gott mit einer jeweils bestimmten dynamischen Funktion einbezogen. Dieser Prozess zeigt sich bei Frau Bandi in einer ausdrücklich theologischen Form. Es geht ihr um die Suche nach Autonomie innerhalb der Theologie.

Wie vollzieht sich diese Entwicklung? Es gäbe verschiedene Möglichkeiten, hier mit Vorstellungen zur religiösen Entwicklung aus der allgemeinen Psychologie und Religionspsychologie weiterführende Überlegungen einzuleiten. Man könnte zum Beispiel mit Erikson (1973) fragen, ob sich hier der für die Adoleszenz zentrale Konflikt zwi-

schen Identitätsdiffusion (in einer Gruppe) und persönlicher Identitätsbildung abzeichnet, oder gar ein erster, zögerlicher Schritt von dieser Phase der Entwicklung zu
einer nächsten, in der die Dynamik von Generativität und Stagnation das Feld psychischer Kräfte bestimmt, gewagt wird.

Aufschlussreich scheinen uns auch Querverbindungen zu einem Modell der Entwicklung des Gottesbildes, das Shea (1995 a, b) vorschlägt (vgl. 9.5.). Shea versucht zu
zeigen, wie sich Selbst und Gottesbild im Übergang von der Phase der Adoleszenz
zum Erwachsenenalter nochmals grundlegend wandeln. Dabei geht auch er davon aus,
dass Selbst- und Gottesbild eng miteinander verwoben sind. Er spricht von einer psychischen „Selbst-Gottes-Struktur", die in der Adoleszenz noch stark von Überich-
Anteilen geprägt ist und sich im Erwachsenenalter hin zu einer erwachsenen Form des
Selbst und einer ihr korrespondierenden Form des Gottesbezugs verändert. Es ist
überraschend, wie nahe die Begriffe, die Frau Bandi zu ihrem „alten" Gottesbild zu-
sammenstellt, mit den Charakteristika des „Überich-Gottes" korrespondieren, die
nach Shea die Phase des adoleszenten Gottesbezugs kennzeichnen. Auch sie beginnt
aufgrund ihrer zweiten Liste von einem „Gott Jenseits" in neuen, persönlichen, relationalen, figuralen und symbolischen Begriffen zu sprechen, wie dies nach Shea in der
Phase des Erwachsenseins möglich wird. Für diesen Schritt scheint die Befreiung der
Imagination aus ihren Bindungen an die Herkunft hin zur „Ein-bildung" einer offenen Zukunft wichtig.[3]

Allerdings: Es handelt sich hier keineswegs um einen einlinigen Prozess. Es geht ja
nicht nur darum, dass religiöse Vorstellungsinhalte verändert werden, auch wenn sich
Frau Bandi in ihrer Auseinandersetzung vorerst darauf konzentriert. Es geht zugleich
um eine Umstrukturierung grundlegender Aspekte des Selbst. Und diese sind in Beziehungen verankert. Der Prozess der Aufgabe bestimmter Vorstellungen, die Frau
Bandi wichtig gewesen waren, ist zugleich ein Trennungs- und Trauerprozess, der Zeit
braucht. Neues kann erst allmählich werden und muss gegen viele Widerstände er-
kämpft werden. Dieser Prozess ist seinerseits an Beziehungen gebunden, in denen
Neues gedacht werden kann, zum Beispiel an die Beziehung zu den beiden beratenden
Personen.

Das Seelsorgeteam gibt Frau Bandi die Anregung, ein Credo zu schreiben und dabei die Sätze und
Schlüsselbegriffe des kirchlich-traditionellen Credos neu zu füllen.[4] Zudem könnte es hilfreich sein,
einen spielerischen Text, einen Dialog zwischen den beiden Seiten in Cristina Bandi, die im Gespräch
deutlich geworden waren, zu entwerfen. Die Beraterin im Team teilt Frau Bandi zudem mit, sie habe
einen „Gottesbrief" mitgebracht, und fragt sie, ob sie diesen hören möchte.

Anregung: ein persönl. Credo schreiben

2.4. Feministische Hermeneutik in Aktion

Dieser Text war in schöpferischer Resonanz (vgl. 7.3.) auf Cristina Bandis Brief an
Gott (und auf ihre beiden Meditationen über Gott) entstanden und von der Beraterin in
der Zwischenzeit geschrieben worden. Cristina Bandi möchte ihn hören. Die Beraterin
liest ihn zum Abschluss der Stunde vor.

---

[3] Natürlich sind solchen Stufenschemen Vereinfachungen und enthalten eine nicht unproblematische
normative Komponente. Wir werden hier deshalb noch präziser weiterfragen müssen. Vgl. Kap. 9.5.
[4] Zur Bedeutung eines persönlichkeitsspezifischen Credos vgl. Winkler (2000), 266ff.

Liebe Cristina

Nun schreibt G. S. in meinem Namen an dich — und so wirst du eine von *ihrer* Erfahrung geprägte Antwort bekommen. Doch genauso ist es überall: Auch bei Bibelversen, die du zitierst. Das ist schrecklich? Du willst „reine Wahrheit", sonst biete ich keinen Halt?

Oh, verwechsle mich nicht. Ich baue keine Wortgefängnisse, die euch Hochsicherheit versprechen — mit der Drohung: Bei Flucht Verdammnis, Hölle.

Das tun Menschen in meinem Namen. Überall auf der Erde. Ich hasse dies. Ziehe mich zurück, bin immer noch bei ihnen in ihrer Sehnsucht nach Befreiung, in ihren Tränen und Träumen nachts — doch sie lassen mich nicht zu. Beten mich tot.

Ich bin die Freiheit, Cristina! Die unglaubliche, unfassbare Freiheit. Manchmal schrecklich, immer anders. Und so habe ich mich dir bereits anders gezeigt, so sehr dich dies erstaunen mag. Ich habe dich herausgeführt aus der engen Gruppe und aus einer erstickenden Liebe, weil beides für dich nicht mehr stimmte. Du lerntest, tiefer zu schauen. Ohne mich zu leben, deine Kraft zu erfahren, die Fülle des Lebens zu geniessen, neue Bilder von mir zu entdecken. Das bin ich, ich, ich, Cristina. In tausenderlei Facetten schon allein in deinem Leben. In deinen Fragen, in der Gottesferne (ja, auch dort bin ich: im Mut beispielsweise, solche Fragen auszuhalten und sich nicht zurückzuziehen in den Hochsicherheitstrakt Glaube), in deinem Glauben an dich selbst.

Bastle nicht solche Gegensätze: Gottgefällige Selbstaufgabe — egoistische Selbstliebe. Wie sollst du z.B. wissen, was deine „Berufung" ist, wenn du nicht deiner Freude, deiner Energie folgst? Achte die Energie und Lebendigkeit in dir. Sie ist ich. So bin ich spürbar. Ich bin die Fülle des Lebens, dir zuinnerst nah, wo du lebst. Ich freue mich auf eine Freundschaft, ich, Göttliches, Gott, Göttin. Immer wieder neu werde ich dich umfassen, in dir aufblühen, in deinen Talenten, in tausend neuen Bildern. „Sich ein Bild von mir, Gott, machen, ja, das ist Götzendienst. Sich tausend Bilder von Gott machen, das ist beten" (Sölle). Ja. Ja!

Und so wirst du auch — vielleicht wirst du — viele der Bibelstellen, die dir Angst machen, jetzt neu entdecken. Du wirst sie ganz anders verstehen. Und vorher ringe mit ihnen, verwirf sie, widersprich — so wie es kommt. Meinst du, ich sei eine so kleinliche Geistin, dass mich dies bedrohen könnte? Lach, tanz, liebe — dich und andere, lebe — und glaube nie, dass du dich aufgeben musst, um mir zu gefallen. Weisst du was: Das sind patriarchale Lügen über mich, mit denen sie so viele deines Geschlechtes dazu gebracht haben, sich aufzuopfern für „Gottvater" und seine männlichen Stellvertreter in Kirche und Ehe.

Lass dich nicht missbrauchen, Cristina, schon gar nicht in meinem Namen. Ein Mal genügt.

Übrigens: Warum dich nicht einmal damit auseinandersetzen, dass ich für dich auch weibliche Züge tragen könnte? Ich weiss, ich weiss: Ich bin jenseits von Männlichkeit und Weiblichkeit. Ich meine ja nur: Für dich. Dass ich deine Freundin sein möchte.

Nicht dein Vater, Herr, Herrscher, Freund... deine Freundin.

Hast du gewusst, wie reich du bist?

In Liebe

deine Freundin

Gott

Was ist an diesem Brief, einer ganz spezifischen Form „schriftstellernder Seelsorge" (nach White/Epston 1994), auffällig? Der Brief ist ein Versuch, Fragen der Klientin aufzunehmen und sie in einen anderen Zusammenhang zu stellen. Dadurch nimmt er eine Umdeutung der Situation der Ratsuchenden vor. Sie wünscht in ihrem „Brief an Gott", dass dieser sich ihr ganz anders erweise. Sie klagt sich an, sie glaube nicht mehr und verhalte sich nicht mehr christlich. Der Brief eröffnet ihr eine andere Perspektive auf ihr Leben: Gott hat sich ihr bereits anders erwiesen, indem er sie andere Wege führte. Es sind befreiende Wege aus jener Gruppe heraus, die von ihr gerade als Frau Selbstaufgabe im Glauben an Gott und in der Liebe an den Mann (so skizzierte sie ihre Freundschaft) forderte. Eine überraschende Umdeutung erfolgt, indem „Gott" zu ihr sagt: „Ich war es selbst, der dich aus der Gruppe herausgeführt hat. Du hast bis jetzt immer gemeint, du kommst dadurch weiter weg von mir. Das Gegenteil ist der Fall: Du kommst mir näher, in einen freieren, liebevolleren Glauben." Der Brief gibt zudem Antworten in Bezug auf das Verstehen der Bibelverse, die Frau Bandi zitiert, und mit deren Verständnis sie offensichtlich ringt. Es gibt nicht nur eine Möglichkeit, sie zu verstehen, sagt der Brief, und er ermutigt sie, eine fundamentalistisch geprägte Haltung zur Bibel zu überwinden.

Der Brief lädt Frau Bandi auch ein, falsche Alternativen wie diejenige zwischen gottgefälliger Selbstaufgabe und egoistischer Selbstliebe über Bord zu werfen. Hingabe bedeutet niemals Selbstaufgabe, und eine Religiosität, die dies fordert, ist unbiblisch, stellt er fest — und kritisiert damit die erlebte Frömmigkeit. Zusätzlich verweist er auf eine Quelle von Reichtum in Frau Bandi selbst: „Hast du gewusst, wie reich du bist?" Kurz zuvor wird im Brief erläutert, wo dieser Reichtum zu suchen ist: „Du lerntest, tiefer zu schauen. Ohne mich zu leben, deine Kraft zu erfahren, die Fülle des Lebens zu geniessen, neue Bilder von mir zu entdecken. Das bin ich, ich ich, Cristina."

Verkündigung wird dabei nicht als etwas verstanden, was unhinterfragt für alle Menschen gleich formuliert werden kann. Sie wird in einer ganz bestimmten Situation, für eine ganz bestimmte Frau formuliert. Diese braucht Selbstvertrauen und den Mut, eigene Wege zu gehen, zu zweifeln, ja sogar „gottlos zu leben". Anderen Menschen müsste ein anderer „Brief von Gott" geschrieben werden. Sie brauchten für ihre Situation einen anderen Zuspruch. Deshalb „verkündigt" der Brief nicht nur, sondern versucht auch, ganz nah am neu aufkeimenden Gottesbild in Frau Bandi selbst anzuknüpfen. Damit sagt er: „Nimm das, was in dir noch unsicher als Gotteserfahrung aufkeimt, ernst." Zusätzlich versucht der Brief, Frau Bandi auf erweiterte Gottesbilder hinzuweisen: „Warum dich nicht einmal damit auseinandersetzen, dass ich für dich auch weibliche Züge tragen könnte?"

Wir haben an anderer Stelle (Schibler 1999, Morgenthaler 2000) ausführlicher dargestellt, wie eine feministische Hermeneutik, beispielsweise hermeneutische Prinzipien Schüssler Fiorenzas (1988), in einem solchen Prozess fruchtbar gemacht werden können. Auch hier sind diese Prinzipien wirksam. Von der Position einer „Hermeneutik des Verdachtes" aus werden Gottesbilder in der Biografie der Klientin im Blick auf ihre Lebensdienlichkeit kritisch in Frage gestellt. Ihr ganzer (teilweise schmerzhafter) Suchprozess wird als ein Weg der religiösen Erfahrung gedeutet (Hermeneutik der Beurteilung und Verkündigung), den Gott mitgeht. Es bleibt also nicht bei einer kritischen Anfrage. Zudem werden schöpferisch — in einer Hermeneutik der kreativen Aktualisierung — neue, lebensfreundlichere Gottesbilder entworfen und der Klientin vor Augen geführt.

Ein solcher „Kunstgriff" muss verantwortet werden: theologisch, aber auch beraterisch. Erfolgt er zum richtigen Zeitpunkt? Bindet er die Klientin zu sehr an die Beraterin resp. an das Gottesbild, das diese vertritt? Beeinflusst damit die Beraterin nicht nur, sondern gerät ihre Intervention in die Nähe zur Manipulation? Diese Infragestellungen sind u.E. jedoch nicht grundsätzlicher Art, sondern betreffen Timing und Setting. Eine theologisch verantwortete, transparente, zur rechten Zeit und auf die rechte Weise eingesetzte Art, im Namen Gottes zu sprechen, scheint uns eine Möglichkeit, die Übertragung, die sich in der Beratung entwickelt, religiös zu handhaben und damit Übertragungsgefühle von den Beratenden auf Gott hinzulenken. Die Methodik der Identifikation mit Gott, mit Jesus oder anderen Figuren der christlichen Tradition ist auf kreativer Ebene ein Hilfsmittel für den von Scharfenberg (1990) vorgeschlagenen seelsorglichen Umgang mit dem Phänomen der Übertragung. Diese kreative Strategie macht es zudem möglich, auch weibliche oder unpersönliche Gottesvorstellungen ins Beratungsgeschehen miteinzubeziehen (vgl. mehr dazu 7.4.).

2.5. Innerer Dialog und der Kampf um Differenzierung und Integration

Frau Bandi beginnt das nächste Gespräch damit, dass sie erzählt, wie wichtig der Brief für sie sei, wie sehr sie daran Freude gehabt habe und wie er als eine Art Zusage noch nachgewirkt habe. Sie habe, trotz anfänglicher Schwierigkeiten, einen Dialog zwischen den beiden Seiten, die im letzten Gespräch deutlich wurden, zu entwickeln versucht. Der eine Dialogpartner „Fritz" vertrete die „konservative" Seite, die sagt: „Du musst!" Die andere Seite ist verkörpert in „Frieda". Diese sieht alles etwas freier und lässt der Entwicklung mehr Raum. Es sei interessant und überraschend gewesen, wie die „neue" Seite stärkeres Gewicht als die Alte bekommen habe, die sie absichtlich als „männliche" Seite in den Dialog eingeführt habe. Die beiden hätten sich allerdings am Schluss des Gesprächs nicht auf einen „modus vivendi" einigen können. Es gäbe wohl Ansatzpunkte von Gemeinsamem, aber vieles bleibe offen. Der Dialog setzt folgendermassen ein:

„Fritz: Hör mal, Frieda, du siehst das mit Gott einfach viel zu frei. Die Bibel sagt dir doch ganz klar, wie Gott ist. Daran sollst du dich halten, und nicht an deine Phantasien, die sich Gott so zurechtbasteln, wie es ihnen gerade passt.

Frieda: Weisst du, für mich ist auch die Bibel nicht die ganze Wahrheit. Es steht auch nur geschrieben, wie sich andere Menschen Gott vorgestellt haben. Sicher findet sich viel Wahres darin, weil diese Leute ja zum Beispiel Jesus selber gekannt haben. Und doch ist alles gefärbt von der subjektiven Wahrheit und den eigenen Vorstellungen. Ich habe deshalb auch das Recht, mir Gott in meinen Phantasien auszumalen, oder?

Fritz: Du solltest dir eben kein Bildnis machen von Gott, so steht es in den zehn Geboten.

Frieda: Ich mache mir ja auch kein Bildnis. Ich stelle mir nur seine Art vor. Wenn ich nicht einige seiner Eigenschaften kenne, kann ich auch keine Beziehung zu ihm eingehen. Beispielsweise: dass Gott Liebe ist, das ist doch sicher kein Bildnis.

Fritz: Ja, du hast vielleicht Recht. Trotzdem, mir ist es nicht richtig wohl bei der Sache. Vorhin sagte ich, du sehest die Sache mit Gott zu frei. Ich drücke es jetzt anders aus: Mir scheint, du springst zu frei und leichtfertig mit ihm um. Gott ist eine solch grosse Macht und trägt alles in den Händen. So sind vor allem ein riesiger Respekt und Anbetung nötig. Wir sind neben ihm nur die kleinen resp. grossen Sünder, die auf ihn angewiesen sind, vor allem auf seine Vergebung. Ohne seine Hilfe können wir unser Leben gar nicht meistern und wären verloren.

Frieda: Weshalb wohl sollte ich mein Leben nicht meistern können! Wie stellst du dir denn das eigentlich vor? Soll ich die Hände in den Schoss legen und ein ergebenes Gesicht aufsetzen und darauf warten, dass Gott mein Leben in seine Hände nimmt?"

Das Gespräch wendet sich dann der Bedeutung der Gottesbeziehung zu. Frieda betont die Notwendigkeit eines persönlichen Wegs mit Gott und grenzt sich noch deutlicher von Fritz ab. Später dreht sich das Gespräch um die Thematik der Bestätigung, die Frieda in ihren Beziehungen zu anderen Menschen sucht:

„Fritz: Es geht auch um die Bestätigung. Du bist immer neu und nur auf der Suche nach Bestätigung von Seiten deiner Mitmenschen. Das ist doch ein eindeutiges Zeichen dafür, dass deine Beziehung zu Gott nicht genügend tragfähig ist. Wenn du wirklich ganz auf Gott vertrauen würdest, dann bräuchtest du dies nicht mehr, würdest du dich ganz auf ihn verlassen.

Frieda: Da habe ich eben meine liebe Mühe, gerade wenn ich mich in der Weltgeschichte umsehe und das Elend erblicke, da werde ich manchmal auch misstrauisch, auch gegenüber Gott. Ich werde häufig nicht schlau aus ihm. Dann kann ich nicht einfach sagen: 'Ich habe nun Vertrauen zu dir und alles wird gut.'

Fritz: Doch, bei Gott wirkt alles zum Besten, hat alles seinen Sinn, auch wenn wir vielfach nicht sehen, wozu etwas gut ist. Wir müssen auch nicht alles wissen und Gott das volle Vertrauen schenken.

Frieda: Das ist oft nur eine Phrase: Es hat alles seinen Sinn, auch wenn wir nicht sehen, wozu es gut ist, Gott wird es schon gut machen. Ich *will* (betont) aber wissen, welchen Sinn es haben könnte. Ich *will* aber kritisch sein. Ich will Fragen stellen und ich will auch mal mit Gott streiten und ringen, wie dies beispielsweise Hiob und andere gemacht haben. Jetzt werde ich gerade etwas aggressiv, Entschuldigung.

Fritz: Ja, reg dich doch nicht auf."

Die beiden suchen gegen Schluss des Dialogs zu einer Einigung zu kommen. Frieda konfrontiert Fritz weiter, bis dieser einen Augenblick „fast etwas sprachlos" wird, ausser Fassung gerät und zugibt, das Wichtigste sei, dass Gott einen Menschen so annehme, wie er ist, und ihn liebt. Frieda schliesst das Gespräch mit der Aufforderung an Fritz, sie sein zu lassen und ihr keine Vorschriften mehr zu machen. Vielleicht wäre es allerdings trotzdem gut, wenn sie sich ab und zu noch sprächen.

Frau Bandi geht im anschliessenden Gespräch mit dem Berater auf, dass sich das entwickelt hat, was sie zunächst vermeiden wollte: Aus einem Versuch, das Problem „in sich" zu lösen, sei ein Dialog mit jemandem „ausser ihr" geworden. Sie konnte diesen Fritz diesmal einfach stehen lassen. Das habe ihre ganze Wahrnehmung verschoben. Sie staunt, wie leicht es ihr heute — verglichen mit dem Anfang der Beratung — „von der Hand geht", ihren eigenen Standpunkt darzustellen. Sie spürt nach eigener Aussage in sich ein übergrosses Bedürfnis, sich auszudrücken und empfindet die Kritik an Fritz berechtigt. Sie fühlt sich unabhängiger von der Bestätigung anderer. Die „Fritze" erhielten schon manchmal wieder Macht. Man merkt deutlich, wie sie kämpft, wie sich das Gespräch plötzlich wieder verwirrt, das Alte wieder nach vorne drängt. Und doch sagt sie, es sei besser geworden. Manchmal fühle sie sich jetzt „pudelwohl mit sich allein". Sie sei ernsthafter, mehr sich selber, nicht mehr immer auf der Suche nach einer Beziehung und unternehme vieles. Doch bleibe die Sehnsucht nach Liebe und Geborgenheit. Es sei ihr wichtig, zu suchen und Geduld zu haben.

Was entwickelt sich in dieser Phase der Beratung? Frau Bandi versucht, dem Konflikt, den sie bearbeitet, eine neue Form zu geben. Sie bringt die verschiedenen Anteile, die in ihr die Sprache des „alten" und des „neuen" Gottes sprechen, miteinander in eine direkte, dialogische Beziehung. Sie tut dies im Blick auf eine mögliche Versöhnung (und psychische Integration) der beiden Persönlichkeitsanteile (vgl. auch 6.4.). Können die beiden, Fritz und Frieda, einander annehmen, auf dem Hintergrund eines annehmenden Gottes, der sich ihnen beiden zuwendet? Im Entwickeln des Dialogs merkt sie, dass diese Lösung sie nicht befriedigt. Irgendwie scheint der Friede zwischen Fritz und Frieda nicht ausgereift. Mehr noch: Im Beratungsgespräch bricht eine andere Perspektive durch, überraschend für Frau Bandi: Die „männliche Figur" erfährt sie unversehens als ausser sich stehend. Friedas Einwände erscheinen ihr berechtigt und werden so zu ihren eigenen Einwänden. Sie hat die Stimme dessen, der den „alten Gott" in ihr repräsentierte, „externalisiert", ohne dass sie dazu aufgefordert worden wäre.[5] In einer „einmaligen Ereignisfolge"[6] gelingt es ihr, vorerst noch auf einer symbolischen Bühne, ihren eigenen Willen zu bekunden („Ich will aber nicht..., ich will aber..."). Das Seelsorgeteam nimmt diesen Impuls auf und schlägt Frau Bandi vor, für die zweitletzte Sitzung einen Abschiedsbrief an Fritz zu schreiben.

Frau Bandi hat einen solchen Abschiedsbrief mitgebracht. Am Anfang der Beratungsstunde liest sie ihn vor.

Lieber Fritz

In den letzten Wochen ist einiges geschehen, vor allem innerlich. Ich habe mich viel mit meinem Glauben, meinem Gottesbild, mit mir selber auseinandergesetzt. Dabei ist mir Vieles aufgegangen und klarer geworden. Ich weiss, wie sehr ich am Anfang gerungen habe mit dem Glauben, aber vor allem mit Gott, der für mich allmächtig gewesen war und x Forderungen an mich gestellt hat. Ich hatte häufig ein schlechtes Gewissen, weil ich von diesem Gott auch nichts mehr wissen wollte. Fritz, auch du hast immer wieder versucht, mich auf den sogenannt richtigen Weg zu bringen, hast mit mir gerungen und diskutiert. Jetzt, Fritz, möchte ich mich von dir verabschieden, möchte dir sagen, dass ich meinen ganz eigenen Weg gehen möchte, weil ich zur Überzeugung gekommen bin, dass das auch völlig in Ordnung ist so, für mich und auch für Gott. Gott hat mir eine Antwort gegeben und die hat mich befreit. He, Fritz, ich darf sein, wie ich möchte, darf das Leben geniessen, machen, was für mich stimmt. Das heisst ja nicht, dass ich grenzenlos lebe, also nur mache, was ich will. Dann würde ich egoistisch und skrupellos werden. Nein, ich spüre ja sehr wohl, dass ich nicht allein bin in dieser Welt, sondern ich versuche ja auch, im Einklang mit meiner Umwelt zu leben und dafür habe ich auch mein Gewissen, das mir sagt, was gut ist und was weniger. Aber es ist mein Gewissen und mein Gespür und nicht einfach Gott an meiner Stelle. Ich muss mich nicht verleugnen und meinen Willen absterben lassen, damit Gott mein Leben in der Hand hält. Er hat mich geschaffen, mit diesen Fähigkeiten, eigene Entscheide zu treffen und meinen eigenen Lebensweg zu gehen. Er wirkt mit mir, begleitet mich, trägt mich auch manchmal. Aber er erdrückt mich nicht. Fritz, behalte du dein Bild, lebe du so, wie es für dich richtig ist. So wie ich die Freiheit haben möchte, so zu sein, wie ich bin, so sollst auch du dies dürfen. Aber versuche nicht, andere nach deinen Vorstellungen zu manipulieren. Weisst du, niemand hat das Recht, jemand anderem seine Wahrheit aufzuzwingen und ihm ein schlechtes Gewissen zu machen, wenn er anders denkt. Gott ist die grenzenlose Freiheit, und er hat uns diese ja auch geschenkt, auch wenn wir vieles falsch machen und missbraucht haben. Und doch wünscht sich Gott freie, verantwortungsvolle und selbständig handelnde Personen. Fritz, ich verabschiede mich von dir, weil ich glaube, dass unsere Diskussionen fruchtlos werden, weil du zu sehr auf deinem Standpunkt und deinem Dogma beharrst. Du siehst einfach vor dir, was in der Bibel steht, und dies ist für dich so unverrückbar wahr, dass Diskutieren und Menschenmeinung keinen Platz daneben haben. Fritz, ich wünsche dir alles Gute, ich wünsche dir viel Offenheit für alle Menschen und ihre Eigenart.

Cristina

---

[5] Unter „Externalisierung" versteht der australische Familientherapeut Michael White (z.B. White 1989) sprachliche Strategien, die es erlauben, zwischen einer Person und „ihrem" Problem zu unterscheiden. Das Problem wird beispielsweise personifiziert und so „nach aussen" verlagert. Das therapeutische Gespräch kann sich dann darauf beziehen, wie der Klient oder die Klientin sich mit diesem (personifizierten) Problem auseinandersetzt, ihm Widerstand leistet, sich überlisten lässt etc. Vgl. auch von Schlippe/Schweitzer (1996), 169ff.

[6] White/Epston (1994) verstehen unter „einmaliger Ereignisfolge", „unique outcome", Einmaliges, „Unerhörtes" und bisher nie Dagewesenes im Leben einer Klientin, von dem her neue Handlungsperspektiven und neue Selbstbilder erschlossen werden können.

Frau Bandi fragt sich im anschliessenden Gespräch, ob dieser Abschied nicht verfrüht ist. Steht die Figur des Fritz ihr nicht trotz ihres Versuchs der Distanzierung immer noch sehr nahe? Hat sie überhaupt das Recht, sich so abzugrenzen? Im Dialog mit ihm, den sie in der letzten Stunde vorgelesen hatte, formuliere er doch auch wichtige Einwände, die sie nicht vergessen will (beispielsweise die Frage danach, wie tolerant sie selber denn eigentlich sei). Sie stellt auch fest, dass sie ihn nicht einfach stehen lassen kann, wie er ist, sondern ihm grössere Offenheit wünscht und ihn irgendwie verändern will. Im Gespräch wird ihr deutlicher, dass diese Figur wichtig bleiben wird, dass es aber sehr darauf ankommt, wie sie ihr begegnet. Und da, meint sie, hätten ihr die Auseinandersetzungen in den Beratungsgesprächen doch eine Art Schutz gegeben, den sie vorher nicht hatte. Damals dachte sie noch, sie selber sei einfach wirklich schlecht. In einem Praktikum in einer Kirchgemeinde, das bevorsteht, wird sie wieder mit Menschen konfrontiert sein, die sie mit ihren Erfahrungen in Frage stellen werden. Sie meint, dies sei eine wichtige Probezeit.

Frau Bandi geht weitere wichtige Schritte auf ihrem Weg der Differenzierung und Integration. Auf der einen Seite wird es für sie klarer, von welcher Position sie sich klarer abgrenzen will. Es wird dabei nochmals deutlich, wie ihr „altes" Gottesbild auch in Beziehungen, den Beziehungen zu jenen Menschen, für die Fritz exemplarisch steht, verwurzelt gewesen war. Eine Veränderung in diesem Gottesbild bringt eine Veränderung in diesen Beziehungen mit sich. Veränderungen in diesen Beziehungen, die Frau Bandi bei ihrem Bruch mit dem Freund bereits vollzogen hatte und im Schreiben des Dialogs nochmals nachvollzog, ziehen Veränderungen im Gottesbild nach sich. Interessant ist, dass der Versuch letztlich scheitert, die beiden Seiten, die Frau Bandi nun klarer unterscheiden kann, miteinander zu versöhnen oder doch zumindest in einen versöhnlichen Dialog zu bringen. Sie muss einen entscheidenden Schritt weitergehen, sich deutlicher mit dem einen Anteil in sich identifizieren und den anderen „externalisieren", als letztlich fremd aus sich „herausstellen". Ja mehr noch: Dieser für sie bisher wichtige innere Anteil kann nicht einfach „ausgesetzt" werden. Frau Bandi spürt, dass hier mehr nötig ist: ein Abschied, Trauer und die Suche nach dem, was trotz des notwendigen Abschieds wichtig bleiben wird. So kann sie sich zwar nicht mehr mit Fritz identifizieren — sie entdeckt sich selber als kreative, sprachmächtige, kritische Frau — und doch bleiben ihr Worte und Erkenntnisse aus dieser Beziehung wichtig (beispielsweise stellt sie sich ja die Frage, wie tolerant sie eigentlich selber sei). Im Hintergrund, das zeigen Formulierungen ihres Briefes, beginnt eine neue Identifikation zu wirken: die im „Gottesbrief" vorgeschlagenen Um- und Neudeutungen ihrer Situation entfalten ihrerseits eine Kraft, die Frau Bandi als lebensfreundlich erfährt.

Wir sehen, wie sich im Prozess der Fokus — wir haben ihn als eine Form der „Gott-Selbst-Mitmensch-Struktur" bestimmt — wandelt. Frau Bandi hatte sich vor der Beratung zwar nach einem neuen Verständnis Gottes gesehnt, sah sich aber nicht im Stande, die notwendigen Schritte zu gehen. Wir haben vermutet, dass dieser Wandel auch deshalb so schwer für sie war, weil ihr Gottesbild mit wichtigen Beziehungen zu anderen Menschen und einem ihr vertrauten Selbstbild verbunden gewesen war. Diese ganze Struktur ist nun in Bewegung geraten. Frau Bandi konnte in verschiedenen Schritten der Externalisierung und kreativen Inszenierung Verkrustetes aufweichen, neue Seiten an sich und Gott entdecken und sich von Vorstellungen und Beziehungen, die ihr bisher Halt gegeben hatten, deren Enge sie aber zunehmend spürte, auch innerlich loslösen.

Wichtig für diesen Prozess ist sicher auch die Beratung selber als Beziehungsraum. Dadurch, dass Frau Bandi von einem Mann und einer Frau in ihren Bemühungen begleitet wird, von Beratenden, die je ihre eigenen — auch geschlechtsspezifisch geprägten — Impulse geben, kann sie im Lesen der Texte und im Gespräch alte Identifikationen lockern und neue aufbauen.

Auffällig ist auch, wie gegen Schluss der Beratungssequenz, die eine Trennung vom Beratungsteam mit sich bringen wird, die Thematik des Abschieds im Abschiedsbrief an Fritz auftaucht. In den Worten ihres Briefs geht es nicht nur um den Abschied von einer Phase ihres Glaubenswegs. Man kann vermuten, dass der Abschluss der Beratung, der naht, dieses Thema des Abschieds und der Trennung auf einer aktuellen, emotionalen Ebene anklingen lässt und dieser konversationelle Kontext sich unbewusst auch so Gehör verschafft (vgl. 8.1.). In den Worten des Briefes ist zudem bereits die Möglichkeit angelegt, dass sich Frau Bandi auch von jenen Positionen distanzieren können wird, die sie in der Beratung kennengelernt hat, wenn dies für sie nötig ist, wenn sie dies so *will*. Es ist nur folgerichtig, wenn diese Themen im weiteren Gang der Beratung nun noch deutlicher anklingen.

Frau Bandi kommt im Verlauf des sechsten Gesprächs auch auf die andere „Aufgabe" zu sprechen, die ihr das Beratungsteam gegeben hatte: Sie fand es nicht einfach, Wünsche zu formulieren. Und doch war es gut, sie festzuhalten. Sie fühlt sich hin- und herschwanken zwischen dem Wunsch, anders zu werden, und ihrer Erfahrung, wie schwierig dies ist.

Frau Bandi: „Schon wieder so ein Kampf. Ich sehe, dass Neues möglich ist, in der letzten Zeit, gerade durch diese Beratung und so, daneben, dass ich mich selber bin, da gibt es kein Pardon, da ändert nicht viel. Das mit der Veränderung hat mich immer wieder beschäftigt."

Berater: „So im Sinn: Ich möchte gerne, aber ich weiss nicht wie. So: Ich möchte gerne, aber so bin ich eben."

Frau Bandi: „Mhm."

Lange Pause.

Berater: „Wo sind Sie innerlich gerade?"

Frau Bandi: „Ich habe mir gerade überlegt, ob ich mich eigentlich im Moment verändern möchte. Vielleicht will ich gar nicht. Irgendwie weiss ich es gar nicht richtig. Es ist mir nicht unwohl."

Berater: „Könnte es eine Veränderung sein, dass Sie die Veränderungswünsche sein lassen können?"

Der Berater spricht dann die Schwierigkeit an, dass der Abschluss der Gespräche, der naht, vermutlich gar nicht so einfach ist, auch wenn es nur wenige Gespräche waren. Fragen stellen sich nochmals: „Wo stehe ich am Schluss der Gespräche? Was will ich? Was kann ich?" Frau Bandi spricht von ihrer Angst, dass sie Wichtiges vernachlässigt, wenn sie nicht mehr die Möglichkeit der Gespräche hat. Die wöchentliche Auseinandersetzung war hilfreich, das Echo, die Aufgaben. Musikstudierende haben ihre Musikstunde. In der Theologie ist das Instrument die Seele. Es wäre wichtig, eine Rückmeldung zu erhalten. Das Gespräch dreht sich dann um Möglichkeiten, wie sie dieses Anliegen in ihren Alltag integrieren könnte. Die Stunde schliesst mit der Anregung, den ganzen Prozess der Beratung nochmals anzuschauen.

Es ist wichtig, dass das Thema des Abschieds auch ausdrücklich angesprochen wird (vgl. Kap. 8). Notwendige Schritte der Internalisierung neuer Erkenntnisse, der Trennung und „Freisetzung" werden gerade so gefördert. Eine wichtige Voraussetzung dafür ist, dass sich das Beratungsteam selber ebenfalls vergegenwärtigt, was das Ende der Beratung denn bedeutet.

Frau Bandi stellt — fast ein wenig irritiert — fest, dass sie in sich nicht mehr so starke Veränderungswünsche spürt. Der Berater versucht, dieser Irritation eine neue Bedeutung zu verleihen, sie in einem positiven Licht erscheinen zu lassen: Vielleicht besteht Veränderung, „Freisetzung" gerade darin, Veränderung geschehen zu lassen und nicht selber bemüht in Gang setzen zu wollen, ja Veränderung „sein" zu lassen. Der Berater versucht damit, Druck wegzunehmen. Kann Frau Bandi lernen, anstatt sich vom Druck eines fordernden Überichs leiten zu lassen, sich mehr der Kraft des Wünschens und der Selbstranszendenz anzuvertrauen? Während des Unterbruchs, der in unserem Beratungssetting nun vorgesehen ist, können sich Erkenntnisse und Motivationen, die im Prozess der Beratungen intensiviert wurden, „setzen", klären und konsolidieren und kann der Normalfall eines Lebens ohne Beratung getestet werden.

Nach einem Monat Unterbruch kommt Cristina Bandi zur letzten Sitzung. Das Gespräch wird von ihr, der Beraterin und dem Berater gemeinsam geführt. Frau Bandis Vermutung hat sich bestätigt: Die Auseinandersetzung mit den Fragen, an denen sie gearbeitet hat, ist zurückgetreten. Sie hat sich im Alltag aber immer etwas beobachtet. Bei einem Besuch bei ihrem Patenkind in einer Familie, die einer Freikirche angehört, hatte sie festgestellt, dass sie sich an diesem Patenkind ungeschmälert freuen konnte. Sie konnte den Hintergrund der Familie so stehen lassen, wie er war, ohne Groll, ohne das Gefühl, sie selber sei nicht richtig „gewickelt". Es ist für sie nicht einfach zu wissen, dass das Patenkind ganz anders aufwachsen wird, als sie sich vorstellt, es wäre richtig, und fragt sich, ob sie das Recht habe, ihre eigene Position ins Spiel zu bringen. Es geht ihr auf, dass sie in diesem Patenkind ein Stück ihrer eigenen Vergangenheit begegnet, versucht im Gespräch dann aber zu differenzieren: Was ihr Patenkind erlebt, wird nicht das sein, was sie erlebt hat. Bei dem allem spürt sie, dass die Auseinandersetzung mit ihren Glaubensfragen etwas bewirkt hat.
Eine gute Erfahrung machte sie zudem in einer Konfirmandenfreizeit, die sie während ihres Praktikums mitleiten konnte. Sie hatte bisher keine Erfahrung mit Jugendlichen sammeln können und spürte mit grosser Freude, dass sie diese verstand und nicht „daneben" war. Allerdings war es für sie schwierig, als Theologin vor die Klasse hinzustehen. Besonders Mühe hatte sie mit einer Morgenandacht, die die Schülerinnen und Schüler selber gestalten mussten und die auf deren Widerstand und Desinteresse stiess. Am letzten Morgen wählten die Jugendlichen ausgerechnet jene Verse, die Frau Bandi besonders „verhasst" sind („Sich selber verleugnen und Jesus nachfolgen", Mk. 8,34f. par.). Ein Konfirmand interpretierte dies so: „Der Jesus hat wohl gemeint, wenn man etwas bekommen will, dann muss man auch etwas geben, fertig Schluss." Das fand sie noch gut. Sie merkte insgesamt, dass sie nicht wie ihre Praktikumsleiterin vorgehen würde. Nun stelle sich ihr aber dringend die Frage, womit sie selbst denn inhaltlich eine Freizeit gestalten würde. Im Moment weiss sie gar nicht, was sie aus dem Glauben schöpfen und weitergeben kann. Sie fühlt sich dort so leer. Diese Leere spürte sie besonders stark auch im Gespräch mit einem Freund, einem Medizinstudenten, welcher aus der Kirche ausgetreten ist. Mit ihm kann sie sehr gut über Fragen des Glaubens sprechen. Und doch war sie sehr niedergeschlagen, als sie merkte: Es ist einfach nichts mehr da. Sie erlebt sich als auf dem Nullpunkt angekommen. Vom Alten hat sie sich befreit, aber es gibt noch keine klaren Zeichen für das Neue. Der einzige Anhaltspunkt ist der Brief, den sie bekam. Sie will sich dieser Herausforderung stellen und hat ein Buch gekauft mit Texten von Menschen, die zweifeln. Diese sprechen aus, was sie denkt. Einen Augenblick lang dachte sie, ob die Leere so noch grösser werde, stutzte dann und fragte sich: Ist sie wirklich grösser?
Frau Bandi: „Es muss nicht heissen, dass es so bleibt. Aber es gibt mir schon zu denken, dass es so kommt, dass ich nicht irgendwie einen Ausweg finde, einen neuen Zugang. — Ich weiss einfach nicht, wie ich überhaupt wieder eine Beziehung finden kann. Das scheint mir so schwierig."

Berater: „Irgendwie fehlt Ihnen etwas. Ich höre aber auch: Sie spüren jetzt eine grosse Freiheit. Machen können, was Sie wollen. Und dann scheint es Ihnen, wie wenn sich Gott zurückgezogen hätte,
das Terrain frei lässt."

Frau Bandi: „Mir kommt das so vor. — Jetzt ist mir gerade in den Sinn gekommen: ‚Jetzt hat er sich
zurückgezogen. Jetzt ist fertig. Jetzt hat er genug. Jetzt hat er mich endgültig aufgegeben.‘ Eine
Stimmung von Verlorenheit."

Berater: „Jetzt hat er mich fallen lassen."

Frau Bandi: „Die Schuldfrage, jetzt scheine ich zu viel Schlechtes getan zu haben."

Im weiteren Gespräch wird diese Erfahrung „normalisiert". Die Beratenden kennen ähnliche Erfahrungen auf ihrem Weg. Die Beraterin gibt zu bedenken: „Menschen, die einen religiösen Weg gegangen
sind, berichten oft von solchen Wüstenerfahrungen, von Gottesferne, von einem Gott, der zerbricht,
den man nicht mehr hat." Das Gespräch bewegt sich wieder hin zur Frage, wo Frau Bandi nach dem
Abschluss der Beratung Begleitung und Austausch finden könnte. Gegen Ende spricht der Berater
nochmals die Frage der Leere an und deutet das Bemühen des Beratungsteams, Frau Bandi gute Ratschläge zu geben. „Eine Seite in mir sagt: Jetzt können wir Frau Bandi doch nicht in dieser Leere sein
lassen. Das geht doch nicht (grosses Gelächter). Jetzt müssen wir sie noch ausrüsten. Und das stimmt
ja auch. Die Beratung ist zu Ende. Es könnte schwierig sein, allein weiterzugehen. Auf der anderen
Seite habe ich das Vertrauen, dass Sie die nötigen Kräfte in sich selber tragen und aus Beziehungen —
beispielsweise zum Patenkind oder den Konfirmanden — erhalten." Frau Bandi stimmt zu: Es sei
wichtig, diese Achtsamkeit zu pflegen, und meint zum Schluss, sie habe nun noch genau das ansprechen können, was sie habe besprechen wollen.

Wesentliche Fragen im Blick auf den weiteren Weg Frau Bandis werden in den beiden letzten Gesprächen noch thematisiert: Wo steht sie nun? Kann sie sich so annehmen, wie sie ist (inklusive ihrer Tendenz, im Moment nicht viel ändern zu wollen)?
Wie kann sie ihre neue Haltung in privaten Beziehungen (das Verhältnis zu ihrem
Patenkind lässt die Problematik, an der sie gearbeitet hatte, vielstimmig nochmals anklingen), aber auch in ihrem zukünftigen beruflichen Arbeitsfeld umsetzen? Die Frage,
wer sie denn selber sei und was sie „geben" könne, spitzt sich zu. Altes hat sie ab-
bauen können. Dort, wo dieses Alte gewesen war, stösst sie nun in eine Leere. Diese
Leere ist schwer auszuhalten. Frau Bandi steht in Gefahr, sie als Strafe und Gottver-
lassenheit zu interpretieren. Ihr altes Verständnis von Gott ist immer noch virulent. Als
Pfand für einen neuen Weg hat sie nur den „Gottesbrief" in der Hand. Diese Leere
ist nicht nur für sie schwer auszuhalten. Sie treibt auch das Beratungsteam um. Beraterin und Berater, das zeigt das detaillierte Transkript der Sitzung, überbieten sich mit
Ideen, wie Frau Bandi weitergehen und diese Leere überbrücken kann, bis dies für alle
so deutlich wird, dass sich die Spannung in Gelächter auflöst und die Beraterin formulieren kann, dass ihre „elterlichen Gefühle eben im Aufruhr" seien. Mit diesem
Zugeständnis der Machtlosigkeit auch der Beratenden angesichts von Grenzen, Ende
und Trennung und dem „Vertrauen in das Vertrauen", das der Berater ausdrückt,
schliesst die Beratung. Cristina Bandi ist durch die Gespräche an den Ausgangspunkt
eines neuen Weges gelangt, den sie nun selber gehen wird. Das bestätigt sie in einem
Brief, den sie nach Abschluss der Beratung an das Team der Beratenden richtet:

„Meine Wut auf Gott, so wie ich ihn mir zuvor vorgestellt habe, hat nachgelassen. D.h. ich glaube
nicht mehr an einen solchen Gott, der von mir verlangt, mich selbst zu verleugnen, den ich ständig
um Vergebung bitten muss, wenn ich wieder egoistisch gehandelt habe. Dadurch sind auch diese

Schuldgefühle verschwunden, die logische Folge meiner früheren Gottesvorstellungen waren. Ich habe alte, mich belastende und einengende Gottesbilder, Teile ablegen können. Vielleicht war es mein Ziel, ein neues Gottesbild für mich finden zu können. Das ist (noch) nicht gelungen, aber ein erster Schritt dazu ist durch die Beratung getan worden. Ich weiss jetzt, wie ich mir Gott nicht vorstellen kann und will. Es wird ein langer Weg sein, ein Gottesbild zu finden, das für mich stimmt...“

3. Grundlagen

Nachdem wir an einem Beispiel unser Modell religiös-existentieller Beratung „in Aktion" vorgestellt haben, sollen nun einige Grundlagen unserer Arbeit verdeutlicht werden. Auf diesen Grundlagen werden wir dann Schritt um Schritt die verschiedenen Elemente der Beratung platzieren. Auf welchen theoretischen Voraussetzungen basiert unser Beratungsmodell? Wie werden Konzepte aus Psychotherapie und Theologie darin aufeinander bezogen? Was wollen wir unter religiös-existentieller Beratung genau verstehen und in welchem gesellschaftlichen Umfeld wird sie heute wichtig? Bei der Beantwortung dieser Fragen gehen wir wieder von einem Beispiel aus. Unser Beratungsverständnis hat sich in einem steten Wechselspiel von Theorie und Praxis geklärt. Dem soll auch hier Rechnung getragen werden.

3.1. Gott und die Wut

Andrea Beck, auch sie Theologiestudentin, beschäftigt, dass sie sich in manchen ihrer Beziehungen nicht abgrenzen kann. Obschon sie sich zuerst keines Gefühls bewusst ist, das sie sich nicht zu erfahren erlaubte, kristallisiert sich als Fokus der Beratung im ersten Gespräch der Umgang mit Wut heraus. Sie wagt diese vor allem im Kontakt mit ihrem Freund und anderen männlichen Studienkollegen nicht wahrzunehmen und zu äussern. Sie wird angeregt, ihrer Wut einen Brief zu schreiben. Die zweite Sitzung ist erfüllt von der Freude über die wiedergefundene Wut; aber auch Angst ist da. Frau Beck berichtet, dass „das Leben dadurch schwieriger wird, ich für andere anstrengender, unbequemer bin, speziell für meinen Freund". Sie ist überhaupt darüber erstaunt, wie oft sie wütend ist. Die Wut fühlt sich jedoch lebendig, warm und voller Energie an. Sie spürt sich mehr, empfindet sich als lebendiger, und sie merkt, dass ihr mehr Platz gegeben wird, wenn sie Wut äussert. Sie selber stellt bereits einen Bezug zum Religiösen her: „Vielleicht ist dies ein Sinn der Rachepsalmen in der Bibel? Worte — wenn auch Worte der Rache — können auf diese Weise nach aussen gelangen. Bei mir können sie nicht nach aussen. Ich erstarre, bin gelähmt, dabei ist in mir ein kochender Vulkan." Am Schluss der Sitzung geben wir Frau Beck neue Aufgaben: Wir ermuntern sie, ihre Wut zu malen, einen „Wutpsalm" zu schreiben oder über das Thema „das Wütchen" zu meditieren. In der nächsten Stunde liest sie uns ihren Wutpsalm vor (vgl. „Ein Psalm", S. 44f.) und zeigt uns dann ihre Wutbilder. Diese entstanden nach einem Zusammenstoss mit ihrem Freund. „Zuerst kam nichts (d.h. das Blatt blieb leer), dann ein 'Kuddelmuddel', zuletzt endlich Harmonie." Frau Beck äussert eine wichtige Beobachtung: Bis jetzt habe sie sich Gott immer als zarten, sanften Gott vorgestellt. Es sei das erste Mal, dass Wut eine solche Rolle spiele. Sie empfindet es als wohltuend, dass Gott „schweigt, so besänftigt er jedenfalls nicht". Sie empfindet Widerwillen gegen eine blutleere, tote Sprache, gegen die falsche Hochachtung vor Dichtern und Sprachschöpfern. „Ich habe selber Freude daran, etwas zu schreiben." Während Frau Beck ihre Zeichnungen kommentiert, schreibt die Co-Beraterin aus einer inneren Resonanz heraus einen Text für Frau Beck und liest ihn am Schluss der Sitzung vor.

Text für Andrea Beck
Deine Wutschlange beginnt zu tanzen,
farbig ist sie und wunderschön,
Wellen in Wellen,
Sterne und Glöckchen.

Sie birgt Trauer und Abgrund,
durch Schmerz und Angst
windet sie sich zu Lebendigkeit.
Tiefe Harmonie erst dann,
wenn auch deine Wut leben kann,
dann wirst du lebendig!
Geburt der Wutschlange
tanzt Energie frei,
tanzt — dich frei
stolz und gerade.
Und du lebst und liebst
von tief innen
und spürst,
wie Gott in dir
wütet, tanzt, lacht, flötet
und
lebt.

Der Text kommentiert und vertieft in einem „intermedialen Transfer"[1] das Thema, an dem Frau Beck arbeitet. Diese bittet betroffen um eine Kopie des Textes (in einem Brief, in dem sie nach ungefähr einem Jahr auf die Beratung zurückblickt, wird sie schreiben: „Nun kann ich Ihnen noch erzählen, was Sie weniger erstaunen wird als mich: Ich habe das Tanzen entdeckt! Es ist geradezu eine leidenschaftliche Liebe geworden... Im Tanzen erfahre ich eine ungeheure Lebendigkeit, ich nehme Raum ein, indem ich mich ausstrecke nach allen Seiten, ja Gott tanzt in mir, und ich tanze mich."). Es ist für den Prozess, den unser Beratungsmodell in Gang setzt, charakteristisch, dass er auf halber Strecke scheinbar zum Stillstand kommt. Kann wirklich Neues werden oder wird sich das Alte als stärker erweisen? So erfährt auch Frau Beck zwischen der dritten und der vierten Beratungsstunde ihre eigene Leblosigkeit (und nicht nur die Leblosigkeit und Starre der Welt, die sie in ihrem Psalm beschreibt). Frau Beck erkrankt an einer Grippe, fühlt sich müde und erschöpft. Schon länger beschäftigt sie das Grimmsche Märchen von Jorinde und Joringel. Sie erkennt im Gespräch, dass beide Figuren, Jorinde und Joringel, Teile ihrer Person sind: Joringel ist der lebendige Teil, welcher sich mit einer roten Blume aufmacht, Jorinde zu erlösen. Jorinde symbolisiert den erstarrten, leblosen, hinter Gittern gefangenen Teil. Wir reden über jenen Persönlichkeitsanteil in ihr, der sich am liebsten in ein Mauseloch zurückziehen würde.

Die Auseinandersetzung vertieft sich in den nächsten Sitzungen. Frau Beck geht Verästelungen ihrer Fragestellung im Gespräch nach und nimmt weitere kreative Anregungen auf. So experimentiert sie beispielsweise mit zwei entgegengesetzten Körperhaltungen, die sie ineinander übergehen lässt: Sie wird wie die „Maus im Mauseloch" und steht wie die „Wutschlange" aufrecht mit zum Tanz ausgebreiteten Armen da. Auch die Symbole der Befreiung — das Feuer und die feuerrote Blume, mit der Joringel Jorinde erlöst — werden zu wichtigen Begleitern. Wir schlagen Frau Beck vor, ein Kleidungsstück rot einzufärben — und es stolz zu tragen. Als Anregung für einen kreativen Abschluss stellen wir Frau Beck in der zweitletzten Sitzung die Aufgabe, jedes einzelne Gespräch noch einmal vor ihrem „inneren Auge" vorüberziehen zu lassen, wichtige Themen und Prozesse festzuhal-

---

[1] In der intermedialen Kunsttherapie wird damit die Umsetzung von schöpferischen Impulsen aus einem Medium in ein anderes (z.B. aus dem Medium eines Bildes in das Medium des Worts) bezeichnet. Vgl. dazu 6.7. Hier ist zudem das Prinzip einer Hermeneutik der kreativen Resonanz im Spiel: vgl. 7.3.

ten und anschliessend nach dem Vorbild der biblischen „Schöpfungsgeschichte" die sechs Sitzungen in „sechs Tagen der individuellen Selbstwerdung" zusammenzufassen und den „siebten Tag" als Ausblick auf eine mögliche Zukunft zu gestalten.

Die siebte Sitzung findet auch hier in einem zeitlichen Abstand von fünf Wochen statt. In sieben Zeichnungen hat Frau Beck festgehalten, was ihr wesentlich war; zudem hat sie einen „kleinen Schöpfungsbericht" verfasst. Anhand dieses Berichts und der Bilder gehen wir gemeinsam den Prozess der Beratung durch. „Im Anfang war die Sehnsucht nach Leben und sie schuf auch mich. Ich schlummerte oft in Nebel gebettet oder huschte umher. Das Land war öd und voller Schlupfwinkel. Sümpfe boten dem Fuss wenig Halt. Man hörte kaum ein Geräusch; nur das Herz klopfte", so setzt der Bericht ein und spannt seine schöpferischen Sprachbilder über die sechs „Tage" der Beratung bis hin zum Ausblick: „Am siebten Tag war ich innerlich bunt. Da flogen die Vögel, da flammte das Feuer und meine Freundin, das Mäuschen begleitete mich. Da dankte ich der Sehnsucht nach Leben dafür, dass sie mich schuf." Als Thema der vergangenen Wochen nennt sie die Wichtigkeit des Auftrags, „meine eigene Welt zu leben und mich nicht erdrücken zu lassen". Sie berichtet von weiteren, im Ganzen fruchtbaren Auseinandersetzungen mit ihrem Freund. „Jeder hat sein Gebiet, in das der andere nicht dreinredet. Das gibt mehr Distanz, aber auch Freiraum." Sie wünscht sich, dass zwischen ihrer Welt und der ihres Freundes längerfristig mehr Austausch erfolgt und präzisiert: Der Freund möge mehr Kenntnis von ihren kreativen Gestaltungen nehmen, andererseits möchte sie selber mehr an seiner Arbeit teilhaben. Mit solchen Wünschen für die Zukunft verabschieden wir uns.

3.2. Beratung als professionelle Verständigung

Wo schliessen wir mit unserem Verständnis von Beratung, wie es in der Begleitung von Frau Bandi und Frau Beck zum Ausdruck kommt, nun an? Wie können die Charakteristika von Beratung und beratender Seelsorge im Unterschied etwa zu Therapie oder Bildung genauer bestimmt werden? Diese Fragen sind gar nicht so einfach zu beantworten. Ihnen wenden wir uns zuerst zu.

Bisher ist die theoretische und methodische Modellierung beraterischer Arbeit insgesamt ein „unterentwickelter konzeptioneller Diskussions-, Entwicklungs- und auch Forschungsbereich" geblieben (Nestmann 1997, 8). Nach einem Boom der Beratungsarbeit in den Siebziger- und frühen Achziger-Jahren schlief das Gespräch über konzeptionelle Fragen und eine präzisierende Weiterentwicklung von Beratungsansätzen ein. Erst in neuerer Zeit hat die Debatte darüber wieder eingesetzt, inwiefern Beratung als eigenständige Disziplin begründet werden kann.[2] Oft wurde Beratung aus psychotherapeutischen Richtungen abgeleitet und als „kleine", unvollständige, nicht so tiefe, kürzere, weniger anspruchsvolle Therapie verstanden. Die einen weisen darauf hin, dass viele bisherige Beratungsansätze eben gerade so begründet wurden und eine Ableitung des Verständnisses von Beratung aus Richtungen der Psychotherapie sinnvoll und unvermeidlich ist.[3] Daneben gibt es andere, die eben dies bestreiten und eine eigenständige Begründung von Beratung fordern (so z.B. die Gruppe um Nestmann). Beratung muss vom „Beigeschmack der 'kleinen Therapie' befreit" werden (Nest-

---

[2] Vgl. dazu das breit angelegte, nicht in allen Teilen überzeugende „Handbuch der Beratung für helfende Berufe" (Brem-Gräser 1993a-c). Zudem: Nestmann (1997).
[3] Dieser Meinung ist zum Beispiel Rechtien (1998). Bisherige eigenständige Begründungsversuche konnten nach ihm nicht überzeugen. Gar vier „Quellgebiete" der Beratung nennt Brem-Gräser (1993a, 37ff.): Psychotherapeutische, psychologische, pädagogische und seelsorgliche Theorien.

mann 1997 a, 15).[4] Sie bringt nicht weniger vom Gleichen, sondern mehr vom Anderen (Hesse 1999, 57).

Betrachten wir eine ältere Beschreibung (Klingenbeck 1981, 10), die deutlicher macht, was unter Beratung verstanden wurde. Für Beratung gilt:

- Sie dauert im Allgemeinen nicht lange.
- Sie umfasst praktisch nie mehrere Beratungsstunden in einer Woche.
- Oft geht der Beratung eine psychologische Abklärung voraus.
- Die Fragen, die behandelt werden, gehören der Alltäglichkeit an.
- Die Arbeit am Unbewussten steht nie im Vordergrund.
- Recht häufig werden Information vermittelt oder Ratschläge erteilt.
- Die Analyse der Beziehung zwischen Berater/Beraterin und Klient/Klientin steht eher am Rand. Die Beziehung wird definiert durch die Expertenrolle, welche die beratende Person einnimmt.
- Die Thematik ist auf reale und aktuelle Situationen bezogen, die von beschränkter Komplexität sind.
- Die Interventionen zielen eher auf die kognitive als auf die dynamisch-affektive Ebene.

In dieser Bestimmung von Beratung klingt deutlich eine negative Abgrenzung gegenüber Psychotherapie mit. Gleichzeitig weist sie in ihrem positiven Aussagegehalt in eine Richtung, in der sich in neuerer Zeit ein Konsens in der Beratungsdiskussion abzuzeichnen beginnt: Beratung wird verstanden als „eine kompetenzfördernde Unterstützung des Alltagshandelns" (Chur 1997, 41). Gemeinsam ist verschiedenen Beratungsansätzen, „Menschen zu helfen, sich zu entwickeln, Schwierigkeiten vorzubeugen und Probleme zu bewältigen. Ziel ist es, effektive Wege für die Bewältigung von Anforderungen und Lösungen für Probleme zu finden, die im Leben jedes Menschen auftreten können" (Nestmann 1997 b, 170).[5] Beratungshandeln versteht sich als „methodisch offenes, stärker problem- und settingorientiertes als (therapie-)schulenbegrenztes Vorgehen. Beratungspsychologie favorisiert integrative und eklektische Hilfestile" (170).[6] Nestmann (1997 a, 18f.) fasst vor diesem Hintergrund fünf verein-

---

[4] Chur (1997, 42) geht so weit, das Verhältnis umzukehren: Psychotherapie wird von ihm nicht als Oberbegriff verstanden, dem Beratung unterzuordnen ist. Psychotherapie ist vielmehr selber nur eine Anwendungsform psychosozialer Praxis unter anderen!

[5] Ähnlich hält Volger (1997, 214) als Konsens fest, dass „Beratung einen Prozess in Gang setzen soll, der die Ressourcen des Klienten aktiviert mit dem Ziel, ihn in die Lage zu versetzen, seine aktuellen und günstigenfalls auch zukünftigen Probleme selber zu lösen."

[6] Dies entspricht auch der geschichtlichen Entwicklung. Beratung ist nicht aus der Psychotherapie entstanden. Ihr Ursprung ist vielmehr in der Berufsberatung der Zwanziger-Jahre („vocational counseling") zu finden, die bis zum zweiten Weltkrieg zentral blieb. Unversitäten wurden in der darauf folgenden Zeit wichtig als Orte, wo Beratung gepflegt und weiterentwickelt wurde. Ende der Sechziger-Jahre kam Beratung zu neuer Blüte. Zugang zu und Erhaltung von Beschäftigung, Minderheitencounseling, Gruppencounseling, Beratung im Mental-Health-Bereich (heute stärkste Division in der ACA, American Counseling Association), Beratung im Lebenslauf (v.a. auch im Alter), Ehe- und Familienberatung und Beratung zur Förderung von Gesundheit wurden als Arbeitszweige in den folgenden Jahrzehnten wichtig. Beratung hat heute ihre ausgeprägteste und stabilste Identität in der Geschichte erreicht und ist — zumindest in den USA — „zu einer renommierten Spezialdisziplin geworden" (Nestmann 1997 b, 161). Die ACA ist in 15 Divisionen unterteilt (unter ihnen auch die Division „Religion and Value Issues") und vereinigt ca. 60'000 Mitglieder. Hochschulinstitute, freie Praxen und universitäre Beratungszentren bilden die primären Beschäftigungsbereiche.

heitlichende Merkmale und Themen von Counseling und Counseling-Psychologie der USA Ende der Neunziger-Jahre zusammen. Beratung ist charakterisiert durch:

- „den vorrangigen Bezug auf weitgehend reflexions- und handlungsfähige, 'relativ gut angepasste und funktionierende' Personen — also nicht schwergestörte Menschen;
- die Betonung zeitlich überschaubarer und begrenzter (auch kurzer) Beratungsdauer;
- die Priorität von Stärken und Fähigkeiten der Beratungsklienten/-innen vor ihren Defiziten und Schwächen;
- die Einsicht, dass sich das Leben (und damit auch Leiden) in der Interaktion von Person und Umwelt vollzieht und nicht nur in der Person oder nur in ihrer Umwelt sowie
- die durchgängige Verankerung von Beratungsaufgaben in den weiteren Kontexten der Lebensbezüge einer Person oder jeweiligen Klientel in allen ihren speziellen Anwendungsfeldern (der Bildungs-, Berufs- und Karriereberatung, der Erziehungs-, Familien-, und Eheberatung, der Sucht- und Drogenberatung, der Beratung von MigrantInnen, alten Menschen etc.)."

Wir schliessen an diese Diskussion an. Auf der einen Seite leiten sich viele konzeptionelle und methodische Eigenheiten auch unseres Beratungsmodells aus der Auseinandersetzung mit psychotherapeutischen Richtungen ab. Auf der anderen Seite verstehen aber auch wir religiös-existentielle Beratung als etwas Eigenständiges, als Gestalt besonderer Art, und nicht nur als „kleine Schwester" der Psychotherapie. Sie steht dem Alltagsgespräch näher als Psychotherapie — wir werden noch ausarbeiten, was dies bedeutet —, und doch ist auch sie eine methodisch und inhaltlich bestimmte Form „professioneller Verständigung" (Redlich 1997, 152).

Auch im Beispiel von Frau Beck zeichnen sich wesentliche Grundzüge so verstandener Beratung ab. Die zeitliche Beschränkung und der Bezug auf den konkreten Alltag einer Freundschaft und eines Theologiestudiums und ihre Herausforderungen sind unverkennbar. Zugleich weist das Beispiel aber noch andere Kennzeichen auf, insofern auch Themen ins Spiel kommen, die Frau Beck bisher so noch nicht bewusst waren (wenn sie auch ziemlich bewusstseinsnahe zu sein gewesen scheinen).

Als professionelle Verständigung folgt Beratung Regeln, die sich kommunikationstheoretisch erhellen lassen. Ihre spezifischen Inhalte und Methoden ergeben sich aus ihrer wissenschaftlich-professionellen Ausrichtung. Was bedeutet dies für religiösexistentielle Beratung? Wir verstehen religiös-existentielle Beratung als „professionelle Verständigung" im Sinne einer „Theologie als Gespräch" (Tracy 1993). Für eine so „gesprächig" gewordene Theologie lassen sich die von Habermas (1981) und Schulz von Thun (1981) erarbeiteten Dimensionen des kommunikativen Handelns auch theologisch fruchtbar machen (vgl. auch Etter 1987): Wahrheit, Authentizität, Akzeptanz und Effizienz können auch als Dimensionen theologischer Arbeit verstanden werden.

Im Zentrum religiös-existentieller Beratung als einer spezifischen Form professioneller Verständigung steht folglich nicht einfach die Suche nach abstrakter, auf Inhalte allein bezogener religiöser „Wahrheit". Das Wahrheitskriterium im Sinne einer Annäherung von Person und Glaubenstradition, das seine Geltung behält, wird durch andere Kriterien ergänzt: Religiös-existentielle Wahrheit soll auch als Wahrheit, welche authentischen Selbstausdruck ermöglicht, verstanden werden. Sie ist subjektive, „erfahrene" Wahrheit. Religiöse Wahrheit ist zudem wesenhaft geteilte, kommunitäre

Wahrheit, die Gemeinschaft begründet und aus Gemeinschaft lebt. Religiöse Wahrheit ist schliesslich auch regulative Wahrheit. Aus dem als wahr Erkannten leiten sich praktische Konsequenzen ab. Die Praxis der Wahrheit gehört unlösbar zur Wahrheit. Aus diesen Bestimmungen lassen sich zum einen Kriterien zur Beurteilung der religiös-existentiellen Qualität der Beratungsarbeit ableiten. Ein religiöser Beratungsdiskurs ist insofern professionell und „wahr", als er sachgerecht verläuft, existentiell betrifft, Gemeinschaft begründet und alltagspraktische Konsequenzen aus sich heraussetzt. Den unterschiedlichen Dimensionen professioneller Verständigung, die religiös-existentielle Beratung begründen, entsprechen — wie wir gleich ausführen werden — auch die theologischen und therapeutischen Disziplinen, deren Perspektiven wir in unserer Beratungskonzeption zu integrieren versuchen. Durch den Bezug auf theologische Disziplinen soll religiös-existentielle Beratung dem inhaltlichen Wahrheitskriterium Raum geben. Authentischer Selbstausdruck wird insbesondere durch die Integration ausdruckstherapeutischer Konzepte und Methoden in die Beratung gefördert. Der Bezug auf den persönlichen und sozialen Alltag kommt in den Perspektiven der Psychoanalyse, der Systemtherapie sowie in genderbezogenen Fragestellungen zum Zug.

So verstehen wir auch die Beratung von Frau Beck als einen Prozess „professioneller Verständigung". Was sich im Verlauf dieser Beratung als „wahr" herausschält, lässt sich genau in diesem Koordinatennetz von Bestimmungen verstehen: Im Verlauf dieser Gespräche geht es sicher darum, dass Frau Beck ihre Situation „vor Gott" auf dem Hintergrund jüdisch-christlicher Traditionen in grösserer Klarheit und Tiefe verstehen kann. Dies geschieht aber auch dadurch, dass Frau Beck zu einem authentischeren Selbstausdruck findet, in dem sie ihre aggressiven Seiten und ihr Gottesverhältnis neu zusammendenken lernt. Es ist zudem wichtig, dass diese neuen Einsichten „wahrgenommen" werden, von ihr selber, aber auch von den beiden Beratenden, die sich in diesem Prozess der Wahrheitsfindung ihrerseits authentisch und verständnisvoll einzubringen suchen. Und: Diese Wahrheit erweist sich als Wahrheit gerade auch dadurch, dass Frau Beck aus ihr praktische Konsequenzen für ihr Selbstverständnis und ihre Beziehungen ableitet. Dies alles kommt nun nicht so ins beraterische Spiel, dass am Anfang eine abstrakte Wahrheit stünde, die dann ins persönliche, gemeinschaftliche und alltagspraktische Leben hinein konkretisiert werden müsste. Diese verschiedenen Dimensionen religiös-existentieller Wahrheit kommen gleichzeitig, miteinander aufs Engste verflochten, ins Spiel. Die Beratung von Frau Beck erweist sich dadurch als professionelle Verständigung, dass diese verschiedenen Dimensionen der Wahrheitssuche je ihren Raum finden und im Prozess der Beratung gestaltet und kritisch bedacht werden.

3.3. Erbschaften der Schwestern Psychotherapie und Kunst

Auch wenn wir religiös-existentielle Beratung als Beratungsform in einem eigenen, spezifischen Sinn verstehen, sind — wie wir bereits gesagt haben — auch „Erbschaften" der Psychotherapie und Kunst für unser Beratungsverständnis wichtig geworden. Um sie soll es nun gehen. Welche Konzepte aus Psychotherapie und Kunst nehmen wir auf? Wie beziehen wir sie aufeinander? Auch mit diesen Fragen sind komplexe Probleme verbunden.

Es ist zwar ein Kennzeichen der Beratung, dass in ihr oft eklektisch gearbeitet wird. In vielen Konzeptionen von Beratung werden praxis- und personennah Konzepte und Methoden eingeführt, welche den Beratungsprozess erhellen und steuern helfen. Auch wir sind bei der Entwicklung des Beratungsmodells so vorgegangen. Wir haben je bestimmte Vorlieben und Prägungen mit in die Beratung gebracht, die uns in unserer bisherigen Arbeit wichtig geworden sind. „Polyokular" (de Shazer 1992, 40) haben wir im Verlauf der Beratungen das Geschehen zu sehen versucht. Von dieser Sicht her haben wir unsere Haltung und unsere Anregungen gestaltet und verantwortet und so Beratung als „fortlaufende Improvisation" (Caspar/Grawe 1992) inszeniert. Kunsttherapeutische und feministische, resp. psychoanalytische und systemische Gesichtspunkte wurden je durch die beiden Schreibenden in den Prozess der Beratung und der Entwicklung unseres Modells eingebracht. Wir wählten also — biographisch bedingt und zugleich bewusst — nicht eine einzige (kurz)therapeutische Tradition zum Ausgangspunkt beraterischer Arbeit, sondern versuchen, Impulse verschiedener therapeutischer Traditionen zu integrieren. Wir haben die Konzepte, die für die weitere Ausgestaltung des Modells hilfreich waren, also im Prozess der Beratung und deren Reflexion entwickelt und präzisiert. Das Beratungsverständnis, das sich dabei Schritt um Schritt herauskristallisierte, ist so ein Ausdruck unserer Zusammenarbeit, letztlich auch eines systemischen Verstehens theoretischer Konzeptentwicklung.

Differenzen zwischen den unterschiedlichen „Traditionen", auf die wir uns beziehen, sollen also im Folgenden nicht einfach ausnivelliert werden. Vielmehr werden solche Differenzen zu Ressourcen im Beratungsprozess. Sie ermöglichen unterschiedliche Blickwinkel. Sie bringen je Aspekte der Beratungswirklichkeit zum Vorschein, die sonst im Dunkeln blieben. Sie ermöglichen je besondere Interventionen. Auch ihre „Wahrheit" entbirgt sich in einem komplexen Prozess des gemeinsamen Suchens. [7] Dabei stellt sich auch hier die (wissenschaftliche) Frage nach der Angemessenheit der jeweiligen Vorstellungen und Praktiken. Zugleich fragt sich aber auch, wie die an der Beratung Beteiligten je ihre wissenschaftlichen und professionellen Überzeugungen authentisch in den gemeinsamen Prozess einbringen können (sie können es dann, wenn sie für jene Konzepte einstehen, die ihnen in ihrer bisherigen Arbeit wichtig geworden sind, und zugleich fürs Gespräch offen bleiben). Es stellt sich zudem die Frage, ob auf der Grundlage dieser Konzepte ein gemeinsames Suchen nach umfassenderen Dimensionen des Verstehens möglich wird. Zudem ist es nicht unerheblich, welche Folgen ein bestimmtes Verstehen und Gestalten des Beratungsprozesses hat. Wie „wahr" bestimmte theoretische Konzepte sind, ergibt sich schliesslich auch (nicht nur!) daraus, wie „viabel" sie sind, wie sie sich also in der Arbeit mit einer bestimmten Klientel bewähren. Auch bei der gemeinsamen Erarbeitung eines theoretischen Rahmens kommen also die vier Kriterien kommunikativ fundierter Wahrheit zum Zug, die wir bereits genannt haben. [8]

---

[7] Solche Verknüpfungen als „Einheit der Differenz" sind nicht beliebig. Sie müssen beispielsweise zum äusseren Therapiekontext und zur inneren Orientierung von Therapeutin und Klient passen, zum rechten Zeitpunkt erfolgen und die Aufnahmebereitschaft der Klientel respektieren (Hesse 1997). Vogt (1996) beschreibt ebenfalls ein integratives Verfahren. Dabei sind folgende Fragen leitend: Welches Verfahren ist für welchen Patienten angemessen? Welches Verfahren ist in welcher Phase einer Therapie angebracht? Welcher Therapieintervention soll innerhalb welcher Therapiestrategie der Vorzug gegeben werden?

[8] Ähnlich Redlich (1997, 159): Nach ihm lassen sich den von Habermas unterschiedenen Bereichen kommunikativen Handelns auch therapeutische Richtungen und Tätigkeiten zuweisen: So fördert beispielsweise die Gesprächstherapie den authentischen Ausdruck, die systemische Therapie das Verständnis für die Regeln zwischenmenschlicher Kommunikation und die Verhaltenstherapie die Durchführung von Verhaltensänderungen.

So können und wollen wir im Folgenden keinen Entwurf von Beratung vorlegen, in dem die verschiedenen, von uns eingebrachten Perspektiven nun „integriert" wären, vielleicht gar im Sinne einer „allgemeinen" Beratung, die ihr Pathos einer „allgemeinen Psychotherapie" (Grawe 1998) entleiht. Vielmehr bleiben bestimmte Brüche und Ungereimtheiten stehen, die sich aus der Unterschiedlichkeit der Traditionen aus Psychotherapie und Theologie ergeben, auf die wir uns beziehen.

Vom einen Schreibenden (C.M.) werden vor allem die Traditionen der Psychoanalyse und systemischen Therapie eingebracht. Im Buch „Systemische Seelsorge" (Morgenthaler 2000) wurde gezeigt, welche Folgen eine systemische Sichtweise für ein „psycho-*systemisches*" Verständnis von Seelsorge hat, wobei bereits Anschlussstellen zu einer stärker auf das Individuum bezogenen systemischen Sicht von Seelsorge sichtbar wurden. Hier soll es nun darum gehen, einen „*psycho*-systemischen" Blickwinkel für Beratung und Seelsorge fruchtbar zu machen. Die beiden Perspektiven ergänzen sich, können aber nicht einfach ineinander geklappt werden. So werden nun zuerst psychoanalytische Konzepte genannt, die für die Entwicklung unseres Beratungsverständnisses wichtig geworden sind. In einem zweiten Schritt soll dann die Frage aufgenommen werden, wie sich diese mit systemischen Vorstellungen verbinden lassen. Daran anschliessend soll gezeigt werden, wie Prinzipien einer „kreativemanzipierenden Seelsorge" (Schibler 1999) unser Verständnis von Beratung geprägt haben und welche theologischen Grundüberlegungen uns bei der Entwicklung religiös-existentieller Beratung beeinflusst haben. Dabei können wir an dieser Stelle die verschiedenen „Traditionen", auf die wir uns beziehen, erst einmal nur kurz nennen. Wie sie für die Beratung wichtig werden und sich verbinden lassen, soll im Detail dann in den anschliessenden Kapiteln sichtbar werden.

Intentionen psychoanalytischer Kurztherapie

Für unser Beratungsmodell sind Ansätze psychoanalytischer Kurztherapie wichtig geworden. In den Fünfziger-Jahren brachten Engpässe in der psychosozialen Versorgung von psychiatrischen Polikliniken in den USA und in England ungefähr zeitgleich Überlegungen in Gang, wie neuere, kürzere Formen der Therapie gefunden werden könnten. Dabei waren es vor allem Vertreter der Psychoanalyse, die entsprechende Therapiemodelle entwickelten. Zu nennen sind als Pioniere beispielsweise Malan (1965), Mann (1978: „Psychotherapie in 12 Stunden") und auch Balint an der Tavistock-Klinik in London (Balint et al. 1973). Sie haben je mit ihren Teams Modelle der psychoanalytischen Kurztherapie entwickelt. Kurztherapie gewann in den folgenden Jahrzehnten innerhalb der Psychoanalyse als Konzept mehr und mehr Anerkennung (vgl. z.B. Strupp/Binder 1991). Wir charakterisieren einige wichtige Eigenarten dieser Form der Therapie in Stichworten (vgl. dazu Brem-Gräser 1993 b, 116ff.):

* keine „Rekonstruktion der Gesamtpersönlichkeit" als Ziel, sondern Beseitigung oder Besserung spezifischer Symptome, die eine Gesundung insgesamt einleiten; Ich-Stärkung im gegebenen lebensgeschichtlichen Umfeld
* Verkürzung der Dauer: im Extremfall von 500 und mehr Stunden bei hochfrequenter Analyse auf zwölf Stunden bei einer Kurztherapie
* Herauskristallisieren eines fokalen Konflikts, an dem konzentriert gearbeitet wird
* Veränderungen im Setting: keine Therapie im Liegen, sondern im Sitzen
* aktiveres, interessiertes und hilfsbereites Verhalten des Therapeuten resp. der Therapeutin.

Im Übrigen wurden wesentliche theoretische und methodische Elemente der Psychoanalyse in solchen Kurztherapien beibehalten (Annahme eines Unbewussten, die Konzepte der Übertragung und des Widerstandes etc.). Childs (1990) hat in aufschluss-
reicher Weise gezeigt, wie diese Tradition psychoanalytischer Kurztherapie für die
Seelsorge fruchtbar zu machen ist.

Perspektiven psychoanalytisch orientierter pastoraler Kurzberatung
nach Childs (1990)

1. Pfarrer/Pfarrerinnen arbeiten in dieser Beratung aktiv und suggestiv (gegen Rogers).
2. Ein fokales Beziehungsproblem wird ins Zentrum der Beratung gerückt.
3. In der Beratung wird auf die positive Seite von Ambivalenzen des Klienten resp. der
   Klientin fokussiert.
4. Klientinnen resp. Klienten müssen fortlaufend darauf aufmerksam gemacht werden, wenn
   sie Widerstand gegen Veränderung zeigen.
5. Negative Gefühle eines Klienten dem Berater gegenüber oder negative Gefühle einer Beraterin der Klientin gegenüber sollen wahrgenommen und sorgfältig angesprochen werden.
6. Problemlösung ist das Hauptanliegen aller Beratungssitzungen. Das muss als Ermutigung immer wieder betont werden.
7. Der ausgehandelte Zeitrahmen der Beratung muss unbedingt beibehalten werden. Sonst
   schwindet das Vertrauen in die Beratungsbeziehung.

Wir schliessen hier an und beziehen dabei neuere Entwicklungen der psychoanalyti-
schen Kurztherapie mit ein (z.B. Lüders 1974, Strupp/Binder 1991, Lachauer 1992).
Ähnlich wie Childs (1990) gehen wir beispielsweise davon aus, dass es sinnvoll ist, die
Beratung auf einen thematischen Schwerpunkt zu beziehen, in dem ein fokales Bezie-
hungsproblem zumindest anklingt oder gar explizit mit einer religiös-existentiellen
Problematik verbunden ist.

Wir kreisen in den Gesprächen mit Frau Beck in unterschiedlicher Form um jenen Fokus, der in der
ersten Sitzung bestimmt, in den folgenden weiter vertieft wird. Die Behandlung dieses Fokus ist der
Auftrag, den wir uns geben lassen und an dem wir dann gemeinsam arbeiten. Dieser Fokus umschreibt ein Problem, das zur Lösung ansteht, ein fokales Beziehungsproblem, von dem ausgegangen
wird. In unserem Beispiel ist es die Schwierigkeit von Frau Beck, sich in Beziehungen abzugrenzen.
Noch genauer: Frau Beck befindet sich in einem Ambivalenzkonflikt zwischen ihrem Bedürfnis, sich
selber als Frau in Beziehungen deutlicher zu artikulieren, und ihrem Bedürfnis, wichtige Beziehungen, insbesondere Beziehungen zu Männern, dadurch nicht aufs Spiel zu setzen. Wie könnte der
Fokus in diesem Fall umschrieben werden? Lachauer (1992) hat eine Form der Formulierung des
Fokus vorgeschlagen, die wir besonders hilfreich finden. Der Fokus ist zu suchen im Überschnei-
dungsbereich der aktuellen Konfliktsituation, der szenischen Gestaltung in Übertragung und Gegenübertragung und der lebensgeschichtlichen Beziehungskonstellation, die sich im Hintergrund abzeichnet. Im Rückblick auf die ganze Beratung könnte der Fokalsatz folgendermassen formuliert
werden: „Ich muss mich immer wieder klein fühlen und in mein Mauseloch zurückziehen, weil ich
Angst habe, dass ich sonst in meiner Grösse und mit meinen Gefühlen gesehen werde und andere —
Menschen und Gott — sich von mir zurückziehen." In diesem Konflikt erkennen wir also Folgen-

des: eine rekursive, sich selber in inneren und zwischenmenschlichen Gesprächen bestätigende, z.T. problemerzeugende Struktur. In dieser beeinflussen das Selbst- und Gottesbild, eingelagert in Beziehungserfahrungen, den Selbstwert und die psychische Gesundheit.

Wir schliessen in unserem Verständnis von Subjektivität und Gottesbeziehung psychologisch also an die Tradition der Psychoanalyse an (und erweitern diese). Besonders hilfreich und interessant sind Konzepte der sogenannten Objektbeziehungs-Psychologie, um psychologische Prozesse, die auch die Religiosität berühren, weiter zu klären (vgl. Kap. 9.1.). Mit einem solchen beziehungsorientierten, psychoanalytischen Verständnis lassen sich u.E. systemische Überlegungen verbinden.

Intentionen systemtheoretisch reflektierter Formen der Kurztherapie
Seit den Siebziger-Jahren kamen neben den psychoanalytischen Fokaltherapien neue Formen der Kurztherapie mit anderen theoretischen Ausrichtungen auf. Zu nennen sind hier die Schule des „Mental Research Institute" in Palo Alto (z.B. Watzlawick et al. 1992, Fisch et al. 1987, Weiss 1988 u.a.m.), später „lösungsorientierte" Therapien (z.B. de Shazer 1992, 1995), dialogisch-linguistisch und narrativ-dekonstruktivistisch (White/Epston 1994) orientierte systemtherapeutische Ansätze sowie Beratungsmodelle, die integrativ ansetzen (Blaser et al. 1992). Auch hier seien vorerst nur einige Stichworte zur Charakterisierung genannt:

- Konzentration auf Lösungen und Ressourcen, nicht auf Probleme (damit verbunden sind anthropologische Optionen)
- individuelle Probleme werden im Netzwerk von Beziehungssystemen verstanden, haben also nicht lediglich innerpsychische, in der Tiefe der individuellen Biographie wurzelnde Ursachen, sondern werden durch komplexe, rückbezügliche und auf verschiedenen Ebenen vernetzte kommunikative Prozesse verursacht und im Hier und Jetzt konversationell aufrechterhalten
- Nähe zu Konstruktivismus und Kybernetik
- Therapie im „reflektierenden Team"
- Arbeit mit Interventionen und Aufgaben.

Solche Ansätze der Kurztherapie wurden im englischsprachigen Bereich der Pastoralpsychologie bereits mehrfach aufgenommen. Stone (1994 a, b), Taylor (1991), Lester (1995) und Capps (1990) haben die lösungsorientierte Linie der Kurzzeittherapie je für die kirchliche Beratungsarbeit fruchtbar zu machen versucht.
Wir schliessen mit unserem Beratungsmodell insbesondere an die konstruktivistischen und narrativen Weiterentwicklungen der Systemtherapie der Neunziger-Jahre an. Anderson/Goolishian (1990) haben diese auf griffige Formeln gebracht: Ging man in der klassischen Familientherapie der Achziger-Jahre noch davon aus, Systeme seien als „objektiv" gegebene Grösse untersuchbar und veränderbar, verschob sich das Verständnis in den Neunziger-Jahren dahin, Systeme als durch Sprache konstruierte Grössen zu postulieren. Systeme können also nur von „innen", aus einer teilnehmenden und verstehenden Position in ihrer Veränderung begleitet werden. Nahm man früher an, gegenüber Systemen sei ein unabhängiger Beobachtungsstandpunkt möglich, wird nun davon ausgegangen, dass der Beobachter durch seine Perspektive mitbestimmt, was als System erscheint, ja erscheinen kann. Anstatt davon auszugehen, dass Systeme je ihre eigenen Sprachen schaffen, wird angenommen, Sprache schaffe

Systeme. Während gerade in der Familientherapie davon ausgegangen wurde, dass Systeme Probleme produzieren — ein „Indexpatient" zeigt also an, was in einem System faul ist —, verschob sich das Interesse dazu, genauer zu verstehen, wie Probleme Systeme produzieren, wie sich also um ein problematisches Verhalten Helfende verschiedenster Art mehr oder weniger hilfreich zu gruppieren beginnen. So trat neben das zentrale Interesse an Familiensystemen das Interesse an „Problemsystemen" unterschiedlichster Art.

Perspektiven systemisch orientierter pastoraler Kurzberatung
nach Stone (1994 a, 20ff.)

  1.   Nimm eine Kurzzeitorientierung ein!

  2.   Baue eine empathische Beziehung auf!

  3.   Fokussiere auf das Problem!

  4.   Schätze das Problem ein!

  5.   Suche Ausnahmen!

  6.   Setze begrenzte Ziele!

  7.   Entwickle einen Plan!

  8.   Bleibe aktiv in der Beratung!

  9.   Verschreibe machbare Hausaufgaben!

10.   Baue auf den Stärken der zu beratenden Person auf!

11.   Plane von Anfang an das Ende!

12.   Gestalte bewusst den Abschluss!

Vermehrt wurden Personen selber auch als Systeme verstanden. Umfassendere Systeme wie Betriebe und Institutionen wurden zudem in die systemische Analyse miteinbezogen. Damit verbunden vollzog sich ein radikaler Wechsel auch in den Auffassungen von Wirklichkeit. In klassischen Ansätzen der Systemtheorie wurde noch von einer kontinuierlichen sozialen Wirklichkeit, einem Universum von Bedeutungen ausgegangen, das sich theoretisch von einem Standpunkt aus durchdringen lässt. Diese Vorstellung einer einheitlichen Wirklichkeit wurde später — unter dem Eindruck konstruktivistischer Theorien und Argumente — aufgegeben. Wirklichkeit ist als ein „Multiversum" von Bedeutung zu betrachten, das durch viele sich überschneidende, widersprüchliche Perspektiven konstituiert ist. Das Interesse der klassischen Systemtheorie galt jenen Vorgängen, die dazu führen, dass Systeme ein Gleichgewicht, eine Homöostase aufrechterhalten. In den Neunziger-Jahren traten die Prozesse der autopoetischen Selbstorganisation von Systemen, ihre selbstkonstruktiven Potenzen in den Mittelpunkt des Interesses (vgl. dazu auch Neimeyer/Mahoney 1995).
Bei diesen Entwicklungen der Systemtherapie hin zu einer stärker linguistisch und narrativ akzentuierten Theorie sozialer Systeme setzen wir an — ohne die Bedeutung klassischer Positionen der Systemtheorie damit einfach in Abrede zu stellen. Entsprechende systemische Perspektiven lassen sich mit psychoanalytischen Positionen, wie sie kurz dargestellt worden sind, durchaus konstruktiv verbinden (vgl. z.B. Fürstenau 1996).

Auch wenn wir uns in religiös-existentiellen Beratungen konzentriert einem einzigen Menschen zuwenden, kommt in dieser Arbeitsweise systemisches Denken mit zum Zug. Wir gehen zum einen davon aus, dass eine auch für Frau Beck typische „Selbst-Gottesstruktur" (Shea 1995a,b), ein bestimmtes, durch weibliche Rollenmuster mitgeformtes Selbstbild und ein entsprechendes Gottesbild in ein Beziehungsfeld eingelagert ist. Frau Beck hat zu Männern und zu Gott offenbar eine ähnliche Beziehungsstruktur aufgebaut: Sie hält ihre Emotionen, insbesondere ihre Wut, zurück. Dieses Beziehungsmuster könnte weiterverfolgt werden, wahrscheinlich zurück in die Biographie von Frau Beck. Wir tun dies in der Regel nicht. Wir versuchen vielmehr, an diesem rekursiven Beziehungsmuster hier und jetzt und im Blick auf Zukunft anzusetzen. In diesem Muster sind Beziehungen zu sich selbst, zu signifikanten anderen und zu Gott verbunden. Durch minimale Interventionen und Aufgaben versuchen wir, dieses Muster zu „verstören" und in Bewegung zu bringen. Dabei leitet uns die Annahme, dass sich das ganze Beziehungsgefüge dann allmählich auf einer neuen Organisationsebene einspielen wird.

Intermediale Kunsttherapie
In unserer Arbeit lassen wir uns zudem von Sichtweisen und Methoden der intermedialen Kunsttherapie inspirieren. Die intermediale Kunsttherapie, eine eigene Fachrichtung in der Vielfalt der mit künstlerischen Medien arbeitenden Therapien, entstanden in den Sechziger-Jahren in Amerika und Europa, leitet sich in ihrem Selbstverständnis nicht von einer bestehenden psychologischen Theorie ab, sondern versucht, eigene, der Kunst gemässe Theorien unter Bezug auf Theorien der Ästhetik, Dramaturgie, Poetik und der Kunst insgesamt zu entwickeln. Intermediale Kunsttherapie arbeitet mit den verschiedensten künstlerischen Medien, um den ganzheitlichen, künstlerisch-menschlichen Ausdruck zu ermöglichen. Wichtiges Anliegen ist ihr, dass der schöpferische Prozess sich in Sprachfindung und Sprachgestaltung verdichtet: Im schöpferischen Feedback resp. dem Gebrauch von Sprache (Sprechen, Schreiben) mit vielfältigsten literarischen Formen. Nicht Spezialisation auf ein künstlerisches Medium (z.B. Tanz, Musik) ist ihr Weg, sondern Integration aller Ausdrucksmöglichkeiten zum schöpferischen Ganzen in Überlagerung, Verdichtung, Intensivierung und im organischen Wechsel.

Capps (1993) hat eindringlich darauf hingewiesen, dass sich Seelsorge in den letzten Jahrzehnten in ihrem Handeln fast ausschliesslich am therapeutischen Paradigma orientiert hat, und die Frage gestellt, ob dies die einzige Möglichkeit sei. Kann nicht auch Kunst bzw. die schöpferische Bewältigung von Glaubens- und Lebensthemen zum Paradigma werden, an dem beratende Seelsorge ihr Mass nimmt? Es ist unverkennbar, dass im gesamten Bereich der Praktischen Theologie in den letzten Jahren Ästhetik neu zu einem leitenden Paradigma geworden ist (vgl. z.B. Grözinger 1987). Auch Seelsorge bleibt hier nicht exterritoriales Gebiet, wie eine Reihe von Arbeiten, die in den letzten Jahren erschienen sind, zeigen. [9] Schibler (1999) hat beispielsweise aufgezeigt, wie kunsttherapeutische Konzepte in Seelsorge und kirchlicher Arbeit aufgenommen werden können und neue Dimensionen sowohl in der Begleitung einzelner Menschen wie von Gruppen eröffnen.

---

[9] Vgl. zur Bedeutung der Kunst für die Seelsorge bereits Gantz (1987), weitergeführt beispielsweise bei Whitehurst (1996) und Lewis (1999). Im deutschen Sprachbereich ist etwa hinzuweisen auf Arbeiten von Heymel (1999) zu einer „musikalischen Seelsorge", von Stricker (1998) zur Darstellung und Deutung religiöser Erfahrungen in spontan gemalten Bildern und von Gehring (2000) zu einer „Seelsorge als medialer Praxis".

Im Fall von Frau Beck spielen vor allem Texte und geschriebene Dokumente eine weiterführende Rolle: In ihnen verdichtet sich der Prozess und erhält er wesentliche neue Anstösse. In ihnen werden Probleme externalisiert und neue Definitionen und Lösungen im sozialen Umfeld der Gesprächstriade erprobt. Frau Beck erlebt an ihren Texten, dass die Suche nach einer persönlich verantworteten Glaubenshaltung nicht zerstörerisch wirken muss, sondern ungeahnte kreative Kräfte freisetzt. Durch die Verknüpfung unterschiedlicher Textsorten, durch eine Art „Intertextualität" — wichtig ist dabei auch der Text, den die Beraterin zur Verfügung stellt — wird die Bedeutungslandschaft, in der sich Frau Beck (und wir uns mit ihr als Beratende!) bewegen, allmählich verändert und können sich neue emotional-kognitive Strukturen entwickeln. Neben dem sprachlichen Ausdruck werden durch mehrfache „intermediale Transfers" auch andere Medien des Ausdrucks (Malen, Tanzen, Leibübungen, das Tragen eines roten Kleides, das Spielen auf der Flöte etc.) miteinbezogen. Sie helfen mit, die sich entwickelnde Bedeutungsstruktur auch auf anderen als nur kognitiven Ebenen zu verankern.

Perspektiven von intermedialer Kurzberatung in der Seelsorge
(nach Schibler 1999)

1. Eruiere die schöpferische Ausdruckskraft von Klientinnen und Klienten. Welche Ausdrucksmedien sind ihnen zugänglich, welche verschlossen?
2. Fördere die Ausdruckskraft religiöser Kreativität. Füge „neue", bis anhin unbenutzte künstlerische Medien hinzu. Unterstütze Synergien und Verbindungen.
3. Nutze das Potential von Kreativität zur Erarbeitung und Lösung theologischer Fragestellungen und Probleme.
4. Beachte die Gestaltungen und Produkte kreativer Prozesse als möglichen schöpferischen Ausdruck des „Dritten" — einer unverfügbaren Kraft —, als Gestalten mit eigenem Recht und Wert.
5. Stelle dich im Gespräch persönlich zur Verfügung, damit religiöse Fragestellungen bzw. die ihnen zugrunde liegenden Lebenssituationen (Sinnkrisen, Verlust des persönlichen Glaubens, existentielle Lebenskrisen beim Verlust eines Menschen oder Scheitern einer Beziehung etc.) mit Hilfe von Kreativität einen authentischen Ausdruck und ein vertieftes Verständnis gewinnen können.

Frau Beck lässt sich gerne auf diese schöpferische Dimension ein. Das zeigt ihr „Wutpsalm", den sie im Anschluss an die Entdeckung der Bedeutung der Wut in ihren Beziehungen geschrieben hat:

Ein Psalm
Gott, wie wünscht ich, du wärst anders.
Hättest du einen schweren Hammer und Hände,
um die Kälte zu zerschlagen
wie dickes, starres Glas.
Hättest du ein loderndes Feuer und Hände,
das Erstarrte zu schmelzen
wie eisblauen Gletscher.

Hättest du eine wuchtige Schaufel und Hände,
den Hochmut abzutragen
wie einen Haufen stinkenden Schutt.

Hättest du mächtige Pausebacken und Lungen,
den Wahn wegzublasen
wie Asche im Wind.

Welche starre Kälte hier auf Erden,
welche schleichende und verderbende Glut
und welche kriecherische Angst,
die sich vor jedem Angriff duckt!
Welche Leere, die falschen Parolen
nichts entgegenzusetzen vermag!

Oh Gott,
warum bläst du nicht deinen heissen Atem
uns allen in Gesicht und Herz,
dass wir endlich leben können?
Warum öffnest du unsere Ohren nicht,
dass wir hören, wie der schmelzende Schnee
von den Bäumen tropft?

Hättest du eine Schale voll kühlenden Wassers und Hände,
um das zerstörerisch Glühende zu löschen
wie rot schwelende Glut.
Mächtig seist du, sagen die Leute, allmächtiger Schöpfer von Himmel und Erde.
Wütend machen sie mich, diese Leute,
die nur an dich und sich selber denken.

Jeder gefangen in seinem eigenen Strudel,
jeder verschlossen hinter nachtschwarzen Balken.

Nimm doch ein Stemmeisen!
Brich die Schlösser auf!
Wirf Anker in die reissenden Fluten,
bring den Strudel zum Stillstand!

Ach Gott,
es ist schwer,
immer wieder aufzustehn,
nicht auszuweichen,
nicht ins Schneckenhaus zu kriechen.

Immer wieder Krieg.
Immer wieder das Entsetzen
und immer wieder ein Schrei
so hoch wie das höchste C meiner Flöte.
Und immer wieder die Ohnmacht. Die Wut. Der Wahnsinn.

Nimm uns unsere Herzen aus Stein und gib uns neue aus Fleisch!

Wir schliessen an Vorstellungen an, die vor allem im intermedial arbeitenden Bereich
der Kunsttherapien entwickelt worden sind. Kunst wird dabei nicht für therapeutische
Ziele beansprucht, ja verzweckt. Ästhetik wird als eigenes Moment mit eigenem Gehalt

in Prozesse mit einbezogen, die heilend wirken können. Die traditionelle Auffassung vom sogenannt Schönen ist dabei für Kunsttherapien unbrauchbar, weil sie Dunkles, Hässliches, Schmutziges und Böses ausgrenzt. Kunsttherapien gehen von einer Gegenästhetik aus, welche nicht das Vollendete und Perfekte will und damit zu erstarren droht, sondern offen, fliessend und sich wandelnd bleibt. Sie knüpfen am Spielerischen, Überraschenden an und sind ein Gegensatz zu Manirietheit oder Zwanghaftigkeit. Sie streben nach Ganzheit, versuchen Störungen und Behinderungen zu integrieren, und Dunkles, Wildes und Chaotisches aufzunehmen und nicht abzuspalten. Sie orientieren sich nicht an der Erfüllung von äusserlichen Merkmalen, sondern am Ausdruck von Lebendigkeit und von innerer Wahrheit.

So entsteht auch der „Wutpsalm" von Frau Beck an einem solchen Übergang: Die alte Ordnung ihrer Beziehungsmuster beginnt sich durch die Ent-deckung unterdrückter Gefühle aufzulösen. Dadurch werden chaotische Prozesse ausgelöst, welche sich in unterschiedlichste Richtungen entwickeln könnten. An dieser Stelle entsteht der Wutpsalm, in dem Frau Beck zum einen auf Jahrtausende alte Formtraditionen des Psalms — geradezu archetypische Repräsentaten einer alten Ordnung — zurückgreift, diese aber mit ihren aktuellen, chaotischen Gefühlen verbindet und zu einer neuen Form zusammenführt.

Von anderen Formen der Kunsttherapie unterscheidet sich unser Zugang dadurch, dass wir meist nicht in den Stunden selber Raum geben zur kreativen Gestaltung, sondern kreative Anregungen für die zwischen den Stunden liegende Zeit vermitteln. In der Beratung selber werden die kreativen Produkte wahrnehmend und reflektierend aufgenommen und steht das Gespräch im Zentrum.

3.4. Theologie als kritische Reflexionskraft

Neben den „Erbschaften" aus Psychotherapie und Kunst ist es die Theologie, die als Bezugsdisziplin und kritische Reflexionskraft für die professionelle Verständigung in religiös-existentieller Beratung wichtig wird. Theologie stellt Deutungsmodelle des Lebens und Glaubens von ganz besonderer Erschliessungskraft zur Verfügung. Wie Philosophie ihre Reflexionsmodelle für Beratungsvollzüge fruchtbar machen kann (vgl. Achenbach 1984, Ruschmann 1999), so gilt dies auch für Theologie. Theologische Ressourcen und Deutungspotentiale entfalten eine befreiende, motivierende und sinngebende Kraft bei der Begleitung ratsuchender Menschen. Dies hat sich auch in den Beratungen von Frau Bandi und Frau Beck gezeigt. Theologie ist behilflich bei der kritisch-selbstkritischen Fundierung und Reflexion religiös-existentieller Beratung. Sie ist es, die letztlich zu einer unterscheidbaren Gestalt und Methodik dieser Beratung führt.

Eine theologische „Linse" erweitert also den Horizont der Beratungsarbeit. Sie macht eine andere Wahrnehmung möglich: Im Prozess werden auch die „Wurzelmetaphern" von Klientinnen und Klienten, ihre Glaubensorientierungen und Symbolsysteme aufgenommen. Sie inspiriert die inhaltliche Arbeit mit „unerhörten" thematischen Horizonten und Brechungen, die sie aus dem Einbezug theologischer Überlegungen und Traditionen gewinnt. Sie regt zu bestimmten methodischen Schritten an und rückt das beraterische Arbeitsbündnis in den Horizont einer lebensbegründenden „Bündnisarbeit". Dabei sind uns folgende Aspekte besonders wichtig geworden:

1. *Korrelatives theologisches Verstehen:* Theologie verstehen wir in einem weiten, korrelativen Sinn. Theologisches Denken kommt dadurch zustande, dass beide Pole — Gott und Mensch, Tradition und Situation, Endlichkeit und Unendlichkeit — in den Blick genommen werden. So versuchen wir — wie dies soeben im Zusammenhang mit kunsttherapeutischem Denken geschehen ist — die verschiedenen konzeptionellen Zugänge zum beraterischen Geschehen, die wir aus Kunst und Psychotherapie gewinnen, mit theologischen Kategorien in Verbindung zu bringen. Auch bei der Entwicklung der verschiedenen methodischen Aspekte religiös-existentieller Beratung in den folgenden Kapiteln versuchen wir immer wieder zu zeigen, welche theologischen Dimensionen hier weiterführend einbezogen werden können. In einzelnen Beratungen werden theologische Kategorien ebenfalls eingebracht. Theologie beanspruchen wir also als „Lebenswissen" (Werbick 1989): deutend, orientierend, identitätsverbürgend, sinnstiftend, versöhnend, relativierend und transzendierend.[10]

2. *Theologische Sensibilität für Genderfragen (vgl. auch 3.5.):* Wichtige Anstösse zu unserem Beratungsverständnis stammen aus der feministischen Theologie. Zudem finden wir die Frage zunehmend dringlich, wie denn Männer ihrerseits Geschlecht als Dimension ihrer Theologie kritisch begreifen und integrieren können. Wenn einseitig patriarchal geprägte Gottesbilder, Definitionen der Geschlechtsrollen und Beziehungsmuster im beratenden Gespräch hinterfragt und dekonstruiert werden, entstehen unserer Erfahrung nach in besonderem Ausmass neue Ansätze der Lebensdeutung und -praxis.

So zeigen sich am Beispiel von Frau Beck sehr deutlich die Einflüsse geschlechtsspezifischer Sozialisation auf das Selbstbild und die Kompetenzen zur Beziehungsgestaltung. In einer „Hermeneutik des Verdachts" werden solche Selbst- und Gottesbilder befragt und wird danach geforscht, wie sie mit religiösen Diskursen und deren patriarchaler Auslegung, wie sie in der Tradition dominieren, zusammenhängen. In einer Hermeneutik der Verkündigung (wiederum ist hier der Text zur tanzenden Wutschlange wichtig, der Frau Beck mit einem anderen Gottesbild konfrontiert) werden solch verengte Selbst-, Gottes- und Beziehungsbilder herausgefordert und in einer Hermeneutik der kreativen Aktualisierung neue Verstehens- und Lebensmöglichkeiten freigesetzt.[11]
In diesem Prozess kann auch marginalisiertes, „einheimisches" Wissen, das in den dominierenden religiösen Diskursen (z.B. des Christentums) nur schlecht eingebunden ist, produktiv aktualisiert werden. Dies zeigt sich in der Beratung von Frau Beck am Beispiel des Märchens von Jorinde und Joringel. In ihm findet sie — genau im Moment, in dem der Prozess der Veränderung zum Stillstand zu kommen scheint oder vielleicht auch durch eine besonders schwierige chaotische Phase führt — ein Potenzial an Symbolen und Lösungsmöglichkeiten, das weiterzeigt! Anhand der Märchenfiguren beginnt sie, unterschiedliche innere Anteile deutlicher zu identifizieren, die so nun eine lebensförderliche Beziehung miteinander anknüpfen können. Dominierenden und tradierten gesellschaftlichen Diskursen versuchen wir in religiös-existentieller Beratung überhaupt listig und mit Blick auf kleine Differenzen, die einen Unterschied machen, alternative, persönlich verantwortete Lebens- und Glaubensperspektiven zu entlocken.

---

[10] Zur Bedeutung des korrelativen Prinzips für die theologische Ausbildung vgl. Blasberg-Kuhnke (1999).
[11] Wir übertragen dabei die Hermeneutik Schüssler Fiorenzas in den Bereich der Seelsorge (vgl. Schibler 1999 und Morgenthaler 2000, 126ff.) und nehmen auch Impulse von White/Epston (1994), v.a. 38ff. auf.

3. Praxis als Ort der Ent-deckung von Theologie: Praxis verstehen wir nicht nur als einen Ort, an dem theologische Hermeneutik von theologischen Experten auf Probleme von „Laien" angewendet wird. Praxis verstehen wir vielmehr als einen Ort des Dialogs, an dem koproduktiv und kokreativ theologische Themen im gemeinsamen Aufeinander-Hören von Menschen entdeckt und weiterentwickelt werden.

Indem Frau Beck den geschlechtsrollenkonformen Umgang mit Gefühlen gerade auch in religiöser Sprache überwindet und das traditionelle Rollenverständnis als Frau ablegt, schafft sie sich Freiraum — und Reibungsflächen! — in der Beziehung zu Gott wie auch in menschlichen Beziehungen. Auch für das Beratungsteam ergaben sich in theologischer Hinsicht (wie immer wieder neu bei diesen Beratungsprozessen) überraschende Erkenntnisse. Der „kleine Schöpfungsbericht", den Frau Beck am Schluss der Beratung schreibt (vgl. S. 58f.), deutet die „Sehnsucht nach Leben" als trennendes, Konturen schaffendes Prinzip (zum ersten Tag schon schreibt Frau Beck: „Da wurde Grau gewandelt in Rot, dumpfe Stille in schrillen Klang. Da verzog sich der Nebel und das Land fing an zu grünen. Ich schreckte auf und erhob mich zum Tanz."). Dabei versteht Frau Beck die Aggressionskraft des Menschen wie auch Gottes als Individualität schaffendes Prinzip; Mensch wie auch Schöpfung entstehen so, Unterscheidung zwischen Ich und Welt wird. Dieser Gedanke ist theologisch bedeutsam und war für uns neu. „Gott in uns" trauert nicht nur (über zerstörtes Leben oder Unrecht); „Gott in uns" kann auch wüten und schafft so Leben. „Heilige Wut" ist grundlegend für religiöse Suche und Selbstwerdung.

4. Jüdisch-christliche Traditionen als zentrale Bezugspunkte theologischen Denkens: In einem zunehmend multikulturellen und -religiösen Umfeld ist es keineswegs mehr selbstverständlich, christliche Theologie und jüdisch-christliche Traditionen als Bezugspunkte religiös-existentieller Beratung zu wählen. Menschen gewinnen heute vermehrt Sinnorientierung auch aus nicht-christlichen religiösen Traditionen und neuen religiösen Bewegungen. Folgende Gründe bewegen uns dazu, auch in diesem Umfeld jüdisch-christliche Traditionen als wichtige (nicht einzige) Bezugspunkte religiös-existentieller Beratung zu wählen:

- die religiöse und existentielle Bedeutung dieser Traditionen und christlicher Theologie, die bewusst oder unbewusst im Leben heutiger Menschen und ganz allgemein in unserem kulturellen Kontext auf verschiedenen Ebenen weiterwirken
- die befreiende und auf Gerechtigkeit hin orientierte Grundintention dieser Tradition, wie wir sie gerade unter einem feministisch-theologischen Gesichtspunkt, der auch Unterdrückungsprozesse kritisch sichtbar macht, verstehen
- die Notwendigkeit, auch in religiös-existentieller Beratung einen Bezug zu konkreten religiösen Traditionen zu realisieren (gegen einen abstrakt angelegten Begriff von Spiritualität, der geschichtlich-historische Zusammenhänge ausblendet)
- der Reichtum an heilenden Geschichten, Symbolen, Bildern und theologischen Konzepten, der in dieser jüdisch-christlichen Tradition aufgehoben ist und aus der die religiös-existentielle Beratung eine besondere Tiefe, Lebendigkeit und Konkretion schöpfen kann
- der „kommunitäre" Grundzug dieser Tradition: Auch das Arbeiten mit einzelnen Menschen verweist auf Gemeinschaft. Kirchen stellen als heilende Gemeinschaften Plausibilitätsstrukturen zur Verfügung, welche Menschen brauchen, wenn sie glauben und aus dem Glauben leben wollen
- das dialogische Grundprinzip, das jüdisch-christliche Traditionen durchwebt und in unserer Beratung in vieler Hinsicht fruchtbar wird (vgl. Kap. 6.4.).

Theologie als Quelle von Erweiterungen therapeutischer Konzepte

Bezug auf Konzepte der Psychoanalyse:

- Übertragungsprozesse werden in einer erweiterten Perspektive hin auf Gott bzw. auf eine Gemeinschaft transzendiert. Nicht eine einzelne Person (Mutterersatz) oder ein Paar (Eltern) sind Empfänger von Übertragungsgefühlen, sondern eine Gemeinschaft bzw. ein transzendentes Gegenüber. Übertragungsgefühle erfahren damit nicht nur frustrierende Versagung, sondern eine tiefere Erfüllung.
- Dank theologischer Vorstellungen von Gnade und Vergebung kommt die Schuldfähigkeit von Menschen in den Blick, die die Möglichkeiten der Widerstandsanalyse und des „Ducharbeitens" bzw. Bewusstwerdens von „Agieren" erweitert.
- Die therapeutische Begegnung wird deutbar auch in Richtung einer Erfahrung von (religiöser) Gemeinschaft.

Bezug auf systemische Konzepte

- Glaubenssysteme eines Einzelnen, einer Familie oder Gruppe werden erweitert und korrigiert durch ein Glaubensverständnis, das sich auf umfassendere Horizonte öffnet: Gott will ein gutes Leben für alle, und keine Opfer und Opferung eines Einzelnen.
- Das System „Welt" ist nicht nur unvollkommen und gefallen, es ist nach wie vor schön und birgt Hoffnungspotenziale in sich. Dadurch erschliessen sich Zugänge zu Zukunfts-, Hoffnungs- und Schönheitsgeschichten der Menschheit (Eschatologie, Reich Gottes, Geburt eines neuen Himmels und einer neuen Erde).
- Erzählungen und biblische Traditionen (z.B. „Vätergeschichten") lassen sich als Ressourcen und „Gegengift" zu eigenen systemischen Bezügen und Verwicklungen ins Spiel bringen.
- Die theologische Vorstellung der Berufung löst heraus aus Aufgaben, Rollen, Delegationen und Geschlechtsrollen.

Bezug auf kunsttherapeutische Konzepte

- Religiöse Rituale stellen Brauchtum, Vorlagen, Traditionen und Deutungsmuster für Übergangssituationen (Geburt eines Kindes: Taufe; Adoleszenz und Erwachsenwerden: Konfirmation; Partnerschaft: Trauung; Sterben: Beerdigung) und Individualrituale (Segnungs- und Salbungshandlungen, Handauflegen etc.) zur Verfügung.
- Das Konzept der kreativen Hausaufgaben kann durch vielfältige religiöse Stoffe, Themen und Formen erweitert werden (Gebet, Segen, Fluch, Gleichnisse etc.). Der intermediale Wechsel wird auch in einem religiösen Sinnhorizont ermöglicht („Welcher tiefere Sinn beinhaltet ein Ereignis für *mich*", vgl. Schibler 1999).
- Offenheit und Aufmerksamkeit für die Dimension des Heiligen erlauben neue Wahrnehmungen. Auch die Kunsttherapie kennt die Dimension des Dritten (vgl. Schibler 1999). Die Theologie ist jedoch freier, Prozesse dieses Dritten — z.B. als „Wirken des Geistes" — wahrzunehmen und zu würdigen.
- (Christliche) Gemeinschaft hebt kreative Vereinzelung auf, ermöglicht Dienst und Mitverantwortung in der Gemeinschaft mit der eigenen schöpferischen Lebensgestaltung und konkreten kreativen Produkten (z.B. als Beitrag in einem Gottesdienst).

Es ist uns bewusst, dass in der heutigen gesellschaftlichen Situation christliche Traditionen nicht mehr das Feld beherrschen, sondern sich die kulturelle Wirklichkeit als ein plurales Nebeneinander verschiedenster religiöser Traditionen darstellt. Das ist gerade auch für religiös-existentielle Beratung, die sich aus dem Umfeld einer theologischen Fakultät herausbewegt, wichtig.[12] Wir beziehen uns zwar vorrangig (nicht ausschliesslich) auf die christliche Tradition, sind jedoch offen für Impulse aus anderen religiösen Traditionen, wenn sie den seelsorglichen Prozess heilsam weitertreiben. Unsere Absicht ist es jedoch, zu den biblischen Traditionen und ihrer Fülle und ihrem Reichtum für moderne Menschen erneut attraktive Zugänge zu eröffnen sowie Wiederentdeckungen und Beheimatung zu fördern. Durch die kreative Aktualisierung christlicher Tradition im Rahmen der Beratung kommt etwas Besonderes ins menschliche Gespräch, das einen Unterschied macht und Möglichkeiten eröffnet, die sonst nicht gegeben sind. So wird religiös-existentielle Beratung helfend-heilendes Geschehen in einem mit Psychotherapie vergleichbaren und doch eigenen und besonderen Sinn.

Wir greifen — wenn wir zusammenfassend unseren integrativen Standpunkt nochmals skizzieren — auf therapeutische Traditionen und Techniken zurück, weil wir der Meinung sind, dass Seelsorge und religiös-existentielle Beratung ohne diesen Rückgriff nicht verantwortungsvoll ausgestaltet werden können. Das haben die letzten vierzig Jahre der Pastoralpsychologie eindrücklich gezeigt. Die Aufnahme der intermedialen Kunsttherapie bedeutet bereits eine Ausweitung dieser Perspektive. Ästhetik wird hier nicht für beraterische Zwecke ausgeschlachtet, sondern behält ihr eigenes Gewicht. Sie bedarf einer eigenen „Gegenstandsbildung", entwickelt ihre eigenen Methoden und baut auf einer eigenen Anthropologie auf. Diese Besonderheiten können nicht einfach psychologistisch aufgelöst werden, sondern verweisen auf ein „Drittes". Dies wird sich in den folgenden Kapiteln immer wieder zeigen. Ähnlich sehen wir dies im Blick auf Theologie: Sie soll hier als eigene Denkbewegung ins Spiel gebracht werden, ohne dass sie gleich durchs Nadelöhr therapeutischer Umsetzungen gezwängt werden muss. Theologie und die Traditionen, die sie reflektiert und systematisch für eine sich wandelnde Gegenwart zu erschliessen sucht, begründen vielmehr in einem besonderen Sinn das, was wir mit „professioneller Verständigung" in religiös-existentieller Beratung meinen.

3.5. Gender und Beratung

Eine fünfte Perspektive, die sich mit allen bisher genannten Gesichtspunkten schneidet, sei noch genannt. „Gender", die vielfach geformten und verformten Geschlechtsrollen und das Geschlechterverhältnis beeinflussen sowohl Beratung wie Theologie. Männer und Frauen kommen in Beratung. Männer und Frauen beraten. Das ist nicht unerheblich, sondern hat — wie die feministische Psychotherapie und Theologie im-

---

[12] Vgl. dazu die aufschlussreichen Ansätze einer interkulturell und -religiös reflektierten Seelsorge: Schneider-Harpprecht (1999), (2000).

mer wieder gezeigt haben — grosse Bedeutung für das, was in einer Beratung möglich ist. „Solange das Geschlecht zu den zentralen Dimensionen gehört, an denen wir
unser Weltbild ausrichten, geht das Geschlechterverhältnis konstitutiv in den Beratungsprozess mit ein, den es mit strukturiert und dynamisch unterlegt" (Vogt 1997,
137). In welcher Hinsicht ist dies für unsern Ansatz wichtig?

*Sensibilität für geschlechtstypische Verformungen therapeutischer Konzepte und
Methoden:* Die Frage nach dem Einfluss des Geschlechts auf Denken und Handeln
stellt sich nicht nur innerhalb der Theologie. Die Frage nach der Bedeutung der Kategorie „Gender" stellt sich auch im Blick auf die drei therapeutischen Traditionen, die
wir aufnehmen. Feministische Kritik hat in den vergangenen Jahren patriarchale Verformungen in allen diesen Traditionen namhaft gemacht und zu einer grösseren Sensibilität für geschlechtstypische Verformungen des therapeutischen Prozesses geführt.[13]

*Kritische Überprüfung herkömmlicher Seelsorge-Konzepte und die Vision befreien-
der Seelsorgemöglichkeiten:* Voraussetzung einer Seelsorgetheorie und -praxis, die
„Geschlecht" bewusst reflektiert, ist eine kritische Überprüfung herkömmlicher Konzepte beratender Seelsorge im Blick auf ihren Sprachgebrauch, ihre impliziten theoretischen Voraussetzungen im Bereich der Anthropologie und die Thematisierung von
Geschlechtsidentität (Pfäfflin 1992). Unser Schwerpunkt liegt allerdings nicht in der
kritischen Dekonstruktion traditioneller Seelsorgekonzepte. Wir möchten vielmehr am
Beispiel religiös-existentieller Beratung konkret aufzeigen, wie feministische Konzepte
für Männer und Frauen neue Beratungsperspektiven öffnen.[14]

Ohne eine für geschlechtsspezifische Fragestellungen geschärfte Wahrnehmungsperspektive kämen
wichtige Aspekte auch in der Beratung von Frau Beck nicht zum Vorschein und könnten nicht ausgearbeitet werden: Wut als brisantes Thema; die besondere Bedeutung dieses Gefühls im Kontext der
Geschlechterbeziehungen; die Berücksichtigung dieser Dimension beim Formulieren von Aufgaben;
die Vision einer aufrechten, ihre Wut tanzenden, Wut als befreiende göttliche Kraft erfahrenden Frau,
wie sie in jenem Text zum Ausdruck kommt, den die Beraterin in kreativer Resonanz auf Frau Beck
schreibt.

Wahrnehmung des historischen Kontextes von Geschlechtsrollen: In einer religiös-
existentiellen Beratung, die „Geschlecht" bewusst als Kategorie reflektiert, werden
spezifisch historische Problemkonstellationen in Frauen- und Männerleben unter Berücksichtigung gesellschaftlicher Randbedingungen in ihrer Bedeutung für eine bestimmte Frau resp. einen bestimmten Mann thematisiert.

Es ist aufschlussreich, das Problem, das Frau Beck äussert, nicht als ein zeitunabhängiges Problem
zu verstehen, sondern in einem konkreten sozialgeschichtlichen Zusammenhang zu verorten.
Wagner-Rau (1992, 18ff.) hat die Geschichte der ersten Generationen von Pastorinnen nachgezeich-

---

[13] Vgl. etwa (in Auswahl) für systemische Therapie: Goodrich (1994), Walters et al. (1991), für
Kunsttherapie: Schibler (1999), für Psychoanalyse: Rohde-Dachser (1991).
[14] Wir können dabei an bereits entwickelte Konzepte feministischer Seelsorge anschliessen: Vgl. z.B.
Dieterich et al. (1992/93), Schibler (1999), Riedel-Pfäfflin/Strecker (1999); aus dem englischsprachigen Bereich: de Marinis (1993), Stevenson Moessner (1996), Ackermann/Bons-Storm (1998).

net. Nahm die erste Generation in den Zwanziger-Jahren des 20. Jahrhunderts weitgehend noch die untergeordnete Position von Gehilfinnen ein, war die nächste Phase in den Fünfziger-Jahren bestimmt durch die erfolgreiche Einforderung der Gleichberechtigung und führten die feministischen Erschütterungen, beginnend mit den Siebziger-Jahren, dazu, dass Frauen nun ihrerseits Kirche und Theologie kritisch zu befragen begannen, anstatt ihre eigene Existenz durch die Tradition in Frage stellen zu lassen. Es lässt sich in diese Geschichte leicht die Frage einzeichnen, wie die Kraft der Abgrenzung und die Bedeutung entsprechender Emotionen im Verlauf dieser Generationen eine unterschiedliche Bedeutung erhält: vom Zurückhalten der Aggression und der projektiven Identifikation mit dem Aggressor in der ersten Generation der Frauen im Pfarramt hin zu einer bewussten Wahrnehmung von Aggression in Beziehung, gerade auch zu männlichen Berufskollegen in späteren Generationen. Dieser Prozess ist mit entsprechenden Herausforderungen auch für die Männer verbunden.

Hermeneutische Dimensionen: Seelsorge, die die Herausforderung einer feministischen Hermeneutik aufnimmt, ist ein kritisch-rekonstruktives Neu- und Weitererzählen der eigenen Lebensgeschichte. Dies geschieht im Schnittbereich zweier kritisch-rekonstruktiver Bewegungen: Zum einen wird die eigene Lebensgeschichte kritisch beleuchtet und neu bedacht. Zum andern werden zentrale kulturelle Traditionen, im Bereich der Seelsorge vor allem die biblischen Texte samt ihrer Wirkungsgeschichte, neu gelesen und kritisch reinterpretiert. Eine solche doppelte, kritische Bewegung ist unumgänglich: Biblische Texte können nicht im Sinne einer „Gender"-Hermeneutik reinterpretiert werden, wenn nicht auf Seiten der Männer und Frauen, die biblische Traditionen deuten, befreiende biographische Erfahrungen vorangegangen sind. Und umgekehrt gilt auch dies: Männer und Frauen können sich und ihre Geschichte nicht im Sinne einer „Gender"-Lebenshermeneutik neu verstehen lernen, wenn nicht zugleich die Traditionen neu gedeutet werden, die solche Prozesse der Selbstauslegung mitbestimmen.

Im Beispiel zeigt sich sehr plastisch, wie sich die beiden Prozesse miteinander verschränken. Wichtig für das Gelingen des Prozesses ist einerseits die bewusstere Wahrnehmung tabuisierter Emotionen, die zu einer neuen Wahrnehmung von Beziehungssituationen und in Ansätzen auch zu einem Umerzählen und Neuerzählen der eigenen Geschichte führt. Damit verbunden ist ein Prozess der veränderten Wahrnehmung auch der christlichen Tradition, in der Frau Beck neue Elemente entdeckt, die sie bisher ebenfalls ausgeblendet hatte, die nun aber ihre theologische Sicht der Tradition des biblischen Gottes erweitern und verändern. Diese beiden Prozesse stützen und fördern sich gegenseitig: Einerseits fundieren die wieder entdeckten Gefühle die theologischen Entdeckungen emotional. Andererseits schafft die Wiederentdeckung neuer Dimensionen der Tradition einen Deutungsrahmen, in dem die individuell-biographischen Entdeckungen verankert und sozial abgestützt werden können.

Ein kooperativ-egalitäres Verständnis des Geschlechterverhältnisses: Eine Schwierigkeit, die mit dem historischen Kontext unserer Arbeit gekoppelt ist, sei zuletzt noch genannt. Frauen haben die historischen Bedingtheiten und Verformungen ihrer Rolle früher, radikaler und nachhaltiger zu thematisieren und hinterfragen begonnen als Männer. So wurde die Kategorie „Gender" in Theologie und Seelsorge bisher ebenfalls stärker unter einem feministischen Gesichtspunkt und eher selten vom Standpunkt von Männern aus reflektiert (vgl. aber z.B. Culbertson 1994; Weiss-Flache 2001; Morgenthaler 2000 a). Diese Ungleichheit in den Perspektiven vermochten wir in unserer Zusammenarbeit nicht einfach auszugleichen. So wird auch in diesem Buch die feministische Perspektive deutlicher ausgeführt sein. Immer wieder versuchen wir aber zumindest ansatzweise zu zeigen, was eine für Gender-Fragen sensibilisierte Theologie auch für die Beratung von Männern bringen kann. Wichtig ist uns insgesamt eine für die Problematik beider Geschlechtsrollen offene Sicht und ein kooperativ-egalitäres Verständnis der Beziehung zwischen den Geschlechtern (vgl. auch 9.4.). Dieses Verständnis hat sich nicht zuletzt in der gemeinsamen Beratung und bei der Erarbeitung dieses Buchs bewährt.

3.6. Religiös-existentielle Beratung als „re-création" und „ré-création" von Sinn

Klären wir Aufgaben und Wesen einer religiös-existentiellen Beratung, die sich aus solchen Überlegungen ableiten, noch weiter! Zwei Deutungen der Rolle der Beraten den sind ausgeschlossen. Die Rolle des Beratungsteams kann nicht nach einem Modell der Verkündigung verstanden werden, in der tradierte und durch theologische Experten verifizierte Inhalte auf eine konkrete Lebenssituation übertragen werden. Beratende können ihr Rollenverständnis auch nicht am Modell von Therapeutinnen resp. Therapeuten ausrichten, die Expertenwissen auf einen individuellen Fall anwenden. Das Hauptinteresse einer solchen Beratung verschiebt sich vielmehr von der Analyse psychischer Vorgänge und vom Respekt vor dogmatischen Aussagen, die sich durch Traditionen absichern lassen, hin zu Worten und Formen, die wir kreieren und durch die wir kreiert werden, hin zu persönlichkeitsspezifischen Schuldbekenntnissen (Schibler 1999) und Credos (Winkler 2000). Wesentlich für die Entstehung neuer Bedeutung und neuer Lebensmöglichkeiten ist in dieser Seelsorge ein komplexes Feld von Texten und schöpferischen Produkten, das im Ablauf der Beratung aufgebaut wird, und von Prozessen der Intertexualität und Intermedialität, in denen „Einmaliges", Unverrechenbares, Transzendierendes aufspringt.

Auch in unserer Beratungsarbeit ist die Gestaltung des Dialogs im Gespräch von grosser Bedeutung. Wir legen Wert auf die Reflexion des Gesprächsverhaltens der beratenden Personen und versuchen, methodische Elemente aus den genannten therapeutischen Richtungen zu integrieren. Zudem betonen wir den hermeneutisch-kreativen Aspekt dieser Beratung: Es wirken in-, mit- und untereinander die Texte der zu Beratenden, die durch den Beratungsprozess angestossen werden, die Texte der Beratenden, die in kreativer Resonanz geschrieben und in den Beratungsprozess eingebracht werden. Es wirkt auch der gemeinsam gewobene „Text" des Beratungsdialogs. Und: es wirken die individuellen „Verstehenstexte", die wiederum als subjektive Lesarten und „Aus-legungen" dieser expliziten Texte verstanden werden können. Es wirken in-, mit- und untereinander aber auch die (religiösen) Symbolisierungen, welche in verschiedenen Medien entstanden sind — wenn die Beratung sich über die Form der Texte ausweitet — , die Klänge, Gesänge, Melodien und Rhythmen, die in Beratungsprozessen entstanden sind, die Bilder, Farben, Landschaften und Figuren, die Bewegungen, Tänze und Gesten, die symbolisierenden Rituale des Abschieds und Neuanfangs, der Ermächtigung und Bevollmächtigung, der Berufung und Beauftragung. Systemisch orientierte, religiös-existentielle Beratung wird im hier vorgeschlagenen hermeneutisch-kreativen Sinn also zur Kreation von Glaubens- und Lebens-„Texturen" durch die gemeinsame „Re-création" von Gesprächen, Texten und Gestaltungen in einer dialogischen Begegnung der Geschlechter und Generationen[15] im Wirkungsraum klassischer christlicher Traditionen.

Menschliche Systeme verstehen wir also als Grössen, die Sprache und Bedeutung generieren und aus Sprache und Bedeutung generiert werden. Menschliche Systeme sind linguistische Systeme und als solche am besten „von innen" zu verstehen. Realitäten und Möglichkeiten des Welt- und Selbstverständnisses bewegen sich in jene Richtung, in die sich die symbolisch-metaphorisch-bildliche Repräsentation der Wirklichkeit bewegt. Deshalb geht es in der religiös-existentiellen Beratung nicht zuletzt darum, diese „internalisierte" und in Wissenssystemen objektivierte Bedeutung, die ein Problem für einen Menschen hat, zu thematisieren (Boyd 1996) und mit thematischen Horizonten, die durch die Beratenden eingebracht werden, zu korrelieren. Beratung — so verstanden — ist selber ein bedeutungsgenerierendes System, das sich um ein Problem und seine Lösung zentriert. Es ist ein dialogisches System, das das Beratungsteam und die zu beratende Person umschliesst, und zeichnet sich aus durch die Co-Kreation von Sinn und Bedeutung. Im beraterischen Arbeitsbündnis wird so ein problemorganisierendes Bedeutungssystem, in dem das Gotteskonstrukt als wichtiges dynamisches Organisationsmoment wirkt, weiterentwickelt hin in ein problemlösendes System. Problemlösende Konversation wird zu problemauflösender Kreation.

Wissen (auch theologisches Wissen) wird in dieser Beratungsform aus dem Blickwinkel unserer radikalen Bezogenheit verstanden: Es wird in intertextuellen und intermedialen Prozessen geschaffen, aufrechterhalten und weiterentwickelt. Gerade so, im Prozess dieser „bezogenen re-création", wird es für unser Weltverstehen und Handeln bedeutsam. Seelsorge als Gespräch im hier vorgestellten Sinn verstehen wir deshalb als „Praxis des Evangeliums", als eine gültige Form „kontextueller Theologie". Sie ist „Theologie als Gespräch" (Tracy 1993) und wird in der Perspektive unseres Beratungsansatzes konstituiert durch

- dialogische Begegnung (auf existentieller, zwischenmenschlicher und transzendenter Ebene)
- Intimität *und* Öffentlichkeit
- Externalisierung und Dekonstruktion dominierender, internalisierter religiöser Vorstellungen und Diskurse
- kreative Aktualisierung klassischer religiöser Traditionen (z.B. des Christentums) im Blick auf fokale religiös-existentielle Probleme
- Aktualisierung aber auch von verdrängtem, „einheimischem", marginalisiertem religiösem Wissen der Beteiligten (Jorinde und Joringel)
- durch Imagination „unerhörter", einmaliger, weiterführender Perspektiven („Tanz der Wutschlange") und
- die Befähigung zu „bezogener religiöser Autonomie" und „Koevolution" der Partnerinnen und Partner in diesem Gespräch (vgl. die Veränderungen, die sich in der Beziehung Frau Becks zu ihrem Freund ergeben).

---

[15] Vgl. dazu auch Blasberg-Kuhnke (1999), die eine korrelative Praxis in der religionspädagogischen und theologischen Ausbildung als „intergenerationelle Praxis" versteht. Es begegneten sich in entsprechenden Lern-/Lehrsituationen Studierende und Lehrende, die in der Entwicklung ihres Glaubens auf unterschiedlichen Stufen stehen (z.B. die Studierenden auf der Stufe eines „individuativ-reflektierten Glaubens", die Lehrenden im mittleren Lebensalter auf der Stufe eines konjunktiven Glaubens). Auch wenn wir Anfragen an die Entwicklungstheorie haben, die hier zu Grunde gelegt wird (vgl. 9.5.), so sind wir doch auch der Meinung, Alter, Erfahrung und die Zugehörigkeit zu unterschiedlichen Generationen wirkten als dynamisierendes Element in religiös-existentieller Beratung.

Solche Rekonstruktion von Sinn im Gespräch ist auch Tat. Damit besitzt dieses Beratungsverständnis schliesslich auch eine ethische Dimension. Durch die konversationelle Mitgestaltung der Welt tragen wir alle Verantwortung.[16] Religiös-existentielle Beratung im hier vorgelegten Sinn schärft das Bewusstsein für diese Ko-kreation der Bedeutungswelt. Zugleich ist Rekreation auch „ré-création", schöpferische Pause: Zeichen des Spiels im Möglichkeitsraum der durch den Sabbat geschaffenen Zweckfreiheit vor Gott. Sie entlastet vom Druck überholter Traditionen, schenkt Momente schöpferischer Schönheit und eröffnet neue Möglichkeiten. Gerade dadurch wird das Arbeitsbündnis zur „Bündnisarbeit", zur hoffnungserfüllten Konversation hin auf eine Zukunft, derer sich die Gesprächspartner nicht im Voraus versichern können, deren Kraft sich aber im Prozess dieser Beratung entbirgt.

3.7. Von der „identité prescrite" zur „identité construite"

Beratung geschieht in einem gesellschaftlichen Umfeld. Wir haben gesehen, dass es ein charakteristisches Merkmal von Beratung ist, dass sie sich auf diesen Kontext bezieht und Probleme kontextbezogen angeht. In diesem Zusammenhang wird immer wieder auf die Modernisierungsrisiken hingewiesen, denen Menschen in einer Gesellschaft, die sich schnell wandelt, ausgesetzt sind. Keupp (1999) nennt beispielsweise folgende Trends:

- die Erfahrung der „Entbettung" oder einer ontologischen Bodenlosigkeit
- Erwerbsarbeit als Basis der Identitätsbildung wird brüchig
- Fragmentierung von Erfahrungen
- Leben in virtuellen Welten
- Gegenwartsschrumpfung
- Explosiver Pluralismus (Familienformen, Milieus)
- Dekonstruktion der Geschlechtsrollen
- Individualisierung im Widerspruch von Egozentrierung und selbstbestimmten Gemeinschaftserfahrungen
- Verlust des Glaubens an die „Meta-Erzählungen" (gleichbedeutend mit dem Ende etablierter Deutungsinstanzen) und die individualisierenden Sinn-Bastler.

Der Charakterpanzer der Industriegesellschaften, den Max Weber als „stahlhartes Gehäuse der Hörigkeit" bezeichnet hatte, ist — so nimmt Keupp an — zunehmend weniger ein „Identitätsgehäuse", in dem sich Menschen noch niederlassen können oder müssen. Es verliert seine „Passformen für unsere Lebensbewältigung" (137). Das wird vielfach erlebt als „Verlust, als Unbehaustheit, als Unübersichtlichkeit, als Orientierungslosigkeit und Diffusität" (137). Menschen können die Chance nicht erfassen, aus diesem Gehäuse auszuziehen und „sich in kreativen Akten der Selbstorganisation eine Behausung zu schaffen, die ihre ist" (137). Das Potenzial der Mög-

---

[16] Damit haben wir noch eine weitere Möglichkeit im Blick, wie seelsorgliche Beratung und Ethik aufeinander bezogen werden können. Wenn Herms Ethik als Metatheorie der Seelsorge sieht, deren Aufgabe die Steigerung ethischer Urteilsfähigkeit ist (Herms 1991), und Körtner (2000) Verfahren ethischer Urteilsbildung als einen Teil professioneller Theologie in seelsorgliche Beratung integrieren will, verstehen wir die Praxis der *gemeinsamen* Konstruktion und Rekonstruktion von Bedeutung selber als ethisches Problem.

lichkeit, „ohne Angst verschieden sein zu können" (Adorno)[17], kann deshalb nicht ausgeschöpft werden. Dem hält Keupp trotzdem entgegen: Zentrales Kriterium für Lebensbewältigung und Gesundheit „bildet die Chance, für sich eine innere Lebenskohärenz zu schaffen. In früheren gesellschaftlichen Epochen war die Bereitschaft zur Übernahme vorgefertigter Identitätspakete das zentrale Kriterium für die Lebensbewältigung. Heute kommt es auf die individuelle Passungs- und Identitätsarbeit an, also auf die Fähigkeit zur Selbstorganisation und 'Selbsteinbettung'" (147).

Beratung kann und muss gerade vor diesem Hintergrund hilfreich sein. Dies gilt unseres Erachtens auch für religiös-existentielle Beratung. Auch in ihr geht es darum, in den auseinanderdriftenden Sinnwelten unserer Zeit „Kohärenzsinn" zu stiften, zu bewahren oder wieder zu gewinnen. Religiös-existentielle Beratung kann sich nicht ausserhalb dieses Zusammenhangs verorten. Sie nimmt daran Teil, wird von ihm gestaltet, möchte selber aber auch gestaltende Kräfte entbinden.

„Jede(r) ein Sonderfall?!" — so lautet der Titel einer vertieften soziologischen Studie zur religiösen Situation in der Schweiz (Dubach/Campiche 1993). Anhand der Daten dieser repräsentativen Umfrage lassen sich viele Prozesse belegen, die auch die grossen kirchensoziologischen Untersuchungen in Deutschland auf ihre Weise aufweisen. Die Kirchen in der Schweiz verfügen noch immer über ein erstaunlich grosses Potenzial an Vertrauen und Bindungsfähigkeit. Trotzdem sind Prozesse der Individualisierung und Differenzierung von Glaubenshaltungen weit fortgeschritten. Traditionelle konfessionelle und religiöse Identitäten werden nicht einfach weitertradiert, vielmehr scheint sich auch hier immer mehr ein Übergang von einer „identité prescrite" zu einer „identité construite" zu vollziehen (Campiche 1992). Dies ist zugleich ein hoffnungsvoller und schmerzlicher Prozess.

Dieser Prozess wird in vielen unserer Beratungssequenzen auf der Ebene sozialer Mikroprozesse fassbar. Er ist in den beiden bisher dargestellten Beratungen deutlich ersichtlich. Cristina Bandi, die wir im letzten Kapitel kennengelernt haben, wagt sich gerade mit ihren kreativen Texten und in der inneren Loslösung von einer religiösen Gemeinschaft und einer Theologie, die ihr bisher Halt geboten hatte, einen deutlichen Schritt vor zu einem Verständnis theologischer Identität, das nur noch als persönlicher Entwurf und nicht mehr als tradierte Norm gelebt werden kann. Auch Frau Beck wagt, gerade in ihren sprachschöpferischen Gestaltungen, einen mutigen Schritt in Richtung einer eigenen theologischen Identität.

Religiös-existentielle Beratung wird dabei nicht nur zum Behälter, in dem solche sozialen Prozesse individuell eine Gestalt finden. Solche Veränderungsprozesse werden durch Beratung zudem aktiv angestossen. Dabei sprechen wir bewusst von religiös-existentiellen Problemen (und nicht etwa von „Glaubensfragen"), die thematisiert werden sollen. Diese Beratung will nämlich nicht nur kirchliche Insider und Menschen, die sich mit christlicher Tradition positiv identifizieren können, ansprechen. Sie richtet sich vielmehr auch an Menschen, die sich von religiösen Fragen in einem weiten Sinn existentiell betreffen lassen. In unserem Kulturkreis sind dabei meist und

---

[17] Keupp weist mit Recht auf zentrale, auch strukturelle Bedingungen hin, die gegeben sein müssen, damit Menschen „ohne Angst verschieden sein können": basale ökologische Ressourcen (z.B. Urvertrauen), materielle und soziale Ressourcen (Lebenswelten und Netze), Fähigkeit zum Aushandeln (Demokratie), Fähigkeit zur positiven Verunsicherung, Entwicklung des „Möglichkeitssinns" (R. Musil).

immer wieder die Traditionen des Christentums, gelebter christlicher Glaube und mit ihm verbundene Konflikte und Lösungsmuster im Spiel. Vermehrt entstehen religiös-existentielle Konflikte heute aber auch an den Bruchstellen dieser Tradition und an den Berührungsflächen unterschiedlicher religiöser Welten. Dies ist eine besondere Herausforderung für beratende Seelsorge.

Offenheit für subjektive, rekonstruktiv-kreative Prozesse kommt dabei im Bereich des Religiösen eine neue, grundlegende Bedeutung zu. Menschen sehen sich vermehrt herausgefordert, gerade an den Bruchstellen religiöser und kultureller Traditionen durch die kreative Integration und Überwindung bisheriger Fixierungen neuen Lebenssinn zu gewinnen. Es ist eine grosse Aufgabe der Kirchen, sie hier nicht allein zu lassen. Dies ist eine Aufgabe von kirchlichen Bildungsprozessen ganz allgemein, insbesondere aber auch einer Beratung, die intensive, individualisierte Lernprozesse anregen kann.[18] Wenn das Pfarramt als „Institution der Individualität" verstanden werden soll, wie dies Luther anregte[19], dann wird auch hier der Doppelsinn der Aufgaben, die sich stellen, deutlich: Gerade in religiös-existentieller Beratung geht es in einem hervorgehobenen Sinn um die Vermittlung von Glaubensüberlieferung und Individualität, wobei Tradition verflüssigt und Individualität verdeutlicht wird. Solche Beratungsprozesse, die je wieder anders verlaufen, realisieren in schöpferischer und zugleich verbindlicher Form Pluralität. Gleichzeitig haben zu Beratende und Beratende dabei Anteil an den Risiken der Individualität, welche die Möglichkeiten des Scheiterns ebenso erhöht wie die des Gelingens. Religiös-existentielle Beratung riskiert hier entschiedene und bewusste Zeitgenossenschaft. Die folgenden Fragen (Engel 1997, 186) geben deshalb Anlass zu weitergehenden Überlegungen, welche Probleme religiös-existentielle Beratung im „postmodernen Themenpark" findet und bedenken muss. Auch sie hat zu fragen,

„1. welcher Stellenwert Dissens, Konsens und Paralogie nach dem Ende der Metaerzählungen in der Beratung zukommen kann

2. wie in der Beratung ein 'abschliessendes Vokabular' (Rorty) zu vermeiden ist

3. welchen Stellenwert das Erzählen der eigenen Geschichte für Empowermentprozesse hat

4. wie Beratung als Sprachspiel kleiner Geschichten und kommunikativer Bruchstellen im Alltag zu beschreiben ist und

5. wo der Entwurf eines Rahmenmodells reflexiver Beratung ansetzen könnte."

Kehren wir zum Schluss nochmals zurück zum Beratungsprozess, von dem wir in diesem Kapitel ausgegangen sind. Frau Beck wurde angeregt, auf ihren Prozess nochmals zurückzuschauen (im Sinne eines „Beratungspanoramas, vgl. später 8.4.). In einem Text, den sie in die letzte Stunde mitbrachte, zeichnet sie im Rückblick und Ausblick einen Weg der Befreiung und Ermächtigung. Die beiden Beratenden werden in diesem Text überhaupt nicht genannt. Wo Menschen angeregt werden, ihre Res-

---

[18] Beratung, wie sie hier verstanden wird, hat überhaupt grosse Ähnlichkeit mit Bildung. Vgl. dazu auch Czell (1998), der Bildung als eine der Bezugsgrössen von Beratung sieht: „Beratung als Bildungsprozess ist eher ein dialogischer Prozess, ein Lernen in der Begegnung. Im Reflektieren, im Hin- und Herwenden, im Experimentieren mit unterschiedlichen Möglichkeiten, im Eingehen von Verbindlichkeiten" (119).

[19] Henning Luther formulierte dies so kurz vor seinem Tod in einem Gastvortrag an der evangelisch-theologischen Fakultät in Bern. Vgl. auch Luther (1992).

sourcen zu erschliessen und ihre Selbstkomplexität zu erweitern, da werden sie offenbar unabhängiger und zugleich sprachfähiger. Dass Beratung gelingt, ist also kein Verdienst der Beratenden, sondern Ergebnis einer gelungenen Ko-produktion, ja Kokreation von Sinn, in der sich ein unverfügbares „Drittes" entbirgt.

Im Anfang war die Sehnsucht nach Leben
und sie schuf auch mich.
Ich schlummerte oft,
in Nebel gebettet
oder huschte umher.
Das Land war öd und voller Schlupfwinkel.
Sümpfe boten dem Fuss wenig Halt.
Man hörte kaum ein Geräusch;
nur das Herz klopfte.
Im Nebel verborgen das Leben.
Hinter geschlossenen Lidern das Augenlicht.

Am ersten Tag, als die Sehnsucht mich schuf,
verkroch ich mich oft.
Und sie sah mich und sah,
dass es nicht gut war.
Da küsste die Sehnsucht die schlafenden Augen
und strich über das verschlossene Ohr.
Da wurde Grau gewandelt in Rot,
dumpfe Stille in schrillen Klang.
Da verzog sich der Nebel und
das Land fing an zu grünen.
Gestalten wurden sichtbar.
Ich schreckte auf und erhob mich zum Tanz.

Am zweiten Tag erwachte die Schlange
und ich erblickte die Sehnsucht nach Leben.
Der Anblick entfachte in mir ein Feuer,
es glühte und erfüllte mich ganz.
Es begleitete mich überall hin
und loderte auch zwischen mir und anderen.
Bis in den Himmel reichten die Flammen.

Am dritten Tag war das Feuer,
das mich erfüllte
und von den anderen schied.
In seinem Licht erschienen Konturen
und verschwanden wieder,
so schnell wie gekommen.
Ich wurde gross und wieder klein
wie mein Schatten,
geworfen von zuckenden Flammen.

Wer bin ich? Was ist die Welt?
Wo ist die Brücke zwischen innen und aussen?
Wie weit geöffnet das verbindende Tor?

Der vierte Tag wollte den ersten umarmen,
doch kein Kreis wurde geschlossen
Das Leben tanzt in einer Spirale.
Der Nebel verflog
und liess Jorinde sehen,
verzaubert als Vogel,
gefangen im Käfig.
Doch Joringel fand die erlösende Blume.
Sie leuchtete rot
und schimmerte zart
auf dem Grund ihres Kelches.

Am fünften Tag geschah Befreiung
und ich stand auf
und fühlte den Stolz.
Ich stand an der Schwelle
und blickte nach vorn.
Mein Mauseloch nehme ich mit
in die Zukunft,
doch auch das Feuer
und meine Blume, die zaubern kann.

Ich packte mein Bündel am sechsten Tag
und war bereit für meinen Weg.

Am siebenten Tag war ich innerlich bunt.
Da flogen die Vögel,
da flammte das Feuer
und meine Freundin, das Mäuschen,
begleitete mich.
Da dankte ich der Sehnsucht nach Leben
dafür, dass sie mich schuf.

4. Das Erstgespräch

Wie soll das Erstgespräch gestaltet werden? Mit dieser Frage beginnen wir die Darstellung einzelner Aspekte unseres Beratungsmodells. Anfänge sind prägend. Die erste Sitzung schlägt den Ton an, der bekanntlich die Musik macht. Das Erstgespräch soll also eine Ausgangsbasis schaffen, von der zielgerichtet und kreativ weitergearbeitet werden kann. Das Anliegen der Person, die Beratung sucht, wird im Gespräch näher umrissen. Arbeitsbedingungen werden geklärt und verbindliche Abmachung getroffen. Das Erstgespräch soll zudem bereits als ein lösungsorientierter Schritt der Klärung und der Motivation zu neuen Perspektiven und verändertem Handeln erfahren werden. Denn: Es ist nie ausgemacht, dass einer ersten Sitzung wirklich eine zweite folgen wird...

4.1. Aufbau des Erstgesprächs und Fokusfindung

Das Erstgespräch ist ähnlich aufgebaut wie die nachfolgenden Gespräche auch, und doch sind mit ihm besondere Herausforderungen verknüpft.[1] Zuerst geht es darum, mit der Person, die Beratung sucht, eine Beziehung aufzubauen und ins Gespräch zu kommen. Einige einleitende Worte zu Anlass und Kontaktaufnahme, zum zeitlichen Ablauf und Rahmen des Beratungsangebots ermöglichen den Einstieg in einen vertiefteren Austausch. Schon jetzt kommt es darauf an, wie nach dem Anliegen gefragt wird, das zum Kontakt geführt hat. Die beratende Person sollte durch Wortwahl und Haltung zu erkennen geben, dass hier problembewusst und zugleich zielgerichtet und lösungsorientiert gearbeitet wird. Vom ersten Moment der Begegnung an wird ein Kontext der Hoffnung und positiven Erwartung geschaffen. Entsprechende Fragen sind dabei hilfreich:

- Was ist Ihr Anliegen?
- Was möchten Sie erreichen, klären, besser verstehen?
- Was müsste Ihrer Meinung nach in unserem Gespräch geschehen, damit Sie nachher den Eindruck haben werden: Es hat sich gelohnt, hierher zu kommen?
- Was ist seit der Anmeldung zur Beratung besser geworden? Oft bringt nämlich bereits der Entschluss zu einer Beratung einiges in Gang, auf das zu achten sich lohnt.

Das Anliegen der zu beratenden Person wird dann unter verschiedenen Gesichtspunkten ausgeleuchtet und das Thema, um das die Beratungen sich dann drehen soll, genauer bestimmt. Dabei ist es sinnvoll, einiges zum Stellenwert des Fokus zu sagen.

„In dieser Beratung ist es hilfreich, wenn wir uns auf einen Brennpunkt, einen Kern Ihres Anliegens konzentrieren können. Wenn Sie sich in diesem zentralen Punkt besser verstehen lernen und etwas da-

---

[1] Kollar (1999) schlägt vor, jedes Gespräch einer lösungsorientierten Seelsorge unter ähnlichen Gesichtspunkten zu gestalten. Auf einer Skala, die die Form eines Zifferblatts hat, führt er auf den verschiedenen Uhrzeiger-Positionen Tätigkeiten auf, die vom genauen Hören bis hin zur Erarbeitung von Aufgaben reichen. Wir gehen dem gegenüber davon aus, dass sich das Erstgespräch von weiteren Gesprächen unterscheidet, auch wenn sich verschiedene methodische Elemente (z.B. die meditative Pause und Aufgabenstellung) in den Sitzungen auch wiederholen.

ran verändern können, dann — das zeigt die Erfahrung — ist es wahrscheinlich, dass auch in anderen, Ihnen wichtigen Bereichen etwas Gutes in Gang kommt. 'Ein Gedanke kann nicht wach werden, ohne einen anderen zu wecken' (M. von Ebner-Eschenbach). Ein einziger Funke kann ein wärmendes Feuer entzünden. Aus einem kleinen Samen kann etwas Grosses wachsen. Deshalb schlagen wir Ihnen vor, einen thematischen Schwerpunkt zu legen und diesen in den kommenden Gesprächen zu umkreisen und zu klären."

Wir werden die Details der Klärung dieses Fokus in den nächsten Abschnitten verdeutlichen (4.3. und 5.4.). Es geht darum, das Anliegen näher einzukreisen. Es wird konkretisiert, was vage ist. Es wird danach gefragt, welche Funktion das fokale Thema im Leben erfüllt. Durch „eigenartige" Fragen versuchen wir zudem, der zu beratenden Person dabei zu helfen, möglichst viel von ihrem impliziten Wissen zu ihrer Problematik in Worte zu fassen. Bei einem Anliegen, dessen existentielle Seite im Gespräch deutlich wird, geht es dann im Sinne unseres Beratungsverständnisses auch darum, dessen religiöse Seite zu explorieren — und umgekehrt bei einer religiösen Problematik darum, nach jenem Anteil zu fragen, der sich im konkreten Alltag gegebenenfalls hinderlich auswirkt. Wichtig ist es auch, danach zu fragen, was denn bisher von der Person oder ihr nahe- oder auch fernstehenden anderen unternommen wurde, um zu einer Lösung zu kommen. Nicht selten sind es gerade versuchte Lösungen, die selber zum Problem werden (Watzlawick 1992).

Auch in diesem Teil des Gesprächs soll — bei allem Respekt vor dem Leiden der Person, die um Beratung ersucht — keine „Problemtrance" erzeugt werden, in der Schwierigkeiten das Feld des Gesprächs beherrschen und jeden Ansatz einer Hoffnung im Keim ersticken. Wir forschen also nach Ausnahmen, und seien diese noch so selten oder geringfügig. Wann stellte sich das Thema anders? Wann tauchte ein Problem nicht auf, wo es normalerweise sein Unwesen treibt? Es werden Tricks und Mittel eruiert, die eine wenn auch nur minimale Besserung in Gang setzen konnten oder dabei helfen, das Problem zumindest in Schach zu halten. Es wird nach Umständen gefragt, und seien diese noch so vage erst benennbar, die zu Veränderungen einer problematischen Situation geführt haben. Lösungsorientierte Fragen sollen erste Zukunftsperspektiven eröffnen.

- Angenommen, Sie wissen bereits die Antwort auf Ihre Frage: Wie lautet sie?
- Wenn Sie auf dem richtigen Gleis zu einer Lösung sind, woran merken Sie dies?
- Wie verhalten Sie sich anders in Ihrem Umfeld?
- Wer merkt dies am ersten?
- Gibt es Ausnahmen? Wie wird Ihr Leben aussehen, wenn solche Ausnahmen häufiger werden (nicht: wären)?
- Wenn wir einen Film zu Ihrem Anliegen mit einem glücklichen Ende drehen könnten, wie würde der letzte Teil dieses Films aussehen?

Immer geht es darum, neben und trotz der problematischen Situation und durch sie hindurch „Möglichkeiten des Andersseins" (Watzlawick 1991) zu erkunden. Wie kann Hoffnung wach werden? Wie kann das Problem in einem etwas anderen Licht erscheinen? Ist dies nicht oder noch nicht sichtbar, kann es auch hilfreich sein, danach zu fragen, wie unser Gegenüber es zu Stande gebracht hat, dass sich die Situation nicht noch verschärft, das Problem nicht verschlimmert, das Thema nicht noch ver-

kompliziert hat. Es geht also um eine doppelte Bewegung: die Person, die Beratung
sucht, in ihrem Problem ganz ernst zu nehmen und zugleich hartnäckig danach zu
forschen, wie sich in der ganzen Misere persönliche Stärken und Anzeichen einer anderen Zukunft namhaft machen lassen. Diese Sichtweise wird dadurch verstärkt, dass
nach Zielen gefragt wird: Was möchten Sie erreichen? Woran würde ich merken, dass
Sie Ihr Ziel erreicht haben? Welche Schritte sind nötig? Auch hier geht es darum, dazu
beizutragen, dass persönliche Absichten und Intentionen in neuem Licht — plasti-
scher, mit mehr Umfeld und Hintergrund — erkannt werden und ihre motivierende
und energetisierende Kraft entfalten können. Daran kann sich eine „Ressourcendiagnose" (vgl. unten 4.5.) anschliessen. Auf welche Fähigkeiten, persönliche Stärken,
Quellen der Unterstützung kann die Person zurückgreifen, wenn sie sich daran macht,
ihr Ziel neu anzupeilen?
Ein grosser Teil der Gesprächszeit der Erstbegegnung wird bis zu diesem Zeitpunkt
bereits verflossen sein. Es wird nun, nach einer kurzen Information zum Sinn und
Zweck des Gesprächsunterbruchs, eine meditative Pause eingeschaltet. In einem Moment des Nachdenkens versuchen sich alle darüber klar zu werden, ob sie es sinnvoll
finden, die Beratung in dieser Weise fortzuführen. Die Beratenden nehmen sich Zeit,
aus etwas Distanz — in einem Nebenraum oder auf einem kurzen Spaziergang — ein
genaueres Bild zu gewinnen, ob sie mit dieser Person arbeiten können oder ob ein
anderer Weg (z.B. eine Therapie oder eine andere Form von Beratung) empfohlen
werden sollte. Sie vergegenwärtigen sich nochmals das Anliegen des Klienten resp.
der Klientin, entwerfen eine erste, etwas genauere Umschreibung des Fokus, um den
sich die folgenden Stunden gruppieren werden, und überlegen sich — falls die Beratung weitergehen soll —, welche „Aufgaben" oder „kreativen Anregungen" sie vorschlagen wollen. Die Person, die beraten wird, wir ihrerseits aufgefordert, sich zu
überlegen, ob sie eine Beratung im vorgeschlagenen Setting für sich als sinnvoll erachtet und welchen nächsten Schritt sie selber sieht. Die Stunde schliesst mit einer
kurzen Schlusssequenz, in der vor allem die Frage aufgegriffen wird, ob und wie die
Beratung weitergehen kann und soll. Falls beide Seiten zu einem positiven Schluss
kommen, werden die genaueren Umstände des Vorgehens (Daten, Ort, Ablauf der
Sitzungen) festgelegt. Die Schlusssequenz endet damit, dass die Beratenden, in Wür-
digung dessen, was der Klient resp. die Klientin bisher bereits geleistet hat und was
sich als Lösung abzeichnet, ihre Arbeitsanregungen vorschlagen.

4.2. Einstiegsmanöver

In jedem Anfang liegt nicht nur ein Zauber. Jeder Anfang ist mehr als ein Anfang.
Wichtige Eigenarten und Verhaltensmuster der zu beratenden Person, welche die weitere Begegnung kennzeichnen werden, zeigen sich oft in der Art und Weise, wie sie
Kontakt aufnimmt, die Begrüssung gestaltet, sich setzt und das Gespräch beginnt. Die
ersten Hinweise, die die Personen, die eine Beratungsbeziehung eingehen, einander
geben, wecken bereits erste Reaktionen und Übertragungen. Denn: Die Erstbegegnung ist ja nicht nur ein Geschehen, in dem möglichst präzise und in Sprache gefasst
eine Situation erforscht wird. Diese Begegnung wird auch von Erwartungen und von
mehr oder weniger bewussten Ängsten und Projektionen strukturiert, die sich im non-
verbalen Verhalten oder in bestimmten „Einstiegsmanövern" äussern. Es ist deshalb
— auch in der religiös-existentiellen Kurzzeitberatung — meist aufschlussreich,

darauf zu achten. Oft entziehen sich diese zuerst noch, laufen nicht oder wenig bewusst ab. Trotzdem (oder gerade deshalb) ist es wichtig, in diese Richtung eine Sensibilität zu entwickeln.

Herr Maurer kommt mit einer Liste von Fragen in die erste Stunde. Er drückt diese dem Berater gleich zu Beginn in die Hand. Die Fragen sind exakt ausformuliert. Sie betreffen den Zusammenhang von historischem Jesus und auferstandenem Christus. Im Verlauf der Beratung zeigt sich immer deutlicher, dass Herr Maurer seine Fragen eigentlich tatsächlich am liebsten „abgeben" möchte und dass der Berater sie ihm in der Folge „abzunehmen" versucht. Herr Maurer drängt seinen Berater in immer neuen Anläufen dazu, ihm eine definitive Antwort auf seine Frage zu geben, wie dies mit der Auferstehung denn zu verstehen sei. Der Berater lässt sich darauf ein, spielt ein Stück weit mit, versagt sich dann aber auch, vor allem was das Antworten angeht, und — versagt so in den Augen Herrn Maurers. So lässt dieser seinen Berater denn auch immer deutlicher spüren, dass er eigentlich eine ganz andere Beratung, viel länger, umfassender, tiefer und durch jemand anderes bräuchte. Gerade diese Wiederholungen machen es mit der Zeit möglich, eine neue Ebene anzusprechen: Man kann auch mit nicht beantworteten Fragen leben, ja mit solchen Fragen ins Pfarramt gehen. Bereits im ersten „Manöver", dem „Abgeben" der Fragen, die der Berater „in seine Hände nimmt", aber Herrn Maurer am Schluss der Stunde wieder „zurückgibt", zeichnet sich in nuce ein Konflikt ab, der in Tiefenschichten reicht, sich im Verlauf der Beratung zuspitzt und dessen Deutung neue Perspektiven eröffnet.

Solche Einstiegsmanöver und die Bestimmung eines psychodynamischen Fokus der Beratung (vgl. 5.4.) stehen oft in einem inneren Zusammenhang. Bereits in der „Szene", die bei der Erstbegegnung gestaltet wird, lassen sich unter Umständen Themen und Prozesse erkennen, die sich später in der Beratung wiederholen werden und die einen wesentlichen Anteil der Konfliktdynamik, die wichtig werden wird, erkennen lassen. Es ist deshalb aufschlussreich, solche „Szenen" und „Einstiegsmanöver", in denen sich verdichtet die Thematik der Beratung andeutet, wahrzunehmen und genauer zu beobachten[2]: Wie meldet sich jemand an? Was geschieht bei der Begrüssung? Wie setzt sich die zu beratende Person? Welchen Einstieg ins Gespräch wählt sie? Welche „Unterlagen", „Geschenke" oder Vorarbeiten (z.B. Fokusformulierungen) bringt sie mit? Welchen symbolischen Gehalt hat dies? Welche Entwicklungen der Beratungsbeziehung könnten sich bereits jetzt abzeichnen?

4.3. Erkunden des Fokus in seinem Umfeld

Im weiteren Verlauf der Beratung soll das Gespräch auf ein Thema fokussiert werden. Es kann im Rahmen einer zeitlich begrenzten Beratung ja nicht darum gehen, die Lebenssituation eines Menschen in ihrer ganzen Breite in den Blick zu fassen. Anders als in einer länger dauernden Therapie, in der sich der Prozess auf der thematischen und emotionalen Ebene in ganz unterschiedliche Richtungen entwickeln kann, wird in religiös-existentieller Beratung ein bestimmter Themenkreis ins Zentrum der Gespräche gerückt. Im Erstgespräch werden deshalb auch die Umrisse dieses Themas ertastet. Fragestellungen und Wünsche werden sichtbar, welche die Person, die Beratung sucht, bewegen. Probeweise werden erste Formulierungen gesucht, worauf sich die Arbeit in der Folge konzentrieren soll.

---

[2] Zu diesem „szenischen Verstehen" vergleiche: Lorenzer (1971).

Fragen zur Exploration eines Problems

Konkretisierung des Problems
- Um welche Blockierungen, Schwierigkeiten oder Belastungen geht es genau?
- Wann genau, wo und wie spielt sich dies ab? Was passiert, Schritt um Schritt?
- Wer ist beteiligt? Welcher Art ist die Beziehung zwischen den Beteiligten?
- Wie fühlt sich dies an?

Auslöser und implizites Wissen
- Warum suchen Sie gerade jetzt Beratung in dieser Frage?
- Was hindert Sie daran, das Problem jetzt zu lösen?
- Wie wissen Sie, dass es ein Problem ist?
- Wie wissen Sie, dass es an der Zeit ist, das Problem zu haben?

Bezugsrahmen
- Bei existentiell akzentuiertem Problem: Hat dieses Problem auch eine spirituelle Seite? Hat es auch mit Ihrem Glauben zu tun? Was sagte Gott zu diesem Problem, wenn wir ihn direkt fragen könnten?
- Bei religiös akzentuiertem Problem: Wie beeinflusst dieses Problem Ihre Beziehungen, Ihren Alltag, Ihre Haltung sich selber gegenüber? Welche Gefühle sind damit verbunden? Was sagte eine wichtige Bezugsperson zu den Auswirkungen Ihres Glaubens, wenn wir sie fragen könnten?
- Warum glauben Sie, dass gerade Sie dieses Problem haben? Was sagt mir das Problem über Ihren Glauben, Ihre Ethik, Ihre Wertvorstellungen? Welche Grundüberzeugungen spielen eine Rolle, dass Sie das Problem so erfahren?

Funktion im Lebensumfeld
- Wie ist das Problem im Umfeld der aktuellen Lebenssituation zu orten (z.B. Beziehungen, Gesundheit, Studium, Beruf, Freizeit)
- Was tut das Problem für Sie?
- Welche positiven Aspekte hat das Problem?
- Schützt Sie dieses Problem möglicherweise vor einem noch grösseren Problem?
- Wie haben Sie es gemacht, dass das Problem nicht noch schlimmer geworden ist?
- Was müssten Sie machen, um das Problem zu verschärfen?
- Welche „Lösungen" des Problems wurden selber zu einem Problem? Muss eine „Lösung" blockiert werden, damit sich wirklich etwas ändern kann?

Im Erstgespräch geht es also vorerst einmal darum, das Anliegen möglichst konkret und nachvollziehbar zu umschreiben. Tiefere Schichten, die sich in diesem Anliegen abzeichnen und mit unbewussten Prozessen verbunden sind, können spürbar sein, werden aber meist erst im Verlauf der Beratung deutlicher sichtbar und (vielleicht) besprechbar.

Zuwendung, genaues Beobachten, Zuhören und das Aufnehmen gefühlsmässiger Erlebnisinhalte — also eine Haltung von Achtung und Empathie — tragen dazu bei, dass die Person, die beraten wird, aussprechen kann, wo der Schuh drückt. Sie wird darin begleitet, ihr Anliegen in seinem Umfeld genauer zu erforschen. Und: Sie soll sich darin unterstützt und in einem umfassenden Sinn „wahrgenommen" und verstanden fühlen. Wir vertreten hier also keine einseitig lösungsorientierte Sicht des Beratungsgesprächs, nach der möglichst nur nach Lösungen und Ressourcen gesucht wird. Wir gehen davon aus, dass auch von Problemen gesprochen werden kann und gesprochen werden muss, damit sich Menschen ganz verstanden fühlen.[3] Die Präzision der Problembeschreibung ist für die Exploration des Problems gerade aus systemischer Sicht wichtig. Probleme haben eine Funktion. Sie sind oft die bisher erreichte optimale Antwort auf eine noch grössere Schwierigkeit. Manchmal erfüllen sie deshalb auch eine situationsstabilisierende Funktion.

Eingebettet in diese empathische und achtungsvolle Begleitung können dann aber auch einzelne Fragen ins Spiel gebracht werden, die das gewohnheitsmässige Nachdenken und Reden über ein Problem in gewisser Weise „verstören", da sie ungewohnt sind, das Problem unter einem neuen Gesichtspunkt zeigen und darauf zielen, die Eigenverantwortung für das Problem zu stärken (vgl. Kasten S. 64). Solche Fragen laden dazu ein, Probleme zu konkretisieren und zu spezifizieren. Sie leiten dazu an, Auslöser des Problems genauer zu fassen, seine Einbettung in den persönlichen Bezugsrahmen des Klienten resp. der Klientin zu verdeutlichen und seine Funktion im Lebenskontext zu klären. Sie können wichtiges, implizites Wissen zur Thematik der Beratung auf den Tisch bringen. Solche Fragen müssen, gerade weil sie teilweise ungewöhnlich sind, mit Fingerspitzengefühl für das Gegenüber und den richtigen Zeitpunkt eingebracht werden.

4.4. Hoffnung eröffnen

Menschen sollen mit ihren Fragen und Problemen in der religiös-existentiellen Beratung ernst genommen werden. Sie sollen — wie einige der genannten Fragen bereits gezeigt haben — in ihrer „Problemkompetenz" wahrgenommen werden. Sie sollen aber auch mit ihren „gesunden" Anteilen, in ihren Hoffnungen und dem, was trotz allem glückt und gelingt, ebenso „wahr" genommen werden. Darauf richtet sich auch im Erstgespräch bereits die Aufmerksamkeit.[4]

White/Epston (1994) gehen davon aus, dass Menschen ihre Erfahrungen in ganz bestimmten Geschichten fassen und aufbereiten, die sie immer wieder erzählen und leben und die von ihnen immer wieder erzählt und erlebt werden. Solche Geschichten, insbesondere Geschichten des Misserfolgs, Problem-, Belastungs- und Blockierungsgeschichten, werden nicht selten verallgemeinert. Sie haben die Tendenz, sich zu *der* Geschichte eines Menschen zu verdichten. Was nicht zu diesen dominierenden Geschichten passt — oft fixieren zusätzlich kulturelle Mythen, Rollenvorstellungen und Expertenwissen solche Geschichten —, wird aus der Erinnerung verstossen und aus der dominierenden Geschichte verbannt. Nie geht die ganze Erfahrung eines Menschen allerdings in seine Problemgeschichte ein. Gerade was eliminiert wurde, kann hoffnungsvoll sein und als „einmalige" Ereignisfolge Ansatzpunkt von Neuem wer-

---

[3] Eine solche Haltung wird vermehrt auch von Vertretern lösungsorientierter Beratung eingenommen: vgl. Bamberger (1999), Eberling/Hargens (1996), Hesse (1999) und programmatisch Mücke (2001): Probleme *sind* Lösungen.

[4] Zur Bedeutung von Hoffnung als grundlegender Dimension von Seelsorge vgl. Capps (1995 a) und v.a. den Ansatz von Lester (1995), vgl. auch 6.6.

den. White/Epston entdecken hier deshalb auch Hoffnungspotenziale. Es gilt also, bereits bei der Problemexploration in diese Richtung offen zu sein. Was passt nicht ins Bild einer Geschichte, die vom Problem dominiert ist? Wo gibt es einmalige Ereignisfolgen im Leben eines Klienten resp. einer Klientin, die anzeigen, dass auch noch anderes möglich ist? Was kann zum Ausgangspunkt von Hoffnungen, Alternativen und Lösungen werden? Manchmal ist es nötig, gezielt nach solchen Ausnahmen zu fragen.

„Unerhörtes" und „einmalige Ereignisfolgen"
(nach White/Epston 1994 und Eberhard, mündlich)

Ausnahmen	Die Klientin wird danach gefragt, ob es im Problembereich bereits einmal eine Ausnahme, eine „einmalige Ereignisfolge" („unique outcome"), gegeben hat, die Symptomatik sich also weniger ausgeprägt zeigte, eine (wenn auch minimale) Verbesserung festzustellen war oder das Problem gar für einen Moment verschwunden war. Diese einmalige Ereignisfolge wird gebührend gewürdigt und detailliert rekonstruiert (Ort, Zeit, Umstände, Voraussetzungen, Folgen).
Ausnahmen historisieren	Es wird danach gefragt, ob es in der Vergangenheit der Klientin Ereignisse, Persönlichkeitseigenschaften oder Fähigkeiten gab, die eine solche einmalige Ereignisfolge in der Gegenwart ahnen liessen, ja wahrscheinlich machen, und ob es Personen in der Vergangenheit gibt, die nicht erstaunt wären, wenn sie hörten, dass sich diese einmalige Ereignisfolge abgespielt hat.
Ausnahmen kontextualisieren	Es wird danach gefragt, wer im Umfeld etwas von dieser einmaligen Ereignisfolge bemerkt hat, woran genau dies zu merken war und wie diese Person dazu beitragen kann, dass solche Ausnahmen häufiger werden.
Ausnahmen futurisieren	Es wird entfaltet, wie sich das Leben der Klientin entwickeln wird, wenn sie in Zukunft vermehrt an dieser einmaligen Ereignisfolge anschliesst und die Ausnahme zur Regel wird.

Besonders radikal in ihrem Fragen und Suchen nach Ausnahmen und Lösungen sind de Shazer und sein Team (z.B. de Shazer 1992). Sie gehen davon aus, dass Lösungen nicht unbedingt aus Problemen abgeleitet werden können. Es gibt keinen notwendigen Zusammenhang zwischen Problemexploration und dem Finden passender Lösungen. Sie haben es deshalb in ihrer Fragetechnik darauf angelegt, diesen Zusammenhang möglichst zu kappen oder gar nicht aufkommen zu lassen. Statt dessen konzentrieren sie sich auf die Entdeckung oder Konstruktion von Lösungen. Besonders bekannt geworden sind zwei Fragerichtungen:

Lösungsorientierte Fragen: Es ist eine in der empirischen Psychotherapieforschung wohl bekannte Tatsache, dass bereits der Anfang einer Beratung, ja bereits die Anmeldung zu einer Beratung Prozesse in Gang setzt, die in Richtung einer Lösung von Problemen drängen. Dies kann man sich auch im Erstgespräch zu Nutze machen und danach fragen, was sich denn seit der Anmeldung zur Beratung verändert hat und besser geworden ist. Oft fördert diese Frage Dinge zu Tage, die bei der weiteren Suche nach Lösungen sehr nützlich werden können.

Auch die „Wunderfrage", die de Shazer regelmässig im Verlauf des Erstgesprächs stellt, ist darauf angelegt, Zusammenhänge zwischen Problem und Lösung, die ein Klient herstellt, zu unterbrechen und direkt auf die Imagination einer Lösung hinzusteuern.

„Ich habe eine ungewöhnliche Frage, die etwas Phantasie braucht. Angenommen, Sie gehen nach Hause, essen, schauen noch etwas TV, gehen zu Bett und schlafen, und während Sie schlafen, geschieht ein Wunder: das Problem, das Sie hier in die Beratung gebracht hat, ist weg — es geschieht während Sie schlafen und Sie können nicht wissen, dass es geschehen ist —, wenn Sie dann erwacht sind, wie werden Sie merken, dass dieses Wunder geschehen ist?"

Erste Antworten, die eine Klientin — vielleicht noch etwas zögernd — gibt, werden durch weitere Fragen konkretisiert: Wer merkt die Veränderung zuerst? Wer als nächstes? Woran zeigt sich die Veränderung? Welchen Unterschied wird es machen, wenn dies und das anders sein wird? Gibt es bereits heute Momente, in denen etwas vom Geschilderten geschieht? Was müssten Sie tun, damit dies häufiger vorkommt? Solche Fragen und die Suche nach Antworten — die Auskunft: „Ich weiss es nicht." bedeutet häufig eher: „Ich denke nach." — brauchen Zeit. Deshalb sollte die Wunderfrage nicht erst ganz am Schluss des Gesprächs gestellt werden.[5] Diese Wunderfrage ist vielleicht gerade eine in religiös-existentieller Beratung besonders „angemessen unangemessene" Frage und fördert oft auch dann verblüffende Erkenntnisse zu Tage, wenn es sich um abstrakte Probleme handelt.

Erika Widmer kämpft mit der Frage, wie sehr sie ihrer neu gewonnenen, persönlichen theologischen Position — sie hatte sich von einer charismatischen Frömmigkeit loszulösen begonnen — nun eigentlich selber trauen kann. Sie spricht von ihrer Unsicherheit und ihren Zweifeln, ob ihre neuen Einsichten Bestand haben können. Ihr Berater fragt danach, was sie denn schon versucht habe, um hier zu einer grösseren inneren Klarheit zu kommen. Sie habe vieles gelesen. Sie habe Gott Briefe geschrieben. Das Schreiben helfe ihr, ihre Gedanken zu sortieren. Aber sie habe keine Antwort erhalten. Das fehle. Der Berater stellt nun die Wunderfrage. Frau Widmer antwortet, ohne lange zu zögern: Wenn das Wunder geschehen sein wird, wird ein Zettel von Gott auf ihrem Tisch liegen, auf dem geschrieben steht: „Du hast Recht!" Das würde sie sehr erleichtern. Sofort schiebt sie nach: Da ist auch eine gewisse Leere. Es würde ihr etwas fehlen. Sie hat sich viel Zeit genommen, Antworten zu finden. Dies hat ihr auch eine gewisse Befriedigung gebracht. Der Berater fragt nach: „Was werden Sie tun, wenn sie diesen Zettel liegen sehen?" Frau Widmer meint: „Hinausgehen und es allen verkündigen." und nimmt dies sofort etwas zurück: „Ich bin nicht so der Missionarstyp." Aber sie würde es wichtigen Personen sagen. Der Berater fragt weiter: „Wie werden diese reagieren?" Frau Widmer: „Sie reagieren mehrheitlich positiv darauf." Berater: „Woran werden sie merken, dass Sie anders sind?" Sie würde klarer sagen, was sie denkt. Frau Widmer erzählt eine Szene aus dem Volleyballclub. Beim Duschen kommt die Frage nach Gott auf. Sie verstummt und kann nichts dazu sagen. Sie findet es eigentlich gut, dass sie sich nicht gleich einmischen muss, und doch findet sie es auch nicht gut.

---

[5] Vgl. zur Wunderfrage z.B. Hesse (1999), 60ff.

Denn sie möchte eigentlich deutlicher zu ihrer Meinung stehen können und hat hier als Theologin doch etwas zu sagen.

In der meditativen Pause, die sich anschliesst, geht dem Berater vieles durch den Kopf. Diese Zukunftsphantasie zeigt Ansätze zu Neuem: Frau Widmer will klarer, wenn auch nicht aufdringlich von ihrem Glauben sprechen können. Die Szene „unter der Dusche" lässt symbolisch Tieferes anklingen: Gerade in einer Situation existentieller „Nacktheit" und nicht nur in den Kleidern einer pastoralen Rolle möchte sie vom Wesentlichen sprechen lernen. Zugleich bleibt offen, wie diese neue Klarheit im konkreten Leben spürbar werden könnte. Der Berater fragt sich zudem, ob die erwünschte Antwort Gottes — „Du hast Recht" — nicht die Ambivalenz jeder menschlichen Position zu unterschlagen droht — und so ein Frömmigkeitsmuster aufnimmt, das Frau Widmer eigentlich überwinden will. Nach der meditativen Pause sagt Frau Widmer selber, sie habe sich noch überlegt, was wäre, wenn auf dem Zettel stünde: „Du hast nicht recht." Das würde alles in Frage stellen und wäre gar nicht gut. „Dann würde ich Gott wechseln..." Lachen. Frau Widmer nimmt das etwas zurück und doch bleibt die Frage im Raum stehen. Dies alles inspiriert den Berater zu folgender Aufgabe: Er regt Frau Widmer an, sie solle jeden Abend ein Fünffrankenstück aufwerfen. Wenn der Kopf fällt, solle sie annehmen, auf dem Zettel stünde: „Du hast Recht." Sie solle dann am nächsten Tag damit experimentieren und sich so verhalten, wie wenn dies wirklich so wäre. Wie würde sie den neuen Tag unter dieser Voraussetzung erleben? Wenn die Zahl oben liegt, solle sie ausprobieren, wie es wäre, wenn das Gegenteil gälte.

Ziele: Auch Ziele sind eine Form, Zukunft vorwegzunehmen, nun aber so, dass sich daraus konkrete Folgerungen für die Gestaltung des eigenen Handlungsraums ergeben. Ziele haben motivierende, handlungssteuernde Funktion. Gerade die empirische Psychotherapieforschung zeigt immer deutlicher, wie wichtig die Arbeit an Zielen für den Erfolg einer Therapie ist. Grawe (1998) unterscheidet zwei Aufgaben, die Psychotherapie in diesem Zusammenhang zukommen kann. Es kann in ihr darum gehen, Menschen bei der Realisation von Zielen zu unterstützen. Das bedeutet, Menschen dabei zu helfen, Ziele zu finden, zu verstärken, gegen Intentionen zu schützen, die mit ihnen in Konflikt geraten, und zur Zielrealisation beizutragen. Bei motivationalen Konflikten geht es zudem darum, Ziele deutlicher herauszuarbeiten und zu klären. Es kann aber auch Aufgabe einer Therapie sein, Intentionen zu verändern. Therapeutische Prozesse, die auf solche Intentionsveränderungen ausgerichtet sind, brauchen mehr Zeit. Hier müssen häufig motivationale Konflikte erkundet und geklärt werden. Daraus können sich neue Ausrichtungen, veränderte Ziele und Wertorientierungen ergeben. Noch tiefer greift die Arbeit an „Identitätszielen". Darunter sind Ziele zu verstehen, welche Lebensorientierungen über längere Zeit festlegen, sodass sie nicht immer neu verhandelt werden müssen.

Alle drei Typen von Zielen werden auch in religiös-existentieller Beratung wichtig. Es kann Aufgabe sein, Ziele, auf die sich ein Mensch in seinem Handeln ausrichten will, erst einmal deutlicher zu bestimmen und Schritte herauszukristallisieren, die nötig sind, um diese Absichten zu realisieren. Dies ist eine der typischen und charakteristischen Aufgaben gerade einer zeitlich begrenzten Beratung. Zielveränderung und die Arbeit an Identitätszielen kommen ebenfalls ins Spiel, wie die Beispiele von Cristina Bandi und Andrea Beck haben erkennen lassen. Die Arbeit auf dieser Ebene von Zielen hat im Rahmen einer Beratung ihre Grenzen. Und doch bleibt sie — gerade wenn es um religiös-existentielle Fragen geht, die die Grundlagen der Identität betreffen — ebenfalls wichtig.

Bruno Strahm will in der Beratung das Thema seiner Schuldgefühle ins Zentrum stellen. Er exploriert, wie diese im Zusammenhang seiner Herkunftsfamilie verankert sind. Dass sich bei ihm die Schuldgefühle so stark ausgeprägt zeigen, versteht er als eine Art „Vorherbestimmung". Die Schuldthematik taucht in seiner Familie an verschiedensten Orten auf (Die Familie lebte auf einem verschuldeten Hof: Die Söhne waren dem Vater einen ganzen Einsatz „schuldig". Die Mutter bedrängt Herrn Strahm mit ihren hohen Erwartungen.). Der Berater fragt ihn, welches Ziel er verfolgen möchte. Herr Strahm möchte an dieser Schuldproblematik bleiben. Er muss sie durcharbeiten, auch wegen seiner zukünftigen Arbeit im Pfarramt. Berater: „Was müsste sich ändern?" Er müsste eine andere Sicht der Schuld, auch theologisch gesehen, entwickeln können. Berater: „Woran würden Sie diese neue Sicht erkennen?" Herr Strahm meint, es würde ihm „leichter". Er wäre weniger müde. Die Verspannung im Körper würde sich lösen. Der Berater fragt weiter und trägt so zur Konkretisierung einer Zielvorstellung bei: „Was sonst noch?" Seine inneren Gespräche würden sich verändern. Er befinde sich oft in einem inneren Gespräch mit anderen Menschen, in dem deutlich werde, dass er nicht gut sei. Diese Gespräche würden positiver verlaufen. Der Berater fragt an diesem Punkt auch nach Gottes Stimme in diesen Stimmen. Herr Strahm meint, sie sei schon irgendwo da. Aber es ist nicht sicher, ob dies nicht eigentlich die Stimme der Mutter ist. Auch dieses innere Gespräch würde sich verändern und damit auch die Beziehung zu anderen Menschen, auf die er manchmal projiziert, dass sie ihn ablehnen. Die positive innere Stimme könnte auch die Stimme der Vergebung sein.

Das Beispiel zeigt es: Auch hier geht es eigentlich darum, die Richtung der gemeinsamen Arbeit genauer zu bestimmen, Herrn Strahm aber auch dabei zu helfen, sich klarer zu werden, worauf hin er denn eigentlich in seinem Leben tendiert. Dies beginnt sich abzuzeichnen. Es geht darum, diese Intention in der Beratung noch deutlicher herauszuarbeiten und zu konturieren. So versucht der Berater Herrn Strahm zu Konkretionen zu bewegen. Wie erlebt er seinen Körper und die „inneren Stimmen"? Dies betrifft also zumindest zwei verschiedene Sinneskanäle, den propriozeptiven und auditiven (in einer späteren Stunde kommt zudem eine intensive bildliche Wahrnehmung hinzu, vgl. S. 130f.).[6] Herrn Strahm fällt es schwer, zwischen den Stimmen der Mutter und Gottes zu unterscheiden. Das innere Gespräch zwischen den Repräsentanzen des Gottes- und des Mutterbildes, das sich hier anschliesst, zeigt deutlich die motivationalen Konflikte, in die er verstrickt ist. Erst wenn die „Stimme der Vergebung" im inneren Stimmenwirrwarr klarer hörbar wird, kann er sich auf das Leben neu einlassen.
Die Suche nach Ausnahmen und „einmaligen Ereignisfolgen", die „Wunderfrage" und andere Wege zu „Hoffnungsgeschichten" (vgl. auch 6.6.) und die Arbeit an Zielen sind Möglichkeiten, die bereits in einem Erstgespräch Perspektiven eröffnen, die motivieren, inspirieren und der weiteren Suche in den anschliessenden Stunden Nahrung geben. Sicher werden dadurch keine definitiven Lösungen sichtbar. Aber bereits „Vizelösungen" (Odo Marquard[7]) sind nicht zu verachten...

---

[6] Wichtige weitere Kriterien, auf die bei der Zielformulierung geachtet werden muss, können genannt werden: Solche Ziele müssen zum Wertsystem der Person passen (würde dieses Wertsystem selber sich ändern müssen, dann wäre von Zielveränderung und Identitätszielen die Rede). Ziele müssen in der Reichweite der vorhandenen emotionalen, physischen, finanziellen und sozialen Ressourcen liegen. Sie müssen etappierbar, also in kleine Schritte aufteilbar, und operationalisierbar sein. An beobachtbarem Verhalten soll abgelesen werden können, ob ein Ziel wirklich erreicht wurde. Und: Ziele sollten „ökologisch", das heisst: im Umfeld des Klienten resp. der Klientin erträglich und akzeptierbar sein. Vgl. dazu Culley (1996), 154ff.
[7] Zit. nach Hesse (1999), 57.

4.5. Ressourcen erschliessen

Die Aufgabe des Erstgesprächs liegt nicht nur darin, der Person, die Beratung sucht, zu einer klareren Sicht ihres Problems zu verhelfen. Es geht auch darum, Ansatzpunkte von Neuem und Quellen der Kraft zu finden, die Hoffnung stärken. Dies geschieht dadurch, dass Ausnahmen eruiert, einmalige Ereignisfolgen und „Unerhörtes" wahrgenommen und Zustände und Ziele genauer umschrieben werden, auf die auszurichten sich lohnt. Hier schliesst sich zudem noch etwas Weiteres an, was für die Begleitung belasteter Menschen von grosser Bedeutung ist, wie dies neuere Entwicklungen in der Erforschung von Beratung und Therapie belegen: Ressourcensensibilität, ja eine eigentliche Ressourcendiagnostik (Nestmann 1997 a, 30). Bereits Immanuel Kant fand, drei Kräfte seien unverzichtbar gegen die Widrigkeiten des Daseins: Hoffnung, Schlaf und Humor. Sie und viele andere Ressourcen werden gerade in einer Kurzberatung wichtig, die Menschen dazu befähigen will, möglichst bald mit eigenen Kräften auf ihrem persönlichen Weg weiterzugehen.[8]

Wir nehmen dabei folgendes Verständnis zum Ausgangspunkt: „Ressourcen sind alle Dinge, die wir in unserer Lebensgestaltung wertschätzen, die wir für die Lebensbewältigung benötigen und daher erlangen, schützen und bewahren wollen" (Grawe 1998, 23). Solche Ressourcen beschreiben den „Möglichkeitsraum" (34) einer Person. Ihre Aktivierung beeinflusst das Selbstwertgefühl positiv. Unter ihnen müssen diejenigen ausgesucht und verstärkt werden, welche motivational stark besetzt und selbstwertrelevant sind. Solche Ressourcenaktivierung steuert die Wahrnehmung im Sinne der Ziele und des Selbst des Klienten, was wiederum seine Gefühle beeinflusst und positive Feedback-Prozesse in Gang setzt. Dies alles hilft dabei, Ziele zu realisieren. Als besonders wichtige Ressourcen gelten: Selbstwertgefühl, Bewältigungsressourcen (insbesondere Bewältigungsoptimismus), Problemlösungskompetenz, Kontrollüberzeugungen, sozioökonomischer Status und Einkommen, Widerstandskräfte im Umgang mit Widrigkeiten und Belastungen. Auch die Aufrechterhaltung von Ressourcen ist wichtig, kann doch durch den Verlust wichtiger persönlicher Ressourcen sehr schnell eine negative „Abwärtsspirale" in Gang kommen[9]. Wir achten dabei insbesondere auf Ressourcen, welche sich unter den vier Grundperspektiven unseres Modells aufspüren lassen: unter psychoanalytischen, systemischen, kunsttherapeutischen, aber auch theologischen Aspekten (vgl. die Zusammenstellung S. 71).

Durch die Integration der intermedialen Kunsttherapien geht es ganz besonders um die Eruierung schöpferischer Ressourcen, um den Zugang zur Kreativität, welche einem Ratsuchenden zur Verfügung steht. Solche Kräfte gilt es, in der Beratung zu entdecken, zu aktivieren und zu stärken — und zwar bei den zu Beratenden wie bei den Beratenden! Denn auch hier handelt es sich um einen systemischen, wechselseitigen Prozess. Welche Ressourcen können sich Klienten und Klientinnen erschliessen, damit sie vertrauens- und hoffnungsvoll an der Erreichung von Zielen und der Lösung von Problemen arbeiten können? Wie schaffen es aber auch die Beratenden, in sich den Zugang zu Quellen der Kraft, Sensibilität und Kreativität offen zu halten, die ihnen ein ressourcenvolles Begleiten möglich machen?

---

[8] Vgl. zur Ressourcenorientierung auch Döring-Meijer (1998).

[9] Nestmann (1997a), 32f. diskutiert dies gerade im Blick auf die „Verlierer" der Modernisierung, die durch den Verlust der Zugangs zu Ressourcen sehr schnell den Boden unter den Füssen verlieren können.

Ressourcensensibilität und -diagnose

Psychoanalytische Aspekte
- selbstreflexive Fähigkeiten
- Offenheit für Geahntes, Vor- und Halbbewusstes
- Zugang zu symbolischen Dimensionen der Psyche (Sensibilität für Träume etc.)
- identifikatorische und narrativ-biographische Zugänge zur Realität

Systemische Aspekte
- Bindungsfähigkeit, emotionale und kognitive soziale Unterstützung, gelebte Beziehungskultur, Freundschaften
- „Sippenressourcen" (besondere Fähigkeiten wie Musikalität, Zielgerichtetheit u.a.m.)
- positive Erfahrungen aus „Familienbanden" (Solidarität, Freundschaft, Mütterlichkeit, Väterlichkeit, Schwesterlichkeit, Brüderlichkeit)
- Ahnenreihen, Vorbilder aus früheren Generationen, „schwarze Schafe", die eigene Wege gingen
- familiäre religiöse Prägungen, Segenssprüche

Kunsttherapeutische Aspekte
- Offenheit, Neugier und die Fähigkeit, auch im Erwachsenenalter spielerische Zugänge zur Realität zu suchen und zu üben (Neotenie)
- Sinn für Schönheit, ästhetische Sensibilität und Genussfähigkeit
- ausgebildete schöpferische Fähigkeiten und Medien, die der Person bereits zur Verfügung stehen (Schreiben, Malen, Musizieren)
- Bereitschaft, sich überraschen zu lassen, etwas Neues auszuprobieren und zu gestalten
- die Fähigkeit, mit einem Problem „schwanger" zu gehen (Inkubation), sich Lösungen „zufallen" zu lassen, mit Ausdauer an einem Projekt zu arbeiten
- die Fähigkeit, schöpferische Prozesse zuzulassen, welche Lösungen generieren und schöpferisches Potenzial aktivieren

Theologische, speziell auch feministisch-theologische Aspekte
- Glaube, Liebe, Hoffnung
- Religiöse Suche, intrinsische (um ihres eigenen Werts willen gelebte) Religiosität
- Erinnerungen an biblische Geschichten und Symbole
- Die Fähigkeit, Glaubensfragen und -traditionen auch kritisch (z.B. unter feministischen Gesichtspunkten) zu betrachten
- Kraft zur Vergebung, Versöhnung und Friedensstiftung
- Kontakt zu einer religiösen Gemeinschaft
- Praxis einer persönlichen Spiritualität (Gebet, persönliche Rituale)
- Glaubenshaltungen, die Selbstwertgefühl, Problemlösekompetenz und Zukunftsorientierung stützen
- Fähigkeit, „abschiedlich" zu leben, Trauerprozesse zu gestalten
- Gleichwertigkeit der Geschlechter; weder Abwertung noch Überhöhung des eigenen Geschlechts
- Umfassendes, nicht-patriarchales Gottesbild; Gott als „Macht in Beziehungen"

Beratung ist faktisch oft „Bestandteil proaktiver Prävention und belastungsunabhängiger Unterstützung in Planungs-, Orientierungs-, Entscheidungs- und Handlungsprozessen" (Nestmann 1997a, 25). Wenn eine an Ressourcen orientierte Gesamteinschätzung der Situation zeigt, dass wichtige Ziele vielleicht doch erreicht werden könnten, dann wird Hoffnung wach, die nicht so leicht zu Schanden wird. Gerade Beratung hat hier eine der wichtigsten Aufgaben: Ressourcen zu erweitern, abzuklären, zu sichern, aber auch mit dem Verlust von Ressourcen umgehen zu helfen resp. der Vernachlässigung von Ressourcen entgegenzuwirken (schöpferische Ressourcen gehen zumeist nicht wirklich verloren, sondern bleiben beispielsweise im Rahmen einer einseitig intellektuellen Ausbildung ungenutzt oder werden zunehmend vernachlässigt). Nicht vergessen sei dabei die Bedeutung der Beratungsbeziehung selber als Ressource. Effektive Ressourcenaktivierung geschieht gerade in dieser Beratungsbeziehung. Die Beratungsbeziehung wird zudem selber zur wichtigen Ressource, wenn folgende Bedingungen erfüllt sind: Beratende werden als professionell, kompetent, wertschätzend und auf der Seite der Klientin stehend wahrgenommen. Sie verstehen und unterstützen deren Anliegen, verfolgen gleiche Ziele, ohne über ihre Klientinnen zu verfügen, sondern lassen ihnen Freiheit (Grawe 1998, 135). Allerdings soll der Defizitblick, der für Therapie oft kennzeichnend ist, nicht einfach ausgeschaltet, sondern lediglich kontrastiert werden. Beratung „wendet den Blick der Beteiligten" (ebd.), ohne dass Grenzen verkannt werden und eine „Entfaltungseuphorie" ausbrechen muss. Es ist, wie die empirische Therapieforschung zeigt, eine wichtige Voraussetzung für ein gutes Ergebnis, dass sich Klienten/-innen selber für Veränderungen verantwortlich fühlen (ebd. 96). Wenn sich eine Beratung auf Ressourcen konzentriert, sieht sich die Klientin in ihren Möglichkeiten wahrgenommen, die mit Identitätszielen verbunden sind. Diese Aufwertung des Selbst wirkt gegen Mutlosigkeit.

Eine gute Planung der Beratung erfordert deshalb sowohl eine Problemanalyse wie eine Ressourcendiagnose. Grawe (ebd. 100) ordnet die beiden Perspektiven einander wie folgt zu: Die Problemperspektive ist für die inhaltliche Planung wichtig. Sie erlaubt Antworten auf die Frage, was getan und geändert werden muss. Ressourcenorientierung ist zentral für die prozessuale Planung. Sie erlaubt Antworten auf die Frage, wie ein Problem am besten angegangen werden soll. Dieses „Wie" soll also nicht in erster Linie von den mitgebrachten Theorien der Therapierenden bestimmt, sondern von den Gegebenheiten des Klienten resp. der Klientin her gestaltet werden. Wir meinen, dass diese Annahmen auch auf Beratung übertragen werden können. Auch Beratungen entwickeln sich in sehr unterschiedliche Richtungen, je nachdem, welche Ressourcen aktiviert und ins Spiel gebracht werden. Wir fragen deshalb bereits im Erstgespräch nach solchen Ressourcen: Welche stehen zur Verfügung? Welche scheinen blockiert? Aus welchen Gründen wohl? Wo wären „Probebohrungen" möglich? Wo können wir anschliessen, was stärken und als Ressource bewusster machen? Nochmals anders gefragt: „Was muss der Klient tun oder sagen, um den Therapeuten zu ressourcenvollen Antworten zu bewegen? Was muss der Therapeut wie tun, damit der Klient eingeladen wird, ressourcenvoll zu antworten?" (Hesse 1999, 47f.).

Eine solche Ressourcenorientierung hat also ihre handfesten Gründe. Ihre Bedeutung lässt sich aufgrund von Erfahrungen mit Beratung und empirischer Forschung gleichermassen einsichtig machen. Menschen, die den Zugang zu ihren Ressourcen wieder finden, ist ganz praktisch in vielerlei Hinsicht geholfen. Und trotzdem ist unverkennbar, dass hier mehr im Spiel ist als praktische Erfahrung, Vernunft und Kalkül.

Letztlich wird in einer solchen Orientierung ein ganz bestimmtes Menschenbild deutlich. Menschen sind begabte Wesen. Auch in Situationen, in denen sie selber nicht mehr weiterwissen, ist davon auszugehen, dass sie über Ressourcen verfügen. Damit sind auch theologische Dimensionen angesprochen: Inmitten von Schmerz, Leiden, Gefallenheit und Sünde (strukturell und individuell) wird mit einer solchen Sicht die Hoffnung aufrecht erhalten, dass den Menschen Gottesebenbildlichkeit zugesprochen ist und sich eine gute Zukunft „proleptisch", schon jetzt in die Gegenwart „einbildet". Dies ist eine Sichtweise, die Hoffnung zuspricht, möglich macht — und voraussetzt.[10]

4.6. Beratung — ja oder nein?

Wenn das Thema klarer umrissen ist, an dem in der Beratung gearbeitet werden kann, wenn Perspektiven und Ziele erörtert sind, die in diesem Zusammenhang motivierend wirken, und Ressourcen eruiert sind, die bei der Arbeit am Thema hilfreich sein werden, sind wichtige Schritte im Erstgespräch getan. In den meisten Fällen ist die Beratung bereits in bestem Gang, die Neugier auf den weiteren Verlauf geweckt. Erste Pfade werden sichtbar, welche neu beschritten werden können. Es wirkt deshalb — auch im Erstgespräch selber — fast etwas künstlich, wenn nun zum Schluss nochmals die Frage aufgeworfen wird, ob eine Beratung tatsächlich das bringen kann, was der betroffenen Person im Moment eine wirkliche Hilfe ist. Und doch ist uns dies wichtig. Die erste Begegnung hat nicht zuletzt zum Ziel, dass beide Seiten aufgrund erster Erfahrungen in diesem Gespräch abschätzen, ob eine längere Beratung sinnvoll ist, und sich dann bewusst für eine Weiterarbeit entscheiden und darauf verpflichten. Dabei geht es nicht darum, religiös-existentielle Beratung an hohe Eintrittsbedingungen zu knüpfen. Wohl aber geht es darum, im Rahmen des Möglichen mit diesem Beratungsangebot verantwortungsvoll umzugehen. Auch dies gehört zum Ethos professioneller Verständigung.[11]

Welche Fragestellungen und Aspekte könnten dabei helfen, eine solche Einschätzung von Situation und Person verantwortungsvoll und — in der gebotenen Kürze — doch differenziert vorzunehmen? Der Zwischenhalt der ersten „meditativen Pause" der Beratung dient ganz wesentlich gerade dieser Abklärung. Wir unterscheiden zwei Blickrichtungen:

1. Faktoren im Setting und bei den beratenden Personen: Wie angemessen ist das Setting einer Beratung für die Person, die Beratung sucht? Wie reagieren wir selber als Beratende auf die Person, die Beratung sucht? Beide Fragen sind wichtig bei der

---

[10] Wir werden später noch genauer betrachten, in welchem Mass Imagination und Kreation gerade für die Gestaltung des religiösen Raums einmalige innere Ressourcen eröffnen (vgl. Kap. 6). Dadurch wird ein intermediärer Raum geschaffen, dessen Bedeutung wir noch besprechen werden (vgl. 9.2.).

[11] Die beiden Vertreter pastoraler Kurzberatung Stone (1994 a, 155ff.) und Childs (1990, 55ff.) legen in ihren Darstellungen auf eine sorgfältige diagnostische Abklärung ein besonderes Gewicht. Die Akzente sind in unserem Modell religiös-existentieller Beratung etwas anders gesetzt. Zum einen beziehen sich Stone und Childs auf ein breiteres Spektrum von Problemen, als wir dies tun. Zudem liegt beiden Modellen stärker als bei religiös-existentieller Beratung eine Art „Diagnose-Therapie"-Vorstellung zu Grunde, nach der in einer ersten Sitzung die diagnostische Abklärung geschieht und dann erst die Beratung wirklich einsetzt.

Beurteilung, ob die beratende Begleitung einer bestimmten Person sinnvoll und erfolgversprechend ist.

Es gibt empirische Hinweise darauf, dass folgende Gefühlsbereiche der Beratenden für das Gelingen einer Beratung wichtig sind (nach Blaser et al. 1992, 98):

- *Interesse am „Fall":* Wie sehr fühlen sich die Beratenden aus Neugier, aus menschlichen, seelsorglichen oder wissenschaftlichen Gründen an diesem Menschen mit seiner spezifischen Problematik interessiert?
- *Sympathie:* Wie sympathisch ist ihnen diese Person aus ihrer ganz subjektiven Sicht?
- *das Gefühl, helfen zu können*: Wie sehr gibt ihnen die zu beratende Person das Gefühl, dass sie ihr helfen können?

Natürlich sind kritische Fragen zu diesen Kriterien nötig. Bliebe nicht, folgte man ihnen streng, schliesslich nur jene berühmt-berüchtigte YAVIS-Klientel in Beratung, auf die sich auch therapeutische Angebote oft einschränken: junge, attraktive, verbal bewegliche, intelligente und bereits erfolgreiche Menschen? Dies wäre nicht im Sinne unseres Ansatzes, den wir auch für die Verlierer und nicht nur die Gewinner der Modernisierung offen halten möchten.[12]

Trotzdem haben diese Fragen ihre Berechtigung, gerade weil sie auch gewisse theologische Einstellungen berühren, die nicht immer nur hilfreich sind (z.B. „theologisch gesehen" müssten wir uns doch für alle Menschen gleichermassen interessieren...). Die erste Frage lenkt die Aufmerksamkeit darauf, welche Interessen denn die Beratenden selber an dieser Beratung haben. Impliziert ist die Annahme, dass es auch in religiös-existentieller Beratung wichtig ist, sich seiner Motive klar zu werden — und dass es gut ist, wenn auch die Beratenden ihre Interessen verfolgen, denn dies wirkt energetisierend und aktivierend auf den ganzen Beratungsprozess.[13] Im Blick auf den oben genannten zweiten Gesichtspunkt sind kritische Anfragen sicher berechtigt. Viele empirische Untersuchungen belegen beispielsweise, dass Sympathie von der wahrgenommenen Ähnlichkeit in Einstellungen, Glauben und Lebenshaltung, aber beispielsweise auch von der „Schönheit" der zu beratenden Person abhängen kann. Und doch ist auch in dieser Hinsicht ein Augenmerk wichtig. Wenn starke Antipathien spürbar werden, ist die Frage besonders wichtig, ob diese Person nicht eher an einem anderen Ort Hilfe finden könnte. Gerade in einer Kurzberatung besteht wenig — zu wenig! — Zeit, an solchen Gefühlen (und den komplexen Prozessen von Übertragung und Gegenübertragung, die hier wohl am Werk sind) zu arbeiten. Fragen stellen sich auch, wenn es im Verlauf der ersten Sitzung nicht gelungen ist, Ansatzpunkte zur Weiterarbeit namhaft zu machen und sich stattdessen Ohnmacht und Hilflosigkeit — oder auch Angst — unter den Beratenden breit macht. Beratung, wie wir sie anbieten, setzt voraus, dass es Bereiche gibt, in denen die zu beratende Person und die Beratenden gleichermassen anknüpfen können. Natürlich setzt religiös-existentielle Beratung auch voraus, dass die Beratenden einiges ertragen können. Insbesondere ihre theologische

---

[12] Vgl. dazu Brem-Gräser (1993c), 380ff., der ausführlicher beschreibt, was mit dieser Klientel gemeint ist und welche Bedeutung diese für Beratung hat.

[13] Wir nehmen an, dass ein nicht unwesentlicher Teil des grossen Engagements der Studentinnen und Studenten in unserem Projekt auch damit zusammenhing, dass wir — zumindest beim Start unseres Forschungsprojektes — unser Interesse an der Entwicklung eines Modells religiös-existentieller Beratung offen deklarierten.

Kompetenz ist nicht nur gefragt, sondern wird auch in Frage gestellt, getestet, geprüft und „versucht".

Herr Maurer fragt mit einem bohrenden und kritischen Interesse immer neu nach Möglichkeit und Sinn der Botschaft von der Auferstehung Christi (vgl. auch S. 63). Er trifft auf einen Berater, der hier zuerst eine gewisse Verlegenheit und Angst spürt, da auch ihn seit seinem Theologiestudium entsprechende Fragen beschäftigen und er mit seinen Fragen an kein Ende gekommen ist. Im Gespräch wird der Berater gezwungen, sich wieder intensiv auf diese Fragen einzulassen. Dies war ihm bereits im Erstgespräch bewusst, nahm er aber als Herausforderung wahr, der er sich stellen wollte. Trotzdem wurde es später in der Beratung wichtig, kritisch zu fragen: Wie und weshalb wird hier der Berater dazu gebracht, derart angestrengt nach seinen letzten theologischen Ressourcen zu graben? War diese Suche, die der Klient mit seinen Fragen immer wieder antrieb, nicht auch eine Form, den Glauben des Beraters zu „versuchen", ein Ausdruck also auch der Übertragungssituation? Als sich dies verstehen und in Ansätzen deuten liess, waren plötzlich andere Perspektiven auf das Fragen möglich. So ist also beides wichtig: Es ist zum einen nötig, Anfragen an Existenz und Religiosität der Beratenden, die sich aus religiös-existentieller Beratung fast zwangsläufig ergeben, „wahr" zu nehmen und ihnen auch inhaltlich gerecht zu werden. Zum anderen sind solche Fragen auch auf ihre Funktion und Dynamik im Gespräch und Leben der Beteiligten hin zu überprüfen.

Wird die Beratung durch zwei Personen durchgeführt, bietet dies besondere Vorteile. Zwei Aufmerksamkeiten verbinden sich, unter Umständen auch die Sensibilitäten von Mann und Frau oder unterschiedliche fachliche oder kulturelle Hintergründe. Dies kann zur differenzierten Beurteilung einer Situation hilfreich sein. Es kann auch sein, dass die beiden Personen ganz unterschiedlich auf die Situation reagieren. Auch dies kann für die Einschätzung fruchtbar gemacht werden. Zwei Personen — dies muss allerdings auch bedacht sein — sind nicht notwendigerweise vorsichtiger als eine beratende Person allein. Sie sind unter Umständen geneigt, ein grösseres Risiko einzugehen. Auch dies muss im Blick bleiben. Der Rahmen, den wir für die Beratung definiert haben, und die Methoden, die wir vorschlagen (oder auch nicht vorschlagen!), sollen eine gewisse Sicherheit bieten. Trotzdem ist nicht zu unterschätzen, welche Dynamik auch eine Beratung in Gang setzen kann. Deshalb sind selbstkritische Fragen wie die genannten in der meditativen Pause des Erstgesprächs wichtig.

2. Faktoren bei der zu beratenden Person: Wie nehmen wir die Person wahr, die Beratung sucht? Können wir davon ausgehen, dass sie von der Beratung etwas profitieren kann? Auch diese Fragen sind in der Pause des Erstgesprächs wichtig. Wenig sinnvoll scheint eine Beratung bei Glaubens- und Existenzfragen, welche mit Störungen verbunden sind, welche erfahrungsgemäss eine Therapie benötigen: also mit Störungen des psychotischen Formenkreises, mit narzisstischen und Borderline-Störungen sowie mit diffusen Problemen, deren Kern unklar ist (nach Blaser et al. 1992, 95). Hier kann eine erste Beratungssequenz höchstens dazu dienen, dass die Einsicht bei der betroffenen Person wachsen kann, dass vertiefte Hilfe nötig ist. Unter Umständen wird aufgrund des Vertrauens, das in der Beratung entstehen konnte, auch eine Überweisung möglich. Eine Beratung kann klärende, motivierende und stützende Funktion für eine solche Überweisung bekommen. Wenn die Beratenden zum Eindruck kommen, dass hier eine solche Situation vorliegen könnte, dann sollten sie dies schon jetzt deutlich ansprechen, damit nicht falsche Erwartungen geweckt werden.

Diagnostische Fragen

abgewandelt und ergänzt nach Blaser et al. (1992, 95f.)

Fragen im Blick auf das Problem/Thema:

- Kann das Problem einigermassen klar umschrieben werden?
- Ist ein unmittelbarerer Anlass sichtbar?
- Ist das Problem abgrenzbar? Wenn nicht: Ist der Klient fähig und bereit, die Probleme zu gewichten und eines auszuwählen, an dem gearbeitet werden kann?
- Ist zu erwarten, dass sich durch die Bearbeitung des ausgewählten Problems auch andere, nicht direkt behandelte Probleme verändern können?
- Sind Verbindungen zwischen religiösen und existentiellen Aspekten der Problematik sichtbar?
- Zeigt sich das Problem zum ersten Mal im Leben der Klientin? Wenn nicht: Wie lange dauert das Problem schon an?

Fragen im Blick auf Ausnahmen, Zukunftsperspektiven und Ziele:

- Sieht die Klientin den eigenen Anteil an der Problematik und kann sie Verantwortlichkeit übernehmen oder werden die Probleme an andere abgeschoben?
- Kann der Klient Ausnahmen und einmalige Ereignisfolgen finden, aus denen sich Ansätze einer neuen Geschichte entwickeln lassen?
- Wird es möglich, im Erstgespräch Umrisse von Zielen und zukünftigen Geschichten zu entdecken, auf die hin sich die Klientin in Bewegung setzt?
- Ist der Klient motiviert zur Weiterarbeit? Lässt sich dies auch an seiner Physiologie ablesen (Gesichtsausdruck, Tonus, Stimmlage, nonverbales Verhalten)?

Fragen im Blick auf Ressourcen:

- Welche besonderen Ressourcen sind sichtbar geworden, die bei der Beratung weiter erschlossen werden können?
- Hat die Klientin ein Gespür für Unklares, Vorbewusstes und für symbolische Kommunikation?
- Wie beziehungsfähig ist der Klient? Verfügt er über ein Netz von Beziehungen, das stützend wirken kann, auch in der Zeit der Beratung?
- Kann die Klientin kreative Potenzen in ihrem Leben aktivieren?
- Ist der Klient motiviert, auch eine mögliche religiöse Seite der Problematik zu sehen und daran zu arbeiten?
- Ist eine so lange Beratung überhaupt notwendig? Hat die Klientin Ressourcen, die annehmen lassen, dass sie ihr Thema auch ohne unsere Hilfe weiterverfolgen kann?

Problem- und Ressourcenanalyse sind zwei wichtige diagnostische Achsen, an denen sich die religiös-existentielle Beratung ausrichtet. An ihnen schliesst die beraterische Arbeit immer neu wieder an. Deshalb sind auch entsprechende Fragen für eine differenzierte Klärung des Nutzens einer Beratung wichtig. Können die oben genannten Fragen positiv beantwortet werden, dann spricht dies dafür, dass eine Beratung diesen

Menschen weiterführen kann. Wenn die Mehrzahl dieser Fragen negativ beantwortet werden müsste, muss ernsthaft bezweifelt werden, ob eine religiös-existentielle Beratung, wie wir sie vorschlagen, sinnvoll ist. Natürlich kann auch mit einer Auswahl solcher Fragen gearbeitet werden.[14] Andere Modelle beratender Seelsorge könnten hier am Platz sein: beispielsweise Krisenintervention oder längerfristig stützende Beratung (Clinebell 1985).

Insgesamt steht ein Modell prozessorientierter Wahrnehmung, nicht ein „Diagnose-Therapie-Modell" im Hintergrund unseres Beratungsverständnisses. Während der ganzen Beratungszeit kann anhand der genannten Kriterien immer wieder differenziert und situationsspezifisch danach gefragt werden, wie diese Person sich selber darstellt, was sie von sich zu erkennen gibt und wie sie ihre Situation einschätzt. Die meditative Pause des Erstgesprächs ist nur ein vorläufiger, wichtiger Zwischenhalt, an dem solche Fragen gestellt werden sollten.

4.7. Abmachungen: Arbeitsbündnis und Bündnisarbeit

Für religiös-existentielle Beratung gilt schliesslich: Kein Handeln ohne Auftrag. Religiös-existentielle Beratung ist sinnvoll also nur möglich, wenn Erwartungen geklärt sind, wenn die Fragestellung einigermassen umschrieben ist und wenn ein Konsens besteht, dass wirklich im Rahmen des Beratungsmodells gearbeitet werden kann, das die Beratenden anbieten. Entsprechend detaillierte Abmachungen beenden das Erstgespräch.

Uns dienen die Grundlinien unseres Beratungsmodells als Hilfe für eine Art informellen Vertrag. Dieser enthält klare Abmachungen in folgenden Punkten: Die zu beratende Person ist einverstanden, mit den Beratenden zusammen am festgelegten Fokus weiterzuarbeiten. Anzahl und Anordnung der einzelnen Sitzungen werden gemeinsam festgelegt. Regelungen wegen Abmeldungen und Absenzen sind getroffen. Die Frage einer Entschädigung muss gegebenenfalls geklärt werden. Es muss auch darüber gesprochen werden, wie vorgegangen werden soll, falls sich im Lauf der Beratung zeigen wird, dass die Probleme, die auftauchen, schwerwiegender sind, als dies im Moment sichtbar wird.

Es sind — je nach Kompetenz und Ziel der Beratenden — natürlich auch andere Rahmenbedingungen möglich, an denen sich die Abmachungen orientieren: Es kann ein bestimmter Zeitraum als Zeit der Beratung festgelegt werden („bis zu den Sommerferien", ein „halbes Jahr"). Es kann auch eine andere Frequenz gewählt werden (z.B. eine Sitzung alle drei Wochen).[15] So oder so sind klare Abmachungen nötig,

---

[14] Childs (1990, 137) nennt nur fünf Fragen, die positiv beantwortet werden müssen: 1. Präsentiert die Klientin ein klares, fokales Beziehungsproblem? 2. Gibt es ein Geben und Nehmen im Erstgespräch und Hinweise darauf, dass die Klientin bedeutungsvolle Beziehungen eingehen konnte (v.a. in der frühen Kindheit)? 3. Hat sie die Fähigkeit, sich flexibel auf die beratende Person zu beziehen? 4. Ist die Klientin offen für psychologische Überlegungen? 5. Ist sie motiviert, sich zu verändern? Alle diese Fragen sollten ohne Zögern bejaht werden können. Sonst soll die beratende Person eine Fachperson konsultieren oder eine Überweisung anbahnen.

[15] Dies ist die übliche Frequenz bei systemischen Kurztherapien, in denen von der Voraussetzung ausgegangen wird, dass Veränderungen Zeit brauchen. Wir haben aus Gründen des akademischen Settings auf einen kompakteren Ablauf der Beratung gesetzt, die wir auch als eine Art intensivierte „Lernstrecke" während eines Studiensemesters verstehen.

und immer ist es wichtig, dass die Frage der eigenen Kompetenz und Belastbarkeit von den Beratenden dabei bedacht wird.

Besonders wichtig scheint uns, dass das Ende der Beratung genau festgelegt wird. Aus Gründen, die wir noch besprechen werden (vgl. Kap. 8), besteht eine Tendenz, dieses Ende unklar zu halten, hinauszuschieben oder schlicht zu vergessen. Für religiös-existentielle Beratung, wie wir sie hier vorschlagen, ist jedoch ein klar definiertes Ende wichtig und seine Festlegung unumgänglich. Deshalb sollten die Beteiligten auch hier zu klaren Regelungen kommen.

Wir legen Wert auf die Klärung solcher Rahmenbedingungen. Das Ziel solcher Abmachungen ist es, zu einem verpflichtenden Arbeitsbündnis zu kommen und einen möglichst sicheren „Behälter" zu schaffen, in dem in den nun folgenden Stunden intensive Auseinandersetzungen möglich werden. Ein solches Arbeitsbündnis verweist in der Tiefe nach unserem Verständnis auf die umfassende „Bündnisarbeit", die in den biblischen Traditionen immer wieder sichtbar wird. Menschen gehen auf der Suche nach Gerechtigkeit, Frieden und Schöpfungsbewahrung Arbeitsbündnisse verschiedenster Art ein und bauen dabei auf jenen Bund, den Gott mit seinen Menschen schloss und jeweils wieder aktualisierte, wenn dies nötig wurde...

5. Der Beratungsprozess und seine Gestaltung

Wie entwickelt sich die Beratung nach dem Erstkontakt weiter? Wir verstehen und gestalten Beratungsprozesse unter Perspektiven, die wir unterschiedlichen Fachbereichen entnehmen. Wir möchten an einem Beispiel zuerst zeigen, wie „vier Augen mehr sehen als zwei" und eine „multiokulare" Wahrnehmung in der Gestaltung des Beratungsprozesses wichtig wird. Wir werden dann erörtern, wie neben Empathie auch Konfrontation in religiös-existentieller Beratung ihren Platz findet, wie das Verständnis für das fokale Thema vertieft, Lösungen im kreativen Werk gefunden, Übertragung und Gegenübertragung in den Blick gefasst und mit Aufgaben und kreativen Anregungen gearbeitet werden kann.

5.1. Der Maschendrahtzaun: Multiokulare Wahrnehmung

Ein Traum, den Herr Strahm (vgl. auch oben S. 68f.) in die dritte Stunde bringt, illustriert eine Dynamik, die nach den ersten zwei Stunden oft deutlich spürbar wird.

Bruno Strahm sucht in der Beratung einen Weg, mit seinen Schuldgefühlen besser umzugehen. Er kommt aus einem freikirchlichen Milieu und ist geprägt von einer Mutter, die hohe Ansprüche stellte. Sein Vater hatte sich auf einem Bauernhof stark verschuldet. Die Kinder wurden vor die Wahl gestellt, ob sie für den Hof Verantwortung übernehmen wollten oder nicht — was den Verkauf bedeutet hätte. Herr Strahm setzt sich in den beiden ersten Stunden mit dieser Thematik auseinander. Während der dritten Stunde wirkt er sehr bedrückt. Im Gespräch zeigt es sich, dass er durch die Spannungen in seiner Familie stark beansprucht ist, hin- und hergerissen zwischen Mutter und Bruder, die in einen Konflikt verstrickt sind. Beim Nachdenken über die Frömmigkeit, der er in seiner Heimatgemeinde begegnet — er hatte eine entsprechende Aufgabe bearbeitet —, hat er mit Erstaunen festgestellt, dass ihn diese Vorstellungen gar nicht mehr so berühren, wie dies früher der Fall gewesen war. Gegen das Gefühl des Schuldigseins, das oft angesichts religiöser Erwartungen in ihm wach geworden sei, könne er sich allerdings immer noch schwer abgrenzen. Doch geht ihm auch auf, dass er sich früher bereits in der Gemeinde Freiheiten herausgenommen hatte, die sich andere nicht erlaubten, und deshalb vielleicht schon damals als „Abtrünniger" betrachtet wurde.
In der Woche vor der dritten Sitzung hat er geträumt: „Ich bin in einer Kirche. Es kommen Wassermassen über die Vorlaube (Empore). Ich gehe aus der Kirche hinaus. Auf dem Kirchhof ist ein Weg, der sich wegwindet, links und rechts gesäumt von einem Maschendrahtzaun. Dieser verengt sich immer mehr, die Maschen lösen sich auf, der Zaun hängt von links und rechts herunter. Ich gehe den Weg, verfange mich mit den Kleidern in diesem Maschenzaun. Bleibe hängen. Es kommt ein anderer Theologiestudent und hilft mir, diese Kleider auszuziehen, sie aus dem Zaun loszulösen. Nachher kann ich sie wieder anziehen."
Seine Frau hat ihm schon einen Anstoss gegeben und gefragt, wer denn dieser Student gewesen sei, der ihm geholfen habe. Dieser habe während der Zeit seines Studiums im Haus eines Pfarrers gelebt, der auch aus einem freikirchlichen Milieu stammte. Gleich zu Beginn seiner Arbeit sei dieser Pfarrer damit in grosse Schwierigkeiten geraten.

Wir möchten diesen Traum und den Beratungsprozess, der sich darin spiegelt, im Folgenden unter drei Perspektiven besprechen. Wir leiten sie aus Psychoanalyse, Kunsttherapie und feministischer Hermeneutik ab.

Progression und Regression — psychoanalytische Aspekte: Nach einem ersten Aufbruch und motivierten Einstieg in die Beratung — Mann (1978) spricht in diesem
Zusammenhang von der „Honey-moon"-Phase — tauchen Schwierigkeiten auf. Das
zeigt sich nicht nur bei Bruno Strahm. Auch Frau Bandi, die wir bereits kennengelernt
haben (Kap. 2), kämpft mit den alten und neuen Stimmen Gottes. Frau Beck (vgl.
Kap. 3) wird zwischen der dritten und vierten Sitzung krank und erfährt ihre Leblosigkeit. Es ist, wie wenn Herr Strahm in seinen Traumbildern das Dilemma auf die
innere Bühne bringt, das auch in den anderen Beratungen spürbar wird. Wir versuchen, es unter einer ersten, psychoanalytischen Perspektive zu verstehen.

Lüders (1974), dessen Verständnis psychoanalytischer Kurztherapie hier besonders
aufschlussreich ist, versteht menschliches Verhalten als einen dialektischen „Prozess
zwischen Progression und Regression, zwischen Individuation und Fusion, zwischen
Verändern und Verändertwerden, zwischen Trennungsversuchen, die zur Ichentwick-
lung und zu Anderssein führen, und kohäsiven Tendenzen, die Unterschiede einebnen
und Trennungsschmerzen vermeiden sollen" (84). In der Regression werden Unterschiede nivelliert, Abstände verringert, Grenzen einer Person gegenüber anderen Personen aufgeweicht, Distanzen aufgegeben oder verkleinert, mit dem Ziel von Symbiose, Verschmelzung, Geborgenheit und Frieden. In der Progression hingegen werden
Unterscheide erkannt und gemacht, Differenzierungen vorgenommen, Distanz markiert, Unabhängigkeit und Selbständigkeit hergestellt. In der Progression wehrt sich
das Individuum gegen Stillstand, Wiederholung und die Wiederkehr des Gewesenen.
Ungestörtes menschliches Leben besteht nach Lüders in einem angemessenen Wechsel zwischen Progression und Regression, zwischen der Suche nach Geborgenheit
und der Suche nach Autonomie. Menschen erkranken seelisch, wenn die Bewegung
zu diesen Zielen aufgehalten wird.

Auch in unseren Beratungsprozessen meinen wir diese Dynamik von Regression und
Progression wiederzuerkennen. Die Beratung weckt in ihren ersten Stunden die Hoffnung, fixierte Entwicklungspositionen überwinden zu können, insbesondere dem regressiven Sog der Wiederholung immer gleicher Muster des Erlebens und Denkens
zu entkommen. Der Traum von Herrn Strahm und seine Assoziationen verraten die
Angst, die für ihn hier aufkommt: Es ist die Angst, in der Kirche überschwemmt zu
werden und unterzugehen — ein starkes Bild für die regressive Gefahr, die von diesem Ort auszugehen scheinen. Dem setzt sich Herr Strahm entgegen. Der Weg (der
Beratung?) ist zwar begrenzt und doch scheinen sich Fixierungen zu lockern. Der
Maschendrahtzaun zeigt erste Löcher. Aber gerade da taucht eine andere Angst auf:
die Angst vor dem eigenen Weg, vor Selbständigkeit und Autonomie, die irgendwie
mit Ungeschütztheit und Nacktheit verbunden sind. Nicht nur das alte Muster, sondern
auch die neuen progressiven Möglichkeiten, die sich zeigen, sind bedrohlich. So setzt
Abwehr und Stagnation ein. Der Prozess geht erst weiter, wenn diese Phase ausgehal-
ten und als notwendiger Zwischenhalt verstanden wird.

Der Traum zeigt aber nicht nur nach rückwärts. Er zeigt auch nach vorne und deutet
an, wie eine Lösung aussehen könnte. Vielleicht darf das Überwinden der Maschen-
drahtgrenze und das Weitertragen der eigenen Kleider als ein Kompromiss verstanden
werden: Ein eigener Weg wird da möglich, wo die alten Kleider auf dem neuen Weg
getragen werden können, wo das Hergebrachte in einem Verwandlungsakt zum Schutz
wird, der den eigenen Weg erträglich macht. Der Traum macht zugleich deutlich, dass
der Träumer die Situation der Beratung realistisch einschätzt. Es wird in dieser Bera-

tung nicht möglich sein, sich neue Kleider zuzulegen. Und doch, ein neuer Weg
scheint mit alten Kleidern begehbar. Begrenzende Kräfte haben ihre fixierende Macht
eingebüsst.

So entwickelt sich der Beratungsprozess — unter solchen Vorzeichen betrachtet — in
den ersten Stunden von der Hoffnung auf Aufbruch und Progression zur Angst vor
eben diesem Aufbruch und den Fragen, die er mit sich bringt. Dadurch kommt Bewegung in die progressiven und regressiven psychischen Kräfte. Diese Bewegung wird
bis zum Ende der Beratung nicht zum Stillstand kommen, ja es kann — wie Lüders
(1974) plausibel macht — geradezu als Ziel der Beratungsarbeit gesehen werden, dass
diese Bewegung im Ganzen wieder stärker in Gang kommt, dass „kritische Progression und kritische Regression" (88) wieder möglich werden.

Schöpferische Zerstörung und Neuschöpfung — kunsttherapeutische Perspektiven:
Wie stellt sich die Dynamik des Beratungsprozesses in einer zweiten, einer kunsttherapeutischen Sicht dar? Die bereits genannten Themen tauchen unter anderen Vorzeichen auf, woraus sich neue beraterische Möglichkeiten ergeben. Was der Klient
nach Levine (1990) zunächst in die Beratung mitbringt, ist ein Gefühl der Unstimmig-
keit, ja des Auseinanderfallens, in welcher Form auch immer. Diese Fragmentierung
muss zugelassen und professionell begleitet werden, damit ein Wandlungsprozess
glückt, und darf nicht um jeden Preis aufgehalten werden. Der Zusammenbruch ist ein
notwendiges Stadium in der Entwicklung. Der Mensch verliert die (Schein)-Sicherheit
der früheren, stabilen Identität. Die meisten Menschen möchten in einer solchen Situation allerdings nichts lieber als die Rückkehr zu alten Gewohnheiten, zum Trost
und zur Geborgenheit in der früheren Art des Seins. Wer nicht ähnliche Prozesse
selber konstruktiv gemeistert hat, wird jetzt versucht sein, diese Menschen gemäss
ihren Wünschen zur früheren Identität zurückzuführen. Es ist die Angst vor dem Zusammenbruch, welche den Begleiter daran hindert, einen Menschen den Vorgang der
Desintegration, der schöpferischen Zerstörung durchmachen zu lassen.

Wenn jedoch die Krise und der Zusammenbruch zugelassen und die Destruktion
nicht abgewehrt wird, führt dies zur Neuschöpfung. Diese erfordert die Bereitschaft,
überholte Muster aufzugeben und mit neuen Formen zu experimentieren. Sie erfordert
den Mut, Überkommenes und allzu stabile, ja erstarrte Formen loszulassen und sich
einer Leere (in religiöser Hinsicht manchmal empfunden auch als Stille, Nichtmehr-
wissen, Nacktheit, Langeweile oder Überfülle) auszusetzen, aus der erst Neues entsteht. „Das leidende Individuum erschafft neues Selbst aus der Asche des alten. Der
Therapeut erleichtert/ermöglicht diesen kreativen Prozess. In diesem Sinne ist jede
Therapie kreativ" (ebd. 6). Dabei benutzt der Therapeut die Mittel der Kunst, um dem
Menschen zu helfen, diesen Integrationsprozess durchzumachen. Kunst verleiht dem
Leiden eine Stimme. Sie drückt die Qual und Verwirrung der Desintegration aus. Das
Leiden zu tanzen, zu malen, in dichterische Form zu bringen, heisst, sich direkt mit ihm
zu konfrontieren und sich ihm auszuliefern. In diesen Momenten lässt man Bindun-
gen an die frühere Sicherheit fahren und ist bereit, der Leere zu begegnen. Indem der
Kunsttherapeut dem Klienten anbietet, sein Leiden auszudrücken, gibt er ihm die
Möglichkeit der Transzendenz. Kunst kann dabei beides zugleich sein: ein Verzweif-
lungsschrei in der Nacht wie ein triumphierendes Hosianna der Freude.

Künstlerische Gestaltungsprozesse in vielfältigen Ausdrucksmedien bieten damit
Möglichkeiten, die uns tiefer in uns selbst hineinführen. Indem wir in die eigene Tiefe

eindringen, kommen wir mit heilenden Energien in Berührung und erleben Integration. Obwohl die letzte Ganzheit uns nie gegeben wird, bleibt sie doch eine Vision, die beseelt. Die Vielfalt des Lebens, der menschlichen Erfahrungen und Ausdrucksweisen fordern uns gleichsam dazu auf, uns auch im Bereich künstlerischen Tuns nicht zu spezialisieren, denn Spezialisierung kann zur Desintegration beitragen bzw. uns verführen, in ihr zu verharren. Integration bedeutet damit aus der Sicht künstlerischen Tuns, dass der Klient vermehrt die Fähigkeit erlangt, sich vielfältig auszudrücken: Beispielsweise nicht nur mit der Wortsprache, sondern mit Gebärden, mit Tanz, mit Bewegung, mit der Stimme, mit Farben und Formen, mit Geschichten und in diversen Rollen, kurz: vielfarbig, vielgestaltig, intermedial und das Gegenteil von einseitig oder spezialisiert.

Wie können wir unter diesen Vorzeichen den Entwicklungsprozess von Bruno Strahm verstehen? Auch seinen Traum durchzieht das Unstimmige, die Thematik des Auseinanderfallens in vieler Weise. Alte Sicherheiten lösen sich auf: die Kirche, Ort der Geborgenheit, wird zum Raum tödlicher Bedrohung. Der Weg, der weiterführen soll, verengt sich. Der Maschendrahtzaun, Symbol noch eines anderen Gefangenseins, beginnt sich aufzulösen. Kleider, die Schutz geben, werden zum lästigen Hindernis. Auffällig ist besonders die angstauslösende Situation, mit der Herr Strahm in der Kirche konfrontiert ist. Ist es die Angst vor der Auflösung des alten Glaubenssystems, die ihn bedroht und zu überfluten vermag? Die Angst wird mit diesem Modell also weniger als Ausdruck von Regression verstanden, sondern als Angst vor einer fundamentalen Auflösung von alten Gewissheiten und als Angst vor einer nicht aufhaltbaren (schöpferischen) Zerstörung gedeutet. Herr Strahm erfährt die Leere, von der das kunsttherapeutische Modell spricht, interessanterweise als Überfülle, als Überflutung, vor der er zunächst flieht. Die Kirche, Symbol für dieses ehemals stimmige, jetzt aber erstarrte Bezugssystem, wird überflutet, wird zum Ort tödlicher Gefahr. Altes löst sich auf, nichts mehr stimmt im Rahmen der Kirche. Das überlieferte Glaubenssystem, an dem er sich orientierte, geht unter. Er hatte es zwar schon früher ab und zu in Frage gestellt, aber nicht grundsätzlich, sondern in der Rolle eines „Abtrünnigen", der immer noch irgendwie dazu gehört.

Im Traum entflieht er dem Ort der Auflösung und Destruktion, will vielleicht nichts so sehr wie zurück zu den alten Gewissheiten, zum alten Trost. Doch auch diese Flucht endet in Ausweglosigkeit („der Maschenzaun verengt sich immer mehr"). Ihm bleibt nichts anderes übrig, als Zerstörung zuzulassen: „Die Maschen lösen sich auf. Der Zaun hängt von links und rechts herunter." Erst das Zulassen des (schöpferischen) Zerfalls führt zu einer Lösung: Im Traum selber zum Ausziehen der Kleider, zur Nacktheit. Wir sehen damit: (Schöpferische) Zerstörung kann selbstverständlich auch eine religiöse Weltanschauung, den eigenen Glauben betreffen und wird als ebenso bedrohlich empfunden. Dabei fällt auf: Der Weg in die Desidentifikation erfolgt zunächst in fast panischer Angst weg von der Kirche. Wie sieht jedoch eine Integration aus? Denn für einen Theologiestudenten ist klar: Die Kirche als Symbol bleibt relevant und kann nicht ohne Schaden resp. theologischen Identitätsverlust gänzlich verlassen werden. Auch dies zeigt der Traum. Die alte (religiöse?) Identität von Herrn Strahm, symbolisiert in den alten Kleidern, lässt sich nicht einfach ablegen, sondern bietet auf dem neuen Weg, der nun ins Weite zu führen scheint, Schutz. Das Alte ist neu zu gestalten in kritischer Auseinandersetzung mit der bestehenden Tradition. Herr Strahm wird dadurch nicht ganz zum „Ab-trünnigen", der sich von seiner alten Identität trennt, sondern geht seinen eigenen Weg in den Kleidern des Hergebrachten. So ist vorstellbar, dass er irgendwann einmal in seiner Zukunft auch die zerstörerische Kraft des Wassers (welche Urkraft!) schöpferisch resp. religiös nutzen kann und Ströme lebendigen Wassers (Joh. 4,14) aus ihm zu sprudeln beginnen.

Es ist interessant, dass Herr Strahm hier keine kreativen Anregungen der Beratenden braucht. Seine Psyche aktiviert selber kreative Kräfte in den Bildern seines Traums, integriert in ihm Ängste, Perspektiven, Zerfallsprozesse und Wandlungen so, dass ihm im Gespräch die Augen aufgehen. Sein innerer Therapeut scheint hier also so aktiv zu werden, dass Herrn Strahm Traumbilder zufallen, die anzeigen, in welche Richtung ein Weg der Integration gehen könnte. In den Beratungen von Frau Bandi und Frau Beck hingegen sind es die Anregungen des Beratungsteams, die dazu führen, dass Texte geschrieben werden, in denen die Angst vor Zerfall und neue Möglichkeiten der Integration aufscheinen.

Dekonstruktion von Geschlechtsrollen — feministisch-genderspezifische Perspektiven: Eine Perspektive, welche sich an der Hermeneutik des Verdachtes orientiert, schliesst an den skizzierten Modellen an und erweitert sie durch zusätzliche Fragestellungen. Angeknüpft wird kunsttherapeutisch in der seelsorglichen Beratung am Spieltrieb, an der Vitalität und Kreativität des schöpferischen Kindes im Menschen (vgl. dazu Schibler 1999). Blickpunkt ist dabei die Spiel- und Lebensfreude als lebenslängliche Kraftquelle im Menschen. Diese kann jedoch durch eine destruktiv wirkende geschlechtsbezogene Sozialisation abgewürgt, verbogen oder verschüttet werden. Das Augenmerk der Beratung liegt deshalb unter diesem Gesichtspunkt auf der geschlechtsspezifischen Sozialisation von Männern und Frauen. Wer bin ich als Frau, als Mann, im Beruf, in der Partnerschaft, in der Familie? Wie bin ich so geworden? Welche Defekte und Verformungen musste ich erfahren? Auch im Laufe dieses Prozesses kann es zu grundlegenden Desidentifikationen kommen. Problematische Geschlechtsrollendefinitionen werden erkannt, in Frage gestellt und verabschiedet. Dieser Prozess ist oft mit Trauer, Wut, Angst, ja sogar Verzweiflung verbunden: Warum habe ich dies nur so lange mit mir machen lassen? Auch durch diesen Tiefpunkt der Infragestellung, der Entleerung muss die Beraterin die Klientin behutsam hindurchführen, damit sie nicht stecken bleibt, ihr Leben nicht nur als entwertet erfährt, sondern lernt, in einer Hermeneutik des Verdachtes und der Wertschätzung innere Schätze zu bergen. Der Phönix aus dieser Asche schwingt sich auf zu einer eigenständigen, vom eigenen Geschlecht mitgeprägten religiösen Suche nach dem Göttlichen. Lebens- und Glaubensfragen, sich orientierend am eigenen Geschlecht, der eigenen Männlichkeit oder Weiblichkeit, werden aktuell, und mit der Übernahme von Verantwortung als eigenständiger Mann, als eigenständige Frau erwacht auch das Bewusstsein für die eigene Schuldfähigkeit.

Der Traum von Herrn Strahm erhält unter diesem Gesichtswinkel erneut einen anders gelagerten Verstehenshintergrund. Dies inspiriert zu weiteren beraterischen Perspektiven. Die eigene Männlichkeit wird von Herrn Strahm nicht ausdrücklich thematisiert, unterschwellig ist das Thema jedoch vorhanden. Kirche, Christentum, erfahren unter dem Schuldkomplex (vgl. dazu den Fokus, der Herrn Strahm in die Beratung führt) begraben sich selbst unter einem Wasserschwall und vertreiben buchstäblich den göttlichen Repräsentanten von göttlicher Männlichkeit (in der pfarrherrlichen Rolle) aus dem Gotteshaus. Welcher Weg aus der Männlichkeitsfalle (denn ist dieses Gotteshaus nicht eine solche?) führt weiter? Weder der Schuldkomplex noch das Einnehmen der gegenteiligen Rolle (Vertreter, Spender und Vermittler göttlicher Vergebung) öffnen einen Weg. Die Lösung, die der Traum anzeigt, geht in unerwartete Richtung: Nackt zu werden, die eigene Rolle zu vergessen, loszulassen; sich helfen zu lassen von einem anderen Mann (!), nicht mehr immer nur stark zu sein — sondern von seiner Erfahrung zu profitieren; weg vom Männlichkeitsideal des einsamen Helden und Erlösers, hin zu Verletzlichkeit und Brüderlichkeit jenseits von destruktiver Rivalität. Wie könnte der weitere Weg für Herrn Strahm, diesem Modell folgend, aussehen? Er führte wohl zum Abbau des Schuldkomplexes und zur Übernahme der wirklichen Verantwortung (und damit von Schuld): Wo blieb ich mir auch als Mann selber etwas schuldig? Welches Modell von Männlichkeit übernehme ich, will ich gestalten und leben? Wie will ich dieses auch religiös und theologisch verstehen?

Die drei unterschiedlichen Perspektiven, die wir nur kurz nennen können, verstehen wir als unterschiedliche Formen, die „Wirklichkeit" von Beratung zu rekonstruieren. Wir haben je die Bewegung des Pendelns zwischen Progression und Regression, zwischen Zerstören und Neuschaffen, zwischen Behauptung und Dekonstruktion von Geschlechtsrollen am Traum von Herrn Strahm nachzuvollziehen versucht.

Das Beispiel zeigt: Wir gehen davon aus, dass solche Perspektiven sich gegenseitig nicht ausschliessen, sich allerdings auch nicht auf einen Nenner bringen lassen. Sie können sich vielmehr in ihrer Unterschiedlichkeit fruchtbar ergänzen und gegenseitig weitertreiben. Welches Modell zur Anwendung kommt und welche Schwerpunkte die Berater damit setzen, hängt von der zu beratenden Person ab: Ist sie offen für genderspezifische Fragestellungen, oder sind sie ihr ein Gräuel? Ist sie offen für die vielfältigen, Integration fördernden Formen und Ausdrucksweisen der Kreativität und offen für eine intermediale Vertiefung, oder stösst sie dies ab? Ist sie empfänglich für Deutungen, die widersprüchliche innerliche Strebungen betreffen, oder will sie von dem nichts wissen? Die verschiedenen Modelle enthalten zudem auch für die Beratenden unterschiedlich anregendes Potenzial, das deren beraterische Kreativität anregt und überraschende Lösungen aus sich heraussetzt. Dies alles belebt den Beratungsprozess und verleiht ihm neue Impulse.

5.2. Phasen des Beratungsprozesses

In der Geschichte der Kurztherapie gab es immer wieder Versuche, bestimmte Regelmässigkeiten in der Dynamik des therapeutischen Prozesses zu umschreiben. So unterscheidet Mann (1978) beispielsweise zwischen der „Money-moon"-Phase, mit der Kurztherapie einsetzt, der Phase der Ambivalnz im Mittelteil einer therapeutischen Begleitung und der Schlussphase. Wenn wir diese Einteilung auf unsere Beratungen übertragen, dann entsprächen die ersten beiden Stunden der „Honey-moon"-Phase, in der der Prozess gut anläuft und Hoffungen aufblühen. In der dritten bis fünften Stunde folgte die Phase der „Ambivalenz", in der die Beratungsbewegung zwischen Progression und Regression, Individuation und Fusion, Verändern und Verändertwerden hin und her wechselt. Die Stunden sechs und sieben (und auch die dazwischen liegende Pause von vier bis fünf Wochen) wären schliesslich der Trennungsphase zuzurechnen, in der besonders die Dynamik zwischen dem Wunsch nach Trennung und der Angst vor eben dieser Trennung die Gefühlslage auf der innern Bühne beherrscht.

Prozessdynamik und Themen religiös-existentieller Beratung

1. Stunde   Joining, „Anwärmen", Klären des Settings, Umschreiben des Themas
Aufbau des beraterischen Metasystems
Ingangsetzung oder Aktivierung der Dynamik von Regression und Progression, von Zerfall, Kreativität und neuer Integration, von Dekonstruktion und Rekonstruktion der Geschlechtsrolle

2. Stunde   Vertieftere Entfaltung des Themas/Fokus
Erkundung systemischer Zusammenhänge
Erkennen alter Notwendigkeiten und neuer Möglichkeiten
Infragestellen der Geschlechtsrolle und geschlechtstypischer (religiöser) Verhaltensformen und Vorstellungen
Infragestellen des persönlichen resp. überlieferten Glaubenssystems

3. Stunde   Patt von regressiven und progressiven Tendenzen
Homöostatische, den bestehenden Zustand verteidigende Reaktionen in den Systemen der zu beratenden Person
Krankheit, Müdigkeit und Vergesslichkeit
Erfahrung von Leere, Langeweile, Auflösung
Verweigerung der kreativen Mitarbeit
Erfahrung von Ratlosigkeit und Verzweiflung angesichts notwendiger Dekonstruktionen der eigenen Geschlechtsrolle und der damit verbundenen Aufgaben und Herausforderungen

4. Stunde   Ausarbeiten weiterer Aspekte des Fokus, regressive Bewegungen: Altes wird nochmals auf „Zukunftstauglichkeit" geprüft
Amplifikationen, psychische Differenzierungen
Sich selber organisierende Veränderungsprozesse in den Systemen der zu beratenden Person

5. Stunde   Integration neuer Einsichten und Anteile
schöpferische Produktivität
Erschliessung von Aspekten eines neuen Rollenverständnisses und neuer Beziehungsformen
Zukunftsvisionen

6. Stunde   Blick auf den Abschied
Auseinandersetzung mit den Grenzen der Beratung
Intensivierung der Dynamik von Progression und Regression, schöpferischer Zerstörung und Neuschöpfung, Dekonstruktion und Rekonstruktion

7. Stunde   Wahrnehmung systemischer Veränderungen
Integration, Anerkennung, Dank, Abschied, Ausblick

Auch aus der Sichtweise der anderen Perspektiven, von denen wir uns leiten lassen, können solche Phasen entdeckt werden: Aus *systemischer* Sicht geht es in der ersten und zweiten Sitzung vor allem darum, die Dynamik des Beziehungs- und Vorstellungssystems, das sich in und um die zu beratende Person konstelliert, zu verstehen und die Beziehung zwischen den Beratenden und der zu beratenden Person im Sinne eines beraterischen Metasystems zu festigen. In den anschliessenden Gesprächen wird mittels des beraterischen Dialogs, der Ausarbeitung des Fokus und der Aufgaben und kreativen Anregungen die systemische Dynamik, in der die zu beratende Person eingebunden ist, so verstört, dass sich in autopoietischen Prozessen Neues konstellieren kann. In den abschliessenden Stunden geht es dann darum, das neue Organisationsniveau, auf dem sich Veränderungsprozesse stabilisieren, zu festigen und Möglichkeiten zu erkunden, wie die Person wieder stärker in ihren eigenen Systemen Ressourcen für die Weiterentwicklung finden und anzapfen kann. Aus *kunsttherapeutischer* Sicht ist anzunehmen, dass nach einer oft fulminanten Anfangsphase und folgender Stagnation im letzten Drittel der Beratung originelle und lösungsträchtige schöpferische Gestaltungen entstehen und zu würdigen sind. Im Bereich der *Genderproblematik* ist Ähnliches zu vermuten: Konflikte in Partnerschaften und Freundschaften intensivieren sich (nach einer stärkeren Verdrängung des Konfliktpotentials im Umfeld der zweiten und dritten Stunde) und drängen zu einer Lösung.

Natürlich sind diese Hinweise (auch die Verteilung unterschiedlicher Aspekte der Beratung auf die verschiedenen Stunden auf S. 85) nicht im Sinn eines starren Ablaufs zu sehen. Der Beratungsprozess bahnt sich immer wieder andere Durchgänge, windet sich um Hindernisse und ändert unerwartet seinen Verlauf. Trotzdem können diese Hinweise für mögliche Themen und Fragestellungen in den verschiedenen Stunden sensibilisieren.

5.3. Empathie und Konfrontation

Grundlage auch religiös-existentieller Beratung sind Empathie und Konfrontation. Menschen, die sich ändern wollen, scheinen beides zu benötigen: Verständnis *und* Herausforderung, Begleitung *und* Anleitung, Empathie *und* Konfrontation. So meint beispielsweise Underwood (1985), Empathie und Konfrontation machten als zwei Pole überhaupt die Essenz der pastoralen Beratung aus.

Empathie, Achtung und unbedingte Wertschätzung sind in ihrer Bedeutung für Beratung und Seelsorge vielfach beschrieben worden (vgl. z.B. Weber 1991, Taylor 1991, Culley 1996). Sie schaffen Raum, dass Ratsuchende Vertrauen fassen, sich öffnen, wichtige Themen aufbringen und sich in einem Prozess der Selbstexploration engagieren können. Sie können sich in unterschiedlichen Facetten und Nuancen des Beratungsverhaltens zeigen: in der ganzheitlichen Zuwendung, im präzisen Wahrnehmen und Zuhören oder im Verbalisieren emotionaler Erlebnisinhalte.

Neben der Empathie sind es zudem, wie wir bereits am Beispiel des Erstgesprächs gesehen haben, konfrontative Fähigkeiten und Haltungen, die wichtig werden. Menschen sollen nicht nur in dem begleitet werden, was sie bereits sehen und verstehen. Aus einer Haltung von Achtung und Wertschätzung sollen sie zugleich Anstösse erhalten, dass ihnen Dinge auffallen, die sie bisher so nicht sehen konnten, und sie Zusammenhänge ent-decken, die ihnen so noch verschlossen waren. Gewiss ist auch hier im Wesentlichen die Person, die Beratung sucht, gefordert. Sie muss neu sehen und neu begreifen lernen. Und doch können auch Beratende hilfreiche Anstösse geben, eben gerade dadurch, dass sie in gewisser Weise „anstössig" werden, mit ihren Bemerkungen und Beobachtungen angemessen-unangemessene Anregungen vermitteln und so zu einem „merk-würdigen", wirklichen, greifbaren Gegenüber im Gespräch werden.

In unserer Arbeit findet sich eine verstehende, deutende, analytische, aufdeckende Seite: im Herausarbeiten des Fokus, in Ansätzen zum Umgang mit Übertragung und Widerstand; auch in ihr geht es zudem darum, die gelockerten psychischen Energien in neue Richtungen fliessen zu lassen und ihnen neue Gefässe der Integration zu verschaffen. Die beiden Grunddimensionen Empathie und Konfrontation sind auch auf die psychische Polarität von Progression und Regression bezogen: Wenn Empathie Nähe, Verständnis, Geborgenheit und Frieden verspricht (und vielleicht gerade dadurch auch Angst macht), provoziert Konfrontation Selbständigkeit, Autonomie, Selbstsein (und erregt gerade deshalb ebenfalls Angst). Wenn Empathie am Anfang der Beratung in dialektischer Art progressive Kräfte weckt, ist es Konfrontation, die später regressive Wünsche lebendig werden lässt. Dort, wo die Angst in die eine oder andere Richtung zu stark ist, setzt Abwehr ein, versteift sich das Denken und Fühlen und droht der Prozess zu einem erneuten Stillstand zu kommen. Unter kunsttherapeutischen Vorzeichen schafft Empathie einen Raum, in dem Angst so weit gebändigt werden kann, dass schöpferischer Zerfall und Zerstörung möglich werden, durch die sich Neues anbahnt. Die Zumutung, aus diesem Zerfall neue Produkte kreativer Gestaltung entstehen lassen, enthält auch hier ein konfrontatives Moment. Empathie ist auch die Voraussetzung jeder Bewusstseinsbildung für Verformungen eigener Geschlechtsrollen, und auch die Dekonstruktion solcher Rollen (und deren Rekonstruktion!) ist nicht möglich ohne konfrontative Elemente. Dazu kommt ein weiteres Moment:

Adrian Frank meldet sich zur Beratung, weil er, wie er in der ersten Stunde zu erkennen gibt, in seinem Theologiestudium bisher keinen „Meister" gefunden hat, bei dem er wesentliche Fragen hätte thematisieren können und der ihn in seiner spirituellen Suche begleitet hätte.

Menschen ersehnen ein wirkliches Gegenüber gerade in der Suche nach Antworten auf religiös-existentielle Fragen. Gibt es im Raum des Christentums so etwas wie spirituelle „Meisterschaft"? Ist nicht auch dies ein legitimes Anliegen, das Herr Frank in die Beratung bringt? Er sucht nach einem „Meister", der selber einen spirituellen Weg gegangen ist, über existentielle Erfahrungen im Umgang mit religiösen Fragen verfügt und eine geistliche „Disziplin" entwickelt hat, die es ihm möglich macht, andere auf einem ähnlichen Weg zu begleiten. Dieses Bedürfnis artikuliert sich im Unternehmen der „Spiritual Guidance" resp. „Spiritual Direction", das in den letzten Jahren auch im deutschen Sprachbereich einige Aufmerksamkeit findet (vgl. S. 12). Beiden zugrunde liegt das Bedürfnis nach Anleitung und authentischen Antworten von Seiten einer Person, die in der Tiefe zu verstehen versucht, was Himmel und Erde zusammen hält. Josuttis (2000) hat solche Anliegen in seinem Konzept einer „energetischen Seelsorge" aufzunehmen versucht: Es könnte gerade in kirchlich getragener Beratung auch darum gehen, Menschen in der Begegnung mit dem Heiligen und Numinosen mit geistlicher Kompetenz zu begleiten.[1] Es ist eine uralte poimenische Weisheit, dass sie auf diesem Weg nicht nur Begleitung, sondern auch Stützung, Anleitung und Herausforderung brauchen. Wenn Herr Frank einen „Meister" sucht, dann sucht er — wie wir vermuten — ein solches Gegenüber, das nicht nur den Weg weist und selber stehen bleibt, sondern mitgeht, begleitet, herausfordert, konfrontiert, unterstützt und gehen lässt.

Wie kann aber Konfrontation in der Beratung so verwirklicht werden, dass sie hilfreich wird und nicht einfach als Ablehnung erfahren wird? Wie die folgende Zusammenstellung einiger „Skills" zeigt, kann das konfrontative Moment in der Beratung ganz unterschiedliche Formen annehmen. Wichtig ist auch hier, dass sich die Beratenden beim Einsatz konfrontativer Gesprächsstrategien von einer grundlegenden Achtung leiten lassen und Person, Zeit und Umstände bei solchen Interventionen sorgfältig bedenken.

Sondieren	Um weitere Klärung einer Aussage bitten: durch minimale Redeunterstützungen (kurze verbale Aktivitäten wie „mhm", „ja", „aha", „ach"), durch Akzente (Wiederholung von ein, zwei oder drei Worten) und Aussagen (werden diese in einem eher tastend-fragenden Tonfall vorgebracht, versteht sie das Gegenüber als Einladung, sich noch genauer auszudrücken).
Fragen stellen	Achtungsvolle, von „behutsamer Empathie getragene" (Boscolo/Bertrando 1997, 91) Fragen helfen dabei, neue Informationen zu kreieren, das Problem zu externalisieren, Ausnahmen zu finden und zu verankern, Ressourcen zu erschliessen, das Beziehungsfeld, in dem Probleme und Lösungen „konstruiert" werden, zu klären oder den Problemlöseprozess zu reflektieren. Wissen wird dabei gebraucht, um Fragen zu stellen, nicht um Schlüsse zu ziehen.
Fokus formulieren und vertiefen	Im Fokus sind wesentliche religiöse und existentielle Anliegen der Klientin zusammengefasst, so dass sie sich in einem tiefen Sinn verstanden fühlt. Dieser Fokus wird im Lauf der Gespräche immer wieder aufgenommen und im Blick auf seine psychodynamischen, systemischen und theologischen Implikationen vertieft und präzisiert .
Deuten	Die Beraterin stellt Zusammenhänge her zwischen religiösen und existentiellen Aspekten des Fokus, zwischen Gegenwart, Vergangenheit und Zukunft, zwischen „Szenen", die sich in der Beratung abspielen, und Beziehungserfahrungen im Alltag der Klientin, zwischen Evangelium und Situation.
Erläutern	Bestimmte Vorgehensweisen, die zum Modell gehören, werden erläutert, Grundannahmen, Prinzipien und Wertvorstellungen, die mit der Theologie der Beratenden zusammenhängen, werden erklärt, sodass die Struktur des Gesprächs verdeutlicht und verstanden, Erfahrungen eingeordnet, Glaubenssätze überprüft und eigene Schlussfolgerungen gezogen werden können.

---

[1] Wir können uns hier nicht mit den vielen auch problematischen Seiten dieses Entwurfs einer Seelsorgelehre auseinandersetzen. Vgl. dazu z.B. Klessmann (2001, 39ff.). Wir nehmen mit unserem Modell in vieler Hinsicht eine andere Position als Josuttis ein (vgl. auch Kap. 10).

Erfahrungen teilen (*„sharing"*)	Der Berater teilt gewisse seiner Erfahrungen mit der Klientin resp. dem Klienten. Dies geschieht in kurzer, auf die Fragen und Bedürfnisse des Gegenübers fokussierter Art. Dadurch erhält dieses Gegenüber ein „Modell", wie z.b. Gefühle und damit verbundene Glaubenssätze ausgedrückt werden, wie bestimmte Lösungen gefunden werden können oder wie sich der Berater in eigenen Kämpfen mit vergleichbaren Problemen auseinandergesetzt hat.
Lösungen imaginieren	Die fokuszentrierte Problemformulierung wird ausgeweitet in Richtung möglicher Lösungen, Visionen und Zukunftsbilder. Diese „Zukunftsgeschichten" werden konkretisiert, Widerstände gegen solche Geschichten abgebaut, Konsequenzen für das Selbstverständnis und Handeln im „Hier und Jetzt" erkundet. Hilfreich sind entsprechende Fragen („Wunderfrage", vgl. S. 67f.) und Anstösse („Erzählen Sie, wie Ihr Leben in drei Jahren aussehen wird, wenn sie dieses Problem gelöst haben werden.").
Widerspruch eröffnen	Der Berater macht Widersprüche sichtbar (zwischen verschiedenen Aussagen, zwischen Worten und Taten, zwischen dem, was eine Person selber sagt, und dem, was andere sagen), konfrontiert Stärken und Schwächen, spricht Vermeidungen, Klischees und Stereotypisierungen an, thematisiert Lücken, Brüche und Unstimmigkeiten in der Kommunikation und Beziehung im „Hier und Jetzt".
Schweigen	Die Beraterin lässt Zeit zur Selbstreflexion, zur Verarbeitung von Fragen oder zur Integration von Einsichten. Schweigen „aus der Fülle" wirkt konzentrativ, gibt Raum für Vertiefung und inneres „Echo".
In Frage stellen	Glaubensinhalte, aus der Sicht der Beraterin einseitige und lebensfeindliche dogmatische Überzeugungen und Positionen, verkürzte Lebenserfahrungen und sog. „Lebensweisheiten" („Von den Fremden in unserem Land gehen alle Schwierigkeiten aus."; „Niemand liebt mich."; „Die Welt wird immer schlechter.") werden befragt, auf Denkfehler hin überprüft, an Erfahrungen gemessen, mit anderen Sichtweisen verglichen, konfrontiert und theologisch disputiert.
Freiräume und Möglichkeiten eröffnen	Der Berater zeigt auf, wo und wie Verantwortung übernommen werden kann, und weist hin auf unnötige Opferrollen, vernachlässigte Selbstverantwortung oder Anteile von Schuld. Die Möglichkeit zu verantwortungsbewusstem Handeln ergibt sich erst unter Ablegung des Opferstatus. „Der Mensch, der nicht Opfer ist, lebt im Zwielicht."
Alltagsprojekte durchführen	Einsichten, Verhaltensweisen und grössere Veränderungsprojekte werden „in vivo", ausserhalb der Beratung im Alltag, in zwischenmenschlichen, beruflichen oder familiären Situationen getestet und weiterentwickelt.

Konfrontierende Reaktionen müssen immer in eine Beziehung eingebettet sein, in welche die ratsuchende Person vertrauen kann und die auch durch die Konfrontation, die notwendigerweise ein belastendes Moment mit sich bringt, grundsätzlich nicht in

Frage gestellt wird. Nach einer konfrontierenden Intervention muss Raum gegeben werden, damit Reaktionen des Gegenübers wahrgenommen, verstanden und aufgefangen werden können. Solche konfrontierenden Äusserungen müssen zudem immer bezogen auf die konkrete Person, die beraten wird, und den Prozess, wie er sich in der Beratung entwickelt, gesehen werden. Wie kann aber ein genaueres Verständnis für die Dynamik, die den Beratungsprozess durchzieht, erreicht werden? Diese Frage führt uns zu einem wesentlichen, vertiefenden Element der Beratungsarbeit, zum Fokus und seiner Entwicklung.

5.4. Der Fokus und seine Geschichte

Ein gutes Teil der Klärung und Vertiefung, welche die sieben Stunden Beratung bringen können, geschieht um einen thematischen Fokus zentriert. Indem dieser Fokus bestimmt, präzisiert und in seinen dynamischen und inhaltlichen Bezügen klarer ausgeleuchtet wird, ergibt sich ein differenzierteres Begreifen. Klientinnen und Klienten fühlen sich so in der Tiefe verstanden. Der Fokus hat zugleich eine begrenzende Funktion. Damit wird nochmals eine Auseinandersetzung mit Endlichkeit angeregt. Zugleich gehen wir von der systemischen Annahme aus, dass durch Veränderungen in einem begrenzten Bereich des Verstehens und Erlebens Veränderungsprozesse in anderen Bereichen in Gang gesetzt werden können.

Die Bestimmung eines thematischen Schwerpunkts gehört zum Vorgehen der meisten Richtungen von Beratung und Kurztherapie. Die unterschiedlichen Grundannahmen dieser Richtungen zeigen sich auch darin, worauf das Gespräch fokussiert wird:

- *Psychoanalyse:* Der Fokus betrifft einen Themen- resp. Problembereich — meist einen innerpsychischen Konflikt — der bestimmten Abwehrmustern folgt, sich in der „Inszenierung" wichtiger realer Beziehungen und der Übertragung in der Beratungsbeziehung wiederholt und auf dem Hintergrund der Lebensgeschichte verstanden werden kann.

- *Systemische Kurztherapie (nach Palo Alto):* Fokussiert wird ein problematisches Verhaltensmuster hier und jetzt, das durch systemische Rückkoppelungen aufrechterhalten wird (oft ein Lösungsmuster, das selber zum Problem geworden ist wie die Strategie „mehr desselben").

- *Lösungsorientierte Kurztherapie (nach de Shazer):* Das Gespräch konzentriert sich auf die Konstruktion einer Lösung, die sich im Hier und Jetzt in Ausnahmen, Imaginationen, Zielformulierungen vorwegnehmen lässt.

- *Narrative Kurztherapie (nach White/Epston):* Eine „Problemstory" muss dekonstruiert und in eine Lösungsgeschichte „umerzählt" werden, in der bisher „unerzählte" Geschichten integriert sind. Eine solche Lösungsgeschichte ermöglicht neues Handeln und setzt die von einer Misserfolgs- oder Krankheitsgeschichte betroffenen Menschen wieder als Autoren ihrer Geschichte ein.

Es können also Verständnisse des fokalen Zentrums der Beratung unterschieden werden, welche eher problem- (Psychoanalyse, Palo Alto), und solche, welche eher lösungsorientiert sind (de Shazer, White/Epston). Es entspricht unseren bisherigen Überlegungen, dass wir hier ein erweitertes bipolares Fokusverständnis wählen, das als Ellipse mit zwei unterschiedlichen Schwerpunkten gezeichnet werden kann.

Der Fokus, wie wir ihn verstehen, hat also einen problemorientierten und einen lösungsorientierten Schwerpunkt und kann eher problemorientiert oder eher lösungsorientiert ausformuliert werden. Immer sind aber nach dem hier vorgeschlagenen Verständnis beide Anteile darin wichtig. Wir schlagen in Erweiterung Lachauers (1992) folgende „Matrix" zur Formulierung eines Fokalsatzes vor:

(1) „Ich muss immer... , (2) weil... . (3) Stattdessen will ich nun...".

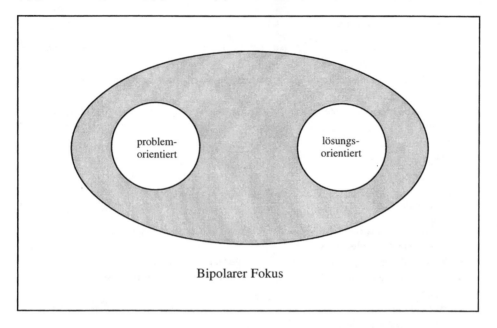

Bipolarer Fokus

Teil (1) bezieht sich auf die aktuelle Situation, in der sich ein Verhaltensmuster wiederholt, ein bestimmtes Thema ohne Lösung sich immer wieder aufdrängt, eine Suche noch und noch ins Leere geht, eine Frage keine Antwort findet. Psychoanalytisch gesehen zeigt sich darin ein psychischer Konflikt, der hier mit zwei Komponenten umschrieben wird: Die betroffene Person *muss* ein bestimmtes Verhalten *immer* wieder ausführen. Das in gewisser Weise zwanghafte, sich Wiederholende des „Problems", das nur beschränkt bewusst zu verstehen ist, wird aber durch die Formulierung doch in die Verantwortung des Ichs gestellt. Unter kunsttherapeutischer Sicht sind hier Situationen zu verstehen, in denen Glaubenshaltungen und Lebensverhältnisse erstarrt sind, keine kreativen Potenzen aktiviert werden können und sich deshalb abgestandene Muster des Wahrnehmens, Fühlens und Handelns breit machen. Unter genderspezifischen Vorzeichen ist hier zudem an das Zwanghafte gesellschaftlicher Verhältnisse zu denken, das, vermittelt durch stereotype Rollenbilder, in das Leben eines einzelnen Menschen hineingreift und sein Verhalten in einschränkender Weise typisiert.

Teil (2) bezieht sich auf jene auslösenden Faktoren und Bedingungen, die sich im Verlauf der Gespräche zeigen und die die ratsuchende Person als Gründe ihres problematischen Verhaltens herausarbeitet. Diese Gründe müssen dabei keineswegs nur in der Vergangenheit liegen. Sie liegen auch in gegenwärtigen Verhältnissen. Ja, auch Annahmen über die Zukunft können das Verhalten in der Gegenwart mitbestimmen (vgl. 6.6.). Dabei ist hier aus systemischer Sicht zu vermerken, dass es in religiös-existentieller Beratung bei der Klärung des „Weil" meist nicht um eine ausgedehntere biographische Exploration handelt, sondern hier die kontextuellen und zukunftsbezogenen Aspekte betont werden.[2]

Fragestellungen zur Erarbeitung der verschiedenen Teile eines Fokalsatzes

Problemfeld: „Ich muss immer..."

- Welches Verhalten/Erleben, wiederholt sich im Leben des Klienten immer wieder, ohne dass es unterbrochen werden kann?
- Welches Lösungsmuster wurde angewendet und entwickelte sich selber zum Problem (z.B. das Muster: „mehr desselben")?
- Welche Problemgeschichte erzählt die Klientin und wird über sie erzählt? Welche allgemeineren (kulturellen, religiösen, sozialen) Geschichten und Diskurse üben durch die „Problemgeschichte" der Klientin Herrschaft aus?
- Zeigen sich Ansätze zur Wiederholung und Inszenierung dieses Problemmusters in der Beratungsbeziehung?

Hintergründe: weil..."

- Welche lebensgeschichtlichen Hintergründe sind im Gespräch sichtbar geworden, die zu diesem Muster geführt haben?
- Welche Überzeugungen und „Glaubenssätze" sind daran beteiligt?
- Welches Verhalten anderer Personen trägt dazu bei, dass das Problem aufrecht erhalten bleibt?
- Welche allgemeinen gesellschaftlichen Faktoren tragen zur Wiederholung resp. Einschränkung der Verhaltens- und Erlebensmuster bei?
- Welche Gründe tragen zur Wiederholung des Problemmusters in der Beratungsbeziehung bei? Welche Funktion erfüllt dieses Muster?
- Welche Zukunftsvorstellungen tragen dazu bei, dass das Problem verschärft wird?

Lösungen: „Stattdessen will ich nun..."

- Welche Ausnahmen konnten herauskristallisiert werden? Was hat dazu geführt, dass solche Ausnahmen überhaupt möglich wurden? Wie können sie häufiger werden? Wie lässt sich aus ihnen eine Lösung konstruieren?
- Welche „einmaligen Ereignisfolgen" zeigen welche alternativen Lebensmöglichkeiten und Widerstandspotenziale?
- Welche „Zukunftsgeschichten" (vgl. 6.6.) wurden imaginiert?
- Welche Ziele möchte die Person erreichen?
- Welche kreativen Potenzen werden sichtbar?
- Welche Ansätze eines neuen Verhaltens und Erlebens zeigen sich in der Beratung selber und weisen in Richtung einer Lösung?

---

[2] Man kann sich auch darüber streiten, ob es nicht sinnvoller ist, nach Bedingungen für gelungene Lösungen zu suchen, als nach Ursachen des problematischen Verhaltens zu fahnden.

Teil (3) bezieht sich auf Wünsche, auf Lösungen im kreativen Werk, auf Ausnahmen, „unerhörte Möglichkeiten" und „Wunder", die anstelle des problematischen Verhaltens angestrebt werden, bzw. dieses ersetzen sollen. Sie werden in der vorgeschlagenen Form als Ziel formuliert, das energetisiert (bewusst also: „ich will" und nicht „ich möchte", „ich könnte mir vorstellen", „vielleicht könnte ich"). Von Anfang an — also bis in die sprachliche Formulierung des Fokus hinein — soll das sich wiederholende Muster durch einen „Statt-Plan" (Eberling/Hargens 1996) überlagert werden. Ein Problem wird ja auch dann erst wirklich zu einem Problem, wenn es mit einer Lösung kontrastiert werden kann.

Fürstenau (1994) will — ähnlich wie wir es versuchen — psychoanalytische und systemische Überlegungen in seinem Beratungsverständnis integrieren. Er meint, zwei Dinge seien für eine vertiefende Verstehens- und Erkenntnisarbeit in der Beratung wichtig:

1. Wichtig ist ein positiv konnotierender Umgang mit der Symptomatik und das Herausarbeiten des Musters des bisherigen Beziehungsverhaltens des Klienten anhand von Erinnerungen und Erzählungen und des Verhaltens in der Situation der Beratung (Übertragung). Was in Teil (1) und (2) des Fokus herausgearbeitet wird, ist ein Problemlösungsmuster, das zum Zeitpunkt seiner Entstehung durchaus eine sinnvolle Funktion ausübte. Wenn es gelingt, in der Beratung diesen Zusammenhang deutlich zu machen, wird dadurch nicht nur der Selbstwert der zu beratenden Person gestärkt. Vielmehr wird das Muster durch die Relativierung der Zeit („damals war dies das bestmögliche Verhaltensmuster") auf Distanz gebracht und verfügbar gemacht. Wenn das Muster als solches erkannt und in seinen Zusammenhang gestellt werden kann, kann die betroffene Person es jederzeit als Problemlösung wieder aktivieren. Es wird so nicht nur als Schwäche und Tragik, sondern auch als Ressource oder doch zumindest als Verteidigungslinie, die sicher hält, verstanden. Die Klärung dieses Musters verdeutlicht zugleich, vor welchem Entwicklungsschritt die zu beratende Person zurückschreckt und auf welche Phase ihrer Entwicklung sie mit der Produktion und Verstärkung ihrer Symptomatik zurückzufallen droht. Von daher ergeben sich Überlegungen zum Beratungsziel und zum bisher erreichten und in einem nächsten Schritt möglichen Entwicklungsniveau.

2. Zugleich muss die zu beratende Person auf die ihr eigene, nur ihr zugängliche Lösung ihrer Probleme hingelenkt werden. Hierbei ist es besonders motivierend, wenn das Ziel möglichst plastisch herausgearbeitet werden kann. Hilfreich ist es, wenn sich die betroffene Person konkret vorstellt, was genau sie tun und denken wird und was andere sehen, hören und spüren werden. Beobachtbare Kriterien zeigen, woran die Klientin resp. der Klient und die Umgebung merken werden, wann das Ziel erreicht ist. Wir streben solche Beschreibungen in Teil (3) unserer Fokusformulierung an. In diesem Teil der Fokusbildung geht alles ein, was im Blick auf Zielfindung, Suche nach Ausnahmen und „Wundern" und die Arbeit mit Ressourcen im letzten Kapitel behandelt worden ist (vgl. 4.4. und 4.5.). Veränderung der Befindlichkeit wird nach unserem Beratungskonzept nicht in erster Linie von der Vertiefung in die Hintergründe einer Problematik, sondern von der Annäherung an die Lösung erwartet. Statt des Durcharbeitens der Symptomatik versuchen wir, Ressourcen zu mobilisieren. „Erst

angesichts der erstrebten persönlichen Lösung wird die überkommene Übertragungs-
konstellation als Hindernis zur Erreichung des Ziels präzis konkret erlebbar und in
dem Masse, wie sie der persönlichen Lösung, dem nächsten Entwicklungsschritt ent-
gegensteht, für den Patienten zu einem zu überwindenden Problem. Das schliesst die
Distanzierung von der Übertragung im Sinne der Übertragungsauflösung ab" (Fürstenau 1996, 34).

Wie wird nun bei der Erarbeitung eines solchen Fokus konkret vorgegangen? Der
Schwerpunkt, um den die Beratung kreisen soll, wird gegen Ende der ersten Stunde
mit der zu beratenden Person ein erstes Mal etwas genauer umrissen: „Was könnte
denn nun nach allem, was wir bisher besprochen haben, der Brennpunkt resp. das
Hauptthema unserer Gespräche sein?" Die Beratenden und die zu beratende Person
einigen sich auf eine erste Formulierung, nicht ohne dass dabei deutlich vermerkt wird,
dass dies erst eine vorläufige Formulierung ist und sich das Verständnis der Thematik
im Verlauf der Gespräche weiter vertiefen wird. Der Fokus kann sich während der
Beratung wandeln, mit neuer Bedeutung „aufladen", neue (biographische, systemische, theologische) Dimensionen zeigen. Er sollte sich aber nicht immer wieder auf ein
anderes Gebiet verschieben.

Herr Burli kommt wegen Examensproblemen in die Beratung. Mündliche Prüfungen im Fach Philosophie stehen bevor. Bereits im Vorfeld von Prüfungen (oder auch nur bei entsprechenden Vorstellungen) verspürt Herr Burli ein Rumpeln im Bauch (der auch in der Beratung kräftig rumpelt). „Es"
drückt nach oben gegen den Magen, macht eng, steckt wie ein Kloss im Hals, der nach hinten auf die
Wirbelsäule drückt. Durchfall verschlimmert die Situation. Herr Burli steigert sich in der Aufregung
jeweils immer mehr in diesen Zustand hinein. Er versuchte, diesem Problem mit autogenem Training
beizukommen. Diese Technik hat aber leider am letzten Prüfungstag versagt. Dies machte die Aufregung vor der Prüfung nur noch grösser (die „Lösung" wurde selber zum Problem). Das Thema der
„Prüfungsangst" soll deshalb im Zentrum der Beratung stehen. Noch lässt sich aber kein eigentlicher
Fokus formulieren, der die verschiedenen Themen und Anliegen dieser Beratung in einen Zusammenhang brächte. Einige mit der Prüfungsangst verbundene Probleme klingen aber deutlich an: Spezifische Ängste im Blick auf ein bestimmtes Examen, starke psychosomatische Reaktionen, Strategien
der Prüfungsvorbereitung, die Herr Burli entwickelt hat, die aber nicht hielten, was sie versprachen.

Die Ausgangskonstellation kann bei der Fokusformulierung folgendermassen beschrieben werden: Im Gespräch zeigen sich nacheinander verschiedene Konflikte,
Entwicklungslinien und Potenziale, die um das „Thema" gruppiert sind, das zuerst
formuliert wurde. Solche Konflikte, aber auch Lösungsmuster entstammen der Vergangenheit. Sie spiegeln sich in gegenwärtigen Konflikten und in den Ressourcen, die
eine Person weiterentwickelt hat. Sie äussern sich zudem nicht selten (mehr oder weniger deutlich greifbar) in der Übertragung in der Beratung selber. Je nach dem problematisch oder auch energiespendend können zudem Zukunftsgeschichten sein, die
Menschen phantasieren und mit dem aktuellen Konflikt in Zusammenhang sehen.
Solche Aspekte werden nacheinander und durcheinander im Gespräch berührt. Sie
können vorerst oft noch nicht sinnvoll so miteinander verbunden werden, dass sich
daraus eine „Wahrnehmungsgestalt" mit grösserer Erschliessungskraft ergäbe. Gerade dies belastet Menschen oft und lässt sie Beratung suchen. Erst nach und nach
zeigen sich durch die gemeinsam ordnende Funktion erste Anhaltspunkte einer „Ge-

stalt", in der sich die Probleme ordnen lassen. Einsicht in Zusammenhänge erleichtert und macht zugleich neue Perspektiven möglich.

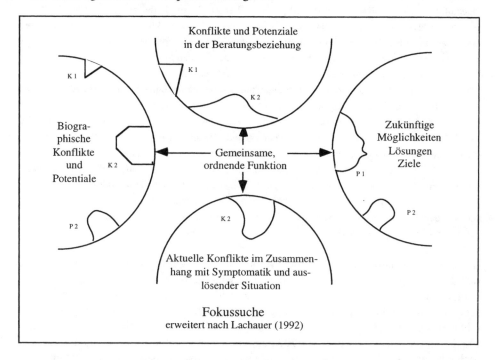

Konflikte und Potenziale
in der Beratungsbeziehung

K 1

K 1

K 2

Biogra-
phische
Konflikte
und
Potentiale

K 2

Gemeinsame,
ordnende Funktion

Zukünftige
Möglichkeiten
Lösungen
Ziele

P 1

P 2

K 2

P 2

Aktuelle Konflikte im Zusammenhang mit Symptomatik und auslösender Situation

Fokussuche
erweitert nach Lachauer (1992)

Beratende und die zu beratende Person versuchen im weiteren Verlauf der Beratung, durch gemeinsame Exploration und das Verbalisieren wichtiger Aspekte das Thema zu einem Fokalsatz zu erweitern, in dem sich die verschiedenen Konflikte und Potenziale, die mit dem Thema verbunden sind, in einer „Gestalt" ordnen. Dies ist ein Prozess, der sich während der ganzen Beratung vollzieht und vertieft, wobei abwechslungsweise lebensgeschichtliche Aspekte, die aktuelle Konfliktsituation, das Beziehungsgeschehen in der Beratung und zukünftige Möglichkeiten ins Zentrum des Gesprächs rücken.

In Herrn Burlis Situation zeigen sich nach und nach die folgenden Aspekte, die mit dem Thema und der ersten Fokusformulierung zusammenhängen: Sein Vater hatte hohe Erwartungen an ihn gestellt, büffelte mit ihm Mathematik auf ein Examen hin, schrie ihn dabei aber nicht selten an und schlug ihn auch auf den Kopf. Damals setzte das Verkrampfen des Magens ein. Herr Burli erlebte sich auch im Blick auf die Schulnoten im Dilemma. Seine Noten durften wegen des Vaters nicht schlecht sein (der Vater ging gar mit seinen guten Noten „hausieren", was ihm peinlich war). Die Noten durften aber auch nicht zu gut sein, denn sonst wurde er von den andern in seiner Klasse als Streber abgelehnt. So wurde er auch nach einem der ersten Examen im Fach Theologie von einem Mitstudierenden angerempelt: „Ja, natürlich, ihr pastoralen Typen braucht euch um eure Noten keine Sorgen zu machen." Die Gespräche zeigen nach und nach, wie auch die Zukunftbilder von Herrn Burli zum Probemdruck beitragen. Die Aussichten auf dem Arbeitsmarkt sehen nach seiner Beurteilung für Theologiestudierende alles andere als rosig aus. Zudem plagt sich Herr Burli mit übersteigerten Vorstellungen dessen, was er als Pfarrer einmal alles würde leisten müssen (siehe auch S. 137).
Überzeugungen und Glaubenssätze verstärken die Auswegslosigkeit der Situation: Herr Burli vertritt bestimmte Auffassungen, wie der Arbeitsmarkt funktioniert, welche seiner Meinung nach realistisch

sind und die er von seinem Vater übernommen hat. Der Körper mit seinen Reaktionen müsse zudem unterdrückt werden. Das sei eine „theologische Frage, die mitläuft". Er erlebt Prüfungssituationen als unbeeinflussbar, sich selber als passiven Spielball. Wenn er Erfolg hatte, zweifelte er jeweils trotzdem an sich. Es hätte ja auch genau so gut schlecht herauskommen können. „Entweder hopp oder top", etwas anderes gebe es für ihn nicht. Examenssituationen verkoppelt Herr Burli auch mit explizit religiösen Vorstellungen. Es kommt ihm ein Satz der Eltern in den Sinn: „Gott sieht alles. Wenn du dies und das nicht tust, kommt Jesus und straft dich." Er versteht zwar heute nicht mehr, dass man dies als Glaube ausgeben konnte. Und doch enthalten Examenssituationen für ihn auch Anteile einer Gerichtssituation, in der endgültig über Heil und Unheil entschieden wird.

Auf Nachfrage werden auch Ausnahmen sichtbar: In bestimmte Fächern (wie z.B. Geschichte), welche vom Vater nicht mit Erwartungen belegt waren, konnte er entlastet lernen und Prüfungen ohne zu grossen Stress absolvieren. Er erhielt auch eine gute Note in einem ersten theologischen Examen, in dem er sich selber gut in Szene setzen konnte (die gute Note versteht er allerdings nicht, es hätte genau so gut schlecht ausgehen können...). Herr Burli imaginiert folgende Situation, in der er eine optimale Leistung erbringen könnte: Er lädt die Prüfenden zu sich nach Hause ein. Sie verbringen mit ihm eine gemütliche Zeit am Kaminfeuer. Er wird als Mensch wahr- und ernstgenommen und kann „auspacken", was er gelernt hat!

Der Fokus erweitert, verdeutlicht und vertieft sich im Verlauf der Arbeit. Er reichert sich dadurch an, dass Bezüge in die Lebensgeschichte hergestellt werden können, Zusammenhänge mit aktuellen Konflikten (auch in der Beratungsbeziehung) sich verdeutlichen und zukünftige Entwicklungen, Möglichkeiten und Unmöglichkeiten aufscheinen. In einer „Gestalt", die sich nach und nach herauskristallisiert, wird sichtbar, wie die verschiedenen Partikel und Elemente der Problematik zusammengehören. Ratsuchende und zu Beratende können nun besser nachvollziehen, welche Bereiche des Selbst- und Welterlebens von der Arbeit an diesem fokalen Thema berührt sind.

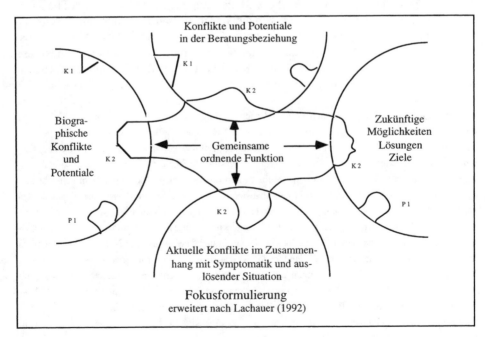

Fokusformulierung
erweitert nach Lachauer (1992)

Herr Burli verdichtet im Lauf der Beratung den problem- resp. lösungsorientierten Fokus in zwei graphischen Darstellungen, die je um die Stichworte „Angst" und „Ruhe" gruppiert sind.

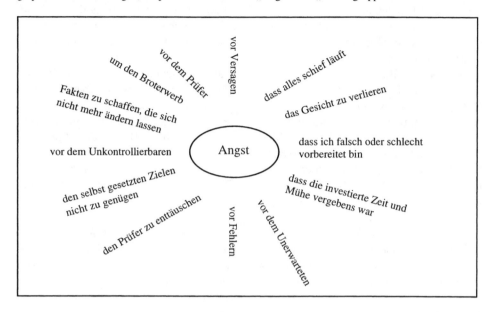

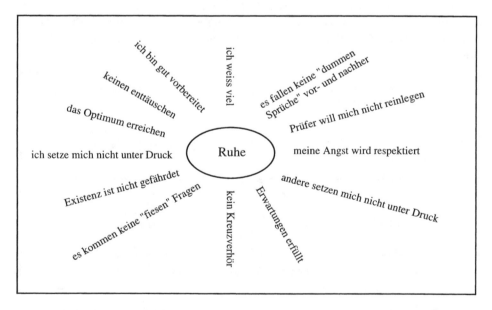

Der Fokalsatz der ersten Stunde lässt sich auf diesem Hintergrund weiter präzisieren: „In gewissen Examenssituationen empfinde ich grosse Angst vor Kontrollverlust, weil ich verdichtet mein ganzes Leben auf dem Spiel sehe. Mein Körper zeigt mir zuverlässig an, wie bedrohlich ich dies erlebe. Stattdessen will ich meine Vorbereitungsstrategien auf das Examen weiterentwickeln, mich ruhig und mit Vertrauen auf meine Kräfte konzentrieren und regelmässig lernen. So werde ich das Examen bestehen, wie ich andere auch schon bestanden habe."

Eine gelungene Fokusformulierung ordnet die verschiedenen Elemente also in einer „Gestalt", die sich in oft unerwarteter Weise zeigt und neue Einblicke in die religiös-existentielle Problematik, um die sich die Beratung dreht, ermöglicht und Ausblicke auf eine „unabgegoltene" Zukunft erschliesst. Eine solche Fokusformulierung dient dazu, die Gespräche konzentriert zu führen, und vermittelt der Person, die beraten wird, den Eindruck, verstanden zu werden und zielgerichtet zu arbeiten. Dabei ist es nicht nötig, dass die Beratenden immer alle Überlegungen mitteilen, welche sie sich zum Fokus (beispielsweise inspiriert durch eine Supervision) machen. So meint Volger (1997), die Fokusbildung geschehe auf zwei Ebenen: bewusstseinsnah zusammen mit dem Klienten resp. der Klientin und ohne Mitteilung auf der Ebene der unbewussten Konfliktdynamik. Letzteres dient vor allem dazu, dass sich die Beratenden ihre eigenen (psychodynamischen) Hypothesen bewusst machen, mit denen sie weiterarbeiten. Manchmal kann etwas davon auch in die Beratung zurückgetragen werden („Wir haben uns seit der letzten Sitzung noch mehr Gedanken gemacht zu ihrem Problem. Könnte es sein, dass...")

Auch im Fall von Herrn Burli beschäftigten den Berater weitere Themen: so beispielsweise das Thema der Angst vor Autonomie, das im Zusammenhang mit Lernstörungen immer wieder auftaucht; die Frage, ob durch die Phantasie, das Examen bestehen zu können, ödipale Konflikte verschärft reaktiviert werden (den Vater übertreffen, heisst auch: nun vielleicht die Mutter doch noch erobern zu können, vgl. dazu Bakman 1995, 6). Das Thema des Kontrollierens und Kontrolliertwerdens, das im Zusammenhang mit der Examenssituation zudem immer wieder auftaucht, die hohen Erwartungen und Entwertungen, mit denen sich der Berater selber in der Beratung auseinander setzen muss, lassen ihn auch rätseln, ob hier eine Entwicklung nicht sogar noch früher blockiert wurde (z.B. in jener Phase, in der nach Erikson 1973, 75ff., die Polarität „Autonomie — Scham und Zweifel" ausbalanciert werden muss).

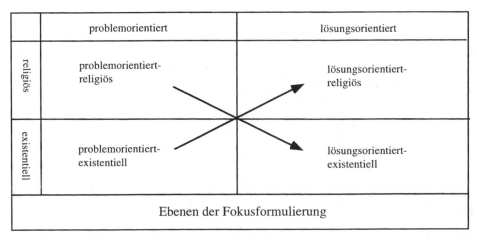

Ebenen der Fokusformulierung

Bei der Reflexion des Beratungsprozesses im Blick auf den Fokus ist es hilfreich, alle vier fokalen Aspekte immer wieder in die Überlegungen mit einzubeziehen (problem- resp. lösungsorientierte und religiöse resp. existentielle Aspekte). Mit diesem Ansatz beabsichtigen wir, Religion (und im speziellen christliche Traditionen) als Ressource für die Lebensbewältigung fruchtbar zu machen, wie auch Lebenskompetenz als Ressource für religiöse Frage- und Problemstellungen zu nutzen.

Besonders wichtig bei der Klärung des Fokus in religiös-existentieller Beratung sind deshalb die folgenden Fragen: Wie hängen in dieser Situation existentielle mit religiösen Problemen zusammen? Welche Wechselbeziehungen bestehen? Welche Ergänzungen resp. Heilungen aus einer Dimension in die andere können erfolgen? Als besonders produktiv für den weiteren Verlauf einer Beratung erweist sich manchmal ein „Seitensprung", eine Verlagerung der fokalen Thematik in der Diagonale, beispielsweise von einem problemorientiert-existentiellen zu einem lösungsorientiert-religiösen Fokus.

5.5. Die Lösung im Werk

Wir haben bisher psychoanalytische und systemische Überlegungen in den Vordergrund gestellt. Welche Perspektiven für die Arbeit am Fokus und die Lösungsorientierung ergeben sich aus der Sicht der intermedialen Kunsttherapie und einer gendersensibilisierten Beratung? Diese Frage möchten wir nun aufnehmen.

Ein kunsttherapeutisch orientiertes Modell von Genesungs- und Sinnfindungsprozessen führt zu einem erweiterten Umgang mit dem Fokus und der Lösungssuche. Zwar dient auch in dieser Sicht die Vertiefung und Ausarbeitung des Fokus und die Eruierung von Zielvorstellungen der Auflockerung des psychischen „Bodens" und der Aktivierung der Imagination und hilft kreative Suchprozesse in Gang zu bringen. Lösung erwarten sich die Beratenden nun aber vom Beratungsprozess und insbesondere von dem ihn befördernden Mittel der intermedial genutzten Kreativität. Eine aus kunsttherapeutischer Sicht unprofessionelle Begleitung führte die zu beratende Person zurück zum alten Halt und Trost, zu alten, überkommenen Wert- und Glaubenssystemen. Eine gekonnte Begleitung führt den Klienten durch den Dekonstruktions- und Desintegrationsprozess resp. durch schöpferische Zerstörung hindurch zu einer neuen, sich schöpferisch ergebenden Integration. Heilsame Integration führt zu einer höheren Differenziertheit insgesamt. Scheinbar chaotische Teilchen können akzeptiert, ja sogar zusammengefügt und integriert werden zu einer vielfältigen, neuen Fülle, in welcher das Ganze mehr ist als die einzelnen Teile. Nicht die alte, überkommene Form wiederherzustellen ist Ziel, sondern das Gewähren eines gestaltgebenden Raumes (Waser 1996) resp. das Anstossen des gestaltgebenden Prozesses. Diese Gestaltgebung wird besonders durch den intermedialen kreativen Ausdruck selbst stimuliert und befördert: Er verhilft zur Integration, weil er selbst in seiner Wesensart integrierend wirkt. Insbesondere sind es die geglückten schöpferischen Gestaltgebungen (Bilder, Gebete, Texte, Tänze, Figuren etc.), welche eine Lösung in sich bergen. Die Kunsttherapie spricht dabei von der „Lösung im Werk".

Im Unterschied zu den Konzepten aus Psychoanalyse und Systemik, die oben vor allem berücksichtigt wurden, baut die Kunsttherapie nicht so sehr auf dem Drei-Schritt: Problemfeld, Hintergrundsanalyse, Lösungssuche auf. Sie wagt vielmehr — ausgehend vom existentiellen oder religiösen Fokus — den Prozess der schöpferischen Gestaltung, der über die Stationen der Desintegration, der schöpferischen Zerstörung durch das Aushalten von Langeweile, Leere, Stille, Nichtwissen und das Erleben von Nacktheit führt. Dabei dient Dezentralisation als eine mögliche Methodik: Nicht die Fokussierung auf das Thema, die Problemanalyse wird angestrebt, sondern die bewusste Abwendung vom Problem, vom Thema. Diese bewusste Abwendung führt — wenn sie glückt — zum Eintritt in den „Spielraum" des Körpers und der

Seele, in den intermediären Raum, in die Rekreation als „recréation". Dank des intermedialen Arbeitens führt der Prozess zur Gestaltwerdung und Integration auf einer
höheren Ebene. Die dabei entstehenden schöpferischen Produkte nehmen einen besonderen Stellenwert ein: Klienten und Klientinnen gelingt es, etwas zu gestalten, das
— unbeabsichtigterweise! — ästhetische Nahrung ist für Körper und Seele und Sinnfindung ermöglicht. Etwas stimmt plötzlich und macht Sinn, indem ich es stimmig
zum Ausdruck bringe. Schönheit wirkt als Antrieb, Motivator und weckt Hingabe.

Die Lösung im Werk ist dabei nicht als künstlerisches Meisterstück zu verstehen, das
ästhetischen Normen genügen muss, sondern ist der geglückte Ausdruck für das, was
Menschen beschäftigt. Dieser Ausdruck ist daran zu erkennen, dass er konkret ist,
packend und treffend, lebendig angeschaut und differenziert. Die Lösung im Werk
äussert sich in der Hervorbringung von tragfähigen Symbolen (vgl. dazu Schibler
1999). Symbole vermögen Brücken zu schlagen zwischen Innen und Aussen, Ich und
Du, Individuum und Gemeinschaft, Vergangenheit, Gegenwart und Zukunft. Symbole
haben einen Bedeutungsüberschuss, einen doppelten Sinn, eine transzendente Funktion. Symbole vergegenwärtigen das, worauf sie verweisen (Stricker 1998). Wenn es
Klientinnen gelingt, im Laufe des Beratungsprozesses tragfähige (religiöse) Symbole
zu finden oder zu er-finden, wenn sie z.B. Symbole für das Göttliche, für Gott schaffen, ist für sie oft in solchen Symbolen, religiös gesprochen, „göttliche Kraft" präsent. Durch das Schaffen/Finden von solchen Symbolen werden sie besonderer Kräfte
teilhaftig. Damit weisen wir der menschlichen Symbolisierungskraft (und der
menschlichen Kreativität) eine spezielle Rolle zu. Dank und mit der Symbolsprache
können wir uns auf „Gott" beziehen, in Kontakt mit „Gott" treten. Die kreative Gestaltung symbolhafter Ausdrucksformen ermöglicht — symbolisch gesprochen —
Gespräche mit Gott, und auch „Gott" spricht durch unsere — von uns geschaffenen!
— Symbole zu uns. Kreativität, im Dienste des Religiösen eingesetzt, erlangt damit im
beraterischen Prozess einen besonderen Stellenwert.

Mit anderen Worten: „Lösungen im Werk", herbeigeführt und ausgearbeitet mit den
kreativen Mitteln der Kunsttherapie, vermögen die Matrix von Lachauer zu erweitern,
ja „aufzuheben". In der Tat ungewohnte, überraschende, nicht vorhersehbare Lösungen nehmen Raum ein, Wunder und „unerhörte Möglichkeiten", die am Anfang eines
Beratungsprozesses gar noch nicht in den Blick resp. ins Ohr zu kommen vermögen,
können mit den Mitteln der Kunst Gestalt gewinnen. Dadurch wird auch die Suche
nach konkreten Lösungen, wie sie bei der Fokusformulierung in den Blick gekommen
waren, motiviert und mit unerwarteten Perspektiven erweitert.

Zusätzlich — und als weiteres Hilfsmittel zur Eruierung des „geglückten Ausdrucks",
der „Lösung im Werk" — ist die feministische Hermeneutik beim Aufdecken, ja
Entlarven von Klischees behilflich. Die Symbolsprache ist ja keineswegs ein „heiliger" Ort geglückten Ausdrucks, der nicht berührt werden darf, sondern enthält neben
lebendigen Symbolen auch Klischees, patriarchal verformte oder leblose, weil eindeutig gewordene Zeichen (vgl. Lorenzer 1971). Solche Klischees und Zeichen sind zu
hinterfragen und können im besten Fall auf ihre Ursprungssituationen zurückgeführt
werden, an denen sie aus dem Prozess lebendiger Symbolbildung exkommuniziert
wurden, und so wieder verflüssigt werden. Besonders wichtig ist hier auch die Frage,
inwiefern Symbole für die Legitimierung von Unterordnungsverhältnissen (beispielsweise zwischen Männern und Frauen) in Dienst genommen wurden. Eine Hermeneutik des Verdachts hilft dabei, solche Verzerrungen aufzudecken und zu überwinden.

Hat der Fokus deutlich eine genderspezifische Ausrichtung (z.B. Infragestellung der eigenen Geschlechtsrollenidentität, Infragestellung einer männlich geprägten Gottesvorstellung o.ä.), schlagen wir vor, Frage- und Infragestellungen der gendersensibilisierten Seelsorge als Leitfaden und Motor des Beratungsprozesses zu gebrauchen (vgl. Schibler 1999 und die vielen Fragestellungen, die wir zur Aufgabenformulierung anführen werden, vgl. S. 111ff.). Den Berater resp. die Beraterin leitet dabei eine Parteinahme für Verwundungen und Marginalisierungen des Weiblichen (bei Männer- und Frauenbiographien!) resp. für Verwundungen und Verformungen der eigenen Geschlechtsidentität (z.B. immer der starke Mann sein zu müssen). In der Beratung ereignen sich Lösungen aus der Sicht einer gendersensibilisierten Seelsorge als Prozesse der Befreiung in einem doppelten Sinne:

Gott als Macht im Schöpferischen (Schibler 1999): Geisterfahrungen, erlebt im kreativen Umgang mit Bibeltexten, mit biblischen Stoffen und im eigenen Schöpfungs- und Schaffensprozess, treten in Verbindung mit Dimensionen des Heiligen Geistes. Erst damit wird die Bedeutung von Kreativität für das Verständnis und den Vollzug des Glaubens gebührend gewürdigt. Gott als Macht im Schöpferischen zu verstehen führt dazu, dass sowohl der kreative Prozess wie die dabei entstehenden kreativen Gestaltungen Ursache wie auch Wirkung von Befreiung sind. Der kreative Prozess bewirkt Befreiung und die befreiende Erfahrung von Gott als schöpferischer Macht führt zu einer schöpferischen Lebensgestaltung und zu Lösungen bergenden kreativen Gestaltungen.

Gott als Macht in Beziehungen (Heyward 1986): Heilende Prozesse in Beziehungen (auch in Beratungsbeziehungen auf Zeit) verweisen auf Gotteserfahrungen, ermöglichen, fundamentieren und be-gründen (im wörtlichen Sinne von Grund und Boden geben) Gotteserfahrungen.

Die Formulierung eines Fokus, wie sie aufgrund psychoanalytischer Überlegungen vorgeschlagen wurde, wird durch die in diesem Abschnitt aufgeführten Perspektiven nicht einfach überholt. Wohl aber ergeben sich aus kunsttherapeutischer und genderspezifischer Sicht Erweiterungen, die sich für die Arbeit am Fokus fruchtbar machen lassen.

Frau Beck wählt als Fokus ihrer Beratung, wie wir gesehen haben (vgl. Kap. 3), den Umgang mit Wut in ihren Beziehungen. Der Wutpsalm (vgl. S. 44f.) setzt an diesem Fokus kreativ an, führt die Thematik aber insofern auf eine neue Ebene, als diese Wut auf Gott bezogen wird und so eine erweiterte, theologische Bedeutung erhält. Die gelungene Form begeistert. Sie inspiriert und motiviert nun ihrerseits die weitere Suche nach einem gelungen Ausdruck von Wut in den mitmenschlichen Beziehungen Frau Becks.

5.6. Übertragung und Gegenübertragung

Wir wollen uns nun noch einem Thema zuwenden, das nicht nur in der Psychotherapie, sondern auch in der Beratung eine grosse Bedeutung besitzt und das wir bereits verschiedentlich gestreift haben. Es ist eine Erkenntnis aus der psychoanalytischen Tradition von Therapie und Beratung, dass sich ein Teil der Problematik, über die ge-

sprochen wird, in der Beratungsbeziehung direkt abbildet. Wir sind dieser Frage bereits anhand jener „Einstiegsmanöver" begegnet, mit denen das Spiel der Beratung in
Zug und Gegenzug eröffnet wird (vgl. Kap. 4.2.). Wir wollen sie etwas vertieft nochmals aufgreifen.

Wir erinnern uns, wie Herr Maurer am Anfang der Beratung dem Berater seine Fragen „abgeben"
möchte (vgl. S. 63). Der biographische Kontext dieses Wunschs sei noch deutlicher beschrieben. Herr
Maurer beschäftigt sich in seiner Beratung ja mit der Frage der Auferstehung. Er möchte besser — ja
ganz und vollständig — begreifen, was es denn mit der Auferstehung auf sich hat. Bereits sein Vater
hat mit dieser Frage gerungen und war durch seinen Pfarrer nie mit einer definitiven Antwort zu befriedigen. Herr Maurer möchte dem dadurch für ihn entstandenen Dilemma — auch er wird ja auf einer
Kanzel stehen und vielleicht, wahrscheinlich wird sein Vater ihm zuhören — offensichtlich dadurch
entgehen, dass er selber klare und definitive Antworten für sich findet. In der Beratung setzt er dem
Berater mit seinem Wunsch nach Antwort zu. Von ihm möchte er jene Antworten hören, die sein
Vater vermisste und die er selber bräuchte, um vor der Gemeinde, in der auch sein Vater sitzt, als
Theologe zu bestehen. Der Berater lässt sich in dieses Spiel verwickeln, gibt Tipps und Hinweise und
wird selber neu umgetrieben von den Fragen, die Herr Maurer so dringlich stellt. Er sucht auch seinen
eigenen Glauben hilfreich ins Spiel zu bringen. Herr Maurer zerpflückt alle diese Antworten immer
wieder mit argumentativer Präzision, um dann seinen Wunsch nach Antwort zu wiederholen. Zu einer
gewissen Wende kommt es erst, als der Berater diese Wiederholungen selber besser zu verstehen beginnt und Herrn Maurer auf das repetitive Muster anspricht, das ihm keine Befriedigung bringt und
doch immer wieder inszeniert werden muss. In Ansätzen wird es Herrn Maurer möglich, eine Situation ins Auge zu fassen, in der die Frage nach der Auferstehung offen bleibt, in der Solidarität des
gemeinsamen Fragens und Nicht-Wissens aber trotzdem Identität entdeckt, erfahren und bewahrt werden kann.

Wenn es also gelingt, solche „Szenen" und „Manöver", die sich in der Beratung
entwickeln (und an deren Zustandekommen Klient und Beratende gemeinsam beteiligt
sind!), besprechbar zu machen, ihre Geschichte zu verdeutlichen und ihren Ablauf zu
klären, dann gilt dies als eine besonders effektive Strategie der Vertiefung der Beratung. Im Hier und Jetzt des beraterischen Geschehens werden dadurch Muster und
Abläufe unmittelbar prozessual aktiviert, die in der Biographie und den gegenwärtigen
Beziehungen der zu beratenden Person angelegt sind und mehr oder weniger bewusst
wiederholt werden. Das szenische Verstehen bietet ein Modell, „dass es sich in jeder
Beratung und Therapie um solch komplexe und wechselvolle Aushandlungs- und
Einigungsprozesse handelt, auf die — sollen sie gelingen — sich beide Beteiligte einlassen müssen, vorab der Berater, die Beraterin, indem sie ein Klima, eine Atmosphäre
und einen haltenden Rahmen anbieten, in dem die Ratsuchenden ihrerseits sich sicher
genug fühlen, um sich mit ihren bewussten und unbewussten Angeboten und Anliegen
emotional einzulassen" (Wahl 1997, 313). Wenn auch diese Ebene bei der Formulierung des Fokus miteinbezogen werden kann, dann hat dies besonders erschliessende
und befreiende Kraft. Es kann so zu einer Korrektur eines bisher dominanten Erfah-
rungsmusters kommen. Gerade dadurch wird die Beratungsbeziehung auch zu einer
wichtigen Quelle von Erkenntnis und zu einer korrektiven emotionalen Erfahrung.
Dies ist meist nur in Ansätzen möglich und kann auch Ausgangspunkt einer späteren
Therapie sein, weil hier Tiefenschichten angesprochen werden, welche sonst so nicht
zugänglich würden.

Eine solche Dynamik entwickelte sich auch in der Beratung von Herrn Burli. Ein Interaktionsmuster begann sich zu wiederholen. Auf seine Klagen, er werde die Examenssituation sicher nicht kontrollieren können, gibt der Berater immer neue Hinweise, wie man dies eben doch tun könnte. Dem Berater fällt mit der Zeit selber auf, wie grosse Mühe er sich gibt, Herrn Burli besonders gute und hilfreiche Vorschläge zu machen. Dieser antwortet immer neu nach dem Muster: „Ja gewiss, aber..." und zerpflückt auch den Nutzen der bestgemeinten Vorschläge. Der Berater lässt sich — gerade als Theologe — darauf ein, eine Situation, die sich per definitionem nicht vollständig kontrollieren lässt, kontrollieren zu helfen. Dabei vergisst er ganz, dass es hier möglicherweise noch andere Ressourcen, z.B. religiöse Kräfte, geben könnte, die von Hilfe sein könnten. Dem korrespondiert die Angst von Herrn Burli, in dieser Beratung lediglich mit Brosamen abgefüttert zu werden. Gemeinsam vermeiden sie die eigentlich religiöse, „energetische" Dimension dieser Beratung. Es wird erst möglich, diese Zusammenhänge anzusprechen (und auch dies gelingt nur in Ansätzen), als dem Berater seine eigenen Schwierigkeiten mit solchen Situationen bewusst werden und er sich entgeistert zu fragen beginnt, weshalb er eigentlich Suggestionstechniken vermittelt und seinen Glauben schweigen lässt. Das Vermeiden der religiösen Dimension kann etwas aufgeweicht werden, nachdem diese Wiederholung angesprochen wird und dabei spürbarer wird, welche Emotionen Herrn Burli auch noch bewegen.

Auch in der Beratungsbeziehung werden also Beziehungserfahrungen und -modelle reaktiviert, die biographisch bedeutsam sind. Gelingt es, die dabei sich entwickelnden „Szenen", zu deren Dramaturgie beide Seiten ihren Beitrag leisten, besser zu verstehen und gelingt es den Beratenden, sich von diesem Spiel auch ein Stück weit wieder zu distanzieren und trotz „Beziehungs-Skript" der zu beratenden Person selber unvorhergesehene Spielzüge und Haltungen einzubringen, wird diese Beziehung zu einem Ort, an dem wichtige korrektive Erfahrungen — auch auf einer theologischen Ebene — gemacht werden können.

Der universitäre Rahmen brachte es mit sich, dass Studierende jene Erwartungen und Diskursformen in die Beratung hineintrugen, in die hinein sie im Studium sozialisiert worden waren, die sie aber meist auch bereits in einer langen Lerngeschichte ausgebildet hatten. Das zeigte sich gerade in jenen Beratungen, in denen explizit theologische Themen zur Diskussion standen, wie beispielsweise eben die Frage nach der Auferstehung. Gespräche erhielten dadurch nicht selten zuerst den Charakter von akademischen Lehrgesprächen. Nun ging es nicht nur darum, Gegensteuer zu geben und solche Haltungen zu unterlaufen. Es war vielmehr wichtig, sich auf dieses „Spiel" einzulassen und die sachlich-inhaltliche Dimension theologischer Fragen ernst zu nehmen. So wurden Lektüretipps gegeben und Inhaltsverzeichnisse von persönlichen „Dogmatiken" entworfen; es wurde systematische Bibellektüre betrieben und in den Gesprächen liessen sich die Beratenden darauf ein, auch von ihrem Glauben her persönlich Rede und Antwort zu stehen. Zugleich war eine der Hypothesen, von denen wir ausgingen, aber die, dass mit theologischen Themen und den ihnen entsprechenden Formen von Rationalität verkoppelt auf einer zweiten Ebene eben auch emotional geladene, identitätsrelevante Fragen thematisiert werden. So war es das Bestreben, solche Ebenen im Gespräch und durch geeignete „Aufgaben" anzusprechen. Dies ergab sich manchmal organisch aus dem ablaufenden Prozess, wenn deutlich wurde, dass die theologischen Fragen, die bearbeitet werden sollten, mit den gewählten Denkmitteln nicht zu lösen waren und Strategien theologischer Argumentation und Rationalität plötzlich selber zum Problem wurden, für dessen Lösung sie sich ausgaben. Konnten andere, affektive, beziehungsmässige, identitätsrelevante und kreative Ebenen dieser theologischen Themen angesprochen werden, kam neue Bewegung in die Reflexion und wurde theologische Arbeit auch auf inhaltlich-kognitiver Ebene neu und überraschend interessant.

Den Beratungsprozess selber zum Inhalt machen, gilt als potente beraterische Technik, weil eine solche Konfrontation direkt in der Situation nachvollziehbar und verifizierbar wird. Übertragungsdeutungen sind allerdings riskant, weil sie nicht selten abwertende Aspekte enthalten oder abwertend erfahren werden. Am ehesten können sie dann angenommen werden, wenn sie in einen direkten Zusammenhang mit dem Problem gebracht werden können, das eine ratsuchende Person beschäftigt, und wenn es gelingt, dies in einen Rahmen von Anerkennung und Ressourcenorientierung einzubetten (Grawe 1998, 132ff.). Manchmal verändert sich aber das Klima und die Dynamik einer Beratung auch bereits dann, wenn die Beratenden selber besser verstanden haben, was hier abläuft und in der Folge neue Impulse geben können.

Übertragung und Gegenübertragung werden gerade in jenen Beratungen besonders stark spürbar, in denen eine Person allein berät. Es ist beispielsweise nicht einfach, den „simplen" Rahmen der Beratung, der durch unsere Grundregeln definiert ist, beizubehalten. Das Agieren wird zur grossen Gefahr. Die Beratungszeit wird überschritten, die meditative Pause wird „vergessen", für einmal wird auf eine Aufgabe „verzichtet", eine Weiterführung der Beratung über den abgemachten Zeitpunkt heraus erscheint plötzlich als dringlich und moralisch geboten. Das Aufgeben des Settings schadet aber dem Beratungsprozess. Eine klare, Grenzen setzenden Position verdeutlicht repetitive Muster bis zu jenem Punkt, an dem sie besser verstanden und zumindest in Ansätzen gedeutet werden können. Das „Verschleifen" dieser Grenzen hingegen verschleiert solche Muster. In einer Beratung „unter vier Augen" fehlt zudem das Korrektiv einer dritten Person, einer die Dyade durchbrechenden Sichtweise. Zusätzlich bündeln sich die Erwartungen der Ratsuchenden auf nur *eine* Person.

Hier liegt der Vorteil einer Beratung im „reflektierenden Team": Sechs Augen sehen mehr als vier. In Beratungen mit zwei Leitenden steht zudem ein grösseres Potenzial an Ideen für kreative Hausaufgaben, an Wahrnehmungsweisen, Bildern, Hoffnungs- und Zukunftsgeschichten und lösungsorientierten Blick- und Standpunktwechseln zur Verfügung. Damit erhält unser Vorschlag, eine Beratung wenn möglich im Team durchzuführen, einen weiteren Sinn: Das Übertragungs- und Gegenübertragungsgeschehen wird erweitert, manchmal sogar aufgebrochen, sicher jedoch heilsam gestört, gerade dadurch, dass es in eine „Triade" verlagert wird. Als sinnvoll erweist es sich auch, wenn zumindest eine der beratenden Personen „anders" ist bzw. einen andern Hintergrund mitbringt: ein anderes Geschlecht, ein anderes Alter, vielleicht auch eine andere kulturelle Identität oder Hautfarbe. Das Potenzial des Anderen, Störenden kann dadurch ebenfalls hilfreich einfliessen.

Der Einbezug kreativer wie auch künstlerischer Elemente in den Beratungsprozess ist grundsätzlich ebenfalls hilfreich zur Übertragungsauflösung. Die intermediale Kunsttherapie versteht Übertragungsvorgänge auch weniger als Wiederholungszwang, sondern als Beziehungsphänomene, welche eine eigene Sprache sprechen resp. nach Ausdruck drängen. Solche Beziehungsphänomene müssen also nicht gedeutet, sondern sollen in der Gegenwart besser verstanden werden, was mit Hilfe schöpferischer Medien gelingt. Dem Widerstand und Ärger, der Müdigkeit und Kritik kann eine Stimme gegeben werden. Sie lassen sich gestalten und zeigen plötzlich unerwartet, was in ihnen steckt. Sie können so ins Gespräch und in den beraterischen Prozess heimgeholt werden und die Energie, die nicht selten in ihnen blockiert sitzt, kann so frei werden.

Im Beispiel von Herrn Burli könnte die Figur desjenigen, das „immer zu kurz kommt", eine Darstellung erfahren. Herr Burli hat ja Angst, auch in dieser Beratung wieder nur mit „Brosamen" abgefertigt zu werden. Den Brosamen, die nie genügen, in denen vermutlich aber doch die nötige Nahrung enthalten ist (wie wäre Herr Burli sonst soweit gekommen, wie er ist?), könnte eine Stimme verliehen werden. Aus theologischer Sicht lässt dies interessante Assoziationen zu, bieten doch nach Mt. 15,27 die Brosamen den Hunden (und der kanaanäischen Frau auf der Suche nach der Heilung ihrer Tochter) genügend Nahrung. Ein Reframing der Brosamen führte möglicherweise zur Entdeckung spiritueller Nahrung, die zwar die ursprüngliche Erwartung enttäuschen muss, aber dennoch „gut genug" ist. Gut genug, weil gerade dank der Entdeckung der schöpferischen Ressourcen (nur scheinbare Brosamen) Autonomie und Eigenmacht gefördert wird. Auch Herr Burli erführe sich, wenn er diese Anregung schöpferisch aufnähme, nicht mehr als unablässig hungernd, abhängig, angewiesen, sondern als eigenmächtig, ja sogar — theologisch ausgedrückt — vollmächtig.

Indem das Element der ästhetischen Wahrnehmung als eigene Kategorie im Beratungsprozess berücksichtigt wird, kommt ebenfalls ein lösungs- und kunstorientierter Aspekt zum Einsatz, welcher Autonomie und (schöpferische) Potenz stärkt: Klienten resp. Klientinnen gelangen dadurch, dass sie berührende Gebete, Segenstexte oder Psalmen schreiben, ausdrucksstarke Melodiefolgen oder sogar Lieder komponieren oder sinnspendende Bilder malen, zur eigenen (religiösen) Identität und werden zu eigenschöpferischen Partnerinnen resp. Partnern im Beratungsprozess, deren Energie weniger auf die Beratungsperson denn auf die eigene religiös-schöpferische Potenz gerichtet ist.

5.7. Meditative Pause und Aufgaben

Zur Methodik der systemischen Kurzberatung gehört das Arbeiten mit „Aufgaben", zur Methodik der intermedialen Kunsttherapie das kreative Gestalten von Themen, Problemen und Bedeutungslandschaften, wenn möglich im intermedialen Transfer. Nach einem Unterbruch der Sitzung — wir nennen sie „meditative Pause" —, für die sich die Beratenden meist aus dem Beratungsraum zurückziehen, werden auf dem Hintergrund des aktuellen Gesprächs, der Problemanalyse und der anvisierten Lösungen resp. des Fokalsatzes eine oder mehrere Aufgaben formuliert, die der Klient resp. die Klientin bis zur nächsten Sitzung bearbeiten soll. Das Arbeiten mit Aufgaben und kreativen Anregungen hat dabei folgenden Zweck:

- Intensivierung des Prozesses
- Aktivierung schöpferischer Ressourcen sowohl bei den zu Beratenden wie den Beratenden und Anregung des Eigenpotenzials zu kreativen Gestaltungen
- Antizipierung von zukünftigen Möglichkeiten durch Aufgaben und kreative Anregungen, die (implizit) zu verstehen geben, wer die zu beratende Person werden könnte, was das Beratungsteam ihr zutraut und in ihr „sieht" und wie ihre Potenziale angeregt werden können
- Anstossen systemischer Veränderungen im Beziehungsfeld
- Verstörung gewohnter Muster des Denkens, Fühlens und Handelns, damit sich diese neu organisieren können
- Produktion von kreativen Gestaltungen mit Antwortpotenzial und weiterführenden Dimensionen, insbesondere Anregung von religiöser Kreativität als antwortspendender Kraftquelle (Gebete, Zweifels- und Glaubenstexte, Psalmen, Segens- und Fluchtexte, Schuldbekenntnisse...).

- Infragestellung von Geschlechtsrollendefinitionen inkl. der damit verbundenen theologischen Konzepte und Konstrukte
- Anregung eines intermedialen Transfers in einen anderen Bedeutungsrahmen, ein anderes künstlerisches Medium
- Ingangsetzung von patriarchats- bzw. kyriarchatskritischen Prozessen im Alltag, in der Spiritualität und in gesellschaftlichen Bereichen (Beruf, christlicher Gemeinde o.ä.)
- Förderung des Transfers von Einsichten aus der Beratung in die Lebenssituation.

Aufgaben enthalten ein konfrontierendes, herausforderndes und inspirierendes Element. Natürlich ist es nicht unwesentlich, wie dieses Element bezeichnet wird: eben als „Aufgabe" oder „Idee", als „Rezept", „kreative Anregung" oder kleines „Forschungsprojekt". Bei der Wahl einer Bezeichnung kommt es auf den Verstehensrahmen der zu Beratenden an. Welche Begrifflichkeit ist ihnen von ihrem Hintergrund her zugänglich? Welche könnte problematische Assoziationen auslösen? Zudem sind mit diesen Begriffen grundlegendere Fragen verbunden. Wir orten sie im Spannungsfeld zwischen „Verschreiben" und „Inspirieren". Die Aufgaben können als „Verschreibungen" verstanden werden (eine solche Sichtweise wurde vor allem in der strategisch orientierten systemischen Beratung in der Tradition der Schule von Palo Alto vertreten). Aufgaben sind wie Rezepte, die von ärztlichen Experten abgegeben werden und ein fehlgelaufenes System „kurieren" und in neue Bahnen lenken können. Demgegenüber steht ein Verständnis, das wir aus unserer kunsttherapeutischen und narrativ-konstruktivistischen Sicht ableiten. Aufgaben sind hier so etwas wie Inspirationen: kreative Anregungen, Tipps und Hinweise, die vor allem die Eigenaktivität der zu Beratenden anregen wollen und ihnen Zugänge zu den eigenen Ressourcen ermöglichen. Die beiden Metaphern stehen also in einem unterschiedlichen Umfeld: „Verschreiben" liegt nahe, wenn Beratung eher als „Eingriff" von aussen verstanden wird, „Inspirieren", wenn Beratung als Kunst der Inspiration ausgestaltet wird, die Menschen in ihrem Eigensten von innen anspricht und anregt. Die Lust am „Verschreiben" war vor allem zu Beginn unserer gemeinsamen Arbeit unübersehbar. Mehr und mehr wurde uns aber — aufgrund von Erfahrungen und theoretischen Überlegungen — die zweite Sichtweise wichtig. Es geht uns darum, kreative Anregungen zu vermitteln, die die Ratsuchenden zu eigengesteuerten kreativen Prozessen inspirieren. Allerdings: auch die Rolle derjenigen, die gerne einmal ein „Rezept" verschreiben, kann spielerisch und selbstironisch in Szene gesetzt werden...

Die meditative Pause und ihre Wirkung
Die Beratenden begeben sich in einen anderen Raum. „Wir ziehen uns nun einige Zeit (höchstens aber zehn Minuten) aus dem Beratungsraum zurück, um gemeinsam zu überlegen, wo wir in der Beratung stehen und welche kreativen Anregungen wir Ihnen mitgeben könnten." Es ist auch möglich, im Raum selber eine meditative Pause einzuschalten. Dadurch wird zwar nicht im gleichen Ausmass Distanz und Dezentrierung möglich. Aber auch so entsteht eine deutliche Zäsur im Gespräch und die Stille, die sich dann im Beratungsraum ausbreitet, hat oft eine ganz besondere Qualität. Der innerliche und äusserliche Rückzug erlaubt:

- „aus dem Feld zu gehen", innerlich und äusserlich „Raum" zu wechseln
- „Dampf abzulassen"

- (unterschwellige) Gefühle, Bilder und Einfälle wahrzunehmen
- Distanz zu finden und das Übertragungsgeschehen besser zu verstehen
- unterschiedliche Eindrücke auszutauschen
- sich kreativ zu „dezentrieren"
- freier zu assoziieren, Inspirationen zu finden ohne Druck
- die eigene Rolle und Gesprächsführung zu reflektieren
- sich neu am Fokus zu orientieren
- zwischen den Foki (problemorientiert-lösungsorientiert resp. religiös-existentiell) zu oszillieren
- Ressourcen zu eruieren
- schöpferische, therapeutische oder religiöse Prozesse zu reflektieren
- gemeinsam nach Aufgaben zu suchen, die „stimmen"
- intermediale Transfers aufzuspüren.

Die Pause ist eine Form der Wertschätzung, denn sie zeigt: „Sie sind uns so wichtig, dass wir uns sorgfältig überlegen, was wir Ihnen empfehlen." Die Person, die beraten wird, wird ebenfalls dazu angeregt, sich Gedanken zu machen. „Wir möchten Sie anregen, sich selber in dieser Zeit ebenfalls Gedanken zu machen, was heute für Sie besonders wichtig war und wie Sie sich vorstellen könnten, bis zur nächsten Sitzung einen Schritt weiterzukommen." Damit wird eine Erwartungshaltung induziert, die schöpferisch wirkt, Lösungen aus sich heraussetzt und dabei hilft, kreative Anregungen aufzunehmen. Dies erlaubt es nämlich der Person, die beraten wird,

- sich wichtige Erfahrungen und Einsichten aus dem Gespräch nochmals zu vergegenwärtigen, diese zu verdichten und ihre „Essenz" zu finden
- Gedanken und Gefühle „auftauchen" zu lassen, die während des Gesprächs zurückgehalten wurden
- sich selber weitere Schritte zu überlegen
- sich auf eine Rückmeldung innerlich einzustellen
- das eigene schöpferische Potenzial zu aktivieren.

Die Beratenden überlegen sich in der „meditativen Pause" nun, was in der Sitzung im Zusammenhang mit dem gewählten Fokus und dem angestrebten Ziel besonders wichtig, auffällig oder bemerkenswert gewesen ist. Sie lassen sich in einer Grundhaltung „gleichschwebender Aufmerksamkeit" Ideen einfallen und zufallen und wählen eine bis drei Anregungen aus. Gemeinsam bestimmen die Beratenden dann, welche Aspekte bei der Rückmeldung besonders betont werden sollen und welche kreative Anregung, Aufgabe oder welches Experiment durch wen vorgeschlagen wird. Dabei ist besonders wichtig, dass

- auch ausgefallene Ideen zugelassen werden
- so lange nach einer Aufgabe gesucht wird, bis sich das Gefühl der Stimmigkeit (gerade auch in einem Team von Beratenden) einstellt (aus Ideen, die auseinander driften, kann plötzlich eine integrierende Lösung „entspringen")
- der Fokus in der Aufgabe in irgendeiner Form anklingt
- überlegt wird, wie die Aufgabe im Verständnisrahmen der zu beratenden Person erklärt, kurz begründet, veranschaulicht etc. werden kann
- überlegt wird, ob die Idee als eine „Aufgabe", ein „Experiment", eine „kreative Anregung", ein „Kochrezept" etc. zu bezeichnen ist.

Gerade für das Formulieren von Aufgaben ist es von Vorteil, wenn die Beratung im Team durchgeführt wird. Dadurch kommen verschiedene Wahrnehmungsperspektiven zusammen, lassen sich mehr Ideen produzieren, können die Aufgaben sicherer bestimmt und durch diejenige Person, die sie am besten vertreten kann, auch ins Gespräch zurückgetragen werden. Die Person, die das Gespräch geführt hat, und jene, die sich „zurücklehnen" konnte und für ihr inneres Erleben dadurch auch offener war, haben das Gespräch unter Umständen sehr unterschiedlich erfahren. Auch in diesem Fall sind Unterschiede meist produktiv. Hilfreiche Anregungen ergeben sich gerade dadurch, dass die beiden Perspektiven dabei mit einbezogen werden können.

Reframing und Anerkennung
Bei der Rückmeldung, die sich an die „meditative Pause" anschliesst, wird zuerst danach gefragt, was der Person, die beraten wird, in der Zwischenzeit durch den Kopf gegangen ist. Nicht selten äussert diese eine weiterführende Einsicht, die aufgenommen werden kann, oder schlägt selber eine Aufgabe vor, die sie gerne anpacken möchte. Dann formulieren die Beratenden einige Gesichtspunkte, die sie besonders beeindruckt haben. Dabei gibt (bei einer Beratung im Zweierteam) die zuhörende Person zuerst ihren Eindruck vom Gespräch wieder und formuliert Anregungen, die ihr beim Zuhören gekommen sind. Möglichst konkret werden Stärken, Bemühungen und neue Schritte gewürdigt, welche die Person, die beraten wird, im Gespräch hat erkennen lassen. Dann wird eine Aufgabe oder kreative Anregung gegeben oder werden mehrere solche Anregungen vorgelegt. Nicht selten kann dabei an Formulierungen und Symbolen angeknüpft werden, die die ratsuchende Person selber gebraucht hat. Manchmal wird parallel dazu noch eine „Idee gesät", die den Beratenden auch noch „gekommen" ist, die vielleicht auch sinnvoll sein könnte, die sie aber jetzt nicht konkret vorschlagen möchten, resp. die vielleicht etwas abstrus tönt, aber doch wichtig sein könnte. Bei der Gestaltung der Rückmeldung sind folgende Gesichtspunkte hilfreich. Es ist wichtig,

- die Rückmeldung kurz zu halten
- die Metaphorik der ratsuchenden Person aufzunehmen und gegebenenfalls weiterzuführen
- Bekanntes, Neues und Verwirrendes miteinander zu kombinieren („Drittel-Regel"), um Nachdenklichkeit und Auseinandersetzung anzuregen
- wenn „Widerstand" kommt, möglichst genau darauf zu achten, wie und an welchen Punkten dieser einsetzt (vielleicht kann die Anregung etwas umformuliert werden, damit sie besser in den Verständnisrahmen des zu Beratenden passt)
- im Prinzip an der Aufgabe festzuhalten, auch wenn diese umformuliert wird.

Das Gespräch wird an diesem Punkt nicht mehr neu aufgenommen. Die Aufgaben werden auch nicht ausführlich gerechtfertigt. Beobachtungen, Eindrücke und Ideen, die zu den Anregungen geführt haben, werden jedoch erläutert.

Aufgaben
Bei der Aufgabenstellung haben wir uns von den verschiedenen Perspektiven auf Beratung inspirieren lassen, die für uns wichtig sind. In Auswahl und zur Anregung seien konkrete Aufgabenformen aufgeführt. Diese Aufgabentypen können abgewandelt, weiterentwickelt und kombiniert werden. Entscheidend ist es, sie möglichst sorgfältig

auf die jeweilige Person und Situation abzustimmen. Da Aufgaben, die sich aus der Kunsttherapie und aus feministischen Fragestellungen ergeben, bisher in der Literatur kaum beschrieben werden, legen wir hier den Schwerpunkt unserer Zusammenstellung.

Folgende Anregungen lassen sich aus der Tradition der psychoanalytischen Selbstanalyse ableiten:

- *Freies Schreiben (Pickworth Farrow 1984):* Pro Tag wird eine festgelegte Zeit (z.B. eine halbe Stunde) darauf verwendet, auf weissen Blättern möglichst unzensiert aufzuschreiben, was einem (zu einem bestimmten Thema) in den Sinn kommt. Ziele: Förderung des spontanen Ausdrucks, Abbau von rigiden Mustern der Argumentation, Eröffnung eines Zugangs zum Unbewussten.

- *Arbeit mit Träumen (z.B. Morgenthaler 1992):* Träume, die in der Zeit zwischen zwei Sitzungen geträumt werden, werden festgehalten. Hilfreich sind u.U. Hinweise zur Technik des Erinnerns und Notierens von Träumen und Anregungen zur persönlichen Arbeit mit Träumen (vgl. z.B. Williams 1984). Ziele: unbewusst-metaphorische Ebenen der Beratung sichtbar machen; Lösungspotenzial von Träumen für die Arbeit am Fokus erschliessen; Anregung kreativer, „lateraler" Suchprozesse.

Viele Aufgabentypen sind in der Tradition der systemischen Beratung bereits ausführlich beschrieben worden. Hier seien einige wenige in Auswahl aufgeführt:[3]

- *Beobachten:* Gedanken, Gefühle, Verhaltensweisen und Befindlichkeiten werden beobachtet und gegebenenfalls protokolliert. Ziele: Informationen sammeln; etwas bewusst machen; vom Symptom ablenken; gute Anteile verstärken; Achtsamkeit schärfen; Wahrnehmung schärfen.

- *Vorhersage, Prophezeiung:* Eine Vorhersage darüber wird gemacht, ob, wie oft resp. wie genau etwas eintritt. Ziele: Scheinbar unbeeinflussbare Symptome erkunden; ein Element des Zufalls einführen. Formulierung: „Prophezeien Sie abends, ob das Problem morgen auftreten wird — überprüfen Sie, ob die Prophezeiung stimmt... Falls das Problem trotz Prophezeiung nicht auftritt: Überlegen Sie, was Sie anders gemacht haben..."

- *„Tun-als-ob":* Die zu beratende Person verhält sich so, wie wenn ein erwünschter Zustand schon eingetroffen wäre. Ziele: Ressourcen flott machen; Blockierung überwinden. Formulierung: „Tun Sie so, als wäre Ihre Wohnung bereits aufgeräumt! Beobachten Sie, was sich dabei verändert!"

- *Verhaltensverschreibung:* Ein bestimmtes Verhalten wird „verschreiben". Ziele: neue, fremde Elemente einführen und erkunden lassen.

Viele unterschiedliche Aufgaben und kreative Anregungen lassen sich aus Ansätzen der intermedialen Kunsttherapie entwickeln:

- *Anregung des schöpferischen Ausdrucks und Anleitung zur schöpferischen Improvisation in und mit allen schöpferischen Medien:* Malen, Bildhauern, Lehmgestaltung, Spiel in und mit

---

[3] Weitere Typen von Aufgaben finden sich bei: Weiss (1990), 115ff., von Schlippe/Schweitzer (1996), 182ff.

Sand, Body-Art (Schminken, Verkleiden, Körpergestaltung), Bewegung, Choreografie, Theater, Rollenspiele, Singen, Musizieren, Rhythmus etc. Ziel: einen ganzheitlichen schöpferischen Ausdruck wiedererlangen; schöpferische Einfälle und Inspirationen zulassen und ausdrücken.

• *Anleitung zum intermedialen Wechsel innerhalb des schöpferischen Ausdrucks*: Durch den Wechsel von einem Medium in ein anderes wird der schöpferische Ausdruck intensiviert und verdeutlicht. Ziele: Klärung des Themas; Hilfestellung im Ausdruck. Formulierung: „Tanze zuerst dein religiöses oder existentielles Problem, gestalte es danach als Lehmlandschaft, reichere die Bedeutungslandschaft resp. Figur an mit Objekten aus der Umgebung/Natur oder deinem persönlichen Besitz und schreibe anschliessend einen Psalm."

• *Arbeit am schöpferischen Ausdruck, Suche nach der Lösung im Werk:* Die Meisterung des Ausdrucksmediums unterstützt oft die Meisterung des Problems. Deshalb wird aktiv am schöpferischen Ausdruck gearbeitet. Ziele: Intensivierung des Ausdrucks und damit des Problemverständnisses, Verdichtung.

• *Einbezug sinnlicher Erfahrungen in die Beratung:* Konkrete Erfahrungen und Anschauungen werden angeregt, Achtsamkeit und Aufmerksamkeit für das Besondere und Spezifische gefördert. Je mehr der Körper in den kreativen Prozess einbezogen wird, desto eher wird ihm die Möglichkeit gewährt, sich auszudrücken Ziele: Durchbrechen von Routinen des Denkens, Fühlens und Handelns.

• *Personalisierung von Themen, Figuren, Inhalten:* Innere Stimmen (befreiende wie auch versklavende) werden bewusster wahrgenommen; „Gott in mir", Intuition und Weisheit erlangen Gehör; Schuldgefühle resp. wirkliche Schuld kommen zur Sprache; unterdrückte Seiten im Klienten, an den Rand gedrängte oder mit Vorurteilen belastete Figuren aus der Religionsgeschichte erlangen eine Stimme. Ziele: Bewusstere Wahrnehmung abgespaltener, verdrängter, „eingeschlafener" oder verkümmerter Anteile; kreative Resonanz; Bewusstmachung und Gestaltung von Vorbewusstem.

• *Anregung der Phantasie:* Kreative Anregungen ermuntern Klientinnen, sich in der Phantasie in (gegenwärtig lebende oder historische) Personen, in Phantasiefiguren, Gegenstände oder Lebewesen hineinzuversetzen. Ziele: Identifikation mit fremden Standpunkten und Sichtweisen; Perspektivenwechsel.

• *Die kreative Begrenzung anbieten:* Kreative Aufgaben und Anregungen werden präzise, mit Hinweisen zu Themen, möglichen Inhalten, Formen und kreativen Medien gegeben. Begrenzung schränkt paradoxerweise Kreativität meist nicht ein, sondern wirkt anregend. Ziele: Ermutigung zur Konkretion, zum Fragment, zum Unvollkommen-„Vorläufigen", zu Grenzen und Begrenztem. Formulierung: „Umschreiben Sie in einem einzigen Satz, was Ihrem Leben Sinn gibt."

• *Den kreativen Umgang mit biblischen Geschichten, Personen und Themen anregen:* Wir gehen davon aus, dass die kreative Bearbeitung biblischer und religiöser Stoffe in besonderer Weise geeignet ist, neue Perspektiven zu ermöglichen, Hergebrachtes zu verfremden und auf Zukunft hin zu öffnen oder Beziehungen im religiösen Raum (z.B. mittels Briefen) wieder anzubahnen. Ziele: Ressourceneruierung in biblischen Themen und Geschichten; Fruchtbarmachen solcher Ressourcen für das eigene Leben; Stiften von Beziehungen im religiösen Raum.

- *Der kreative Umgang mit Widerstand:* Widerstand kann schöpferisch genutzt werden, indem er nicht als Barriere, sondern als Herausforderung zur Gestaltung begriffen wird. Ziele: Nutzbar machen von Kreativität und Kraft, welche in Kritik, Zurückhaltung, Reserviertheit oder Aggressivität stecken. Formulierung: „Dem Widerstand eine Stimme verleihen", oder: „Die Zurückhaltung, die Kritik, die Fragen, den Ärger resp. die Langeweile beschreiben, malen, spielen etc."

- *Arbeit mit Clustern:* Zu einem Zentralbegriff werden weitere Begriffe assoziiert, die mit Linien an den Zentralbegriff angefügt werden und ihrerseits weitere Begriffe aus sich heraussetzen (vgl. Rico 1987). Ziele: Vielfalt der Ideen zum Ausdruck bringen; schöpferische Ordnungsprozesse ermöglichen; Motive für das kreative Schreiben finden.

- *Praktische Kreativität:* Folgende Formen praktischer Kreativität werden angeregt: Sammeln (Beispiele, Dokumente, Informationen etc.), besuchen (Orte, Menschen, Häuser etc.), sich erinnern über Symbole (Steine, Figuren, Farben etc.), sich schützen (Talisman, Kleidungsstück, Farben, Licht etc.), planen (z.b. Lebensziele, Ferienreise, Ausbildung etc.), entwerfen (Skizze eines neu eingerichteten Zimmers, des Inhaltsverzeichnisses eines „Lebensromans"). Ziele: Kreative Prozesse in verschiedenen Medien anregen; neue Erfahrungen und Einsichten in Zusammenhänge ermöglichen; diese in Praxis umsetzen oder im Alltag besser verankern.

- *Gestaltung eines Tagebuchs:* Die bisher genannten und im weiteren noch aufgeführten Methoden und Anregungen ergeben auch Möglichkeiten, die eigene Tagebucharbeit (sofern die zu beratende Person bereits ein Tagebuch führt) zu erweitern und kreativer zu gestalten. Darüber hinaus gibt es Formen der Tagebucharbeit, in denen die Suche nach einem eigenen Weg (auch in religiöser Vertiefung) durch systematische Schreibaufgaben und Anregungen verdichtet wird (vgl. dazu v.a. Progoff 1975). Ziele: Integration neuer Einsichten und neuer Methoden der Selbsterkundung in eine bereits bestehende Tagebucharbeit; Inspiration zur Führung eines Tagebuchs, gerade auch mit einer lösungsorientierten Perspektive; Integration einzelner Einsichten in einen kontinuierlichen Prozess der Selbstreflexion.

In unserer Arbeit sind an vielen Stellen Überlegungen aus der feministischen Hermeneutik wichtig geworden. So lassen sich auch unter feministischen resp. genderspezifischen Gesichtspunkten Fragestellungen entwickeln, die in Aufgaben unterschiedlicher Art bearbeitet werden können (vgl. Schibler 1999, 114ff.).

- *Fragen zur eigenen Lebensgeschichte (insbesondere zu unterschwelligen Tabus und Normen in Bezug auf die eigene Geschlechtsidentität):* Haben meine Eltern mich wegen meines Geschlechts bevorzugt/benachteiligt? Wie ist es mir als Mädchen, als Junge ergangen in Familie, Schule, Peer-Groups? Welche Rollenbilder vermittelten mir die Medien, die Werbung? Mit welchen Konzepten von Weiblichkeit resp. Männlichkeit wurde ich von Vater und Mutter erzogen? Waren sie identisch? Wenn nein, wo lagen die Unterschiede? Ziele: Eruierung des individuellen, familiären und gesellschaftlichen Zugangs zur eigenen Geschlechtsidentität.

- *Fragen zu geschlechtsspezifischen religiösen Rollenbildern und zur geschlechtsspezifischen religiösen Erziehung:* Welche Rollenbilder vermittelte mir die Kirche? Wie wurden/werden die Geschlechtsrollen in der christlichen Gemeinschaft/Kirche, der ich angehöre, definiert? Welche Inhalte der religiösen Erziehung haben mein Selbstbewusstsein gestärkt, welche geschwächt? Ziel: Eruierung des religiösen Umgangs mit der Geschlechtsidentität.

- *Fragen zu biographisch wichtigen, für die Geschlechtsidentität sensiblen Lebensphasen (Pubertät, Berufswahl, Partnerwahl, Familiengründung):* Wie wurde ich zum Mann, zur Frau? Welche Rituale (wenn überhaupt) stellte mir dabei die Religion zur Verfügung? Ergriff ich einen typischen Frauen- oder Männerberuf? Aus welchen Motiven tat ich dies? Orientierte ich mich dabei an (männlichen oder weiblichen) Vorbildern? Wie erfolgte meine Partnerwahl, welche Bilder des Traummannes resp. der Traumfrau prägten mich? Mit welchen Vorstellungen von Rollenaufteilung haben wir die Familiengründung gestaltet? Ziel: In biographisch sensiblen Phasen, die zumeist kirchlich in Form eines Übergangsrituals begleitet werden, erfolgen einschneidende Festlegungen der Geschlechtsidentität. Diese werden mit Fragen bewusst gemacht und allenfalls heilsam revidiert.

- *Fragen zu unterschwelligen religiösen Inhalten der Erziehung:* Welches waren wichtige religiöse Inhalte und Botschaften meiner Eltern, auch wenn sie nicht als religiös deklariert wurden? Welche Normen und Werte vermittelten mir meine Eltern, der Religions- und Konfirmandenunterricht (auch implizit vermittelte Haltungen und Handlungen, der „heimliche Lehrplan"). Gab es dabei geschlechtsspezifische Differenzierungen? Hatte ich weibliche Vorbilder? Wenn ja: welche? Erlebte ich in meiner Jugend Frauen in führenden Positionen, und wenn ja, wie? Wie erlebte ich Männer in (religiös) führenden Positionen? Gab es für mich männliche Vorbilder? Wie habe ich mich mit diesen Vorbildern auseinander gesetzt? Habe ich mich abgesetzt? Habe ich mich absichtlich ganz anders zu verhalten versucht? Habe ich mich unkritisch angeschlossen? Welches waren für mich lebensgeschichtlich die Folgen?

- *Anregungen zur Ahnen- und Ahninnenforschung:* Vorfahren wirken prägend in Bezug auf die eigene Lebensgestaltung und die Gestaltung der Geschlechtsrollen. Oftmals gibt es „Ausnahmen": Frauen (und Männer), die sich traditionellen Rollen verweigerten, schwarze Schafe, Rebellen und Rebellinnen. Manchmal gibt es Delegationen: Ahnen und Ahninnen, deren Rolle Klientinnen weitertragen, Verbote oder Gebote, denen sie sich gebeugt haben, „Erbstücke" und Aufträge, die sie willig oder unwillig mitschleifen. Befragung noch lebender Personen und die Suche nach Material (Briefen, Dokumenten, Fotos) führen hier oft weiter. Wie stellen sich Männer und Frauen darin dar? Welche ökonomische Selbständigkeit besassen meine Vorfahren (besonders Frauen)? Welcher sozialen Schicht entstammen sie? Gab es Auf- oder Abstiege? Welche Rolle spielte Religiosität bei meinen Vorfahren? Wie wirkte dies durch Generationen weiter? Ziele: Bewusstmachen von Prägungen, Delegationen, „Erbstücken".

- *Fragen zur eigenen Befreiungs- und Unterdrückungsgeschichte:* Was/wer hat mein Leben befreiend beeinflusst? Was/wer hat mich allenfalls behindert und vereinnahmt? Was vergiftete allenfalls mein Selbstbild als Mädchen, als Junge, wer resp. was half mir, gerne Junge/Mädchen resp. Mann/Frau zu sein? Pflegte und pflege ich gleichgeschlechtliche Freundschaften (Freundinnen, Freunde)? Welchen Stellenwert haben sie? Ziel: Schärfung der Wahrnehmung für die eigene Prägung; Erweiterung von Lebensperspektiven.

- *Christliche Gestalten und Vorbilder:* Kenne ich weibliche Figuren aus der Bibel? Welche, und in welcher Rolle? Habe ich Lieblingsfiguren, Lieblingsheilige? Mit welchen Gestalten kann ich mich am ehesten identifizieren? Welche Bibeltexte liebe ich, welche Bibeltexte lehne ich ab? Ziele: Oftmals war resp. ist die religiöse Erziehung einseitig an männlichen Vorbildern und Figuren ausgerichtet. Diese Einseitigkeit wird mit diesen Fragen bewusst gemacht und Neuentdeckungen werden dadurch befördert.

Aufgaben und kreative Anregungen können in fast unbegrenzter Fülle entwickelt werden. Es ist wichtig, nach und nach Aufgaben und kreative Anregungen zu sammeln, die sich in bestimmten Situationen besonders bewährt haben. Erfahrungen können allerdings nur beschränkt verallgemeinert werden. Denn immer wieder ist es wichtig, bei der Erarbeitung solcher Anregungen die Persönlichkeit des Klienten resp. der Klientin, wie sie sich im Moment darstellt, die konkrete Situation, in der sich die zu beratende Person befindet, die besondere Dynamik der Beratung, die sich entwickelt hat, und — nicht zuletzt! — den Seelenzustand der Beratenden zu berücksichtigen. Auch aus dem unmittelbaren Feedback auf die Aufgabenstellung und die Art und Weise, wie diese aufgenommen wird — oder eben auch nicht —, ergeben sich Hinweise, wie Aufgaben und kreative Anregungen in einer bestimmten Beratung am besten formuliert und vermittelt werden.

Im Verlauf einer Beratung können unterschiedliche Aufgaben wichtig werden, wie zum Abschluss nochmals das Beispiel von Herrn Burli zeigen soll. An ihm lässt sich zudem ablesen, dass auch Aufgaben und Aufgabenbearbeitung im Kontext von Übertragung und Gegenübertragung entstehen. Manchmal ist es nötig, diese Dynamik besser zu verstehen und direkt anzusprechen, wenn das Arbeiten mit Aufgaben fruchtbar bleiben soll.

Der Berater versuchte, Herrn Burli mit verschiedenen Aufgaben und Anregungen dabei zu helfen, sich seiner Examensangst zu stellen: So wurden die Zusammenhänge erforscht und weiter beobachtet, in denen diese Angst auftauchte; Befürchtungen wurden ausformuliert und festgehalten; Herr Burli erhielt eine schriftliche Anleitung zur Entspannung (progressive Muskelrelaxation nach Jacobson; vgl. zu Entspannungstechniken: Stone 1994, 138ff.). Faktoren, die er mit „Ruhe" assoziierte, wurden vom Berater im Sinne positiver Suggestionen auf ein Band gesprochen und von Herrn Burli immer wieder angehört. Auch die Technik des Gedankenstoppens (vgl. Stone 1994, 105ff.) wurde mit ihm eingeübt. Sie hilft, Angst erregende innere Gedankengänge zu unterbrechen. Es wurde schon darauf hingewiesen, dass die Fülle dieser Anregungen, die der Berater vermittelte, auch etwas über die Dynamik von Übertragung und Gegenübertragung in dieser Beratung verrät. In einer gewissen Regelmässigkeit, die nach und nach deutlicher erkennbar wurde, stellte der Berater Aufgaben, löste Herr Burli seine Aufgaben und fügte dann an: „ja, gewiss, das war nicht uninteressant, aber...". Aufgaben wurden hier selber zu einem Teil des sich wiederholenden Musters, das Herrn Burli bisher nicht wirklich weitergebracht hatte. Das wurde dann in Ansätzen anders, als der Berater dieses Muster ansprach und zum Thema machte. Ironischerweise war es denn auch eine Idee, die der Berater in einer der Rückmeldungsphasen am Rand „säte", welche schliesslich auf besonders fruchtbaren Boden fiel. Der Berater hatte Herrn Burli nämlich suggeriert, auch Prüfer hätten manchmal so ihre Ängste. In einem Brief, in dem Herr Burli auf die Beratung zurückschaut, hält er fest, neben der Wirksamkeit der Suggestionen (die er weiterentwickeln und ergänzen will) sei noch etwas ganz anderes wichtig geworden: „Sie hatten mir einmal berichtet, dass Prüfer zumeist ebenfalls Angst hätten und nervös seien. Ich hatte es damals nicht glauben wollen. Als die Prüfung begonnen hatte, achtete ich auf alle Signale, die der Prüfer aussandte (Gestik, Mimik, Tonlage, etc.). Ich musste zu meiner Überraschung feststellen: Der Prüfer war nervös. — Diese Erkenntnis ist mir vielleicht jetzt erst gekommen, weil ich diese geistige Verfassung des Prüfers nie in Erwägung gezogen habe. Diese Feststellung hatte zur Folge, dass meine Unruhe, Angst und Nervosität schlagartig verschwand. Denn mein Gegenüber wurde mir durch diese menschliche Regung sympathisch und ich legte den gigantischen Respekt ab, den ich vorher empfunden hatte." Angst und Scheu vor Prüfern hätten sich dadurch erheblich reduziert, auch im Blick auf die Zukunft.

6. Kreation und Imagination

Ansätze der Beratung und Kurztherapie unterscheiden sich unter anderem dadurch, ob eher die Bedeutungslandschaften, in denen Menschen Sinn suchen, oder eher die Handlungslandschaften, in denen sie tätig werden, thematisiert werden. In Ansätzen von Beratung und Therapie, die sich auf die Arbeit an der „Bedeutung der Bedeutung" konzentrieren (z.B. White/Epston 1994 und viele Ansätze, die in der psychoanalytischen Tradition verankert sind), wird davon ausgegangen, dass sich dadurch auch das Verhalten verändert. In anderen Modellen der Kurztherapie rückt die Bedeutung des Handelns ins Zentrum. Handelnd bewegen sich Menschen auch in neue Landschaften der Bedeutung hinein.

Beeinflusst durch die Traditionen, von denen wir herkommen, und die Themen unserer Beratung legen wir eher einen Schwerpunkt auf die „Bedeutung der Bedeutung". Bedeutung ist gerade für religiös-existentielle Beratung, in der Sinnfragen in vielfältiger Form auf dem Spiel stehen, von besonderer Wichtigkeit. Wir rücken also Fragen ins Zentrum der Gespräche, die — in traditioneller Terminologie der Theologie ausgedrückt — eher dem Bereich der Dogmatik und nicht der Ethik entstammen. Und doch können Handeln und Deuten letztlich nicht voneinander getrennt werden. Neue Bedeutungszusammenhänge erschliessen auch neue Handlungsmöglichkeiten. Neue Handlungsmöglichkeiten ziehen aber auch neue Bedeutungen nach sich.[1] Deshalb fragen auch wir danach, was sich denn im konkreten Verhalten eines Menschen verändern könnte, wenn sich in der Beratung neue Bedeutungsfelder erschliessen.

6.1. Kunst, Kreation und Imagination

Eng miteinander gekoppelt sind Handeln und Bedeutung im kreativen Akt. In der Kreation eines Textes, Bildes oder einer Melodie verbinden sich Tun und Be-deuten. Durch dieses „bedeutende Tun" erschliessen sich deshalb Bedeutungs- und Handlungslandschaften gleichermassen. Wir weisen ihm in unserer Beratung deshalb einen wichtigen Ort zu.[2]

Auf verschiedenen Wegen versuchen wir, in den Beratungen auch die Imagination zu fördern. Auch hier geht es darum, in Akten innerer Vorstellung Handlungs- und Bedeutungslandschaften auftauchen zu lassen, zu begehen oder weiterzuentwickeln. Im Bereich von Kreation und Imagination haben die Kunsttherapien vielfältige „Erbschaften" anzubieten (vgl. Knill 2000), welche wir in unser Beratungsmodell integriert haben. Aus der Sicht der Kunsttherapien ist Beratung nicht nur ein Ort der professionellen Verständigung (dies auch, oder wenigstens zu gewissen Zeiten, vgl. Kap. 3.2.). Sie ist vor allem auch ein Ort, an dem Spielräume durch Erfahrungen der Imagination erweitert und verdichtet werden. Kunsttherapeutisch professionell begleitete Veränderungsprozesse kommen nicht aus, ohne imaginative Wirklichkeiten einzubeziehen:

---

[1] So zieht zum Beispiel die Frage nach einer besseren Abgrenzung in Beziehungen, die Frau Beck am Anfang ihrer Beratung aufwirft, auch Fragen des Gottes- und Selbstverhältnisses nach sich, s. Kap. 3.
[2] In der Regel steht während der Beratung jedoch nicht das künstlerische Tun selber im Zentrum, wie in unterschiedlichen Formen der Kunsttherapie, sondern das Gespräch über Erfahrungen und Bedeutungen, die die zu Beratenden mit ihren Kreationen in Verbindung bringen.

- Traum, Tagtraum, freies Assoziieren
- wunschorientierte Gespräche, „Was wäre oder würde passieren, wenn..?"
- Körpersprachen und ihr Imaginationspotenzial
- kognitive Methoden des Heraustretens und der rhetorischen Exploration
- künstlerisches Handeln oder künstlerische Werke.

Das Eintreten in diesen imaginativen Raum bringt Erfahrungen, die nicht schlüssig vorausgesagt werden können. Diese sind zumeist von einer Logik geprägt, die nicht der Alltagslogik, sondern einer „Logik der Imagination" entspricht. Die Logik der Imagination ist jedoch nachvollziehbar im Werk; etwas Bemerkenswertes muss in der Logik des Werkes stecken, das sich in der Symbolarbeit als fruchtbar erweist und in der Alltagswelt Bedeutung haben kann. Zwei „Bewegungen" haben dabei im künstlerischen Tun eine besondere Bedeutung:

Dezentrierung
In der Enge der Problemgebundenheit und der darin bestimmenden, beschränkten Logik herrscht oft eine Auswegslosigkeit. Die Zentrierung auf das Problemhafte bringt nur noch „mehr desselben" und verschlimmert somit die Situation (Watzlawick et al. 1992, 51ff.; Knill 2000). Erst ein Austreten in andere Welterfahrungen führt zu neuen Entdeckungen, zur „Möglichkeit des Andersseins" (Watzlawick 1991). Dieses imaginative Hinein und Heraus, durch die Beratung angeregt und professionell begleitet, hat oft einen Lerneffekt für den Realitätsbezug (Knill 2000, 6). In unserem Beratungsmodell steht neben der Arbeit am Fokus und der Zentrierung auf das Problem die Dezentrierung sowohl räumlich (die Beratenden verlassen den Raum, um sich für Inspirationen und Verschreibungen zu öffnen, die Klientin wird ebenfalls eingeladen, ihren Blickwinkel zu wechseln und bei Bedürfnis den Raum zu verlassen) wie inhaltlich: Mit ungewohnten Aufgaben versuchen wir, neue Bereiche zu erschliessen. Auch den Zeitraum zwischen den Beratungen beziehen wir mit ein: Der Klient wird eingeladen (ja fast aufgefordert), sich neuen Erfahrungen auszusetzen und Ungewohntes auszuprobieren. Kreativität wird als Spielraum erfahren, in dem ein Mensch in einer alten Situation eine neue Lösung findet, seine alten Umgangsformen also verlässt, oder in einer neuen Situation eine alte Lösung (die eigentlich nicht voraussehbar hierher gehört) neu anwendet.
Dezentrieren als Heraustreten eröffnet Menschen die Bereiche des Imaginierens, Meditierens, Spielens, Träumens, der Hingabe an das künstlerische Tun, der Eingebung, der Intuition, der Spontaneität, des Sich-bewegen-Lassens, Mitschwingens und Berühren-Lassens. Das Heraustreten aus der persönlich eingeschränkten Erzählung des Leidens führt zu einer Distanzierung vom persönlichen Schicksal.

„Tun-als-ob", Spielraumerweiterung
Das Austreten aus der alltäglichen Wirklichkeit führt zu Unvorhergesehenem, Überraschendem und gewährt die Freiheit vom Druck zu einer bestimmten Leistung.[3] Das „Wir-wären-jetzt" oder das „Tun-als-ob" im Spielraum hat zeitliche, räumliche und situative Dimensionen, die nicht vorhersehbare Möglichkeiten eröffnen. Spielraum-Schaffen entschärft Konflikte. Das Kennzeichen von vielen Konflikten ist die Enge resp. die Einschränkung der Aufmerksamkeit auf das Problem (Angst kommt von

---

[3] Vgl. zum Folgenden Knill (2000).

Enge, Neurose bringt eine Verengung von Spielräumen mit sich). Das spielerische Heraustreten aus den Konflikträumen ermöglicht neue Spielräume. Wenn ich aus der Enge trete und neue Spielräume sich öffnen, ist die Chance gross, dass Lösungen erscheinen. Das künstlerische Spiel wirkt dabei als Spielraum der Erwachsenen, vergleichbar dem lebensnotwendigen Kinderspiel. Dieses Spielfeld resp. dieser offene Raum, der nicht von der Alltagslogik Schritt für Schritt durchmessen werden kann, lockt die Aufmerksamkeit auf Neues. Das offene Feld, die liebevolle Haltung, Freiheit *und* Rahmen des Spiels bewirken, dass Verstecktes und Unzugängliches als Ressourcen sichtbar werden: Erfahrungen, Ideen, Phantasien, Imaginationen, die zu neuen Handlungsalternativen oder neuen Perspektiven und Entdeckungen führen.

Aus kunsttherapeutischer Sicht gibt es vielfältige Ideen zur Arbeit in und mit „Bedeutungslandschaften". Sie können nicht nur im Gespräch erkundet und erweitert werden. Sie können auch gemalt, in Lehm gestaltet, im Raum mit Hilfe von Gegenständen, die auch andere Menschen vertreten, installiert werden. Es erfolgt z.B. die Anweisung: „Forme die Landschaft deiner Trauer" oder: „Gestalte die Landschaft deines Glaubens bzw. Zweifels" oder: „Himmel-Hölle-Fegefeuer als Inspirationsquelle". Intermediale Transfers bzw. der Wechsel in andere künstlerische Medien können angeregt werden, wie wir bereits gesehen haben: Eine Landschaft erzählt eine Geschichte, entfaltet einen Tanz, eine Melodie erklingt. Ebenso können mit der Technik der intermedialen Vertiefung einzelne Gebiete der Landschaft weiter erkundet, vergrössert, gemalt oder gestaltet werden (Lupentechnik).

Auch hier sind zudem spirituelle Aspekte mit im Spiel. Wir haben bereits darauf hingewiesen, dass wir uns bei unseren Interventionen eher von der Metapher „Inspiration" als von derjenigen des „Verschreibens" lenken lassen. Inspiration, „Esprit" und Spiritualität sind einander nicht nur etymologisch verwandt. Wir sehen eine innere Verbindungslinie zwischen der inspirierenden und spirituellen Dimension dieser Beratung. Steinmeier (1998) zeigt in einer subtilen Interpretation, wie sich schon in Freuds Arbeit über das Lächeln der Gioconda andeutet, dass Kunst nicht nur Wiederholung und Erinnerung sein muss, sondern in der „künstlerischen Überwindung" Neues aus Altem heraus entstehen kann. Diesen Prozess möchte Steinmeier, der wir uns hier anschliessen, „theologisch mit Gott, mit dem, was die Gotteswirklichkeit als schöpferische sein kann, zusammendenken: dass Imagination Realität durchbricht und Imagination Realität neu gestaltet, ist nicht machbar. Wo Leben aufbricht und sich neu findet und gestaltet, ist Gnade *wirklich*" (53f.). Der Wirklichkeit Gottes im Menschen entspricht dann der Kampf um Sinn, der nicht ausgemacht ist. Gerade im intermediären Raum betritt beraterische Praxis die Sphäre, in der Realität flüssig genug ist, um sich neu zu formieren.

6.2. Schönheit als Gratwanderung zwischen Chaos und Ordnung

Zusätzlich beziehen wir unser Konzept der Ästhetik auch auf naturwissenschaftliche Impulse der Chaosforschung in Bezug auf die Ästhetik. So versteht Cramer (1994) beispielsweise das Schöne als *Gratwanderung* zwischen den Polen Chaos und Ordnung: „Schönheit entsteht überall dort, wo das Chaos in die Ordnung, wo Ordnung in Chaos mündet. Schönheit ist gleich der offenen, irrationalen Ordnung des Überganges, und so ist sie ihrem eigenen Prinzip nach vergänglich, fragil, gefährdet und je nur einmalig - wie das Leben selbst. Schönheit kann nur als *lebendige Schönheit* existieren" (259). Der spezielle Reiz von Naturformen beruht darauf, dass diese Wachstumsprozesse abbilden: Die wachsend-gewachsene Form bildet die Voraussetzung für eine schöne Form. Unwillkürlich bemerken wir das *Prozessuale* an der Basis einer „schönen" Struktur. Sie ist ja entstanden und sie kann — so stabil und statisch sie immer wirken mag — ihren Entstehungsprozess nie ganz verleugnen. Dabei sind objektive Merkmale des Schönen feststellbar. Ästhetik beruht also nicht nur auf anerlernten Empfindungsqualitäten. Solche Merkmale haben zu tun mit dem Goldenen Schnitt. Erstaunlicherweise — Cramer erörtert dies an vielen Naturformen (Blumen, Gebirgen, alles, was bewegt, lebendig und schön ist) — ist dieser nicht Prinzip für ewige Schönheit, „bel ordre" ohne Störung. Störungen, die an den Chaos-Durchgängen entstehen, sind ihm stets auch anzusehen. Schönheit resp. wirkliche Kunst sind nach Cramer ein Produkt der „Flucht nach vorne". „Sie entsteht, wenn ein dynamisches System gerade noch vor dem Chaos ausweichen kann; Schönheit ist eine Gratwanderung zwischen Chaos und Ordnung, zwischen Zerfall und Erstarrung" (276). Kunst wird damit immer an der Grenze zum Chaos geschaffen, sie ist immer neu. „Neues entsteht beim Durchgang durch chaotische Zonen. Kunstschöpfung ist ein Akt in grösstmöglicher Nähe zum 'Gerade-noch-nicht-Chaos' (280)."

Auch für religiös-existentielle Beratung sind beide Bewegungen bedeutsam: Chaos verwandelt sich — dank schöpferischen Prozessen — in Ordnung; erstarrte Ordnung nähert sich wieder dem Chaos an. Die von Cramer dargelegten Bilder der Natur und der fraktalen Geometrie können gut als Analogie gebraucht werden: Im Bereich des Glaubens bzw. der eigenen Sinngebung verwandelt ein Klient resp. eine Klientin persönliches Chaos, ein verwirrliches Leben, ungelöste Fragen, eine verzweifelte Lebenssituation in Sinn und damit Ordnung, oder löst eine erstarrte Ordnung (beispielsweise einen zu toten Buchstaben erstarrten Glauben) wieder auf in lebendige Fragen. Während des Übergangs zwischen diesen beiden Polen entstehen Produkte bzw. Dokumente religiöser Kreativität. Das „schöne Wachstum" in der Natur gilt dabei als Vergleichsdimension: Auch dem persönlichen religiösen Wachstum sind „Störungen" nach wie vor anzusehen: Missglücktes Leben und Scheitern im Bereich der Beziehungen, des Berufs, der Familie oder die Herausforderung durch Schicksalsschläge wie Krankheit, Todesfälle, Verlust der Arbeit etc.

Ziel des Einsatzes kreativer Medien in religiös-existentieller Beratung ist nicht die Erfüllung von ästhetischen Normen im religiösen Ausdruck. Es wäre im Gegenteil eine furchterregende und unbiblische Vorstellung, dass es darauf ankäme, ein künstlerisch wertvolles Gebet zu formulieren, „schön" zu beten, zu singen, zu loben etc. Darum kann und darf es nie gehen, wenn wir Anweisungen des Neuen Testamentes ernst nehmen wollen (z.B. Mt. 6,6). Es kommt nicht auf den gekonnten, sondern auf den echten Ausdruck an, auch wenn sich dieser in Sprachlosigkeit resp. Seufzern äussert. Dem religiösen Ausdruck darf, ja muss die „Störung" anzusehen sein, die Überführung des Chaos in die — momenthafte — Ordnung.

Dennoch gibt es auch Qualitätsmerkmale eines *geglückten* Ausdrucks, einer *gelungenen* Gestaltung des Chaos bzw. einer Er-lösung von erstarrter Ordnung in Schönheit. Die intermedialen Kunsttherapien arbeiten grundsätzlich werkorientiert. Es geht ihnen zwar nicht um die Erfüllung von äusserlichen ästhetischen Standards, jedoch durchaus um qualitätsorientiertes Arbeiten am Werk und am künstlerischen Ausdruck. Dadurch gelangen erweiterte ästhetische Merkmale in den Fokus der Aufmerksamkeit und werden für den Umgang mit kreativen Produkten wichtig. Ästhetik orientiert sich an der sinnlich-körperlichen Wahrnehmung:

- Schönheit berührt, rührt körperlich und seelisch an, berückt, ist ästhetische Nahrung für Körper und Seele (Knill 2000, 9).
- Dank Schönheit erfolgt Sinnfindung: Indem ich etwas packend zum Ausdruck bringe, erfahre ich Sinn.
- Schönheit dient als Motivierungseffekt. Sie feuert an, begeistert, weckt Hingabe.
- Ästhetische Wahrnehmungen beruhen auf sinnlichen, körperlichen Wahrnehmungen, die Kategorien von Lust/Unlust, Anziehung/Abstossung kommen in den Blick, im Gegensatz zu intellektuellen oder moralischen Wahrnehmungsebenen von „richtig" und „falsch". Damit erfolgt eine Erweiterung der Wahrnehmungsfähigkeit. Ästhetische Wahrnehmungsebenen beinhalten eine (manchmal beraterisch angezeigte) Überwindung der Kategorien „dumm" resp. "gescheit", „richtig" resp. "falsch".
- Werkorientiertes Arbeiten bietet zusätzlich die Erfahrung der Bewältigung von Herausforderungen, von denen ich ursprünglich überzeugt war, dass ich sie nicht bewältigen kann. Es erweitert damit die Handlungskompetenz von Klientinnen und Klienten und stellt (verhaltenstherapeutisch betrachtet) einen Lernprozess mit Belohnung dar: Ich erkenne, dass ich einen Beitrag leisten kann zur verschönernden Gestaltung der Welt, der mir selber zugute kommt.

In Bezug auf religiös-existentielle Beratung heisst dies: Es ist angezeigt, am prozess- wie werkorientierten Schönheitsbegriff anzuknüpfen. Dazu verführen auch Analogien zur *Welt* als der *schönen Schöpfung Gottes*. Metaphorisch ausgedrückt: Gottes Schöpfung ist sein (schönes) Werk. In der Schöpfung bringt Gott sein offensichtlich schönes Wesen zum Ausdruck. Menschen als Mit-Schöpfern Gottes ist Ähnliches aufgetragen. Sie sind ebenfalls Schöpfer: Sie kreieren durch künstlerisches Tun schöne Gestaltungen und dienen damit dem Werk wie auch geglücktem Leben. So gehen wir von einem erweiterten Werkbegriff aus: Das „Werk" in der Seelsorge ist in erster Linie das geglückte Leben, die erkannte Be-rufung im Alltag und Beruf, die glückende Liebe (Stichwort „Ehe als Kunstwerk") und/oder die synergetische Gemeinschaft (Familie bzw. Gemeinschaft als Vorbild für die Familie/Gemeinschaft Gottes). Aus unserer Sicht ist das religiöse „Werk" per se unser Leben, und „werkorientiertes Arbeiten" der Dienst und die Hingabe an unsere Berufung, an einen lebensfreundlichen Glauben, unsere Liebesfähigkeit und Verantwortlichkeit.
Jedoch ist auch eine Vielfalt von religiösen künstlerischen Werken denkbar: Gebete, Glaubensbekenntnisse, Segenstexte, ein Gloria als Lobpreis der Schöpfung, Gleichnisse oder Zeugnisse des Ringens um den Glauben (Zweifelstexte, Klagepsalmen, Weherufe etc.). Dabei können nicht nur sprachliche Mittel des Ausdrucks zum Zuge kommen, sondern alle schöpferischen Medien: Malen, Gestalten, Bildhauern, Bewegung und Tanz, Singen, Musizieren und Improvisieren, Spiel und Theater, Masken und Verkleidung etc. Die Arbeit an der Qualität des Ausdrucks (z.B. eines überzeugenden Credos bzw. eines stimmigen Zweifelstexts) mit Hilfe der Beraterin (z.B. durch das Echo: „Da berührt mich Ihr Text, hier erscheint er mir flach, unkonkret und klischeehaft. Wollen Sie nicht stärker anklagen, direkter Ihre Wut, Trauer oder Angst äussern etc.") führt zur Frage: Wo ist mein Glaube noch flach, unkonkret, von fremden Vorbildern übernommen und nicht persönlich verantwortet? Somit führt die Arbeit am religiös-künstlerischen Werk auch seelsorglich weiter.

Schönheit als wichtige Kategorie der Beratung führt damit zu einem Fokuswechsel: *Weg* von moralisch-intellektuellen *hin* zu körperlich-sinnlichen-ästhetischen Kriterien. Gefragt wird: Wo ist ein Ausdruck flach und fade, und nicht: ist er richtig oder falsch, gut oder böse, schön oder hässlich? Dieser Fokuswechsel ist im Rahmen der Seelsorge nicht immer angezeigt (moralisch-intellektuelle Fragen sollen nicht liquidiert werden), wirkt aber oft dann hilfreich, wenn moralische oder intellektuelle Fragestellungen allein in eine Sackgasse führen.

So rührt die Wut, die Frau Beck (vgl. Kap. 3) entdeckt, ja gleichermassen an intellektuelle wie moralische Tabus. Ist es denn überhaupt angebracht, Gefühle in theologisches Denken einzubringen, das doch der intellektuellen Wahrheitssuche verpflichtet ist? Soll Wut wirklich ausgedrückt werden? Muss sie nicht vielmehr domestiziert und zurückgedrängt werden? Mächtige akademische Traditionen der Wahrheitssuche, eine lange kirchliche Wirkungsgeschichte unterdrückter Aggressivität und einschneidende Normen, die gerade in der Sozialisation von Frauen wichtig werden, stehen hier auf dem Spiel und könnten die weitere Suche von Frau Beck behindern. Der Wutpsalm verändert die Wahrnehmung. Er berührt durch seinen treffenden Eindruck, bewegt — und öffnet auch neue Denkräume und Möglichkeiten des moralischen Urteils („Welche kriecherische Angst, die sich vor jedem Angriff duckt! Welche Leere, die falschen Parolen nichts entgegenzusetzen vermag!") gerade dadurch, dass er imaginativ seine Sprachbilder entfaltet.

Die Arbeit an der schöpferischen Produktion resp. am schöpferischen Ausdruck des eigenen Glaubens auf dem Hintergrund und in Auseinandersetzung mit der Tradition führt zur Erfahrung der „Baustelle Gott", bzw. der praktischen Erfahrung von „Gott als ältestem Kunstwerk" (Kuschel 1991). Gott *wird*, ähnlich wie die Schöpfung und wie Schönheit wird. Einzelne Produkte dieses Wachstumsprozesses sind dabei nicht kontinuierliche Verbesserungen, sondern Stationen, jede mit eigenem Wahrheits- und Aussagewert. Dieser Zugang lädt zu einem nicht wertenden Blick auf die eigene Tradition und auf das eigene Leben ein: religiös-schöpferische Produkte der (eigenen und kollektiven) Vergangenheit sind nicht einfach schlechter (oder besser), weil sie älter (oder neuer) sind, sondern nur unterschiedlich.[3]

6.3. Das Aufbrechen des Realen durch Verschreibung des Realen

Psychologisch gesehen sind Bedeutungslandschaften in einem eigenartigen „Übergangsraum" zwischen „aussen" und „innen" angesiedelt, über den wir noch mehr sagen werden (vgl. 9.2.). Hier möchten wir vorerst nur zeigen, dass es manchmal nötig ist, diesen schwer definierbaren Raum zuerst zu erschliessen, bevor sich auf der psychischen Bühne der Bedeutungslandschaften eines Menschen etwas zu bewegen beginnt. Es ist nämlich keineswegs selbstverständlich, dass Menschen die „Bedeutung der Bedeutung" wirklich in ihrem existentiellen und religiösen Gewicht kennen und die Chancen der Dezentrierung und des „Tun-als-ob" erfassen können. Es versteht sich nicht von selbst, dass Menschen jener Übergangsraum wirklich bekannt ist, in dem Bedeutungslandschaften angesiedelt sind. Und: Es ist nicht ausgemacht, dass

---

[3] Diese Vorstellungen berühren sich eng mit Ideen der Prozesstheologie, die beispielsweise Graham (1992) in spannender Weise mit systemischen Konzepten verbindet und für Seelsorge und Beratung fruchtbar macht.

Theologiestudierende bereits Sinn und Gespür dafür entwickelt haben, dass auch theologische Traditionen und Aussagen wesensmässig diesem Übergangsraum angehören. So ist es ein wichtiger Schritt in unserer Beratung, hier zu neuen Sichtweisen zu inspirieren.

Manchmal können erstaunliche Entwicklungen dadurch angestossen werden, dass eine Klientin resp. ein Klient angeregt wird, sich in einem kreativen Medium einer Problematik zu nähern. Manchmal prallen solche Vorschläge aber an einem Realitätsverständnis ab, in dem kreatives Tun als „kindisch" oder „irrelevant" abgetan wird oder eben: in einen imaginären Raum verbannt und damit zugleich in einer irrealen Sphäre angesiedelt wird, die mit der „wirklichen Wirklichkeit" nichts zu tun haben kann. Ein Weg kann hier „ex negativo" die „Verschreibung" von „mehr desselben", von noch mehr „wirklicher Wirklichkeit" sein. Wir werden sehen, wie Frau Blumer metaphorischer Dimensionen der Theologie erst dann wirklich ansichtig wird, als ihr vorgeschlagen wird, darüber nachzudenken, was es bedeutete, wenn ein Mensch wirklich „für sie sterben" würde (vgl. 10.2). Auch im Folgenden geht es um dieses Paradox: dass Wirklichkeit mehr ist als das, was als Wirklichkeit erscheint, zeigt sich dann, wenn „mehr Wirklichkeit" verschrieben wird (und wir wählen hier absichtlich die Metapher des „Verschreibens", da das Verschreiben eines Medikaments zu einem solchen Wirklichkeitsverständnis passt).

Wir haben Herrn Maurer bereits kennen gelernt (vgl. S. 63 und 101). Ihn beschäftigt die Frage, wie Auferstehung denn angesichts eines „modernen" Wirklichkeitsverständnisses (das er in seinem Vater repräsentiert findet) gedacht und verstanden werden kann. Immer wieder neu sucht er durch denkerische Anstrengung Antworten auf seine Fragen. Sie lassen sich aber auf dieser Ebene nicht wirklich klären. Auferstehung scheint auf einen Bruch in der Wirklichkeit hinzuzeigen, der sich denkerisch nicht überbrücken lässt. Dies wird für Herrn Maurer noch ein Stück deutlicher, als ihm der Berater die Aufgabe gibt, sich vorzustellen, wie es wäre, wenn Jesus „wirklich" „nur" gestorben wäre. Er bringt folgenden Text in die nächste Stunde:

Wie wäre es, wenn Jesus nur gestorben wäre?
Wie wäre es, wie wäre die Geschichte nach dir dann verlaufen?
Du hattest Anhänger, Freunde und Freundinnen gehabt, du hast sie in deine Nachfolge gerufen und sie sind dir gefolgt, ja sie haben ihr gewohntes Leben aufgegeben und sind in deinen Dienst getreten. Und das können sie nur getan haben, wenn sie von dir auch wirklich überzeugt waren, wenn sie an den bleibenden Wert deiner Sache geglaubt haben. Und das haben sie offensichtlich.
Und nun: Ich stelle mir vor, dass alles, was im Neuen Testament über deine Auferstehung geschrieben steht, dass es nicht wahr wäre, dass es vielmehr nur wahr sein *soll*, dass es einfach nur Wunschdenken ist, ja dass deine Jünger sich nicht eingestehen konnten und wollten, dass du sie für immer verlassen hast.
Ich kann mir das vorstellen, wenn gleich auch ich zu denen gehöre, die das nicht wahrhaben wollen, d.h. zu denen, die einfach nur das wollen, was im Neuen Testament steht, nämlich, dass du wirklich auferstanden bist, dass du für immer unser Freund, Gott und Begleiter bist, dass du uns die Freude deiner Gegenwart schenken willst und schliesslich den Frieden gibst, der alle Welt heilt und mit dir versöhnt, für immer und ewig.
Aber nun redet da eine Stimme in mir: Es könnte doch sein, dass Jesus nur gestorben ist. Und ich möchte schreien: Nein, Jesus soll nicht gestorben sein, Jesus darf nicht gestorben sein, Jesus ist nicht gestorben, aber Letzteres sage ich schon wieder mit meinen Zweifeln.

Aber nun, wie wäre es, wenn du nur gestorben wärest? Traurigkeit würde mich überfallen, masslose Traurigkeit, meine Energien, für deine Sache zu kämpfen, würden schwer gelähmt, wenn gleich deine Lehre nichts von ihrer Grossartigkeit für mich einbüsste, aber sie bliebe ein Wunschtraum, in ihrer Ganzheit eine Illusion, wir hätten einen Ethiker mehr, wenn gleich alle deine Ethik immer noch genialer wäre als alle Ethik der Welt und dennoch, ob wir sie einhielten oder nicht, letzten Endes bliebe die Welt, was sie im Grossen und Ganzen nun einmal ist: gottlos und ungerecht und weiterhin leben die Reichen auf Kosten der Armen. Schlimm besonders für Menschen in der dritten Welt, aber auch für alle Leidenden bei uns. Letzten Endes passiert nichts wirklich Wesentliches zur Verbesserung der Welt. Ja, das Schicksal und der Zufall wären unsere Götter. Und nach dem Tode der Menschen, da wäre dann alles aus oder vielleicht wäre da auch ein Gott, über den wir schlechterdings nur spekulieren können, wir wüssten einfach nicht, ob und/oder wie es wäre.

Ja, wärest du nur gestorben, Jesus, dann könntest du auch der Gott sein, den Hans Jonas in seinem Büchlein „Reden von Gott nach Ausschwitz" beschreibt. Der gütige, gerechte aber ohnmächtige, welcher in die Welt im Geist emanierte, aber den die Menschen sich doch untertan machten und der allenfalls noch ansatzweise zu Tage tritt, wenn irgendwo Menschen es nicht wahrhaben wollen, dass deine Sache nur noch der Idee nach, aber mit der Tendenz schwächer werdend, existiert.

Ja, du würdest irgendwann auf einer Stufe mit berühmten Helden der Weltgeschichte stehen, ja, irgendwo in den Geschichtsannalen, vielleicht würde man deine Lehren auch fast ganz vergessen haben und sich irgendwie nur noch erinnern, dass du wohl aussergewöhnlich warst und dass den Römern und Juden das suspekt war und aus machtpolitischen Erwägungen heraus lässt man solche Leute sterben.

Oder aber du wärest einfach nur einer gewesen wie viele von uns, ein Gauner und Betrüger. Aber dann hättest du schon sehr gut schauspielern müssen, du hättest ein guter Maskenträger sein müssen, so dass die Menschen das nicht erkannt hätten, oder du hast sie so geblendet, dass sie es nicht erkennen konnten. Vielleicht warst du auch ein Verrückter und die Menschen waren noch verrückter, die dir gefolgt sind.

Dann frage ich mich aber auch, wie die Menschen dazu kämen zu glauben, dass du nach deinem Tod irgendeine Bedeutung für sie haben solltest. Aber auch das könnte ich mir mit Yorick Spiegel noch erklären: Deine Jünger hatten Visionen. Und aus analogen Beispielen der Gegenwart gibt es dafür drei Bedingungen: a) einen plötzlichen Tod, b) eine ambivalente Beziehung zum Verstorbenen, die mit Schuldgefühlen verbunden ist, c) eine abhängige Beziehung.

Aber damit gehe ich wohl schon zu einer anderen Fragestellung über.

Der Text ist eigentlich ein imaginativer Text darüber, wie es wäre, wenn die Wirklichkeit platt, ohne Auferstehung, ohne Geheimnis, ohne Imagination bliebe. Angstbesetzte Konsequenzen eines Gedankens werden fertig gedacht. Wenn Jesus nicht auferstanden wäre, würde dies bedeuten: Depression, Auflösung von Sinn und Wert. Psychodynamisch betrachtet wird durch die Behauptung der Auferstehung wahrscheinlich noch Anderes abgewehrt. Denn das endgültige Ende am Kreuz bedeutete zugleich auch: Der Vater von Herrn Maurer erhielte mit seinen Zweifeln Recht, seine Mutter hingegen würde mit ihrem „Glauben trotz allem" ins Unrecht versetzt. Herr Maurer möchte aber wie die Mutter glauben können, möchte ihr nahe sein, „ihr" Mann sein, indem er den Vater überflügelt und ihm jene Antworten geben kann, die dieser unter der Kanzel immer gesucht hat.

Durch das Verschreiben von mehr „wirklicher Wirklichkeit" wird Herrn Maurer noch klarer, welche Bedeutung eine logisch-rational nicht vollständig einholbare theologische Grundkategorie wie die Auferstehung besitzt und welche Räume der Imagination (und der Potenz) sie erschliesst. Gerade dadurch, dass Herr Maurer sich die

Konsequenzen des Realitätsverständnisses, mit dem auch sein Vater kämpft, vergegenwärtigt, wird ihm die Bedeutung jener anderen Dimension klarer, die sich so nicht
einholen lässt. Es ist eine Dimension der Wirklichkeit, die der „wirklichen Wirklichkeit" etwas hinzufügt, das sie noch wirklicher werden lässt.[4]

6.4. Dialoge und Briefe

Bedeutung wird aus dem Dialog geboren. Das ist unser Ausgangspunkt, wenn wir die
Thematik der Bedeutungslandschaften nun erkunden wollen. Ein dialogisches Grund-
element charakterisiert religiös-existentielle Beratung auf verschiedenen Ebenen. Das
Beratungsgespräch selber verstehen wir als religiös-existentiellen Dialog, in dem von
den Beteiligten in Gleichberechtigung um Wahrheitsansprüche gerungen wird. Wir
sind dabei Nicols (1990) Verständnis von Seelsorge als eines existentiellen Dialogs
im Raum christlicher Traditionen besonders nahe.[5] Zudem hoffen wir, der Beratungsdialog entfalte sich — gerade wenn Wiederholungen und Übertragungen besser verstanden werden — in Ansätzen anders, freier, partnerschaftlicher als andere Gespräche
im Leben der zu Beratenden. Der Beratungsdialog wird dadurch zur „korrigierenden
Erfahrung"[6], die zu neuen Dialogerfahrungen auch ausserhalb der Beratungssituation
ermutigt. Der Dialog ist aber auch Grundlage jeder Bedeutung. Er schafft Bedeutungswelten. In ihm werden diese begangen und entwickelt. In ihm verändern sie sich,
in ihm werden sie bestätigt. Die Verweigerung des Dialogs aber zerstört solchen
Grund.
Ein dialogisches Prinzip ist also auf den verschiedenen Ebenen der systemisch ver-
netzten Wirklichkeit wieder zu finden. Dialog ist eine andere Metapher als die techni-
schen Metaphern, die nicht selten kybernetisch-systemische Regelmodelle beherrschen. Sie scheint uns — gerade für eine narrativ-konstruktivistische Beratung, wie
wir sie vorschlagen — von besonderer Bedeutung. Dieses dialogische Prinzip verweist
darüber hinaus auf Grundvorstellungen der Wirklichkeitskonstitution. Nach Buber
(1973) charakterisiert das dialogische Prinzip eine grundsätzliche Beziehungsstruktur
zur Welt, welche zutiefst schöpferisch ist und welche beide Partner des Dialogs zur
schöpferischen Verwandlung führt. Schaffen ist dabei Schöpfen, Erfinden ist Finden,
Gestaltung ist Entdeckung. Nach Buber beruht jede grosse, völkerumfassende Kultur
auf einem ursprünglichen Begegnungsereignis, auf einer einmal an ihrem Quellpunkt
erfolgten Antwort an das Du, auf einem Wesensakt des Geistes. Kultur und Religion
haben nach Buber zu tun mit diesem Beziehungsvorgang des Ich-Du. Dem schliessen
wir uns an mit der These, dass ein zeitgemässes Christentum seinen Quellpunkt im

---

[4] Im Übrigen scheint es typisch für die Sozialisation der Männer, dass der Übergangsraum des Imagi-
när-Kreativen dann zusammenzuklappen beginnt, wenn jenes Realitätstraining einsetzt, dem Männer
lange besonders unerbittlich ausgesetzt waren. Das Verschreiben von „mehr Wirklichkeit" könnte
gerade für sie wichtig werden. Für Männer in ihren männlichen Imaginationen, die keine sein dürfen,
ist es immer noch schwierig, hier eine eigene Position zu entwickeln. Sie drohen zu lächerliche Figuren in einer Männerwelt zu werden, die sich an die „wirkliche Wirklichkeit" hält.
[5] Auch Hesse (1999) versteht Beratung als „lösungsorientierten Handlungsdialog".
[6] Dies ist eine Vorstellung, die die Psychoanalytiker Alexander und French bereits vor einem halben
Jahrhundert geprägt haben (Alexander/French 1946) und die beispielsweise in Strupp/Binders Entwurf
einer psychoanalytischen Kurztherapie vielfach aufgenommen wird (Strupp/Binder 1991, 32, 82, 180,
186)

schöpferischen Beziehungsgeschehen, im Ich-Du-Verhältnis findet und nicht in dogmatisch „richtigen" Aussagen über Jesus, Gott etc., nicht im Grundwort des „Ich-Es" (um die Terminologie Bubers zu gebrauchen).

Das dialogische Du zum Gegenüber, zu Gegenständen, Figuren und Phänomenen dieser Welt im Freiraum der Zeit (Vergangenheit, Gegenwart, Zukunft) beinhaltet nach Buber nicht Vereinnahmung — obwohl in der schöpferischen Auseinandersetzung mit der Welt auch eigene Phantasien, Fiktionen und damit Probleme und Erwartungen auf Menschen resp. auf die gesamte Welt projiziert werden. Nach Buber ermöglicht die dialogisch-schöpferische Auseinandersetzung resp. Begegnung Einzigartiges: „Im Schauen eines Gegenüber erschliesst sich dem Künstler die Gestalt. Er bannt sie zum Gebilde. Das Gebilde steht nicht in einer Götterwelt, sondern in dieser grossen Welt der Menschen. Wohl ist es 'da', auch wenn kein Menschenauge es heimsucht; aber es schläft."[7]

So ist dieses dialogische Prinzip auch bei der Erkundung von Bedeutungswelten hilfreich, wie wir hier nun genauer zeigen möchten. Bedeutungslandschaften sind durch die unterschiedlichsten Figuren bevölkert, die sich in ihnen bewegen. Sie tauchen in Träumen, auf der Bühne innerer Bilder oder in den Erzählsträngen der persönlichen Narrative auf. Sie sind Widerschein realer Figuren, mit denen es eine Person zu tun hat. Es sind aber auch imaginäre Figuren aus der Tradition, aus Bibel, Literatur oder Märchen, die diese Landschaften durchziehen (oder sich in ihnen verbarrikadieren). Methodisch leitet uns ein dialogisches Prinzip: Dort, wo eine Beziehung abgebrochen ist, soll wieder Beziehung gestiftet werden. Dort, wo ein Dialog ins Schweigen mündete, wird das Gespräch neu aufgenommen. Beziehungen werden wieder eingeführt: zwischen inneren Figuren, aber auch zwischen Elementen der Bedeutungslandschaft oder zwischen Begriffen.

Besonders naheliegend ist die Form des Briefes mit seinen vielen Variationen. Briefe schreiben bedeutet: Kontakt aufnehmen. Briefe sind Ausdruck und Ansatz einer dialogischen Beziehung. Briefe sind gar die Urform einer „medialen Seelsorge", wie sich an der Briefliteratur des Neuen Testamentes ablesen lässt.[8] Dieses dialogische Grundprinzip lässt sich auch in der Form geschriebener Dialoge wieder einführen, in denen Figuren, die für eine Person wichtig sind, ins Gespräch miteinander eintreten und sich neu begegnen. Solche Dialoge bringen Grössen, die sonst ungreifbar sind, ins Offene, ohne dass sie die Szenerie überfluten können. Mögliche Partner in einem solchen Dialog sind[9]:

- Ambivalenzen (Mein Wunsch nach Nähe und mein Wunsch nach Distanz; mein Wunsch nach Unabhängigkeit und nach Abhängigkeit, nach Kampf und nach Flucht, nach Ruhe und nach Abwechslung)
- Gefühle (Ich und meine Wut, meine Traurigkeit, meine Freude, meine Angst, mein Ärger)
- Pro und Kontra einer Entscheidung
- Traumfiguren (Traum-Ich und seine Partnerinnen/Partner. Traumgegenstände, -orte)
- Top-Dog und Under-Dog[10] (Wunsch und Gewissen, Pflicht und Neigung)

---

[7] Buber (1973), 51f.
[8] Gehring (2000), in Publikation. Vgl. eine sehr anregende Sammlung von Briefformen: Vopel (1986).
[9] In Auswahl, nach Williams (1984), 81.
[10] Vgl. Faraday (1984), 145-172.

- der eigene Tod (Was muss ich tun, um mein Leben vollständig zu leben?)
- der eigene Körper (Inwiefern missbrauche ich dich?)
- die eigenen Wunden (Was muss ich tun, um euch zu heilen?)
- der innere Führer oder Schutzgeist (Was hast du mir zu sagen? Ich will dir zuhören.)
- der eigene Schatten (Wo bist du? Was muss ich tun, damit wir uns wieder miteinander versöhnen?)
- die innere Quelle (Warum bist du versiegt?)
- die Eltern (Warum bestimmt ihr immer noch mein Leben?)
- die Gier (Welche Seelenängste sind Ursache meiner Not und meines Verlangens?)
- Persönlichkeitszüge (Grosse Frau. Einsame. Brotverdiener. Bettgefährte. Dieb. Opfer etc.)
- biblische Gestalten, auch als Aspekte der Persönlichkeit (Der alte Adam. Eva. Kain und Abel in mir. Martha und Maria, Maria Magdalena. Maria, die Mutter Jesu. Der blinde Bartimäus. Thomas, der Zweifler. Petrus, der Fels)
- Menschen, Ereignisse, die Gesellschaft, die Vorfahren und Ahnen
- Gott, Engel, Luzifer, Satan.

Wir haben solche Briefe und Dialoge bereits kennen gelernt: Briefe an Gott und einen „Gottesbrief" oder den Dialog, den Fritz und Frieda miteinander führen und der in einen Abschiedsbrief Friedas mündet (vgl. Kap. 2.5).

Erika Widmer ist in der Beratung zu grösserer Klarheit bezüglich ihrer theologischen Position gekommen. Sie stellt ihre neu gewonnene Haltung auf die Probe, indem sie sich real Menschen aussetzt, die ihre freikirchlich-charismatische Vergangenheit vertreten (vgl. dazu mehr S. 131ff.). In ihrer Vorstellung stellt sie sich dieser Herausforderung auch, indem sie für sich selber, schreibend, mit einem Exponenten eines charismatischen Aufbruchs, Herrn Salm, einen Dialog entwickelt:

Ein fiktives Gespräch zwischen Frau Widmer und Herrn Salm über Glaube, Theologie und Christus

Herr Salm: Angst — weshalb fürchte ich mich vor dir? Du bist wie ein Eindringling. Ich will dich reinlassen, ich will nicht sektiererisch scheinen, doch du bist eine Fremde, ich verstehe deine Welt nicht, deine Art zu glauben. Glaubst du überhaupt? Du theologisierst sicher, das will ich dir nicht abstreiten, doch glaubst du? Bist du nicht ein Pharisäer? Man kann nicht alles wissen, vieles muss man einfach erkennen, als tiefe, von Gott offenbarte Weisheit, ohne Begründung, ohne Argumente. Erkenntnis kann nur Gott schenken.

Frau Widmer: Siehst du, das denke ich auch! Durch die Theologie lerne ich immer mehr, wie wenig ich weiss, wie wenig ich mit eigenen Gedanken ergründen kann. Ich lerne, dass ich nichts weiss. Und in Gott finde ich eine Geborgenheit, die Bücher nicht schenken können. Doch ich kann sie vielleicht durch die Bücher reflektieren. Und durch die Bücher finde ich Anstösse zum Weiterdenken, bis zur nächsten Mauer... Weisst du, was? Ich habe Christus neu entdeckt!

Herr Salm: Es gibt nur einen Christus, wie kannst du von einem neuen Christus sprechen? Siehst du, das ist genau das, was ich meine, du relativierst alles. Doch der Glaube ist etwas Absolutes, für mich Zentrales, Lebenswichtiges. Bei dir scheint es mir eher etwas Zusätzliches zu sein...

Frau Widmer: Vielleicht hast du recht. Ich möchte mein Leben in Beziehung zu Gott leben, doch oft gelingt es mir nicht. Deshalb habe ich ein schlechtes Gewissen, wenn ich dir begegne.

Herr Salm: Dann höre doch auf die Stimme Gottes!

Frau Widmer: Aber weisst du, wenn ich so leben würde wie du — es wäre nicht echt, es wäre nicht ehrlich, es wäre ein Theater vor Gott. Das will er doch gar nicht!

Herr Salm: Du wirst nicht von heute auf morgen eine Heilige. Doch wenn du dich dem Heiligen Geist überlässt und die Kontrolle abgibst, kommt das wie von selbst. Es werden Ströme lebendigen Wassers fliessen...

Frau Widmer: Trotzdem bin ich der Meinung, dass ich selbst verantwortlich bin für mein Leben. Ich habe es von Gott geschenkt bekommen und bin nun Sachverwalterin mit grossen Kompetenzen, ja, mit so grossen, wie ich sie mir rausnehme, mein Chef ist nämlich unheimlich tolerant. Vielleicht ist der Unterschied zwischen dir und mir einfach, dass du mehr Kompetenzen an den Chef zurückgibst als ich. Ich habe den grösseren Krampf und du weniger Kompetenzen. Ich glaube, keines ist besser als das andere!

Herr Salm: Tja, wer weiss — vielleicht fragen wir einfach den Chef?

Frau Widmer: Ja, wenn wir im Himmel sind!

Hier geht es sowohl um einen Dialog auf der äusseren, realen Bühne des Lebens — Frau Widmer wird sich mit der charismatischen Bewegung „Frisches Wasser" in einer Examensarbeit intensiv auseinander setzen. Es geht aber auch um einen Dialog auf der inneren Bühne. Es geht um das Verhältnis bestimmter Persönlichkeitsanteile in Frau Widmer, die je mit bestimmten Phasen ihrer Biographie und mit bestimmten Menschen gekoppelt sind. Beziehungen werden dadurch deutlicher, aber auch Differenzen und Grenzen.

Eine sinnvolle Weiterentwicklung aus kunsttherapeutischer Sicht könnte hier die Anregung sein, jenen schweigenden Dritten, den „Chef", auf den sich Frau Widmer und Herr Salm beide berufen, ins Gespräch mit einzubeziehen. „Warum warten, bis wir im Himmel sind? Fragen wir doch jetzt einmal den Chef!" Der Dialog könnte zu einem „Trialog" erweitert werden. Frau Widmer könnte Gott einen Brief schreiben — und vom Berater vielleicht eine Antwort erhalten, in der sich dieser Gott keineswegs nur tolerant zeigte, sondern sie herausfordere: „Wenn du den Draht zu mir verloren hast, ihn aber wieder finden möchtest, dann rede mit mir. Lass dein schlechtes Gewissen, aber tritt in Beziehung. Et voilà!"

Wir meinen, eine solche Ausweitung wäre aus theologischen Gründen spannend. Quellpunkt des schöpferischen Beziehungsgeschehens zwischen Menschen ist der Dialog mit Gott (z.B. im Gebet) oder eine lebendige Ich-Du-Beziehung mit Jesus Christus. Im kreativen Dialog mit „Gott" oder auch Christus resp. Jesus finden Menschen zu eigenen Beschreibungen, zu eigenen Namen für Christus oder Gott. Oft ist es dabei ihr Bedürfnis, auf die Überlieferung der Tradition zurückzugreifen, weil diese einen Sprach- und Erlebnisschatz zur Verfügung stellt, dessen innerer Reichtum erneut geborgen werden will. Dabei er-finden aber auch heutige Männer und Frauen neue Antworten auf die alte Frage Jesu: „Für wen haltet ihr mich?", sie entdecken neue Gottesbilder, machen neue, aus dem Blickwinkel der Tradition manchmal ungewohnte Gotteserfahrungen. Um diesen Prozess der kreativen Beziehungsaufnahme mit Jesus, Christus, Gott, resp. weiteren „Objekten" im religiösen Raum in Gang zu setzen, ist es oft notwendig, wie wir gezeigt haben, mit Hilfe einer Hermeneutik des Verdachtes Stolpersteine aus dem Weg zu räumen. Wir möchten an einem weiteren Beispiel Hinter- und Untergründe eines solchen Dialogs zeigen.

Sina Gübelin setzt sich mit Fragen der Christologie auseinander. Das bevorstehende Schlussexamen — von dem die bisher in ihrem Studium erfolgreiche und kompetente Theologin eigentlich nichts zu befürchten hat — beunruhigt Frau Gübelin trotzdem sehr stark. Es ist vor allem das Examen in systematischer Theologie, noch genauer: Dogmatik, das für sie besonders prekär ist. Sie habe sich, wie sie ausführt, in ihrem Studium intensiv mit der Frage auseinander gesetzt, wer Christus denn für sie eigentlich sei. Zur Figur von Jesus von Nazareth habe sie eine konstruktive Beziehung gefunden, die ihr viel bedeute. Viel grössere Schwierigkeiten bereite ihr der zu Christus Erhöhte, Auferstandene, und die dogmatischen Konstruktionen, die sich daran anschlössen. Das Beratungsteam gibt Frau Gübelin die Anregung, der Bedeutung dieser beiden Figuren, ihrer Beziehung zueinander und zu ihr selber dadurch besser auf die Spur zu kommen, dass sie einen Dialog zwischen Jesus und Christus entwickelt (die Absurdität dieser Vorstellung erregt bereits bei der Aufgabenstellung einige Heiterkeit bei allen Beteiligten, aber auch eine gewisse Neugier). Sina Gübelin bringt folgenden Dialog in die nächste Stunde:

Jesus und Christus im Gasthof „Sternen" in Herzogenbuchsee
Jesus: Ja, du Mensch, hallo, gibt's dich noch?
Christus: Kennen wir uns? Ja, lang ist's her, Jesus, nicht wahr?
Jesus: Genau, was machst denn du hier im Lande? Ich dachte, dich haben sie nach der Aufklärung abgeschafft.
Christus: Nein, bestimmt nicht, ich bin der Weg, die Wahrheit und das Leben, man kommt nicht zum Vater denn durch mich.
Jesus: Hoppla, du nimmst den Mund ganz schön voll, nun, vielleicht ist's nur mein Neid. In den vergangenen 2000 Jahren hattest du weit mehr Erfolg als ich; ein zweifelhafter allerdings. Was da alles in deinem Namen geschehen ist, soviel Brutalität und diese Ausschliesslichkeit!
Christus: Du siehst das nicht im rechten Lichte. Es geht ums Jenseits, um das ewige Leben, um alles. Wer an mich glaubt, hat ewiges Leben. Wer aber mir nicht gehorcht, wird das ewige Leben nicht sehen, sondern der Zorn Gottes bleibt über ihm. Das ist eine Frage der Entscheidung.
Jesus: Ja, ich wollte dasselbe, dass sich die Leute entscheiden, für Gott, für das Leben, für die Hoffnung, für die Mitmenschen. Ich hatte einige ganz tolle Beziehungen erlebt, solche, die wirklich verstanden, worum es ging, die berührt wurden. Schade, dass diese Liebesgeschichten, wie man sie nennen könnte, durch dich so verabsolutiert wurden. Als ob sich Liebe dogmatisieren liesse! Und Gott ist Liebe.
Christus: Genau! Er hat seinen Sohn hingegeben; für die Sünden der Menschen hat er ihn am Kreuz sterben lassen.
Jesus: Ich weiss nicht so recht, was ich von dieser väterlichen Sado-Geschichte halten soll. Nun wenn sie dem Verständnis dient, dass jede Tötung, jede Folterung, jede Unterdrückung eines Menschen zugleich Verletzung Gottes bedeutet, dann: ja. Aber warum knüpfst du diese Sachen dermassen an deine exklusiven Glaubensbedingungen?
Christus: Du scheinst nicht verstehen zu wollen. Sagte ich dir nicht bereits, dass es um die Entscheidung geht? Man kann nicht Diener zweier Herren sein. Judas wurde verworfen. Israel hat den falschen Weg gewählt, den des Gesetzes, der führt nicht zum Heil.
Jesus: Dass ich nicht lache! Red mal mit einem modernen frommen Juden, der würde sich schön dagegen wehren, seinen Weg zu Gott als Gesetzesreligion zu bezeichnen. Klar lebt er nach dem Gesetz, so wie Gott es gegeben hat, so wie jede liebende Mutter dem Kind verbietet, die heisse Herdplatte zu berühren. Diese Schwarz-weiss-Malerei vom einengenden Gesetz und vom befreienden Evangelium haben deine Fans gebraucht, um sich abzusetzen. Ein bisschen mitschuldig bin ich auch, ich hatte es halt mit gar engstirnigen Pharisäern zu tun, und Matthäus hat dann ganz schön nachgedoppelt, schade.
Die Servirerin, welche die Gäste bedient, tritt auf und fragt Jesus und Christus nach ihren Wünschen.

Jesus: Bringen Sie mir bitte Tortellini alla Panna.

Christus: Mir einen Zweier Veltliner und ein Stück Brot.

Jesus: Toll, du isst zumindest was. Diese Körperfeindlichkeit in deinem Namen geht mir schon lange auf den Keks. Da streiten sich nun tatsächlich viele Fromme, ob ich mit der Maria von Magdala geschlafen habe oder nicht, manche kriegen bei der blossen Vorstellung davon graue Haare. Fesch war sie schon, die Maria, aber verraten tue ich natürlich nichts.

Christus: Lass mich das Gespräch bitte wieder auf Wesentliches zurückführen. Paulus hat es erfasst: Ich bin das Heil und die Befreiung von der Sünde, und wer an mich glaubt, ist befreit von der Gewalt des Bösen.

Jesus: Sünde, Freiheit, Teufel. Ja, was zum Teufel soll denn das? Wenn Gott die Menschen als Sünder und Sünderinnen geschaffen hat, was das immer sein möge, dann ist das wohl auch seine Sache, damit klarzukommen, wenn diese sündigen.

Christus: Ein typischer Fall von Superbia, Augustinus hat dies wunderbar beschrieben. Selbstherrlichkeit.

Jesus: Glaubst du, diese ständige Zerknirschtheit ob der eigenen Unzulänglichkeit bringt etwas? Jeder Mensch mit etwas Fingerspitzengefühl für das Leben, oder wie man es nennt, weiss doch von seiner Abhängigkeit von Gott. Versagen, Scheitern, Tun, was man nicht will, gehören doch nun mal zum menschlichen Leben. Hauptsache, man versucht immer wieder, Mögliches zu tun. Unmögliches kann niemand verlangen.

Christus: Doch, lies die Bergpredigt, du hast sie selber verfasst.

Jesus: Du hast recht, ich erinnere mich. Doch über die menschlichen Grenzen hinauszuwachsen um der Liebe Gottes willen ist kein christliches Privileg. Zum Beispiel, dieser jüdischer Arzt — du weisst schon, wen ich meine —, er hat seine Schutzbefohlenen, die Kinder, in den Tod begleitet.

Christus: Dennoch, durch mich ist etwas ganz Neues in die Welt gekommen.

Jesus: Ich beabsichtigte dies gar nicht. Klar, die Zeit damals war heiss, apokalyptische Stimmung, eschatologische Ideen lagen in der Luft. Naherwartung. Ich bin halt dem Zeitgeist auch etwas auf den Leim gekrochen. Aber wenn ich gewusst hätte, dass meine Ideen dermassen gegen das jüdische Volk verwendet würden, hätte ich mir die Sache zweimal überlegt.

Christus: Jetzt muss ich dich trösten. Sicher werden die Juden als auserwähltes Volk zum Heil kommen, in ferner, gottbestimmter Zukunft. Erinnere dich an die Worte des Paulus vom Ölbaum.

Jesus: Jaja, der Paulus, toller Kerl eigentlich. Schade, dass er bloss dich und nicht mich gekannt hat. An die Ein- und Auspfropfgeschichte vom Ölbaum erinnere ich mich. Da muss ich gleich sagen, dass mich das jüdische Erwähltheitsdenken auch etwas befremdet. Alter Bund, neuer Bund. Wer ist besser, welcher ist der richtige? Wen liebt Gott Papi mehr? Rotary oder Lions? Wo muss man hingehen, um dazuzugehören? Ich weiss nicht: Sind das die Fragen, die heute von Bedeutung sind?

Christus: Gottes Wort wird nicht vergehen in Ewigkeit. Ich bin das letzte und endgültige Wort Gottes.

Jesus: Ich sehe, wir kommen einfach nicht klar miteinander. Entweder du oder ich, also tschüss, mach's gut.

Zwei an der Bar drehen sich nach dem Hinausgehenden um.

Der eine: Du, der da soeben hinausgegangen ist, ist ein ganz toller Kerl, der ist für mich ganz persönlich gestorben.

Der andere: Echt? Eigentlich schade, meinetwegen wäre das nicht nötig gewesen.

Wer sind die beiden Figuren, die Frau Gübelin hier auseinander nimmt, an einen Tisch setzt und mit Lust und Ironie aufeinander prallen lässt? Genaueres Hinhören zeigt: Offenbar sind solche Figuren äusserst vielschichtig. Die Aufgabe vermittelt Frau

Gübelin die Erlaubnis, ja den Auftrag, das, was die Tradition eng zusammengebunden hat, was in ihr selber psychisch aber auseinander strebt, experimentell auseinander zu nehmen und neu aufeinander zu beziehen. Frau Gübelin geht dabei in ihrer Phantasie an die Grenzen der Differenzierung und setzt die beiden Figuren zugleich dialogisch-imaginativ wieder „an den gleichen Tisch". Dies ist auf verschiedenen Ebenen bedeutsam.

In der Metapher „Jesus Christus" sind — dies ist ein Grunddatum christlicher Theologie — in der Tradition ganze Bedeutungslandschaften miteinander verbunden: die historische Figur des Jesus von Nazareth in ihrer singulären, menschlichen Einzigartigkeit wird mit der Figur des Messias zusammengebracht. Bedeutungsfelder des Ersten Testaments werden also mit diesem singulären Menschen verbunden und damit wird *die* Wurzelmetapher christlicher Theologie — „Jesus Christus" — kreiert. Durch die Aufgabenstellung wird diese Identifikation ein Stück weit rückgängig gemacht — ein Vorgang mit vielen Parallelen in der Dogmengeschichte, vor allem seit der Aufklärung — , jedoch durch das dialogische Prinzip zugleich eine Beziehung wieder eingeführt. Indem die Metapher „Jesus der Christus" durch den Dialog ersetzt wird, wird es aber möglich, die Verankerung der beiden Figuren in ihren Bedeutungswelten (für Frau Gübelin und die Tradition) schärfer herauszuarbeiten und sie in eine fiktive, neue,   dynamische Beziehung zu bringen.

Wie gestaltet Frau Gübelin nun die Szenerie? Jesus und Christus treffen sich in einem behäbigen Dorfgasthof. Sie sitzen beieinander (ob sie das bestellte Essen und Trinken erhalten, lässt Frau Gübelin offen...). Christus bleibt seltsam fern, nicht berührbar. Er verbarrikadiert sich hinter theologischen Formeln und Bibelversen, zitiert sich selbst. Er verschliesst sich letztlich einer Beziehung, mit der — paradoxen — Anweisung, eine Beziehung zu ihm einzugehen, sei heilsnotwendig. Jesus dagegen erscheint als der eigentlich Beziehungsfähige, Vitale, Humane, Herausfordernde, Bissige, Ironische. Er ist es auch, der kommunikativ sensibel die Aussichtslosigkeit des Gesprächs wahrnimmt und das Feld räumt und geht. Frau Gübelin nimmt die kreative Anregung der Beratenden also auf eine ganz eigene Weise auf und gestaltet die beiden Figuren so aus, dass sie etwas ausdrücken, was ihr selber im Moment wichtig ist. Jesus und Christus werden dadurch — so können wir vermuten — zugleich zu Figuren, die verschiedene Seiten von Frau Gübelin, unterschiedliche psychische Kräfte und Fähigkeiten symbolisieren. Frau Gübelin gestaltet dies zudem so, dass auch die Beratenden in eigentümlicher Weise in diese Szene mit einbezogen werden.

Unter einem analytischen Gesichtspunkt könnten hier nun Hypothesen entwickelt werden, welche innerpsychischen Funktionen die beiden Figuren denn haben und wie sich dies auf die Beziehungen von Frau Gübelin auswirkt. Zum einen könnte man sich fragen, ob Christus bestimmte Anteile des Über-Ichs von Frau Gübelin symbolisiert, von denen sie sich zu distanzieren versucht, unterschieden vom Sozialarbeiter Jesus, der wesentlich „triebfreundlicher" und realitätstüchtiger zu sein scheint — und mit dem sich Frau Gübelin besser identifizieren kann. Zum anderen scheint uns, dass sie auch uns auf die Seite des Jesus ziehen will. Mit ihrer diebischen Freude an der Szenerie im „Sternen" und ihren pointierten Formulierungen steckt sie auch das Beratungsteam an. Was wird damit inszeniert? Versucht Frau Gübelin, sich und anderen weis zu machen, dass sie die „Christus-Anteile" überwunden hat? Zeigt sich in der Szene zugleich die Angst, dass dies eben nicht so sein könnte — Jesus verlässt ja den „Sternen" — und der beziehungsunfähige und -unwillige Christus in ihr sich als hartnäckiger erweisen könnte, als Frau Gübelin lieb ist? Sie will in der Beratung ihre Prüfungsangst bearbeiten, die sich gerade an christologischen Fragen festsetzt. Könnte es sein, dass diese Angst auch etwas mit dieser Konstellation zu tun hat? Fürchtet sich Frau Gübelin davor, dass in der Prüfungssituation ihre Wut auf die An-massungen der Tradition, die sich in ihrer Christusfigur verdichten, zum Durchbruch kommen könnte? Rühren daher ihre Blackouts gerade in diesem Bereich des theologi-schen Denkens? Wir stellen Fragen, ohne sie hier beantworten zu können. Die Sym-bole der Tradition liessen sich — dies zeichnet sich aber deutlich ab — wie Gefässe verstehen, in denen sich die psychodynamischen Kräfte verwandelt, aufgehoben und gestaltet wieder begegnen (vgl. dazu Scharfenberg/Kämpfer 1980).

Besonders spannend scheint uns nun die Frage: Wie hängen die theologische und die psychodynamische Ebene miteinander zusammen? Dominiert die eine Ebene die ande-re? Oder erhalten sie wechselseitig erschliessende Kraft? Uns scheint zum einen, die Rückbindung an die psychischen Energien von Frau Gübelin dynamisiere die beiden Figuren, gebe ihnen klarere Konturen, eine Funktion im psychischen Haushalt. Christologie wird dadurch für Frau Gübelin existentiell bedeutsam, klarer mit den psychischen Kräften und deren konfliktreicher Dynamik verzahnt. Zum anderen bleibt die Wurzelmetapher „Jesus Christus" auch sperrig. So einfach lassen sich Anteile des Überichs und mit ihnen ganze Bibliotheken der christlichen Tradition nicht ab-stossen. Das Symbol „Jesus Christus" provoziert Frau Gübelin vielmehr zur Ausein-andersetzung mit beiden Seiten, also auch mit den bedrohlichen Anteilen ihres Über-richs und mit ebenfalls bedrohlichen Anteilen einer Tradition, die keineswegs nur Ge-schichte ist, sondern sie bereits im Dogmatikexamen wieder einholen wird. Dadurch erhält sogar die unsympathische Figur Christus an einem Ort des Dialogs plötzlich menschliche Züge. Sogar Christus ist durstig — und er bestellt einen Veltliner und trinkt nicht Minzentee...

Unter kunsttherapeutischen Gesichtspunkten liesse sich hier weiterarbeiten. So könnte die „Figur" Christus weiterentwickelt werden. Frau Gübelin könnte in einem Brief ihre Fragen, Vermutungen und Verdachtsmomente formulieren, wie dieser Christus so geworden ist, wie er hier agiert. Reaktionen des Beratungsteams könnten ihr bewusster machen, wie dümmlich und dürr sie diesen Christus in ihrem Dialog eigentlich zeichnet. Sie könnte dann angeregt werden, einen „lebendigeren Christus", den Christus, der Veltliner trinkt, zu dieser Christus-Karikatur Stellung nehmen zu lassen.

Seelsorglich hilfreich — so zeigt es auch der Dialog von Frau Gübelin — scheint es insgesamt für heutige Menschen, lebendige „Begegnungen" mit dem Menschen Je-sus von Nazareth zu stiften, ihn so zugänglich zu machen, um von solchen Erfahrun-gen her eine transzendierende Dimension hart an den Spuren der Realität anzuglie-dern. Der kreative Einfall, mit dem Sina Gübelin die Szene schliesst, glänzt in diesem Zusammenhang wie ein kleines, ironisch geschliffenes Juwel. Es ist Jesus — nicht Christus —, der geht und das Bekenntnis des einen an der Theke provoziert, das so-gleich vom anderen ironisch widerrufen wird. „Du, der da soeben hinausgegangen ist, ist ein ganz toller Kerl, der ist für mich ganz persönlich gestorben." — „Echt? Ei-gentlich schade, meinetwegen wäre das nicht nötig gewesen." In dieser Schwebelage sind die christologischen Titel auch historisch gesehen entstanden, im Zeugnis über den Menschen Jesus von Nazareth, nicht in der triumphalen Selbstdeklaration einer dogmatischen Tradition, die zum Examensstoff mit Beurteilungsfolgen mutierte...

6.5. Wurzeln und Metaphern

Auch Metaphern besitzen für die Kreation von Bedeutungswelten grosse Kraft. Metaphern sind Grundelemente sprachlicher Bedeutungsbildung, damit auch Grundbausteine unserer Bedeutungswelten.[11] Metaphern — „Therapie als Weg", „Wissenschaft als Kampf", „Mensch als Ebenbild Gottes", „Seelsorge als Gespräch" (Scharfenberg 1991) — können ganze Gegenden von Bedeutungswelten strukturieren. Gerade dadurch, dass unterschiedliche Erfahrungsbereiche in Metaphern zusammengebunden werden, ergeben sich tragende Konstruktionselemente der Sinnstiftung. Metaphern werden so auch zum „Bildungshintergrund unseres Handelns" (Buchholz 1993, 7).

Solche Metaphern zeigen sich auf unterschiedlichen Ebenen: Sie durchwirken unsere Sprache; sie zeigen sich in in Fantasien, Geschichten, Bildern und Erzählungen des Seins; sie schlagen sich in Erinnerungen nieder, die den Charakter von „Deckerinnerungen" haben und in sich Kernelemente der subjektiven Welt verdichten (Kopp 1995); sie gestalten unsere Bilder der Zukunft mit. Metaphern, vor allem jene „Wurzelmetaphern" (Bulkeley 1994), aus denen ganze persönliche und soziale Bedeutungslandschaften entspringen, hängen mit bedeutungsvollen Strukturen des eigenen Selbst zusammen. Die Arbeit an solchen Metaphern beinhaltet deshalb Arbeit an Grundlagen der Bedeutungslandschaften, in denen das Selbst sich ergeht, verliert und findet.

Bruno Strahm ringt in der Beratung mit der Problematik der Schuld resp. seiner Schuldgefühle (vgl. auch S. 68f. und 79ff.). Er sucht nach einem Symbol für Gott, das dessen vergebende Macht für ihn versinnbildlichen könnte. Schuld — genährt aus unterschiedlichen Quellen — hängt wie eine dunkle Wolke über seinem Leben. Diese Thematik verdichtet sich in der vierten Beratungsstunde. Wieder umkreist Herr Strahm das Thema der Schuld: Er kann sich bereits neue Aspekte der Schuld bewusst machen. Schuldgefühle entstehen nicht nur dort, wo er den Erwartungen anderer nicht gerecht wird. Schuldgefühle — so entdeckt er — entstehen auf einer noch tieferen Ebene dort, wo er sich selber nicht gerecht wird, wo er nicht so ist, wie er sein will, wo er sich selber nicht nahe ist. Dort, wo er sich selber nahe ist, dort fühlt er sich auch am ehesten mit Gott verbunden. Aus diesem Blickwinkel erscheinen Schuld und Gott in einem neuen Licht. Herr Strahm sieht dies intellektuell eigentlich ein, weiss aber nicht, wie er diese Einsicht umsetzen kann. Der Berater fragt Herrn Strahm hier nun: „Sehen Sie konkrete Schritte?" Herr Strahm antwortet: „Das wäre zu früh. Ich muss zuerst dieses Neue besser herein lassen. Es muss in mir Raum bekommen."
Der Berater lädt Herrn Strahm darauf ein, sich auf dieses neue Gefühl zu konzentrieren, das er begrifflich noch nicht ganz fassen kann. Herr Strahm sagt nach einigem Schweigen: Es sei eigenartig. Er

---

[11] Besonders wichtig sind hier die Überlegungen von Lakoff/Johnson (1998) geworden, die anhand linguistischer Überlegungen argumentieren, der grösste Teil unseres Begriffsapparats, den wir im Alltag brauchen, sei metaphorischer Natur. So lenkt zum Beispiel die Metapher: „Streit ist Krieg" unser Alltagshandeln, Denken und Fühlen und schlägt sich in vielen sprachlichen Wendungen nieder: In einem „Wortgefecht" „verteidige" ich mich mit allen Mitteln gegen „Angriffe", indem ich auch die schwachen Punkte meiner Kritiker „aufs Korn nehme". Die Überlegungen von Lakoff/Johnson wurden auch im Bereich der Psychotherapie aufgenommen und beispielsweise für eine Analyse der Metaphern in der „talking cure" der Psychoanalyse (Buchholz 1996) oder gar in einem engeren Sinn für eine kreative Psychotherapie (Rothenberg 1988), ja eine „Metapher-Therapie" (Kopp 1995) fruchtbar gemacht.

sehe auf der einen Seite eine Wolke, die Wolke der Schuld, allerdings auch nicht mehr ganz so schwarz, eher aufgehellt, auf der anderen Seite Gott als Licht. Beides sei verbunden durch einen Bogen, der durch ihn hindurch fliesse, der in der Mitte stehe. Der Berater fordert Herrn Strahm auf, bei diesem inneren Bild zu bleiben. Herr Strahm gibt seinen innern Vorstellungen Worte: Der Bogen ist eher ein Fluss. Er ist ganz klar gelb (dies ist so eindeutig, dass Herr Strahm lachen muss), in seiner Nähe sind dunkle Farben, grün, blau, rot. Dann fällt ihm auf: Eigenartig ist, dass Wolke und Gott nicht über ihn hinweg miteinander verbunden sind. Die Verbindung geht vielmehr direkt durch ihn hindurch, ist anders nicht möglich. Er steht wie ein Turm in der Mitte, kein Trutzturm, eher gut gegründet und stark. Herr Strahm erscheint dies nicht wie bei einer Bekehrung, bei der alles zerfliesst. Er behält seine Konturen.

Der Berater fragt Bruno Strahm, ob er so hinstehen wolle, wie er dies in seinem inneren Bild sieht. Herr Strahm stellt sich hin, nicht verbockt, auch nicht zu lässig, wie er dazu sagt, sondern gut in sich gegründet. Der Strahl kommt von vorne, meint Herr Strahm nun, ist gross und rund, trifft ihn im Zentrum, im Sonnengeflecht. Er fühlt ein Kribbeln. Er bleibt mit seiner Aufmerksamkeit bei diesem Körpergefühl: Der Bauch wird ganz warm, nachdem Herr Strahm den ganzen Tag gefroren hatte. Nach einer Weile findet er, er könne so nicht weiterkommen. Er möchte absitzen und das Ganze von aussen betrachten. Nachdem Herr Strahm wieder sitzt, wird ihm Folgendes deutlicher: Der Lichtfluss wird beim Durchgang durch ihn enorm beschleunigt, wie durch eine Düse. Er fühlt sich im Licht aufgelöst, aber nicht ausgelöscht.

Herr Strahm meint dann, nun beginne „es" wieder zu denken. Zweifel werden wach: Was soll dieses Bild bedeuten? Kann man auf einem solchen Bild aufbauen? Eine andere Stimme in ihm hört er sagen: „Doch, das ist gut." Der Berater regt ihn an, diese Erfahrung auch mit seinem Verstand zu erfassen. Was fällt ihm auf? Herr Strahm bemerkt, dass er selber im Zentrum seines Bildes steht. Gottes Licht beherrscht nicht einfach das Zentrum (das wäre immer noch jener Gott, den er mit seinen Schuldgefühlen verbindet).

Der Berater schlägt zum Schluss einen Bogen zum Thema früherer Stunden. Herr Strahm hatte nach einem übergeordneten Symbol für Gott gesucht, das weiterführt. Dieses scheint, wie sein Bild andeutet, nicht einfach „oberhalb" zu liegen, sondern geht durch den Menschen hindurch.

Das Beispiel zeigt eine Form der Arbeit mit einer Wurzelmetapher: In der Beratung tauchte von Anfang an immer wieder die Thematik der Schuld und mir ihr gekoppelt die Metapher der Wolke auf. Es scheint in der Tat vieles abgedunkelt, schattig, dunkel im Leben von Herrn Strahm, der gerade in der vorangegangenen Stunde einen sehr bedrückten Eindruck gemacht hatte. Diese Wurzelmetapher beginnt sich im Gespräch zu verändern. Der Berater versucht, ihr auf der inneren Bühne noch mehr Raum zu verschaffen. Als sich Herr Strahm darauf einstellt, zeigt sich plötzlich: Es ist nicht einfach mehr nur das statische Bild der Wolke, die das Leben überschattet und alles beherrscht. Es erscheint ein Licht als dynamischer Gegenpol. Was im Gespräch noch metaphorisch „in neuem Licht" erschien, wird hier nun bildlich „in Licht getaucht" und zeigt seine ungeheure Kraft. Gott schafft im Bild von Herrn Strahm als Licht zugleich eine Brücke zwischen sich und der Wolke, als Metapher über Metapher. Herr Strahm selber wird leiblich, bis in seinen Körper hinein, zur Durchgangsstelle dieser Metapher, die nur gerade so, im Durchgang durch den Menschen Bruno Strahm, wirklich wird. Intellektuelle Einsicht allein kann ihn nicht verändern. Die neue Metapher durchdringt ihn (ohne ihn zu zerstören, wie Herr Strahm mehrfach betont, auch in Abgrenzung zu Bekehrungserfahrungen, die hier für ihn wahrscheinlich bedrohlich nahe kommen). Die Metapher wird zum Bild, das sich — wie Herr Strahm in seinem

Rückblick auf die Beratung schreibt — in bestimmten Situationen hilfreich einstellt und sich dadurch mit immer neuer Bedeutung auflädt.

Auch Erika Widmer setzt sich mit der Bedeutung der Christologie auseinander (vgl. S. 124f.). Sie hat in den zwei ersten Gesprächen der Beratung die Problematik einer Christologie, die an dogmatischen Traditionen inhaltlich-explizit ansetzt, und einer Beziehung zu Jesus als Rabbi angegangen. Sie sieht sich auf ihrem Weg an einem Punkt angelangt, an dem sie sich fragt, ob sie noch zur Kirche gehört — nach einer intensiven Auseinandersetzung mit einer Zeit in einer freikirchlichen Gruppierung (Baptisten), die für sie wichtig gewesen war (auch wenn dies im Rückblick ein „zu enges Bachbett" war). Die dritte Stunde beginnt Frau Widmer mit der Bemerkung, dass sie in der Zwischenzeit nicht weitergekommen sei. Es sei, wie wenn sie von einem hohen Seil, auf das sie sich hinausgewagt habe, nun abzustürzen drohe. Der Berater gibt Frau Widmer den Anstoss, sich dieses Bild auf einer inneren Bühne genauer vorzustellen und sich dafür Zeit zu nehmen. Das Bild entwickelt sich nach und nach. Frau Widmer sieht sich immer noch auf dem hohen Seil, deutlicher jetzt in einem Zirkus. Sie könnte leicht hinunterstürzen. Das Seil geht von einem starken Pfeiler aus. Es sind die alten Credos, die dort fest verankert stehen und von denen das Seil, auf dem sie sich vorwärts bewegt, ausgeht. Auf die Frage des Beraters, wohin das Seil führe, merkt Frau Widmer überrascht, dass das Seil aus dem Zirkus hinausführt. Bei der weiteren Entfaltung des Bildes kippt die Szenerie: Vielleicht — so scheint es Frau Widmer nun plötzlich — ist das Seil gar nicht so hoch über dem Boden ausgespannt und kann sie „vom hohen Seil" herunterkommen, ohne abzustürzen. Der Berater fragt, wie sie das Bild weiter verändern könnte, so dass die Situation für sie weniger bedohlich wird. Sie könnte eine Balancierstange in die Hände nehmen. Methoden der Bibelexegese könnten sich als stabilisierende „Stange" erweisen. Der Berater gibt Frau Widmer im Anschluss an diese Metapherentwicklung Anstösse, wie sich die einzelnen neuen Elemente des Bilds in den Alltag übertragen liessen.

Auch in dieser Situation taucht im Gespräch also eine Metapher auf: Frau Widmer droht von jenem hohen Seil abzustürzen, auf das sie sich in der Beratung hinausgewagt hatte (wieder werden in der dritten Stunde jene Ängste stark spürbar, die durch die progressiven Kräfte geweckt werden, die die Beratung stimuliert). Der Berater greift diese Metapher auf, da er annimmt, dass in ihr die innere Verfassung von Frau Widmer sich Ausdruck verschafft und eine Veränderung vielleicht gerade dadurch zu Stande kommen kann, dass an diesem Ausdruck weitergearbeitet wird. Die Weiterentwicklung der Metapher zeigt, dass dadurch zumindest zwei überraschende Perspektiven aufgehen: Das Seil ist so hoch vielleicht doch nicht und — es führt aus dem „Zirkus" hinaus (auch dies natürlich eine starke Metapher für die Lebenssituation von Frau Widmer, vielleicht auch ihr Erleben des Theologiestudiums...). Dem Berater wird in der daran anschliessenden meditativen Pause bewusst, dass das Seil, auf dem sich Frau Widmer weiterzubewegen sucht, ja an einem starken Pfosten verankert ist. Es sind in der Bedeutungswelt von Frau Widmer die alten Credos der Kirche, mit denen sie sich auseinander gesetzt hat. Progression ist gerade darum möglich, weil hier auch eine Verankerung, eine Kraft im Spiel ist, auf die sich Frau Widmer (regressiv) verlassen kann. Im Wissen um die Dialektik von Progression und Regression und die Dynamik der Beratung (in der dritten Stunde werden auch die regressiven Kräfte stärker) gibt er Frau Widmer eine Aufgabe, die ein doppeltes Ziel hat: dem Ausdruck zu geben, wovon sich Frau Widmer getragen weiss, und zugleich eine Weiterentwicklung möglich zu machen, so dass diese Vergangenheit in würdiger Weise „verabschiedet" werden kann.

Als Aufgabe erhält Frau Widmer die Anregung, dem Eckpfeiler einen Abschiedsbrief zu schreiben. Frau Widmer bringt diesen Brief in die nächste Sitzung:

Lieber Eckpfeiler

Ich danke dir, dass du ein Eckpfeiler bist. Du hältst das Seil, auf dem ich balanciere, und obwohl ich dich nicht so ganz verstehe, bin ich froh um Deine Existenz. Ich würde ja in unendliche Abgründe stürzen ohne dich!

Das Seil, das du mir mitgibst, ist die Reise, sind die Fragen, die an dir aufgebrochen sind. Sie werden mich noch eine Weile begleiten, und obwohl sie schmal sind, vertraue ich auf ihre Reissfestigkeit. Ich kann sogar hüpfen auf dem Seil, es federt. Die Frage ist nur, ob ich das Gleichgewicht werde halten können. Die Stange der Methoden beschwert mich zwar und macht meine Hände unfrei, doch sie hilft mir auf dieser Schwindel erregenden Höhe.

Zum Glück bist du so fest verankert, so dienst du noch anderen Seilen als Ausgangspunkt. Ich balanciere gar nicht so alleine!

Du hast mir die Augen geöffnet für einen Christus, um den die Menschen schon damals rangen. Nur in anderen Kategorien. Auch sie vermochten letztlich nicht auszudrücken, wer dieser Christus war, und auch sie kämpften um ein Selbstverständnis in Abgrenzung von und Auseinandersetzung mit ihrer damaligen Umwelt.

He, Eckpfeiler, bist du traurig, wenn ich gehe? Entschuldige bitte, aber ich hielt es nicht länger aus bei dir! Aber du bist ja auch ein Eckpfeiler, geradezu ausersehen dazu, von dir auszugehen und weiterzugehen. Bei dir laufen alle Fäden zusammen, von dir gehen sie aus! Ich bewundere deine Standfestigkeit! Die fehlt mir. Doch eines Tages, wenn ich wieder festen Boden unter den Füssen habe, dann schreibe ich dir eine Karte. Eine Karte aus der grossen, weiten Welt. Damit du siehst, wie es dort aussieht. Du, bleibe hier, es ist dein Platz, der vielleicht manchmal so unangenehm ist wie meiner. Sei herzlich gegrüsst!

Erika - ·

Frau Widmer spricht in der Stunde weiter darüber, wie wichtig es ist, dass dieser Pfeiler so solide ist, dass er dort steht und das Seil trägt. Es ist gut, so wie es ist. Im Übrigen sieht sie nun die verschiedensten Seile von diesem Pfeiler ausgehen. Es ist wichtig, dass der Pfeiler gut verankert in der Vergangenheit steht. Menschen damals haben sich auf der Höhe ihrer Zeit Gedanken zum Zentrum des Glaubens gemacht. Sie wolle aber weitergehen. Sie werde dem Pfeiler eine Karte schreiben, wenn sie in der weiten Welt draussen angekommen sei. Es sei für sie gut gewesen, nochmals anzuerkennen, dass ihr dieser Pfeiler wichtig gewesen sei. Das hätte sie vorher weit von sich gewiesen. Nun sei sie bereit für ihren weiteren Weg. Frau Widmer bringt in diese Stunde einen zweiten Brief mit. Als sie sich zuhause ihr inneres Bild nochmals vergegenwärtigte, sah sie dort, wo das Seil hinführte, in einem noch etwas verschwommenen Bild die Umrisse einer Jesusfigur, die auf sie wartete. An ihn wandte sie sich in diesem zweiten Brief, der um das Thema von Passion, Tod und Auferstehung kreist und mit folgenden Worten schliesst, in denen auch der eigene Weg von Frau Widmer anklingt: „Die Auferstehung, deine Transzendenz wird nur möglich durch dein Leben und Sterben. Das ist das Geheimnis, das uns Gott durch dich offenbarte; deshalb bist du ganz Gott und ganz Mensch — das Ziel, das auch uns vor Augen sein sollte: menschlich zu werden, indem wir uns dem Abbild Gottes wieder nähern — und damit dem Paradies."

Der Fortgang der nächsten Stunde zeigt, dass Frau Widmer durch den Brief weitere Dimensionen ihrer Situation „aufgehen" (zum Beispiel: dass sie nicht allein unterwegs ist, sondern von diesem Pfeiler noch andere Seile ausgehen; die Metapher steigert sich fast ins Absurde und dadurch erscheint das zuerst „eingestellte" Bild des einsamen Unterwegsseins in einem ganz anderen Licht). An ihrem „Ausgang" erscheint eine noch sehr fragile Gestalt, eine Jesusfigur, auf die hin sich nun die psychischen Kräfte zu bewegen scheinen. Der Abschied von der Vergangenheit macht eine neue Zukunft sichtbar. Eine „progrediente" Christologie scheint jene Christologie abzulösen, die Frau Widmer an die Vergangenheit band. Der Berater entschliesst sich, auf dieser Ebene der Metapherarbeit zu verweilen und ein neues dialogisches Element einzubringen. Der Abschiedsbrief von Frau Widmer soll nicht ins Leere gehen, sondern beantwortet werden. Dadurch wird das visuelle Element der Metapher noch stärker in der Beziehungswelt verankert. Auf dem Hintergrund des nahenden Endes der Beratung schreibt der Berater damit Frau Widmer zugleich einen Abschiedsbrief, lässt die kommende Trennung anklingen und gibt ihr die ausdrückliche Erlaubnis zum eigenen Weg. Die Metapher wird — gerade durch das Vorlesen des Briefs — zudem auch im auditiven Kanal innerer Repräsentationen noch stärker verankert.

Liebe Erika

Ich habe deine Post erhalten. Herzlichen Dank. Ich habe mich gefreut über diesen Brief. Ich bin mir gewohnt, dass Menschen seit Jahrhunderten über mich hinweg kletterten, sich ungeniert auf meine Tragfestigkeit verlassen, auf ihren Seilen alle möglichen Kapriolen machen, was mich ächzen macht in meiner Verankerung. Ich kann dir sagen, es ist ganz schön belastend, diesen Zug in alle Richtungen zu spüren. Was man an mir nicht alles festmachen kann, das will mir selber manchmal nicht in den Kopf! Aber zurück zu dir. Es ist der erste solche Brief, den ich erhalten habe, ein Novum also. Natürlich: ihre Folianten haben sie geschrieben, mit mir, über mich, gegen mich. Aber dass sich mal jemand persönlich an mich richtet, das ist doch wohl etwas ganz Besonderes. Vielleicht wundert es dich auch, dass ich sprechen kann. Pfosten sprechen sonst üblicherweise nicht. Aber wenn ich angesprochen werde, dann kann ich antworten, wie du hörst und siehst, ein wahrhaft sprechendes Dogma. Nun, du musst verstehen, dass es manchmal nicht ganz leicht ist, so als Durchgangsstation verstanden zu werden. Vor kurzem habe ich eine Mutter mit kleinen Kindern gesehen. Sie stiegen aus dem Bus. Und dann, es hat mich gerührt, haben sie — liebevoll — einen kurzen Moment drum gestritten, wer die Hand der Mutter halten darf, zwei Hände, drei Kinder. Und ich dachte: ja eben. Schön wars, als sich die Theologen noch drum stritten, an meiner grossen, sicheren Hand gehen zu dürfen. Und schwierig ist's für mich, loszulassen. Schwierig ist's auch, dich gehen zu lassen. Du musst wissen, es nehmen es nicht alle so ernst mit mir wie du. Du bist nicht einfach darüber hinweggegangen, was sich in mir verdichtet hat. Manchmal ist es mir fast so vorgekommen, wie wenn du mein Gewicht hättest tragen wollen (und nicht ich deines). Das macht es mir wahrscheinlich auch ein wenig leichter, hier nun solid stehenzubleiben. In so ferner Zeit noch Menschen zu finden wie dich, die sich ernsthaft darum bemühen, zu verstehen, was ich mit meiner kompakten Standfestigkeit eigentlich bedeutet habe und sagen will, das ist nichts Selbstverständliches (du kannst dies sicher nachvollziehen, weil es dich ja auch zutiefst schmerzt, wenn du selber in deinem Suchen nicht ernst genommen und verstanden wirst). Aber ich bin alt und doch langsam etwas weiser geworden (mehr als sechshundert Jahr und doch ein bisschen weiser, hätte ich fast zu singen begonnen...). Jahrhunderte sind weitergegangen. Immer wieder haben sich Menschen von mir verabschiedet. Ich hätte mich langsam daran gewöhnen müssen, sollte man meinen. Aber es ist nicht so: Es tut immer noch weh. Die Jahre und Jahrhunderte haben mich höchstens eines gelehrt: Es tut weh, aber man braucht nicht laut zu klagen darüber.

Denn: Das muss ich doch sagen, das ist die andere Seite. Ich habe dir nachgeschaut, wie du dich auf das Seil hinausgewagt hast. Ich habe deine Angst wohl gespürt, du könntest abstürzen. Ganz kurz ist

die Hoffnung wieder aufgeflackert, du könntest umkehren und dich erneut an mich klammern, aber ich wusste ja schon, das ist anders bei dir. Und dann hast du einen Fuss vor den andern gesetzt, zuerst zaghaft. Auch mit der Stange, die du da mitgeschleift hast, war's ja zuerst eher gefährlich als hilfreich. Aber du bist sicherer geworden. Du hast dich umzusehen begonnen, du hast die anderen auf ihren Seilen entdeckt, der Abstand zum Boden schien dir plötzlich auch nicht mehr so abgründig tief, jetzt wo du dich selber aufrichtetest. Du hast sogar zu wippen begonnen, mit deinen Fusspitzen. Ja, und plötzlich ist offenbar etwas mit dir geschehen. Ein Licht um dich, in dir, aus dir, für dich. Es ist schwer zu beschreiben. Deine Gestalt noch klarer in ihren Konturen, bist du schneller und entschiedener weitergegangen. Und ich habe gedacht: Du bist schön, unterwegs in deine Zukunft, aufrecht, schlank, überlegt und entschieden. Ich hoffe, du weisst, wie dein Gesicht leuchtet in diesem Moment. Du bist kein Pfosten, der für die Ewigkeit in der Geschichte fixiert ist wie ich, nein, ein wandelbarer Mensch, vere homo, eine Frau von Fleisch und Blut, unterwegs in ihre Zukunft.
Ich werde mich freuen über eine Karte von dir. Es braucht nicht mehr als das. Deine Zeit brauchst du, für dich, für die andern, für Gott, der mit dir bleibe.
Herzlich
dein Pfosten.

In dieser Sequenz wird eine Metapher, die sich spontan im Gespräch abgezeichnet hat, weiterentwickelt und ihre Bedeutung allmählich entfaltet, inszeniert und verändert. Ist Frau Widmer zuerst noch die einsame Seiltänzerin, die der Vergangenheit den Rücken kehrt und sich auf dem exponierten Weg in eine unklare Zukunft befindet, hat sich die Bedeutungslandschaft in verschiedenen Schritten verändert: Mit der Vergangenheit — personifiziert im „Pfosten" — ist sie in dialogische Beziehung getreten; von ihr konnte sie sich — unter Anerkennung seiner soliden Dienste — verabschieden. Sie nimmt ihren Weg in die Zukunft entschiedener und mit weniger Angst (da weniger auf dem hohen Seil) in Angriff. Und der „gute Blick" des Pfostens — der Tradition und des Beraters, der hier diese Funktion stellvertretend übernimmt — begleitet sie mit Segenswünschen in ihre Zukunft. Ob der Brief so lang geraten ist, weil der Berater hier starke Kräfte mobilisieren muss, um selber die Trennung in den Blick zu fassen, die mit dem Ende der Beratung näher rückt?[12]
Das Beispiel lässt auch einige Elemente der Technik dieser Arbeit mit Metaphern erkennen: Es geht zuerst darum, solche Metaphern im Gespräch zu erkennen, sie anzusprechen und — wenn die ratsuchende Person dazu bereit ist — ihnen auf der „inneren Bühne" mehr Raum zu geben. So kann sich das Bild spontan oder auch angeregt durch Anstösse der Beratenden nicht nur „einstellen", sondern auch entwickeln. Es können Aspekte auftauchen oder auch durch vorsichtige Anstösse und Fragen der Beratenden eingebracht werden, die das Bild so verändern, dass sich die Bedeutungslandschaft, die diese Metapher konstituiert, zu ändern beginnt. Nach der Entwicklung der Metapher können Fragen einsetzen, die der ratsuchenden Person erlauben, dieses metaphorische Bild wieder in die Realität zurück zu übertragen und sich zu überlegen, welche konkreten Konsequenzen sich daraus ergeben.[13] Die metaphorischen Elemente des Bilds können — wie das Beispiel zeigt — durch die Verbindung mit kreativen Anregungen, beispielsweise die imaginative Einführung von Personalisierungen, weiterentwickelt werden.

---

[12] Zur vorwegnehmenden Trauerarbeit, die Beratende leisten müssen, vgl. 8.3.
[13] Eine ausführliche Erläuterung des Vorgehens findet sich bei Kopp (1995).

6.6. Zukunftsgeschichten

In den letzten Jahrzehnten ist in den verschiedensten wissenschaftlichen Bereichen, auch in Psychologie und Psychotherapie, die Bedeutung von Geschichten für das Verständnis von Wirklichkeit und Wirklichkeitskonstruktion neu entdeckt worden.[14] Menschliche Erfahrung wird in Erzählungen abgelagert und wächst aus den Sedimenten „unendlicher Geschichten", die biographisch aufgeschichtet werden.[15] Das menschliche Selbst kann als ein Gespinst von Geschichten und narrativen Strängen verstanden werden, deren Autor manchmal fassbar ist, sich oft aber auch bewusstem Zugriff entzieht.[16] Geschichten können aus verschiedenen, einander auch widersprechenden Erzählfäden gesponnen sein und gerade so widerstreitende Stimmen und Energien eines Menschen in einen Zusammenhang bringen. Denn: Auch Geschichten sind Gefässe für psychische Energien, wenn wir das Motiv wieder aufnehmen, das wir anhand von Dialogen verdeutlicht haben.[17] So zeigt sich auch der Fokus einer Beratung in bestimmten Geschichten und in der Art und Weise, wie diese Geschichten erzählt werden. Psychotherapie kann als Unternehmen verstanden werden, in dem es darum geht, Menschen neu zu Autoren ihrer Geschichten zu machen, in denen sie sich verfangen und von sich selber entfremdet haben (White/Epston 1994).

Es ist einleuchtend, dass die Arbeit an und mit solchen Geschichten auch für Seelsorge und Beratung wichtig wird. Wie werden Bedeutungswelten in Narrationen konstituiert und erforscht? Klar ist das Eine: Unsere Lebensgeschichte ist uns in Geschichten, in Rekonstruktionen unserer Biographie gegenwärtig. Seelsorge kann geradezu als Weg zur „Rekonstruktion" dieser Lebensgeschichte auf dem Hintergrund narrativer biblischer Erzählungen verstanden werden (Grözinger 1986, Eberhardt 1996). Der Einsatz von Geschichten und Gleichnissen ist auch in der Psychotherapie wichtig geworden.[18] Etablierte Weltauffassungen und verfestigte Geschichten eines Menschen

---

[14] So versteht etwa Bradt (1997) „story as a way of knowing" und meint, es sei für die Postmoderne charakteristisch, dass diese Wissensform, welche bis zur Aufklärung gesellschaftlich etabliert gewesen sei, reaktiviert werde. „In fact, in many ways, it is the reemergence of story as legitimate mode of consciousness, more than anything else, that has made the postmodern critique possible" (38). Als „Storying" versteht er einen komplexen Prozess der Kokreation von Geschichten, das „making of stories together, the thinking together in story form, and the cocreation of stories by tellers and listeners" (IX). Diese Wissensform eröffnet ganz spezifische Zugänge zur Wirklichkeit. Denn: „A mind all logic is like a knive all blade" (XIII). So ist diese Dimension des Weltverstehens auch vielfach für Theologie (z.B. Ritschl 1988) und Praktische Theologie (z.B. Grözinger 1989; Lynch/Willows 1998) fruchtbar geworden. Hinweise auf weitere Literatur aus den Bereichen Psychologie, Psychotherapie oder auch Ethik bei Morgenthaler (1999).

[15] Narrativität ist nicht zuletzt aus diesem Grund auch ein Baustein einer kulturell sensiblen Seelsorge (Schneider-Harpprecht 2000, 58), da Erzählungen die historisch-kontextuellen Verwurzelungen von Einstellungen, Rollenvorschriften etc. verdeutlichen und so Verstehen fördern können.

[16] Vaassen (1994) meint etwa, nachdem das Konzept Identität auf dem Hintergrund postmoderner Pluralität in Identitätsschwierigkeiten geraten sei, erhalte Narrativität eine neue Bedeutung für das Verständnis des menschlichen Selbst, das als „Narration in Transformation" (246) aufgefasst werden könne.

[17] Geschichten werden auf der Grenze zum Unbewussten erzählt und sind — wie Ricoeur (1999) gezeigt hat — ein Ineinander einer Sprache der Bedeutung und der Energie, resp. des Wunsches. Dies hat v.a. Gerkin in seiner Bedeutung für die Pastoralpsychologie entfaltet (Gerkin 1989).

[18] Ausführlich wird die Entwicklung therapeutischer Gleichnisse etwa von Gordon (1985) dargestellt und diskutiert. Besonders anregend haben die hypnotherapeutischen Geschichten gewirkt, die Milton Erickson entwickelt hat (vgl. dazu Haley 1991, Rossi 1998).

lassen sich dadurch aufweichen, dass diese mit Parabeln konfrontiert werden, die sich in einigen Teilen an die Weltbildkonstruktion eines Klienten resp. einer Klientin anlehnen, in anderen aber von ihr abweichen.

Adrian Frank (vgl. S. 87) zählt in der Beratung eine Vielfalt von Aspekten und Themen auf, die er nicht richtig ordnen kann. Dies scheint im Moment auch ein wichtiger Aspekt in seiner realen Lebenssituation zu sein. Nach der meditativen Pause und den kreativen Anregungen erzählt der eine der Berater Herrn Frank noch eine Geschichte: Einer seiner Freunde hat sich, um ein ähnliches Problem zu bewältigen, einen Holzkasten gezimmert. Nun befinden sich immer gerade so viele Bücher in seinem Besitz, wie in diesem Holzkasten Platz haben.

Zukunftsgeschichten

Wir wollen hier nur einen Typus von Geschichten etwas näher betrachten. Wir haben es bereits bei der Gestaltung des Erstgesprächs gesehen und haben in unserem Vorschlag zur Formulierung eines Fokus wieder davon gesprochen: Wichtig ist uns die Orientierung nicht nur an Vergangenheit und Gegenwart. Wichtig ist uns auch die Orientierung an Hoffnung und Zukunft. Wichtig sind deshalb nicht nur Geschichten, die sich Menschen über ihre Vergangenheit erzählen. Wichtig werden auch die Geschichten, die Menschen im Blick auf ihre Zukunft erzählen, phantasieren, vorwegnehmen. Nicht immer sind sie jedoch konstruktiv:

Wir haben Herrn Burli bereits kennen gelernt (vgl. S. 94ff.). Er kämpft mit Examensängsten. In diesem Zusammenhang kommt er auf ein Zukunftsbild zu sprechen, das ihn belastet. Es sind seine Vorstellungen einer Zukunft im Pfarramt: Herr Burli äussert starke Zweifel, ob er den Anforderungen gewachsen sein wird. Diese umschreibt er auf Nachfragen folgendermassen: „Locker sechzig, siebzig Stunden arbeiten, ohne zu jammern. Dass es vor allem ums Pfarramt geht; dass man sich aufzuopfern hat, immer ansprechbar ist, zu jeder Tages- und Nachtzeit, in absoluter Armut lebt, immer locker, den kirchlichen Unterricht schmeisst..." Noch etwas später ergänzt er dieses Bild eines jederzeit verfügbaren Seelsorgers: „Dass man für die Sonntagspredigt nicht nur so in Heften rumguckt und was zusammenschreibt, sondern dass man dann da wirklich dasitzt, die Texte übersetzt, stundenlang darüber brütet, hin und her feilt. Dass man sich auf jeden Geburtstagsbesuch intensiv vorbereitet und versucht, gemeinsam zu beten, das Christliche zu bedienen, immer auf Achse, wenn sonst keine Termine fixiert sind: Besuche machen von morgens acht bis abends zehn." Herr Burli war in einem Praktikum überrascht, dass es sowas gab wie einen freien Tag. „Das war für mich total komisch: Wieso soll ein Pfarrer einen freien Tag haben?" Eine Deutung des Beraters schliesst sich an diese beängstigende Vorstellung an: Herr Burli ängstigt sich davor, sein Examen mit Erfolg zu bestehen, weil er dann in diese Welt totaler äusserer und innerer Kontrolle geriete.

Das Beispiel zeigt: Gegenwärtige Probleme lassen sich nicht nur als Fortsetzung vergangener Geschichten verstehen. Sie lassen sich auch als Ausdruck von Geschichten verstehen, die sich Menschen im Blick auf ihre Zukunft erzählen. Vergangenheit, Gegenwart und Zukunft stehen in systemischer Wechselwirkung (nach Boscolo/Bertrando 1997, 131). Anders gesagt: In einer Beratung geht es nicht nur darum, den Zusammenhang von Vergangenheit und Gegenwart tiefer zu verstehen und eine deterministische Sicht zu durchbrechen, nach der Vergangenheit die Gegenwart und Zukunft bestimmt. Es kann genau so gut auch darum gehen, den Zusammenhang von Gegenwart und Zukunft tiefer zu verstehen und Vorstellungen entgegenzuwirken, nach denen sich das Leben genau so weiter entwickeln wird, wie es sich Menschen in Zukunftsgeschichten beängstigender Art vorstellen. Sogar dann, wenn die zukünftigen Geschichten, die wir aufdecken, Angst erregen, energetisiert der Akt des Aussprechens. So kann es für Herrn Burli zum einen entlastend, ja vielleicht befreiend wirken, wenn ihm aufgeht, dass seine Examensängste auch zusammenhängen mit seinen übersteigerten Vorstellungen einer kontrollierten (und nicht kontrollierbaren) Zukunft im Pfarramt. Zum anderen geht es aber auch darum, diese Vorstellungen selber in Frage zu stellen. Dass dies möglich ist, deutet sich bereits in seinen Formulierungen an. Herr Burli zeichnet mit seinen Phantasien zum Pfarramt eigentlich eine Hyperbel, die weit übers Ziel hinausschiesst. Das lässt sich am ironischen Unterton ablesen, der diesen Gesprächsteil durchzieht. Herr Burli fügt alles zusammen, was er sich an Beängstigendem vorstellen kann, um seinen Berater vom Gewicht dieser Zukunftssicht zu überzeugen. Zugleich bewahrt er sich darin eine kleine ironische Distanz, an der beraterisch angesetzt werden kann.

Dysfunktionale Zukunftsgeschichten

Lester (1995) hat diese Sicht in einer faszinierenden Konzeption von Beratung, die sich vor allem auf Zukunftsgeschichten bezieht, entfaltet.[19] Lester unterscheidet funktionale und dysfunktionale Zukunftsgeschichten. Funktionale zukünftige Geschichten sind jene Projektionen unserer zentralen Geschichten („core narratives"), die Leben eröffnen und uns zu einem interessanten und bedeutungsvollen Morgen einladen. Es sind hoffnungsvolle Zukunftsgeschichten, die auf die Frage: „Was geschieht als nächstes?" so antworten, dass sie Bedeutung und Werte anbieten, die das Leben bereichern und dazu führen, dass wir weiter „dran bleiben" wollen. Funktionale Zukunftsgeschichten ergänzen unsere Lebensgeschichte mit „Plot Endings", die befriedigend und energetisierend sind und uns Hoffnung vermitteln, dass es sich lohnt, weiterhin zu leben.

Dysfunktionale Geschichten sind jene, die diese Aufgabe von Zukunftsgeschichten in unserem Leben nicht erfüllen. Solche dysfunktionalen Geschichten müssen deshalb ebenfalls konfrontiert werden. Ihre Veränderung oder Transformation wird nötig, damit es zu einer befriedigenden Lösung und zur „Erholung" der Hoffnung kommen kann. Lester meint, Theorien und Methoden der Dekonstruktion könnten hier angewendet werden. Sie können dabei helfen, in den dysfunktionalen Geschichten logische Irrtümer und Fehlschlüsse aufzudecken. So nennt Lester (1995, 132) folgende Kriterien zur Beurteilung: Hat der Erzähler einer zukünftigen Geschichte 1. irgendwelche Daten ausgelassen, 2. die Daten konsistent interpretiert, 3. sich einen Teil der Daten wunschgemäss zurechtgeschneidert, 4. sich von „mythischen" Geschichten leiten lassen und nicht von der Realität, 5. Daten mit irgendeiner nicht genauer geprüften, mit Vorurteilen behafteten Perspektive interpretiert?

Von diesen Kriterien her lassen sich auch einige kritische Überlegungen zur Zukunftssicht von Herrn Burli entwickeln. Ganz offensichtlich hat er einige Daten ausgelassen: Er hat Pfarrer ihre Arbeit konkret anders machen sehen. Er hat seine Daten zudem überkonsistent und zugleich inkonsistent gedeutet und nur so das geschlossene Bild einer geschlossenen Welt entwerfen können. Es scheint, dass er sich auch von einem „Erwartungsmythos" des Pfarramts leiten lässt: vom Mythos des total verfügbaren Pfarrers. Diese Vorstellung des Pfarrberufs durchzieht die Traditionen des Pfarramts. So trägt seine

---

[19] Zur Bedeutung der Kategorie „Hoffnung" für Seelsorge und Beratung vgl. auch Capps (1995a).

Sicht tatsächlich die Züge eines „Vorurteils", das er allerdings in seiner hyperbolischen (Kurz)-Schlüssigkeit zugleich ironisiert und so den Mythos bereits etwas unterläuft und in der Übertreibung erste Distanz schafft.

Zukünftige Geschichten explorieren
Nach Lester (1995)

Unbewusste Zukunftsgeschichten konfrontieren
Der Widerstand gegen die Konstruktion einer Zukunftsgeschichte zeigt oft an, dass eine unbewusste Geschichte über die Zukunft getroffen wurde und nicht vereinbare Horizonte aufeinander prallen. Eine solche verdrängte dysfunktionale Geschichte muss ans Licht gebracht, durch und durch geprüft und dekonstruiert werden, bevor eine hoffnungsvolle Perspektive entwickelt werden kann.

Zukunftsgeschichten neu rahmen (Reframing)
Zukunftsgeschichten werden so umgedeutet, dass die Daten, die sie in einer bestimmten Weise interpretieren, in einer anderen, ungewohnten, neuen Form gedeutet werden, die hoffnungsvollere Perspektiven auf die Zukunft ermöglicht.

Zu Zukunftsgeschichten „einladen"
Vom Anfang einer pastoralen Begleitung an wird die Annahme kommuniziert, dass es genauso natürlich wie heilend und verantwortungsvoll ist, über die Zukunft zu sprechen wie über Vergangenheit und Gegenwart.

* Was denken Sie, wie wird das Leben für Sie in fünf Jahren sein?
* Was sehen Sie vor, wenn sich die Dinge nicht verändern?
* Angenommen, in drei Jahren zeigt sich Folgendes: ...
* Was werden Sie tun, wenn...
* Worüber sind Sie am meisten besorgt?
* Erzählen Sie mir von Ihren Tagträumen!

Zukunftsgeschichten nachgehen und sie erweitern
Zukunftsgeschichten können wie andere Geschichten ausgeführt, verfolgt und ausgebaut werden:

* Erzählen Sie mir mehr von...
* Nehmen wir an, dass...
* Wie passt Ihr Ehemann (Ihre Gattin, Ihr Vater etc.) in dieses Bild?
* Wie wird es mit Ihrer Gesundheit stehen?
* Wie würde sich dieses Bild ändern, wenn...

Die Kontextgeschichte hören
Zukunftsgeschichten einzelner Menschen sind abhängig von den geschichtlichen Entwicklungen in ihrem Umfeld. Wenn wir auf Zukunftsgeschichten hören, dann sollten wir auch darauf achten, wie eine Person ihre persönliche Geschichte in einen weiteren Zusammenhang stellt. Wie erzählt sie Geschichten ihres Volks? Welche geschichtlichen Zusammenhänge aus Politik und Kultur „rahmen" ihre individuelle Geschichte? In welcher Weise beeinflusst die Geschlechtsrolle die Erzählperspektiven und Handlungsstränge?

Nicht selten werden Zukunftsgeschichten nach Lester auch dysfunktional wegen einer armseligen Theologie und negativen Gottesbildern. So muss der Prozess der Dekonstruktion auch eine implizite oder explizite Theologie der Verzweiflung und Gottesbilder konfrontieren, die dem Evangelium nicht entsprechen und zu einschränkenden Zukunftsgeschichten führen.

Theologische Fragen stellen sich auch im Blick auf die Zukunftsgeschichte von Herrn Burli: Er zeichnet ein durch und durch an Leistung orientiertes Bild der Institution Pfarramt, deren Kern und Zentrum nach reformatorischer Sicht das Evangelium von der Rechtfertigung des Sünders ohne Werke, auf Grund von Gnade allein ist! Es kann sein, dass in der ironischen Grundierung dieses Bilds bereits dieser Konstrast mitschwingt. Und doch könnte hier theologisch noch weitergedacht werden. Bringt Herr Burli nicht ein Paradox zum Ausdruck, das diese Institution Pfarramt kennzeichnet? Vielleicht ist es gerade dies, was zum „Ausbrennen" im Pfarramt führt: dass die „Burned of God" im Beamtenstatus diese Differenz zwischen Sein und Sollen, Evangelium und Gesetz nicht leben können (vgl. Jones 1985).

Manchmal ist es auch nötig, die sozialen „Kontextgeschichten" zu konfrontieren, die zu dysfunktionalen individuellen Geschichten führen.

Auch dies kann am Beispiel gezeigt werden: Die Zukunftsgeschichte Herrn Burlis ist nicht nur ein individuelles Hirngespinst. Sie ist eingelagert in ein ganzes Gewebe von Geschichten zum Pfarramt, das seinerseits in einer bestimmten gesellschaftlichen Situation verankert ist. Weshalb wird hier ein Pfarrer als so überfordert gezeichnet? Dies ist ja doch wohl nicht nur Herrn Burlis Projektion! Mit eben so grossem Recht kann behauptet werden, dass diese Figur die Überforderung kirchlicher Wirklichkeit spiegelt, den Pfarrer, der durch sein verzweifeltes Agieren die Kirche in unserem gesellschaftlichen Zusammenhang zu „retten" versucht.

Die Arbeit mit solchen Zukunftsgeschichten ist anspruchsvoll. Sie ist keineswegs einfacher als die Arbeit mit Geschichten der Vergangenheit. Menschen können aus bewussten und unbewussten Gründen Widerstand leisten, sich zukünftigen Geschichten zuzuwenden. Wie vergangene müssen auch zukünftige Geschichten manchmal verdrängt werden, weil sie Bilder des Verlassenseins, des Scheiterns, der Trauer, des Missbrauchs oder des Todes enthalten. Manche zukünftigen Geschichten müssen auch Geheimnis bleiben, weil sie mit Scham verbunden sind, da sie zu stark von Idealvorstellungen eines Menschen abweichen. Manchmal enthalten sie auch Elemente (z.B. Todeswünsche), für die ein Mensch Vergebung brauchte wie für Geschichten der Vergangenheit. Zukünftige Geschichten werden zudem von jenen Menschen nicht preisgegeben, die magisches Denken fürchten und meinen, durch das Aussprechen bestimmter Dinge würden diese wahr. Auch die Beratenden können nicht immer unvoreingenommen auf Zukunftsgeschichten eingehen. Eigene Ängste und verdrängte Geschichten können sie daran hindern.

Geschichten einer guten Zukunft
Nicht nur die Arbeit an dysfunktionalen Zukunftsgeschichten, sondern auch die Imagination funktionaler Zukunftsgeschichten besitzt nach Lester verändernde Kraft. Leidende Menschen brauchen Zukunftsgeschichten, die ihnen in ihrer Gegenwart Sicherheit, Anregung und Freude vermitteln. Seelsorgerinnen ermöglichen es verzweifelten

Menschen so, Mut zu fassen, sich auf die Zukunft einzustellen, Zukunftsgeschichten zu überarbeiten und Geschichten einer guten Zukunft zu entwerfen.

Lester begründet diese Methodik der Arbeit mit Zukunftsgeschichten im Rückgriff auf theologisches und philosophisches Denken. Unsere Sicht der Zukunft muss weiter reichen als das, was unmittelbar vorausgesagt werden kann. Aufgrund der christlichen „Story" kann unsere Hoffnung sogar die Grenzen des Lebens überwinden. „Transfinite", unendliche Hoffnung, die endliche Hoffnungen transzendiert, wird durch die heiligen Geschichten unserer Tradition vermittelt. „Un-endliche Hoffnung" hilft Menschen in ihrer Konfrontation mit den Krisen, Tragödien, Problemen und Lebensumständen, mit denen sie sich von Tag zu Tag auseinander setzen müssen. Eine Kurzzeitperspektive von Lösung und Beratung allein ist deshalb einer theologisch begründeten Sicht des Menschen und seiner Hoffnung nicht angemessen. Kurzfristige Hoffnungen sind akzeptierbar, aber ohne langfristige Hoffnung (die in transfiniter Hoffnung gründet) lassen sie uns verletzlich zurück. Durch die Integration progressiver, hoffnungsvoller heiliger Geschichten können dysfunktionale, nach rückwärts gerichtete Geschichten überwunden und kann die Glaubensgeschichte eines Menschen auf eine hoffnungsvolle Zukunft hin transformiert werden. Ein Gott, der uns in eine Zukunft mit offenem Ende einlädt, uns Gnade für den gegenwärtigen Moment und Energie für die Reise schenkt, wird „ent-deckt". Dies wird zur neuen Perspektive für Ratsuchende, die in vergangenen Geschichten verstrickt sind und deren Zukunftshorizonte verstellt sind. Sie können neue, Leben spendende Möglichkeiten in ihrer Zukunft entdecken, die in einer letzten, unzerstörbaren Hoffnung verankert sind. Dies sei nochmals an einem Beispiel verdeutlicht:

Wir haben Erika Widmer bereits kennen gelernt, die sich auf dem Seil aus dem „Zirkus Theologiestudium" hinaus in ihre Zukunft bewegt, begleitet von den guten Wünschen des „Pfostens" der Tradition (vgl. S. 124ff. und 131ff.). Eine der Folgen dieser Bewegung, so meint sie, sei dies: Anstatt für das Weltende beginnt sie sich im Verlauf der Beratung mehr und mehr für das Paradies zu interessieren...

Paradies
Und Gott sah, dass es gut war.
Das war im Paradies — damals?
Gibt es das Paradies noch?
Vielleicht folgte auf den Sündenfall nicht der Verschluss des Paradieses, sondern seine Zersplitterung.
Der Engel wacht über etwas, das es so nicht mehr gibt.
Es gibt kein Zurück, nur noch Vorwärts.
Das ist Paradies:
Die Hoffnung auf eine Zukunft — und
die Hoffnung, einen Splitter des Paradieses zu finden.
Hier und jetzt.
Im Freudenglanz von Kinderaugen,
im mutigen Schritt einer Politikerin,
in der Würde trotz allem von schwer beladenen Menschen.
Paradiesessplitter, Hoffnungsschimmer.
In einer Welt,
die trotz allem
gut ist.

Auf eine Welt hin,
die gut sein wird,
in Gott, durch Gott, aus Gott.
„Ich werde dich sehen im Lebensland,
Das glaube ich, mein Gott."
Führe mich auf dem Weg dorthin!

6.7. Intermedialer Wechsel: Traum, Dialog, Bild, Cluster, Kind

Die verschiedenen Komponenten von Bedeutungslandschaften, die wir kennen gelernt haben, lassen sich — trotz vieler innerer Verbindungspunkte — nicht einfach fugenlos zusammenführen. Dialog, Metapher und Story schlagen je eigene „Schneisen" in die Bedeutung der Bedeutung. Sie entfalten in den Gesprächen je ihre eigene Dynamik und eröffnen je wieder andere Perspektiven. Mit der Methodik des „intermedialen Wechsels", dem die intermediale Kunsttherapie ihren Namen verdankt, stellen wir deshalb ein weiteres Prinzip vor, das noch einmal Verbindungsstellen zwischen den verschiedenen Dimensionen der Bedeutungskonstruktion öffnet. Dadurch dass ein Thema in der Beratung so weiterentwickelt wird, dass dabei nacheinander metaphorische, dialogische und narrative Formen, aber auch musikalische, bildnerische oder körperliche Dimensionen ins Spiel kommen, werden Bedeutungslandschaften in überraschender Weise miteinander verbunden und begehbar, sodass sich daraus auch neue Handlungsmöglichkeiten erschliessen.

Charakteristisch für die intermediale Kunsttherapie, von der wir uns bei unserer Beratungsarbeit inspirieren liessen, ist das Arbeiten mit „intermedialen Wechseln": Themen werden so bearbeitet, dass sie kreativ in einem ersten Medium in Szene gesetzt werden. Anstatt einer begrifflich-theoretischen Deutung schliesst sich die Weiterführung des Themas in einem anderen Medium an. Dieser Prozess und das, was er auslöst, wird im Gespräch reflexiv begleitet. Die Entwicklung des Themas im intermedialen Wechsel bringt etwas Drittes und Unverfügbares mit ins Spiel (vgl. dazu Schibler 1999).[20] Zum intermedialen Wechsel kommen methodisch die Möglichkeiten der intermedialen Vertiefung — der Intensivierung innerhalb eines schöpferischen Mediums — und der intermedialen Verarbeitung — der Bearbeitung eines kreativen Prozesses innerhalb der Beratung — hinzu. Zeichnen wir diese Möglichkeiten anhand eines Beispiels noch deutlicher!

Herr Flores weiss noch nicht genau, wohin die Beratung gehen soll. Er möchte mit zwei Träumen einsteigen, die ihm irgendwie wichtig scheinen. Im ersten Traum befindet er sich in einem Hörsaal. Zwei Bankreihen stehen gegeneinander gerichtet, vorne ist die Türe. Auf der ihm gegenüberliegenden Seite befindet sich einer seiner Professoren, der Neutestamentler, der strahlt. Um ihn herum sitzen Studierende, ein wenig so aufgereiht wie in der Abendmahlsdarstellung Leonardo da Vincis. Doch es sind ihrer zu viele. Nicht alle finden eine Sitzgelegenheit, einige werden verdrängt. Auf der Seite von Herrn Flores sind zuerst noch nicht alle Bänke besetzt. Neben ihm ist noch Platz frei. Hier geht der Vertreter des Fachs Altes Testament auf und ab, so ähnlich wie Ahasver. Herr Flores verspürt den

---

[20] An verschiedenen Beispielen haben wir bereits gezeigt, wie mit intermedialen Wechseln gearbeitet werden kann: So entwickelte Frau Beck ihr Thema im Schreiben von Texten, im Flötenspiel, im Malen eines Bildes, in einer Bewegungsübung, im Einfärben eines Kleides (vgl. Kap. 3).

Impuls: „Nichts wie weg!" Im zweiten Traum sieht er ein Puppenhaus, mit verschiedenen Zimmern, in die man hineinsehen kann. Idyllisch, klein. In einem Zwischenteil seines Traums hat er plötzlich eine Kalaschnikow in seinen Händen. Mit ihr schiesst er los, durchzieht alle Zimmer und mäht alles nieder. Es spritzt Blut und ist eigentlich schrecklich. Dann sieht er wieder das Haus vor sich. Nun hat er aber Zugang zu den Zimmern. Es ist alles wieder wie vorher, nichts ist zerstört. Er kann sich nun aber in den Zimmern bewegen.

Herr Flores sieht im Gespräch eine Brücke, die vom zweiten zum ersten Traum zurückführt. Im zweiten Traum verschafft ihm die Aggressivität Zugang zu den Räumen, sie wirkt befreiend. Im ersten Traum ist ihm ein Zugang nicht wirklich möglich. Der zweite Traum scheint wie eine Fortsetzung der Bewegung weg vom ersten Ort. Erinnerungen an den Grossvater werden wach, an seine Jugend in einer freikirchlichen Gemeinde, wo dieser Grossvater Prediger gewesen war. Immer wieder musste Herr Flores Brücken schlagen zwischen dieser kirchlich-theologischen Welt und der Welt seiner Kollegen im Gymnasium. Das Brückenbauen wurde für ihn zur inneren Verpflichtung, zu einem Müssen. Dies hängt auch mit seiner Herkunft zusammen: Sein Vater stammte aus einem aussereuropäischen Kulturkreis und lernte Herrn Flores Mutter in der Schweiz kennen. Nach der Trennung von seiner Frau nahm er sich das Leben. Herr Flores wurde über die Todesursache lange im Ungewissen gehalten. Er hat keine guten letzten Erinnerungen an seinen Vater. Von da an hatte er hier kein echtes Gegenüber mehr. Es fühlt sich eher so an wie Kies, meint er. Man kann schaufeln, aber es zerfliesst, wird nicht richtig greifbar. Alles bleibt eher eine Konstruktion.

Herr Flores will — so findet er nach der meditativen Pause — am aufgebrochenen Thema mit malerischen Mitteln weiterarbeiten. Er hat dies früher gerne gemacht. Der Berater schlägt vor, ein Bild mit der Unterschrift „Ahasver" zu malen, einen Brief an den Grossvater zu schreiben, in dem er diesem mitteilt, wofür er ihm dankbar ist, oder einen Dialog mit der Kalaschnikow zu schreiben.

Es ist interessant, wie Herr Flores in die Beratung einsteigt, nicht mit einer Fragestellung oder einem klarer umschriebenen Problem, sondern mit einem „Doppeltraum". Damit ist bereits im „Einstiegsmanöver" ein Thema inszeniert, das in vielfachen Variationen diese Beratung durchziehen wird: das Thema der Über-setzung, des Brükken-Bauen-Müssens. Ein Traumbericht ist in sich bereits eine erste Übersetzung von auditivem und visuellem Material, das der Träumer über die Schwelle des Erwachens ins Tagesbewusstsein birgt. Der Doppeltraum provoziert zudem die Frage, welche Brücken es denn zwischen beiden Bildern geben könnte. Und beide Träume drängen wegen ihres verdichteten, verschobenen Gehalts zudem auf eine vertiefende Deutung. So wird das Erstgespräch als Ganzes bereits zu einer ersten intermedialen Verarbeitung, in der Zusammenhänge aufgespürt werden, die die Träume aufscheinen lassen und Brücken in ein vertieftes Verstehen geschlagen werden. Herr Flores wird bewusst, dass er auch sonst Brücken bauen muss. Umrisse eines tiefgreifenden Verlusts werden sichtbar, der den Zwang zum Brückenbau, den Herr Flores empfindet, verständlich werden lässt. Herr Flores fehlte ein solides, männliches Gegenüber, an dem er seine Identität hätte verankern können. Der Grossvater mütterlicherseits schien hier eine wichtige Funktion zu übernehmen, konnte den Verlust aber nicht wirklich überbrücken. Herr Flores selber schlägt am Schluss der ersten Stunde einen weiteren Brückenschlag vor: er will sein Thema mit malerischen Mitteln weiterbearbeiten.

Herr Flores kommt mit einem Bild in die nächste Stunde (vgl. Abb. S. 144). Seine beiden Träume hat er links und rechts auf dem Bild verarbeitet, verbunden sind sie durch eine Brücke, auf der die Kalaschnikow erkennbar ist. Das Bild ist in klar abgegrenzten Farben gemalt, die aneinander stossen und deren Muster sich gleichzeitig überschneiden. Der Berater ist erstaunt (behält diese Reaktion aber vorerst für sich): Er hätte etwas anderes erwartet als diese „gefasste" Darstellung, mit Farben, die so klar voneinander abgegrenzt sind. Herr Flores sagt selber, ein Freund von ihm male so. Er selber habe früher noch anders gemalt, habe die Farben durcheinander und ineinander gehen lassen. Dieser Freund sei ihm in der Zeit des Gymnasiums wichtig geworden und so habe er sich von seinem Stil anregen lassen und habe ihn weiterentwickelt. Herr Flores weiss nicht recht, ob er die Traumbilder durch diese Darstellung nicht eher verliert als gewinnt. Im Traum sei die linke Hälfte eigentlich viel grauer gewesen. Das sei auch Anlass gewesen, zu gehen. Im Gespräch werden die Details des Bildes wahrgenommen. Bezüge erscheinen. Zu reden geben jene Stellen, an denen das Darstellungssystem nicht ganz aufgegangen ist, insbesondere dort, wo sich die drei Bereiche überschneiden. Wohin gehört eigentlich die Kalaschnikow? Was bedeuten die Tropfen — oder sind es Tränen? —, die rechts in eine Schale fallen? Der Bildteil links scheint eher statisch, „gotisch", hochformat, die rechte Seite eher chaotisch, durchsetzt mit vielen Symbolen. Dazwischen spannt sich die Brücke.

Wieder bewegt sich das Gespräch zum Thema des Brückenbaus: Herr Flores kann, darf, will, muss Brücken bauen. Das „Müssen" bedeutet auch: Im Brückenbau liegt der Sinn des Lebens. Dies gilt auch für die beiden Studienrichtungen, die er belegt: Theologie und ein Fach der Sozialwissenschaften. Ohne Theologie würde ihm etwas fehlen, ohne Sozialwissenschaft auch. Auf beiden Seiten ist er eigentlich allein. Kann man auf der Brücke wohnen? Muss man auf der Brücke wohnen? Herr Flores geht auf, dass sich an einem anderen Ort auch wohnen liesse. Was würde geschehen, wenn er die Brücke abbräche, in den linken „Traum" zurückginge? Würde er dann entdecken, dass alles anders geworden ist? Herr Flores erhält vom Berater die Aufgabe, weiter zu malen. Was würde wohl geschehen, wenn er die Bilder, die er in seinem Bild ineinander geschoben hat, wieder auseinander nähme? Wie wäre es, sich nur einer Seite zuzuwenden? Herr Flores selber verspürt das Bedürfnis, noch einmal näher an die Träume heranzukommen und möchte die Anregung des Beraters vom letzten Mal aufnehmen, einen Dialog mit der Kalaschnikow zu schreiben.

Das Thema des Brückenbaus kehrt auch in der zweiten Stunde vielfach wieder: Die Brücke erscheint ein erstes Mal bildhaft und wird im Gespräch erneut zum Thema. Im intermedialen Wechsel zum Malen vollzieht sich ebenfalls eine Übersetzung vom Medium der Sprache ins Visuelle und im betrachtenden Gespräch zurück in die Sprache. Zugleich werden erste Grenzen dieses Brücken-Bauen-Müssens angedeutet: Auf einer Brücke lässt sich nicht gut wohnen. Andere Wohnorte werden in den Blick gefasst. Auch die bildliche Übersetzung des Traums hat ihre Grenzen und vermag den Traum nicht ganz zu fassen. Das Darstellungsprinzip, das Farben deutlich und klar aneinander stossen lässt und vom linken auf den rechten Bildteil übergegriffen hat, ist den Verhältnissen rechts (und den Farben links) nicht ganz angemessen. Früher hatte Herr Flores mit fliessenderen Übergängen zwischen den Farben gemalt. Besonders interessant werden jene Stellen im Bild, wo die Darstellungslogik versagt, die Komplementarität zerbricht, das Bild metaphorisch wird (die Tropfen sind wie Tränen) und Übergänge im Gespräch gefunden werden müssen. Man kann sich fragen, ob das Bild mit seiner starken Komplementarität von Farben und Formen, das fast keine Lücke lässt und das Eine ins Andere kippen lässt, in gewisser Weise nicht auch den Abbruch einer Brücke verdeckt, die grosse Lücke nämlich, die der Tod des Vaters gerissen hatte, von dem Herr Flores kein klares, gutes Bild mehr hat. Die Tränen, jener Teil des Bildes, der metaphorisch wird, verweisen jedenfalls auf eine Lücke, die betrauert werden muss. Sie erscheinen als die Stelle, wo das Bild am ehesten auf Vergangenheit hin durchsichtig wird und Zukunft verheisst. Herr Flores mag in seinen Phantasien annehmen, diese Lücke wäre gefüllt, wäre der Vater noch da. In Wirklichkeit entwickelt sich an dieser Stelle auch bei Söhnen anwesender Väter jene „Vaterverletzung" (Wittschier 1994), an der sich männliche Identität bildet.

Herr Flores bringt einen geschriebenen Dialog mit der Kalaschnikow in die nächste Stunde und liest diesen recht langen Text vor. Im anschliessenden Gespräch werden Querverbindungen des Dialogs zur Geschichte und zum Alltag von Herrn Flores aufgespürt. „Du hast dich in meinen Traum hinein gedrängt, hast dich mir aufgedrängt. Ich hab dich nicht gerufen. Und dann gings hoch zu und her, mit dir, wir zusammen", so richtet sich Herr Flores zuerst an die Kalaschnikow und lässt dann einen längeren Monolog folgen, der ahnen lässt, wie sich eine Welt anfühlt, zu der die kommunikativen Brücken abgebrochen sind. „Die Welt lag vor mir wie ein Puppenhaus, alles konnte ich überblicken. Das Leben in den einzelnen Stuben, Parks, Cafés, Restaurants, Ämtern, Postämtern, Bahnhöfen, Schulen, Kindergärten, Alleen, Küchen, Salons, Toiletten, Schlafzimmern, Stuben, eben: alles. Zugesehen hab ich von aussen, wie sich das Leben entspinnt, Fäden spinnt, Menschen da, Menschen dort, Menschen beisammen, Menschen alleine, Menschen in allen Lebensaltern, Frauen und Männer, Greisinnen und Greise, Mädchen und Knaben. Wie gesagt, von aussen hab ich zugeschaut. Ich gehörte nicht dazu, nirgends fand ich mich wieder, alles lag vor mir, wie ein Puppenhaus eben. In Gedanken konnte ich überall eingreifen, manipulieren, gestalten, wie ich wollte. Die Menschen hatten keine eigene Stimme, kein Selbstbestimmungsrecht, ich steuerte nach Herzenslust, alles musste sich mir fügen, ich konnte zusammenführen und trennen wie's mir in den Sinn kam, ich hatte freie Hand, in Gedanken, brauchte nicht zu hören, was die Menschen sagten, da ich beschlossen hatte, dass sie nur sagen sollten, was ich ihnen einflüsterte, in Gedanken. Ich hatte Spass daran und gleichzeitig ekelte es mich vor mir selber. Und ich wollte doch viel lieber mit dabeisein, im Puppenhaus, in der Welt, unter den Menschen, unter Menschen mit freiem Willen, die tun und lassen können, was sie wollen, alleine und mit andern zusammen. Und ich konnte nicht hin, ein Graben lag dazwischen, eine Glaswand trennte mich von der Welt." In diese Welt drängte sich nun die Kalaschnikow, wie Herr

Flores formuliert. „Und dann gings hoch zu und her, mit dir, wir zusammen." Herr Flores und seine Kalaschnikow schossen alles in Grund und Boden. „Insgeheim hielten wir uns für Helden, äusserlich gaben wir uns als Befreier, die die Menschen vor ihrem sinnlosen Dasein erlösten. Besser ganz tot, als bei lebendigem Leib tot sein." Herr Flores und seine Kalaschnikow ringen dann um die Verantwortlichkeit für diese Tat.

„Kalaschnikow.: Ich habe mich dir nicht aufgedrängt. Du hast mit mir geschossen. Du trugst mich von einem Raum in den andern.

Herr Flores: Du willst nicht etwa behaupten, das Ganze habe überhaupt nichts mit dir zu tun?

Kalaschnikow: Ich sage nur, du hast geschossen, du hast abgedrückt. Du bist bis zum Letzten gegangen. Ich war auch dabei, aber du hast mich gebraucht... Wie sagtest du? Wir zusammen, du und ich.

Herr Flores: Ja, aber...

Kalaschnikow: Kein 'aber', wir waren zusammen. Du und ich. Du kannst deine Verantwortung nicht abschieben. Wir waren zusammen, hörst du, zusammen.

Betreten schwieg ich. Tränen voller Wut und Verzweiflung wollten mir aufkommen. Nein, das darf nicht wahr sein, das darf nicht sein."

Herr Flores verteidigt sich im weiteren Gespräch mit der Kalaschnikow. „Aber ich wollte doch nur das Gute, wollte befreien, die Menschen von ihrer unerträglichen Blindheit erlösen. Ihr Lächeln fror mir das Herz ab. Sie lebten und lebten, lebten fortwährend und waren doch tot, Automaten meiner Gedanken, willenlose Gliederpuppen." Die Kalaschnikow gibt Herr Flores etwas ganz anderes zu bedenken: „Vielleicht musstest du sie von dir befreien. Vielleicht bist du tot und hast ihnen das eigene Leben nicht zugestanden, hast sie gefangen gehalten. Und du wolltest sie erlösen vom Tod, von dir, wolltest selber leben, dich befreien, vom Tod. Und ich war bei dir." Herr Flores kann sich dem nicht entziehen. „Erschrocken fuhr ich zusammen, fuhr es in mir zusammen. Betretenes Schweigen. Bilder des geschehenen Grauens steigen in mir auf. Das Blut, die zerfetzten Leiber, die Kalaschnikow, ich. Ich weiss nicht, wie mir sein soll. Schreien möchte ich, dass die Luft erzittert dabei, wegrennen, hinter den hintersten Horizonten mich verbergen. Und ich bleibe stehen, stumm. Ich blieb stehen. Verlegen trat ich von einem Fuss auf den andern."

Der Ort des Grauen verwandelt sich nun. „Die Menschen, die ich niedergeschossen hatte, lebten wieder, unversehrt, wie wenn ihnen nichts geschehen wäre. Mehr noch, sie schienen nicht mehr einfach zu lächeln, sondern waren viel wirklicher. Glücklich und traurig, niedergeschlagen und euphorisch. Nichts Totes haftete mehr an ihnen, sie schienen von innen heraus zu leben in Freude und Kummer, Angst und Überschwang. Ich war fassungslos." Herr Flores versucht im Gespräch mit der Kalaschnikow besser zu verstehen, was hier geschieht. Auch wenn er sich keinen rechten Reim auf das Geschehene machen kann, kommt er nicht umhin, zuzugeben, dass die Kalaschnikow nötig war, damit Veränderung möglich wurde. Er würde sich das Ganze lieber aufbauender, kooperativer vorstellen. „Du hättest doch auch ein Blumenstrauss sein können, oder ein Farbtopf, oder ein Musikinstrument … oder etwa nicht?" So kann aber nichts übertüncht werden, gibt die Kalaschnikow zu bedenken, und Herr Flores lenkt ein: „Ja, du hast recht. So sehe ich wenigstens, was wirklich war, das ist schlimm genug. Das macht mir aber auch Angst. Wieso war das nötig?" Auch er wollte dies alles ja überwinden, wendet die Kalaschnikow ein: den Graben, die Scheibe, seine geistigen Manipulationen, seine lebenstötende Arroganz. Soll Herr Flores seine Kalaschnikow nun aber zurücklassen oder soll er sie mitnehmen?

„Kalaschnikow: Du musst mich ja nicht mitnehmen.

Herr Flores: Ich möchte aber, du hast mir viel aufgetan. Ich kann dich nicht einfach zurücklassen. Auch wenn ich dich so nicht mehr gebrauchen kann. Jetzt muss ich dich eben bei mir verstecken. Das wäre doch eine Idee, nicht?

Kalaschnikow: Ich weiss nicht, dann wäre ich dir höchstens im Weg, ich würde dich doch nur behindern...und vielleicht, vielleicht würde unerwartet plötzlich ein Schuss losgehen, ohne dass du es wolltest.

Herr Flores: Aber ich lass dich nicht zurück. Ohne dich wäre ich nicht soweit gekommen... Kannst du denn nicht auch etwas anderes sein?

Kalaschnikow: Du meinst ein Blumenstrauss, ein Farbtopf oder ein Musikinstrument?

Herr Flores: Ja, so. Oder eine Schreibfeder, ein Buch, oder was weiss ich noch alles. Wäre das möglich?

Kalaschnikow: Ich glaube schon. Aber vergiss nicht, dass ich auch eine Kalaschnikow sein kann. Wenn du das vergisst, kann es leicht sein, dass ich meine Kraft verliere... oder dass ich dich dann wirklich mal anspringe, aber vielleicht wird das wieder einmal nötig sein.

Herr Flores: Dann wollen wir es zusammen versuchen? Wir sind ja weit gekommen zusammen... und trotzdem stehen wir erst am Anfang.“

Das dialogische Prinzip schafft erneut Brücken: Brücken zwischen einer zu heilen Puppenwelt und einer abgespaltenen Aggressivität (Kalaschnikow). Damit gewinnt der *Zwang* zur Brückenbau-Funktion im Leben von Herrn Flores nochmals neue Konturen: Es scheint der Auftrag von Herrn Flores zu sein, da Brücken zu bauen, wo andere (z.B. sein Vater) scheiterten: Brücken zu einer fremden, schwer verständlichen Welt, Brücken zur eigenen Aggressivität, Brücken zum Verlust der eigenen Lebendigkeit. Wie jedoch erbaut sich konkret diese Brücke? Die Brücke ist zuerst noch in der komplementären Bildarchitektur seines ersten Bildes gefangen. Und doch kann Herr Flores sie nun als Prinzip erkennen, betrachten und relativieren. Das kreative Prinzip selbst wirkt auch im Dialog als Brücke: es erlöst die tödliche Aggressivität aus ihrer Abspaltung und verwandelt sie, macht sie handhabbar, wenn auch weiterhin gefährlich. Das Prinzip der flächendeckenden Komplementarität wandelt sich zum Dialog, zur Auseinandersetzung. Die Aggressivität gewinnt eine neue — nur scheinbar harmlose — Gestalt. Die Frage „Kannst du denn nicht auch etwas anderes sein?“ bejaht die Kalaschnikow: „Aber vergiss nicht, dass ich auch eine Kalaschnikow sein kann. Wenn du das vergisst, kann es leicht sein, dass ich meine Kraft verliere oder dich wirklich mal anspringe...“ Mit anderen Worten: Zerstörerische Aggressivität verwandelt sich in schöpferische wie auch zeugende Potenz.

Auch die theologische Dimension dieses Prozesses ist bedenkenswert. Den Anfang bilden zwei Traumbilder, unverbunden nebeneinander stehend, beide unerlöst. Zusätzlich spiegeln sich die Gegensätze im ersten wie auch zweiten Traumbild: Die strahlende, ein wenig niedliche Welt des Neuen Testamentes (symbolisiert durch den Neutestamentler und den Anklang an Leonardos Abendmahl) steht dem dunklen, unerlösten Alten Testament (Ahasver) gegenüber. Die intermediale Verarbeitung im Gespräch und der intermediale Transfer ins Bild und in den Dialog dient als Brücke und wird zur Brücke. Damit wird Aggressivität auch aus theologischer Sicht fruchtbar gemacht. Eine niedliche Puppenhaus-Theologie eines erlösenden, strahlenden Jesus des Neuen Testamentes, in der jedoch zu wenig Platz ist wie im Puppenhaus, wird durch die Kalaschnikow ebenfalls niedergemäht. Damit wird auch ein theologisches Klischee in Frage gestellt, nach dem das „Alte“ Testament als dunkle Folie für die strahlende Heilsbotschaft des „Neuen“ Testaments dient.

Anfangs ist der Blick von Herrn Flores auf die Puppenhausseite des Neuen Testamentes gerichtet, obwohl diese überfüllt ist — es ist, wie wenn er dort dazugehören

möchte und das Unstete, Ahasverische auf seiner Seite nicht wirklich als Chance
wahrnehmen kann, obwohl noch Platz frei ist. Und doch ist da der Impuls: „Nichts
wie weg!" Nun schält sich genauer heraus, wie Herr Flores seine Funktion als Brük-
kenbauer wahrnehmen muss, sowohl existentiell, wie vermutlich auch theologisch:
Nicht das Strahlende muss gesucht, sondern das Verdrängte erlöst werden.
Individueller, aber auch systemisch zu verstehender Ausgangspunkt bildet vermutlich
der Suizid des Vaters, der für Herrn Flores unverständlich blieb. Die Leerstelle, die er
liess, bringt immer neue Verstehensbemühungen in Gang. Im Blick auf das Verständnis seiner Geschlechtsrolle scheinen sich ebenfalls neue Perspektiven zu entwickeln.
Vorbilder und Weisen des Umgangs mit der eigenen Männlichkeit resp. Väterlichkeit,
die in Herrn Flores Familie destruktiv gewirkt haben und auch ihn einholen könnten,
werden erkannt, und die Suche nach einer schöpferischen, nicht destruktiven Gestaltung der eigenen Geschlechtsidentität, die nicht zuletzt eine Auseinandersetzung mit
der eigenen Aggressivität erfordert, intensiviert sich.

Herr Flores erzählt in der vierten Stunde, er habe wenig gemacht, sei nicht so weit gekommen, wie er
wollte (auch hier scheint der Prozess wieder zu erlahmen). Und doch bringt er Bilder mit, die aus dem
rechten Teil des ersten Bildes entstanden sind. Er hat zuerst diesen rechten Teil neu ins Bild gebracht,
in warmen, gelben und roten Farben.

Aus diesem rechten Teil seines Bildes hat Herr Flores dann einzelne Figuren herausgeholt und einzeln
dargestellt: die Elemente, die Schale und die Tropfen, das Feuer, die Pflanze und die Erde. Es sind
Elemente — zum Beispiel die Schale und das Feuer —, die er früher stärker gegensätzlich erlebte, die
er nun aber kennt und die er besser nebeneinander leben lassen kann.
Zudem hat er ein Wortcluster zum zentralen Begriff „Weiterentwicklung" entstehen lassen, das sich
auf seinem Blatt auch in vier Richtungen weiterentwickelt: in Richtung Malen, Naturerleben, Musik
und Schreiben. Er hat dabei gemerkt, dass seine Energien am ehesten in Richtung „Schreiben" drängen. Im Schreiben, das er auch als eine Art Bewusstseinszustand und nicht nur als Tätigkeit versteht,
kann er die anderen Elemente mit integrieren.

Es ist interessant, dass Herr Flores das erste Bild in einer „intermedialen Bearbeitung" auseinander nimmt. Wir hatten ja bemerkt, wie vieles im ersten Bild ineinander geschoben war, wie überdeterminiert durch das Thema der Komplementarität das Ganze war und dass Herr Flores keine Leerstellen und Lücken liess. Das ändert sich nun. Muster und Figur beginnen stärker zu interferieren. Leerräume öffnen sich. Figur und Leerstellen geraten in starke Spannung. Der Bildraum wird dadurch maximal aktiviert.

Die fünfte Stunde kreist weiter um das Thema des Schreibens. Herr Flores weiss zwar zuerst nicht, wie er einsteigen will. Er hat nicht weitergearbeitet. Der Berater spricht die Möglichkeit an, dass dies ein für Herrn Flores typischer Vorgang ist: Etwas, was ihn beschäftigt, wird durch etwas anderes abgelöst, so dass er den Faden verliert. Herr Flores kennt tatsächlich Relikte einer panischen Angst, dass er sein Thema, ja sich selbst, verlieren könnte. Er zeigte selber früher in Beziehungen nicht deutlich, wer er war, um nicht in eine bestimmte Richtung gedrängt zu werden. Äussere und innere Erwartungen schienen zudem in Richtung Pfarramt zu drängen. Das Studium der Sozialwissenschaften wurde zu einer Art Sicherung, dass Theologie nicht das ganze Feld besetzen konnte. Zuhause stapeln sich zudem die Bücher um sein Bett. Es ist, wie wenn er sich auch dadurch an Themen erinnern möchte, die nicht vergessen gehen sollen. Wenn er schreiben will, muss er diese Themen um sich „versammeln". Allerdings hat er Mühe loszuschreiben. Wenn er eine Form findet wie im Dialog mit der Kalaschnikow, dann ist dies möglich. Herr Flores nimmt selber nach der meditativen Pause den Bildausschnitt zur Hand, den er „von oben" betitelt. „Das darf sicher nicht verloren gehen", meint er. Der Berater schlägt vor, Herr Flores solle beschreiben, wie sein Leben als Schriftsteller in zehn Jahren aussehen wird und behauptet kühn, Herr Flores sei längst daran, ein Buch zu schreiben. Herr Flores quittiert dies mit Lachen. „Ich weiss sogar schon den Titel." Es wird ein Fortsetzungsroman zu einem Buch sein, von dem niemand den Inhalt kennt. In den abschliessenden Stunden werden die Fragen weiterbearbeitet, welche hier auftauchen: Cluster zu den Themen „2005 A.D. Schriftsteller" und „von oben" sind dazu Ausgangspunkte. Herr Flores schliesst die Beratung ab. Neun Monate später erhält der Berater eine Geburtsanzeige: Herr Flores ist Vater geworden.

Viele Aspekte könnten hier nun noch aufgegriffen werden. Wir müssen uns auf einige wenige beschränken. Im Rückblick auf die verschiedenen Stunden stellt sich die Frage, wo eigentlich der Fokus dieser Beratung liegt. Es fällt auf, dass Herr Flores nicht mit einer klaren Fragestellung einsteigt, sondern sich das Thema in den ersten Stunden immer deutlicher konstelliert: Es ist die Verpflichtung, ja der Zwang zum Brückenbauen. Es fällt aber auch auf, dass diese Fragestellung im zweiten Teil der Beratung in den Hintergrund rückt und nun das Thema der Weiterentwicklung in verschiedenen Umgängen wichtig wird: Bilder werden weiterentwickelt, aus Zentralbegriffen winden sich

Cluster von Worten und das Thema der persönlichen und beruflichen Weiterentwicklung stellt sich immer neu im Gespräch. Es ist, wie wenn die Beratung als Ganze die Grundstruktur der Fokusformulierung aufweisen würde, die wir beschrieben haben (vgl. 5.4.): In den ersten Stunden schält sich heraus, was wiederholt werden muss, in den anschliessenden Stunden zeigt sich, was Herr Flores „stattdessen" entwickeln möchte. „Ich muss immer Brücken zwischen unvereinbaren Welten bauen, weil die Brücke zu meinem Vater früh abgebrochen ist. Stattdessen möchte ich nun meine eigene Welt weiterentwickeln und meine eigene Potenz entfalten."
Den Weg von der ersten Phase zur zweiten scheint die Kalaschnikow zusammen mit Herrn Flores zu mähen. Dieser intermediale Wechsel vom Bild ins Wort entwickelt befreiende Kraft. Er zeigt sich auch an anderen Stellen der Beratung: Bereits im „Eröffnungsmanöver" taucht er als Motiv auf und wiederholt sich immer neu im Gespräch über die Bilder. Herr Flores benennt dies in der vierten Stunde auch klar. Abrupt taucht er da an einem bestimmten Punkt der gemeinsamen Betrachtung aus seinen Bildern auf, wendet sich dem Cluster „Weiterentwicklung" zu und begründet dies damit, dass er nicht in den Bildern stecken bleiben will, sondern das Wort braucht. Könnte es sein, dass sich darin noch etwas anderes abzeichnet? Es fällt nämlich auch auf, dass Herr Flores den traumatischen Verlust seines Vaters in der Beratung nicht thematisiert. Trotzdem spricht Herr Flores schon im Erstgespräch von Erinnerungen an den Vater, die nicht „gut" sind. Diese Erinnerungsbilder finden aber im Verlauf der Beratung keine Worte. Vielleicht ist gerade deshalb für ihn der Übergang von den Bildern zu den Worten so wichtig. Möglicherweise bearbeitet er in diesem wiederholten intermedialen Wechsel auf einer anderen Ebene auch das Thema der Worte, die durch das Trauma des Verlusts verloren gingen. Das Motiv des Vergessens wird ja ebenfalls aufgegriffen: Herr Flores droht seine Themen, ja sich selbst zu vergessen, was Relikte einer archaischen Angst wachruft. In einer Umkehrung taucht zudem das Thema der Tötung im Kalaschnikow-Dialog auf — nun allerdings gegen aussen, gegen die Puppenhauswelt, und nicht gegen innen gerichtet. Das Thema spiegelt sich auch im Motiv des Fortsetzungsromans über ein Buch, dessen Inhalt nicht genau bekannt ist. Die Stunden der Beratung scheinen selber eine Art „Fortsetzungsroman über ein Buch, dessen Inhalt nicht genau bekannt ist", zu sein, ein „von Worten umgebenes Fehlen derselben...". Wie ist dies zu verstehen? Der Rahmen der Beratung scheint für Herrn Flores so beschränkt gewesen zu sein, dass er die traumatische Erfahrung nicht direkt ansprechen konnte. Dies hätte in tiefer gelagerte lebensgeschichtliche Schichten geführt, die erst in einer Therapie zur Sprache kommen könnten (Herr Flores nahm die Thematik später tatsächlich in einer Therapie wieder auf). Trotz dieser Beschränkung scheint die Beratung, gerade durch das Element des intermedialen Wechsels dazu beigetragen zu haben, dass sich der Zwang, Brücken zu bauen, verflüssigte und Weiterentwicklung möglich wurde. Es scheint mehr als ein Zufall, dass Herr Flores bald nach der Beratung Vater wurde und so einen intermedialen Wechsel „par excellence" vollzog.

Kunstorientierte Seelsorge
Was ist der spezielle Beitrag einer kunstorientierten Seelsorge, wie er sich an diesem Beispiel nochmals abzeichnet? Wir möchten darauf zum Schluss zu sprechen kommen. Dank einer Ästhetik, die Dunkles und Böses, in diesem Fall speziell Aggressivität und Destruktivität, nicht ausgrenzt, sondern durch schöpferische Gestaltung besser

zu verstehen versucht, entbirgt sich erst tiefere Wahrheit, die unter anderen Vorzeichen (z.B. moralisch-intellektuellen) nicht zum Vorschein kommen würden. Die Verlagerung von der Fragestellung: „Was ist gut/richtig, was böse/falsch" zur Fragestellung: „Wo ist ein Ausdruck unpräzise oder unverständlich? Wo könnte eine tiefere Wahrheit zum Ausdruck kommen?" ermöglicht erst tieferes Verständnis. Nachvollziehbar ist das hier besonders am Symbol der Kalaschnikow: Der Verzicht auf eine schnelle Deutung ermöglicht es, das Symbol sprechen zu lassen, und führt letztlich zu einem tieferen Verstehen von Möglichkeiten und Abgründen der schöpferischen Potenz von Menschen. Kreativität beinhaltet also keinesfalls nur verschönernde, verniedlichende Zwecke („Du hättest doch auch ein Blumenstrauss sein können, oder ein Farbtopf, oder ein Musikinstrument... oder etwa nicht?"), sondern stellt eine schöpferische Kraft dar, die Neues erschafft und Altes, Verkrustetes vergehen lässt, ja manchmal sogar niedermäht.

Die Kalaschnikow ist und bleibt wirkmächtig, und gewinnt im Lauf der Beratung eine erweiterte, körperliche Dimension: Männliche Potenz wirkt nicht weiter destruktiv. Damit erfolgt eine Umdeutung einer negativen Besetzung der eigenen Männlichkeit.

Die Kalaschnikow, historisch gesehen die Waffe von revolutionären, scheinbar einer guten Sache dienenden, doch zumeist sich patriarchal gebärdenden und einer Sozialromantik dienenden Männer-Helden, verwandelt sich in die eigene Schöpferpotenz. Auch jetzt bleibt die ambivalente Gestalt der Schöpferkraft erhalten: Es ist folgenschwer, Leben zu zeugen. Kann „mann" die Verantwortung tragen oder entstand es nur aus einer Laune, aus einer kindlichen Freude an der endlich positiv besetzten männlichen Potenz?

Lebendige, schöne Schöpfung entsteht in der Seelsorge an den Übergängen, haben wir formuliert (vgl. Kap. 6.2.). Der intermediale Transfer, die intermediale Vertiefung und Verarbeitung befördern und dokumentieren diese Übergänge auf spezielle Weise, ja sie stellen bevorzugte Mittel des Überganges dar. Der „intermediale Transfer" in den Alltag dokumentiert zusätzlich die geschichtsmächtige, buchstäblich Leben schaffende Fähigkeit des Menschen. Klein ist er angesichts der Schicksalsmächte, die ihn bestimmen, angesichts systemischer Verstrickungen, geschlechtstypischer Rollenbilder, frühkindlicher Prägungen. Gross ist er mit Hilfe seiner Gestaltkraft: Ebenbild und Mitschöpfer Gottes, Leben zeugender Mensch.

6.8. Zur Technik kreativer Anregungen

Wir schliessen diesen Abschnitt mit einigen Anregungnen und eher technisch orientierten Bemerkungen zur Formulierung kreativer Anregungen. Es ist oft hilfreich, sich von anderen bei der Formulierung von kreativen Aufgaben anregen zu lassen. So führen wir hier eine Reihe jener Aufgaben an, die wir in unseren Beratungen — speziell zur Bearbeitung religiöser Themen — entwickelt haben (vgl. Kasten S. 152). Folgende technische Gesichtspunkte sind bei der Formulierung kreativer Anregungen zudem wichtig:

- Es ist wichtig, Ideen im Team während der meditativen Pause zuerst mehr im Sinne eines Brainstormings aufsteigen zu lassen, ohne sie vorschnell zu bewerten, bis sich eine bestimmte Form einer kreativen Anregung als stimmig herausschält.

Kreative Anregungen zur Bearbeitung religiöser Themen
Beispiele aus unseren Beratungen

Briefe
Einen Brief an Gott oder Jesus schreiben, in dem bestimmte Stichworte vorkommen (z.B. Sünde, Erlösung, Sterben, Befreiung)
Liebesbrief an die eigene Dummheit
Briefe an Paulus, Prof. Habermüller, sich selbst

Kreative Gestaltungen
Einen „Wutpsalm" oder einen „Sehnsuchtspsalm mit klagenden Untertönen" dichten
Die Stimme des Zweifels laut werden lassen
Ein Bild malen mit der Unterschrift „Ahasver"
Den Kasten mit den eingetrockneten Wasserfarben hervornehmen und ein Bild malen
Auf den höchsten Tönen der Flöte improvisieren
Ein Kleid rot einfärben und es tragen

Dialoge
Einen Dialog entwickeln zwischen zwei (inneren) Personen, die unterschiedliche Glaubensein-stellungen vertreten (Fritz und Frieda, genaue und kreative Theologie, Jesus und Christus be-gegnen sich)

Schriftliche Arbeiten an einem religiösen Thema
Aus einem theologischen Buch einen Abschnitt lesen
Ein bestimmtes Motiv in der Bibel suchen
Das Inhaltsverzeichnis einer persönlichen Dogmatik entwerfen

„Wie-wenn-Texte"
„Wie wäre es, wenn Jesus nur gestorben und nicht auferstanden wäre..."
„Wenn jemand für mich sterben würde..."

Klärungen zu Gottes- und Christusbild
Listen (zu zwei verschiedenen Gottesbildern, zu Erwartungen/Forderungen Gottes etc.)
Ein Symbol für die Dimension Gottes suchen
Cluster zum Thema „der alte und der neue Gott" entwickeln
Auf einem grossen Packpapier Lebens- und Glaubensthemen einander zuordnen
Persönliches Credo schreiben

Kreative Verfremdungen
„Die Sina von 8 Jahren baut eine theologische Sandburg..."
„Wie Susi im Tessin Gott fand..."

Meditative Anregungen
Ein „Mantra" mit einem religiösen Inhalt („für mich") meditieren
Theologische Sätze aus einem Buch auswählen, die gut tun, und meditieren

Rituale
Einen Altar einrichten zu Hause
Ein Ritual entwickeln für schwierige Situationen (der Loslösung etc.)

- Eine kreative Anregung soll auch in ihrer Form anregend sein, d.h. motivierend, einladend, assoziativ, im Sinn einer Arbeitshypothese, im Anschluss an Vorstellungen eines Klienten resp. einer Klientin, vom Erfolgsdruck entlastend, spielerisch, humorvoll, frech...

- Bei der Formulierung einer Anregung kann es hilfreich sein, sich die Funktion einer kreativen Herausforderung bewusster zu machen, ohne dass Kreativität damit funktionalisiert werden soll (nach Blaser et al. 1992, 109ff.): Soll die kreative Anregung zur Veränderung von Denkgewohnheiten und Einstellungen anregen? Soll sie Verhalten verändern, flexibilisieren oder stärken? Soll sie emotionales Erleben und emotionalen Ausdruck fördern? Soll sie zur Entspannung und Körperwahrnehmung anleiten? Soll sie stützen?

- Wir geben die förmliche Erlaubnis zur freien Variation der Anregung. Die Anregung soll auf Ideen bringen, eigene Gestaltungen ermöglichen, zur persönlichen Kreativität inspirieren. Diese kann ganz andere Wege gehen, als dies die Beratenden im Moment zu sehen vermögen. Diese förmliche Erlaubnis stärkt in paradoxer Weise oft den Vorschlag, der gemacht wird.

- Es ist hilfreich, die Aufgabe zu begrenzen und zu konkretisieren. Begrenzung und Konkretion beschränken nicht (auch dies ein kreatives Paradox), sondern setzen erfahrungsgemäss kreative Prozesse erst in Gang. Also: „Schreiben Sie einen ‚Wutpsalm‘ in 16 Zeilen!" Nicht: „Versuchen Sie irgendwie, ihren Gefühlen Ausdruck zu geben." „Schreiben Sie einen Dialog zwischen Jesus und Christus!" Nicht: „Denken Sie darüber nach, was der Hoheitstitel ‚Christus‘ in Verbindung mit dem Menschen Jesus von Nazareth bedeuten könnte."

- Auch die kindlichen, bösen, wenig kooperativen Seiten dürfen kreativ ins Spiel gebracht werden. In solchen Seiten steckt ebenfalls Kraft, Kreativität und abweichendes, laterales Denken. Dabei leitet uns im Umgang mit Ärger, Kritik, Langeweile oder Ablehnung eine grundlegend kooperative Sichtweise. Wir sprechen nicht von „Widerständen", die gedeutet werden müssten, sondern versuchen, Widerstand als kreatives Potential in einen neuen Rahmen zu stellen.

Insgesamt legen wir Wert darauf, dass kreative Produkte in ihrem eigenen Wert wahrgenommen werden und nicht vorschnell gedeutet oder in begriffliche Abstraktionen aufgelöst werden. Das Grundprinzip sei nochmals unterstrichen: Wir verstehen Beratung nicht als „Eingriff von aussen", sondern als ein gemeinsames Weiterentwickeln einer Thematik. So scheint uns auch der Begriff „kreative Anregung" dieser Intention entsprechend. Das Problem stellt sich nicht in gleicher Weise, wenn eine kreative Anregung nicht aufgenommen werden kann, als wenn eine „Aufgabe" nicht „ausgeführt" wird. Natürlich ist es wichtig, sich auch im Fall einer kreativen Anregung zu fragen, was es bedeutet, dass sich jemand eben nicht „anregen" lässt. Und trotzdem betonen wir die Freiwilligkeit, den freien Umgang mit unseren „Anregungen". Es kann auch eine kreative Reaktion sein, sich einer kreativen Anregung zu verweigern...

7. Kreative Resonanz

Nachdem wir im letzten Kapitel die kreative Dimension unserer Beratung ausgeleuchtet haben, soll es nun um Fragen des Verstehens, der Hermeneutik gehen. Verstehen ist grundlegend, wo Menschen bedeutungsvoll leben wollen. Achtung und empathisches Verstehen „machen Sinn", schaffen also jenen Raum, in dem sich Sinn zeigt und verändert und die „Bedeutung der Bedeutung" in ihrem existentiellen Gewicht spürbar wird und in Bewegung kommen kann. Vertieftes Verständnis durch andere vertieft das Selbstverständnis. So bekommt — gerade in religiös-existentieller Beratung — die Kunst des Verstehens, die Hermeneutik, ein besonderes Gewicht.[1] Solche Beratung gelingt, wenn Menschen — Beratende und zu Beratende — sich gegenseitig verständigen können. Solche Beratung gelingt, wenn sich ratsuchende Menschen in der Tiefe mit ihrem Anliegen, ihren Fragen, Bedürfnissen, Ängsten, Wünschen und Missverständnissen verstanden fühlen. Solche Beratung gelingt, wenn auch die Texte, Dialoge, Briefe, Lieder und Bilder, die entstehen, verstanden werden.

7.1. Wider den pastoralpsychologischen Missbrauch der Texthermeneutik

Die Kunst des Verstehens, die Hermenetik, ist nicht in der religiös-existentiellen Beratung allein ein Thema. Wir können an eine Diskussion anschliessen, die in der Pastoralpsychologie der letzten beiden Jahrzehnte wichtig geworden ist. Gerkin (1989) — ein nordamerikanischer Pastoralpsychologe — entfaltet Pastoralpsychologie in einem einflussreichen Text als hermeneutische Theorie. Er nimmt dabei die Metapher vom Menschen als einem „Living Human Document" auf, die Anton Boisen — ein Ahnvater der Seelsorgebewegung — in Kritik an einer Theologie geprägt hatte, die einseitig an den Texten der religiösen Tradition orientiert gewesen war.[2] Demgegenüber sollen die heutigen Menschen als „lebendige Dokumente des Glaubens" auch theologisch neu in ihr Recht gesetzt werden. In der Seelsorge geht es deshalb darum, das menschliche Selbst als ein Wesen zu verstehen, das sich in Akten der Selbstinterpretation durch die Irrungen und Wirrungen seines Lebens hindurch immer neu auslegt und konstituiert. Seelsorge hat die Aufgabe, diesen selbstinterpretatorischen Prozess hermeneutisch zu begleiten und dadurch auszuweiten, dass christliche Traditionen für diese Selbstauslegung fruchtbar gemacht werden. Auch Scharfenberg (1974, 346) hat postuliert, Pastoralpsychologie solle sich dieses hermeneutischen Schlüssels bedienen, wenn sie Texte der Tradition und heutige Menschen in ihren Kontexten zu verstehen sucht. Wir selber haben vorgeschlagen (Schibler 1999, Morgenthaler 2000, vgl. auch 3.4.), eine kritische feministische Hermeneutik, wie sie Schüssler Fiorenza entwickelt hat, in ähnlicher Funktion in die Seelsorge zu integrieren. Solche Denkfiguren haben pastoralpsychologischer Arbeit neue Zusammenhänge erschlossen und Tradition und Situation, Text und Subjekt, Selbstauslegung und Fremdverstehen in neuen Relationen sehen gelehrt. Deshalb sind sie auch uns wichtig geworden und haben uns bei der Arbeit an unserem Modell religiös-existentieller Beratung begleitet.

---

[1] Vgl. dazu auch Holm-Hadulla (1996), der eine an Gadamers Hermeneutik orientierte Version einer psychoanalytisch fundierten Kurztherapie vorlegt, die er als „hermeneutischen Gestaltungsprozess" (226) versteht.

[2] Vgl. dazu z.B. die Quellentexte in Asquit (1992).

Dieses Denkmodell enthält allerdings auch problematische Implikationen. Wir haben hier weitergedacht.[3] Wohl bestehen Parallelen zwischen dem Verstehen eines Textes und dem Verstehen eines Menschen. Diese machen die hermeneutische Denkfigur für die Pastoralpsychologie ganz offensichtlich fruchtbar. Und doch: Die dialogische Situation eines Gesprächs unterscheidet sich kategorial von der Situation der Textinterpretation. In dieser dialogischen Situation liegt das Gegenüber keineswegs als „offenes Buch" vor mir, meiner „Wut des Verstehens" (Hörisch 1988) ausgeliefert. Verständigung ergibt sich vielmehr aus einem komplexen Prozess der Wechselwirkung von Selbst- und Fremdinterpretation aller am Gespräch Beteiligten. Auch Beratende werden hier zum Objekt des Blicks des anderen und ihre Aussagen zum Rätsel, das Interpretationsbemühungen in Fahrt bringt. Wird die Grundfigur einer Texthermeneutik zur Schlüsselattitüde von Beratenden emporstilisiert, besteht die Gefahr, dass dieser Unterschied zwischen Dialog und Textinterpretation verwischt wird. Das nährt unter Umständen problematische Tendenzen, andere (von einer überlegenen psychologischen oder theologischen Position aus) interpretatorisch zu vereinnahmen und Stimmen abzuwerten, ja auszublenden, die anders tönen als die autorisierte Stimme der berufenen Interpreten.

Hier möchten wir anschliessen. Wir gehen davon aus, dass die hermeneutische Denkfigur auch in religiös-existentieller Beratung Zusammenhänge stiftet und allen Beteiligten bei der Sinnsuche Wege eröffnet. Sie erlaubt es insbesondere, die Selbstauslegung von Menschen und die Interpretation von biblischen Traditionen in nachvollziehbarer Weise aufeinander zu beziehen. Trotzdem scheint uns die Kritik an diesem Modell zutreffend. Wir möchten sie in mehrfacher Weise aufnehmen. Im letzten Kapitel haben wir gezeigt, wie wichtig der Dialog für unser Verständnis von Beratung und für das Verständnis der Konstruktion von Sinn auf verschiedenen Ebenen geworden ist. Durch den Einbezug der kreativen Dimension in den Prozess des Selbst- und Fremdverstehens ergeben sich zusätzliche Möglichkeiten, die problematischen Folgen einer einseitig betonten hermeneutischen Denkfigur zu vermeiden. Dadurch, dass Personen in der Beratung angeregt werden, ihre eigenen Gestaltungen zu entwickeln, ihre Stimme in Texten im Zusammenhang zu entfalten und laut werden zu lassen, ihre Sichtweisen und Metaphern in eigenen Bildern sichtbar zu machen, erhalten sie Raum zur Selbstartikulation, bekommt ihre Stimme eine besondere Resonanz, ihr Blick eine besondere Erschliessungskraft. Ihre Selbstinterpretation erhält sichtbar, be-greifbar und hörbar Eigenständigkeit. Der beraterische Dialog wird dadurch in gewissen Phasen auch „aufgehoben" und wird zum Monolog. Die Beratenden selber werden nämlich zu Hörenden, Schauenden, Wahrnehmenden. Eine schnelle interpretatorische Aneignung des „Anderen" wird — gerade auch wegen der spezifischen Eigendynamik kreativer Gestaltungen — dadurch schwieriger. Im Speziellen unterbleiben auch Deutungen von „Widerstand". Dafür wird nach kreativen Formen und konkretem Ausdruck gesucht, wie Widerwille, Abneigung und Verweigerung in der Beratung zur Sprache kommen können.[4]

---

[3] Vgl. dazu: Steinhoff Smith (1997). Er zeigt das Recht der Kritik, die wir im Folgenden aufnehmen, an einer Analyse wichtiger Positionen der nordamerikanischen Pastoralpsychologie.

[4] Ausgehend von Erfahrungen mit interkultureller Seelsorge stellt Schneider-Harpprecht (2000) die Frage, ob in der Pastoralpsychologie nicht stärker als bisher von einem konstruktivistischen Verständnis von Kommunikation und einer rezeptionsästhetischen Hermeneutik ausgegangen werden muss. Dies führte zur Revision klassischer „Dogmen" (64) der Pastoralpsychologie. Vgl. auch 7.6.

7.2. Der Umgang mit kreativen Produkten

Was bedeutet eine dialogisch angelegte Hermeneutik für den Umgang mit kreativen Produkten? Diese Frage wollen wir zunächst aufgreifen. An ihr zeigt sich die eben genannte Problematik besonders deutlich. Natürlich spielt beim Umgang mit kreativen Produkten das Expertenwissen, das Beratende sich erworben haben, eine Rolle. Das hat sich auch bei der bisherigen Interpretation von Fallbeispielen und kreativen Gestaltungen gezeigt. Solches Wissen eröffnet Perspektiven und Handlungsmöglichkeiten. Solches Wissen vertieft, wenn es in den Beratungsdialog eingebracht wird, auch das Wissen und Verstehen der Personen, die Beratung suchen. Es ist aber im besten Fall „wissendes Nichtwissen", wird in Frage gestellt durch überraschende, kreative Wendungen und Weiterentwicklungen einer Beratung, dadurch, dass den zu Beratenden Raum gegeben wird, sich zu artikulieren — und nicht zuletzt dadurch, dass sich in einem Beratungsteam Differenzen zeigen und das Wissen der einen das Wissen des anderen relativiert.

Diese dialogische Hermeneutik zeigt sich aber auch am konkreten Umgang mit den kreativen Produkten, die in der Beratung entstehen. Es ist nicht nur eine Kunst, kreative Anregungen so zu vermitteln, dass sie aufgenommen werden können. Es ist eine eigene Kunst, kreative Gestaltungen wieder in den Prozess der Beratung „einzufädeln", wenn sie entstanden sind. Wir haben dazu eine Reihe von Möglichkeiten entwickelt:

Kreative Produkte und die direkte Reaktion	Die Beratenden reagieren direkt nach dem Hören, Anschauen, Wahrnehmen einer Gestaltung. Eigene Reaktionen auf das Produkt werden genannt, Assoziationen geäussert, Ideen und Deutungsperspektiven beigesteuert. Im Gespräch werden solche Elemente aufgenommen, vertieft und weiterentwickelt. Dies geschieht vor allem dann, wenn kreative Produkte am Anfang einer Stunde ins Spiel gebracht werden. Die Stunde ist damit nicht selten als Ganze eine Resonanz auf ein solches Produkt.
„Fokussierung" kreativer Produkte	Kreative Produkte haben ein Potenzial zur Divergenz und führen auf neue Themen und Zusammenhänge. Diese Dezentrierung ist meist produktiv. Sie kann aber auch eine Verführung sein, sich der eigentlichen Thematik, die in einer Beratung bearbeitet werden soll, nicht zu stellen. Deshalb kann nach dem Gespräch über ein kreatives Produkt die Frage gestellt werden: „Wie sehen Sie den Zusammenhang dieses Bildes (o.ä.) mit dem Fokus, den wir als Schwerpunkt unserer Gespräche festgelegt haben? Was führt darüber hinaus? Weshalb ist dies vielleicht wichtig? Inwiefern könnte sich darin aber auch eine Vermeidung des Themas zeigen?"
Kreative Produkte als weiterführende Impulse mit einem „überschiessenden" Gehalt	Kreative Produkte können auch an den Schluss der Stunden gerückt werden. Das kann mit folgender Einleitung geschehen: „Es ist unsere Erfahrung, dass kreative Gestaltungen häufig einen 'überschiessenden', weiterführenden Impuls enthalten, der über das hinausführt, was wir besprechen können. Wenn Sie mögen, möchten wir Ihnen beliebt machen, diesmal Ihren Text (o.ä.) erst am Schluss der Stunde aufzunehmen, und uns dann zu fragen, ob er eine Art weiterführenden Kommentar zu dem enthält, was wir besprochen haben."

Kreative Produkte und die Anregung zum intermedialen Wechsel	Ein kreatives Produkt kann auch dadurch gewürdigt werden, dass eine Klientin dazu angeregt wird, die Thematik in einem intermedialen Wechsel weiterzuverfolgen. Dadurch wird die Klientin in ihrem Status als kreativ wirkmächtige Frau unterstützt und so gewürdigt.
Kreative Produkte und die Hermeneutik kreativer Resonanz	Kreative Produkte können in einer besonderen Weise gewürdigt werden, wenn sich die Beratenden ihrerseits in einer „Hermeneutik der kreativen Resonanz" zu kreativen Gestaltungen (allenfalls im intermedialen Wechsel) anregen lassen. Raum dazu besteht einerseits in der Rolle der Co-Beratung während der Beratung, andererseits in den Zeiten zwischen den Beratungsstunden.

Alle diese Formen der Aufnahme kreativer Produkte in der Beratung haben eines gemeinsam. Sie zielen nicht darauf, dass eine kreative Gestaltung von einem irgendwie überlegenen Standpunkt aus analysiert, gedeutet oder interpretiert wird. Die Beratenden stellen vielmehr sich selber in ihrer subjektiven Betroffenheit und Kreativität zur Verfügung, suchen das Verstehen von Kreativität durch Kreativität zu fördern und dadurch Weiterentwicklung zu stimulieren. Dabei wird das Prinzip einer „Hermeneutik der kreativen Resonanz" besonders wichtig.

7.3. Hermeneutik der kreativen Resonanz

Das Grundprinzip einer Hermeneutik der schöpferischen Resonanz lässt sich folgendermassen beschreiben: Anstatt einer deutenden, analysierenden Reaktion reagiert die Beraterin in bestimmten Situationen ihrerseits mit einem kreativen Produkt, zum Beispiel mit dem Gebrauch poetischer Sprache. Diese strebt *Verdeutlichung* anstelle von Deutung an, vermeidet Abstraktionen und bleibt sinnlich-konkret. Schöpferische Resonanz verzichtet auf künstliche Hierarchien und Rückzug in (psychologische oder theologische) Überlegenheit und Interpretation. Sie öffnet sich mit eigenen Fragestellungen, zeigt persönliche Betroffenheit durch persönlichen Ausdruck, gibt eigene Schwächen zu und stellt ihre eigenen kreativen Produkte zur Verfügung — je nach Bedürfnis und Bereitschaft des Gegenübers.

Indem Berater und Beraterinnen im schöpferischen Prozess des Verstehens auf eine kreative Form und/oder auf einen anderen Menschen eingehen, berühren sie diese Form, sehen sie das Gefäss auch von innen. Ein schöpferischer Zirkel ergibt sich, der von der Wahrnehmung zur Differenzierung und zur Integration und Kreativität führt. Die „hermeneutische Spirale", die dadurch in Gang kommt, bewirkt eine Metamorphose, welche sprachlich gefassten Sinn und Bedeutung freisetzt. Damit werden Selbstartikulation und -verstehen auch auf Seiten der Beratenden verstärkt. Dort, wo Klientinnen und Klienten mehr Eigenständigkeit zugetraut wird, kann auch die Eigenständigkeit der Position der Beratenden deutlicher ins Spiel kommen, die sich mit ihrer Kreativität in gleicher Weise exponieren.

Verstehen durch schöpferische Resonanz bedeutet: Gleiches kann nur mit Gleichem verstanden werden. Resonanzkörper bin ich. Als Gegenüber und Dialogpartner beginne ich mitzuschwingen und lasse mich zu einem (schöpferischen) Echo anregen. Eine Hermeneutik der schöpferischen Resonanz ist als universales Verstehensprinzip überall wirksam, wo Verständigung gelingt. Kreative Resonanz verhilft zu einer Interpretation von Kunstwerken wie auch von Äusserungen resp. Problemen von Klienten und Klientinnen, die sich als Dialog mit sich entbergenden kreativen Gestaltungen resp. Prozessen eigener Realität versteht (Schibler 1999). Es entfaltet sich prozesshaft eine Lesart, eine Lösung, eine Hoffnungsgeschichte etc. Es braucht besondere Hellhörigkeit und „Hellsichtigkeit", diese Prozesse und Antworten zu erkennen, zu sehen und zu lesen.

Kreative Produkte sind gerade durch ihre Mehrschichtigkeit, ihren metaphorischen Gehalt und ihre Überdeterminiertheit offen für verschiedene Lesarten. Die Beratenden als „Publikum" bieten den Klientinnen und Klienten zumeist neue, überraschende Lesarten, weiterführende Echos und Interpretationen wie auch fruchtbare Missverständnisse an. Wir haben bereits verschiedene Beispiele kennen gelernt, in denen die Beratenden selber schöpferisch tätig wurden (wohlgemerkt: nicht dies allein beinhaltet kreative Resonanz, sondern grundsätzlich eine andere, kunstanaloge Form der Interpretation und des Verstehens): den Gottesbrief, der Cristina Bandi neue Zugänge zum Verständnis ihrer eigenen Frömmigkeitsgeschichte nahelegte (vgl. S. 22); den Text zur tanzenden Wutschlange, in dem Frau Beck als aufrechte, ihre Wut als schöpferische Lebenskraft integrierende Frau imaginiert wird (vgl. S. 32f.); den Antwortbrief des Pfostens der Tradition, in dem Erika Widmer in ein eigenes Leben entlassen wird (vgl. S. 134f.). Der Berater resp. die Beraterin liessen sich dabei durch den Fortgang des beraterischen Dialogs während der Stunde oder zwischen zwei Stunden zu einer eigenen kreativen Reaktion inspirieren, in der sie eigene Resonanzen und Intuitionen in eine hör- und greifbare Form brachten (der Gottesbrief liess sich als konkretes Objekt beispielsweise auf dem Nachttisch platzieren). Hier soll nun noch ein Beispiel angeführt werden, in dem diese kreative Resonanz in einer besonderen Weise zum Zug kommt. Unabhängig voneinander schrieben die beiden Berater einen Text und stellten diesen in der Beratungsstunde zur Verfügung — und die Intentionen dieser Texte wiesen dabei in diametral unterschiedliche Richtungen...

Adrian Frank (vgl. S. 87) hat, nach langen Jahren beruflicher Tätigkeit, ein Theologiestudium angefangen, das sich nun seinem Ende zuneigt. Er sucht Beratung in den Fragen, die ihn umtreiben, und auf die er an der Universität bisher keine Antwort erhalten hat. Insbesondere sein Bedürfnis nach einer Auseinandersetzung mit Glaubensfragen, die auch eine tiefere, spirituelle Ebene berühren würde, ging ins Leere. Die Berater regen ihn an, seine innere Problematik in einen „Sehnsuchtspsalm mit klagenden Untertönen" umzusetzen. Er greift diese Anregung auf und bringt den folgenden Text in die Beratung:

Zu den Bergen
I
In den unendlichen Regalen
schwindelnd hoher Hallen
der zum Himmel hin erbauten Weisheits-Kathedralen

alles Bücher
über dieses eine Buch der Bücher.
Feine Tropfen, Bäche, Flüsse,
Ströme, Wasserstürze und Orkane.
Alles schwarz.
Nur Buchstaben und Worte.

Ein ganzes Meer
von Druckerschwärze, allmählich zäh und träge.

II
Aus dieser Not schrei ich zu dir, o Herr,
und hebe meine Augen zu den Bergen.
Errette mich mit starkem Arm.

Reiss mich aus diesem trüben Sumpf,
der mich verschlingt.
Brenn weg die Krusten längst vergangner Zeiten,
sie lähmen mich und rauben mir den Atem.
Zerspreng die Ketten tauber Worte,
sie umschlingen meine Flügel.

Aus tiefer Not schrei ich, o Herr,
Und hebe meine Augen auf zu dir.
O Gott, errette mich!
Noli tardare!

III
Ich breite meine Flügel beide, o Herr,
mich zu erheben zu den Bergen in Kraft.
Mich zu erheben zu den Bergen in Sehnsucht,
mich zu erheben zu den Bergen, woher dein Licht leuchtet.

Im Gespräch wird Herrn Frank sehr deutlich, was im Abschied von der Universität auf dem Spiel steht. Als Fokus zeichnet sich folgende Problematik ab: Herr Frank muss viel leisten und in Kauf nehmen, ist „auf dem Wasser gelaufen", um sich seinen Wunsch nach einer tieferen Auseinandersetzung mit spirituellen Fragen doch noch zu erfüllen und hat sich in ein ganz anderes Milieu gewagt. Nun schnurrt die Zeit, die ihm noch zur Verfügung steht, beängstigend schnell ab. Er wird schlecht ernährt und der goldene Apfel rollt davon. Das erlebt er als enorm frustrierend. Denn: er hat mit dem theologischen Zweitstudium alles auf eine Karte gesetzt. Diese Zeit wird nie mehr wiederkommen. Hat er sich genügend ausgerüstet, dass er in einer kirchlichen Wirklichkeit, die anders ist als seine Träume, bestehen kann? Soll er aufbrechen? Soll er noch bleiben? Im Beraterteam spiegelt sich diese Ambivalenz. Beide Berater kommen je mit einem anderen Text, den sie am Schluss der nächsten Stunde vorlesen.

Text von Berater A.
Schmale Wege
statt breite,
Hinterland
statt Mainstream.

Jesus im Bergland Galiläas,
nicht der Schritt der Legionen
auf den Heerstrassen Roms.
Da herrscht Stille,

Gesang der Vögel,
Windrauschen im Gras,
Blumen am Wege.

Da,
dort,
neu und neu.
Die Frage: wer was wo?
Bin ich?

Egal, was ich bin,
ich bin
JETZT,
fliege
JETZT.

Text von Berater B.
Warte noch, warte,
bevor Du deine Flügel breitest,
bevor du dich erhebst in Kraft,
bevor du dich erhebst in Sehnsucht
zu den Bergen,
warte noch, warte.

Warte noch, warte,
bevor du deine Flügel breitest,
putze dein Gefieder,
trink Wasser von der frischen Quell,
ruhe dich noch einmal aus
in deinem Horst,
ruhe dich noch einmal aus,
warte noch, warte,
bevor du deine Flügel breitest.

Warte noch, warte,
bevor du dich erhebst in Kraft,
kreise noch einmal in den Weisheitskathedralen,
lege die Ketten fein säuberlich zusammen,
picke von den Krusten vergangener Zeiten,
vergiss nicht das eine Wort,
warte noch, warte,
bevor du dich erhebst in Kraft.

Warte noch, warte,
bevor du dich erhebst in Sehnsucht,
reisse noch einmal Lebendiges,
trink noch einmal warmes Blut,
wetze deine Krallen am Stein,

sag A-dieu,
warte noch, warte,
bevor du dich erhebst in Sehnsucht
zu den Bergen.

Warte noch, warte,
bevor du deine Flügel breitest,
bevor du dich erhebst in Kraft,
bevor du dich erhebst in Sehnsucht
zu den Bergen,
woher sein Licht leuchtet.

Die beiden Texte der Berater sind widersprüchlich. Offenbar ist die Ambivalenz, in der Herr Frank selber gefangen ist, bei den beiden je auf eine andere Resonanz gestossen und je anders aufgelöst worden. Hat der eine vor allem die vorwärts strebenden, progressiven Kräfte gespürt und in seinen Text gesponnen, werden im anderen Text vor allem die regressiven Kräfte, der Wunsch nach Verweilen und Nahrung, das Stillehalten und Einhalten betont. Herr Frank antwortet darauf mit einer „Entgegnung", die er den Beratenden brieflich zustellt:

„Meine sehr verehrten Herren,
Wenn ich Ihre Texte ansehe, dann raten Sie mir: Warte noch, fliege jetzt. Eile, verweile. Beides tue ich nicht.
Ich gehe vorwärts, aber zu Fuss. Vielleicht schleiche ich auch wie eine Schnecke. Dann verändert sich die Wahrnehmung, sie kann die Dimension der Zeitlupe annehmen. In der „Reitergeschichte" von Hugo von Hoffmannsthal sind diese unterschiedlichen Wahrnehmungen der Zeit als Stilmittel eingesetzt. Im Wechsel zwischen hochdynamischer Hektik und lähmender Verlangsamung treibt diese Geschichte auf eine Katastrophe zu. Ein Wachtmeister — die Hauptfigur — wird mitten aus der zum Appell aufgereihten Reiterschwadron vom vorgesetzten Offizier — dem Rittmeister Rofrano — wegen Insubordination erschossen. In der allerletzten Sekunde vor dem tödlichen Schuss steht die Zeit fast still."
Herr Frank nennt in seinem Brief zudem weitere für ihn wichtige Erfahrungen: Skizzen zu einem City-Kirchenprojekt, die er entworfen hatte, sind „keine vierzehn Tage alt und schon unterspült wie eine Sandburg. Wie kann man als Mitglied einer absterbenden Fakultät und einer in die Knie gehenden Territorialkirche überhaupt an solchen Gedanken rumspintisieren? Vielleicht können Sie mir etwas über Dammbau beibringen." Sehr berührt hat ihn hingegen eine Ausstellung. „Mitten im Gewühle war ich fast zu Tränen gerührt. Warte noch, warte. Diese Ausstellung hat mich im Vorwärtsgehen etwas zögern lassen."

Wir finden hier eigentlich einen „Dialog" von kreativen Produkten. Herr Frank erhält dabei einen Raum, in dem er seiner Sehnsucht und den widerstrebenden Kräften in ihm (der Sehnsucht nach Zukunft und der Sehnsucht nach Vergangenheit) poetischen Ausdruck verleihen kann. Dadurch wird eine schnelle psychologische Deutung und „Aneignung" seiner Haltung als „Ambivalenz" unterlaufen. Sein Text ist sperrig und zeigt die Würde des Konflikts, in dem er steckt, ohne wirklich einen Weg zu finden. Durch die Form des „Psalms" erhält dieser Konflikt zudem eine spirituelle Dimension, wird zum Konflikt eines betenden Menschen vor Gott. Dadurch werden auch die

Beratenden zum Teil eines Beziehungsfelds, in dem es schwierig wird, eine hierarchisch höher gestellte Ebene des (psychologischen oder theologischen) Wissens einzunehmen. Der Konflikt wird nicht gedeutet, sondern durch die gegensätzlichen Reaktionen der beiden Berater noch verschärft, in die beraterische Szene gebracht. Dadurch wird Herr Frank seinerseits herausgefordert, persönlich noch klarer Position zu
beziehen und sich so nochmals neu zu artikulieren. Auch die beiden Berater werden
herausgefordert, ihre Interpretationen zu hinterfragen und Eigenes, das darin zum
Ausdruck kam, neu zu reflektieren.

Herr Frank integriert in seinem Brief an die beiden Herren die unterschiedlichen Intentionen der schöpferischen Resonanz zu einer Theologie des „zu Fusse Gehens".
Er bleibt nicht an der schwarzen Tinte des Theologiestudiums kleben, er hebt aber
auch nicht ab, wie dies sein erster Text als Möglichkeiten (der Flucht?) andeutet. Er
unterzieht sich der mühsamen und riskanten Realität und vermeidet den Flug in All-
machtfantasien. Aus eigener Kraft (kein ekstatisches Fliegen), nicht verfangen in
fruchtlosen Worten, aber hingegeben der zeitlosen Endlosigkeit des Augenblicks will
er die nächsten Schritte gehen. Gerade in der Endlichkeit zeigt sich das End-lose, im
Untergang das, was aufersteht.

Spinnen wir selber diesen Faden kreativ noch etwas weiter! Uns scheint, auch pfarramtliche Identität
entstehe in diesem Spannungsfeld einer hilflosen, nicht-wissenden, aus Not und Demut genährten
Position und einer andern, aus der vollmächtig, hoffentlich inspiriert, schöpferisch und heilend-
heilsam „von den Bergen" Antwort gegeben wird. Beide Positionen auszuhalten, auszumessen, *tem-
porär* auszufüllen, führt zu einer Theologie des „Zu-Fuss-Gehens". Wehe, wer als Theologin oder
Theologe das Abheben nie hinter sich gelassen hat! Es drohen Machtmissbrauch, Selbstverliebtheit
und Manipulation. Wehe, wer als Theologin oder Theologe nicht manchmal abheben kann! Es drohen
Saft- und Kraftlosigkeit, Geistlosigkeit und Depressivität.

Das Beispiel zeigt es: Kreative Resonanz ist nicht einfach gleichsinnige Spiegelung[5].
Sie ist eine besondere Form des Gesehen-Werdens, des Blicks. In den Texten der
beiden Berater begegnet Adrian Frank auch dem, was diese beiden an Potenzialität in
ihm sehen, nicht nur dem Bild, wie er ist, sondern wie er werden könnte. Dadurch
kann auch er diese Möglichkeiten nochmals erwägen und findet zu einer eigenen Lösung des Konflikts. Kreative Resonanz ist Spiegelung besonderer Art. Sie ist kreative
Bestätigung des So-Seins des anderen Menschen in seiner Kreativität. Damit weist sie
aber zugleich über das Gegebene hinaus auf das Mögliche. Das Beispiel zeigt auch,
dass kreative Resonanz gerade dann besondere Möglichkeiten eröffnet, wenn eine
Thematik im Spiel ist, die zugleich religiöse und existentielle Komponenten hat. Die
beiden Reaktionen zeigen, wie die zwei Ebenen gleichzeitig angesprochen werden
können, ohne dass sie sich in psychologische oder theologische Abstraktionen ver-
flüchtigen. Gerade die kreativ-poetische Ebene dieses Dialogs legt offen, dass in Fragen, die Menschen „unbedingt angehen", Unterschiede zwischen Wissenden und
Nicht-Wissenden hinfällig werden.[6]

---

[5] Vgl. dazu Steinmeiers (1998, 147ff.) Auseinandersetzung mit dem Mahlerschen Konzept der Spiegelung.
[6] Glandon (1999) bemerkt in ähnlicher Weise zum Umgang mit religiösen Erfahrungen (wie sie z.B.
bei Rizzuto 1979 beschrieben werden): „If such experiences emerge, are evoked, with psychodynami-

7.4. Gottesbriefe

Eine besondere Form kreativer Resonanz sind „Gottesbriefe", die das Beratungsteam als Antwort auf einen Brief in Aussicht stellt, die die zu beratende Person selber an Gott gerichtet hat. Wir haben als ein Beispiel bereits jenen Brief kennen gelernt, den Cristina Bandi auf ihren Brief an Gott hin von der Beraterin zur Verfügung gestellt erhält (vgl. S. 22). Wird in solchen Briefen das soeben geäusserte Prinzip einer dialogischen Hermeneutik nicht in krasser Weise verletzt? Wir haben hier keineswegs eine sichere Antwort. Gottesbriefe wurden von uns in ganz besonderen Situationen „mit Zittern und Zagen" geschrieben und ins beraterische Geschehen eingebracht. Und doch möchten wir diese Möglichkeit nicht missen. Sie macht explizit, was sonst häufig implizit bleibt.

Als Seelsorger und Seelsorgerinnen reden wir immer wieder „im Namen Gottes", wenn wir Trost spenden resp. von Gott erzählen. Wir reden jedoch (meist) nicht in der Ich-Form als Gott, sondern wir reden über Gott. In der Ich-Form als Gott zu reden resp. in diesem Fall zu schreiben, ermöglicht eine tiefergehende Identifikation. Wie in einem Bibliodrama oder in einem Rollenspiel werde ich für Momente die Figur, die ich spiele resp. in deren Namen ich schreibe, weil ich mich mit ihr identifiziere. Zusätzlich ermöglicht dieser kreative „Kunstgriff" einen Perspektivenwechsel, der sowohl dem Klienten wie auch der Beraterin hilft, aus eingefahrenen Glaubens- und Denkmustern herauszufinden und einen neuen Blickwinkel zu gewinnen.

Gottesbriefe machen in ihrem Eingangsteil (und ohne solchen Eingangsteil schreiben wir keine solchen Briefe) explizit auf diesen „Kunstgriff" aufmerksam. „Nun schreibt G.S. in meinem Namen an dich — und so wirst du eine von *ihrer* Erfahrung geprägte Antwort bekommen." So begann der Gottesbrief an Cristina Bandi. Da soll nichts verschleiert und niemand manipuliert werden. Es ist die Beraterin, die aufgrund ihres Glaubensfundamentes Antwort auf Lebensfragen gibt. Die literarische Form selbst stellt klar, dass hier nicht Gott selber schreibt, sondern dass ein Mensch schreibt. Dennoch ist der Brief in Ich-Form, unterschrieben von „Gott", wohl machtvoller, besonders wenn er (wie es in der Beratung geschah) laut vorgelesen wird. Weshalb? Kunst- und Ausdruckstherapien antworten: Eine eigene Realität scheint auf, in die die Klientin und Beraterin in einen Prozess kreativer Imagination eintreten. Die Gottesbeziehung wird in der Unmittelbarkeit einer menschlichen Begegnung aktualisiert. Im Sprechakt des Vorlesens des Briefs werden die Worte zum „Dabar", zum wirkmächtigen Wort, das nicht nur etwas beschreibt, sondern einen Raum entstehen lässt, in dem etwas aufscheint, was „unbedingt angeht".[7]

Gerade durch die Übernahme dieser ganz besonderen Perspektive erhält das Schreiben eines solchen Briefes auch für die beratende Person selber eine grosse Ernsthaftigkeit. Der Perspektivenwechsel signalisiert auch ihr: Hier geht es ums Ganze, um das, was auch mich „unbedingt angeht". Gerade durch die fiktive Übernahme der „Rolle Gottes" stelle ich mich — in voller Anerkennung der Differenz zwischen meinem Gottesbrief und Gott — mit meiner Antwort „vor Gott". Ich versuche, diese Po-

---

cally-healing effect they are better mirrored than analyzed; i.e. reduced to either a theological or psychological logos" (402).

[7] Anders als dort, wo — zum Beispiel durch den Einsatz psychodramatischer Techniken — ein Mensch dialogisch mit jenen inneren Stimmen und Bildern konfrontiert wird, die sein (weitgehend unbewusstes) Gotteskonstrukt, das er internalisiert hat, charakterisieren, wird hier die Auseinandersetzung direkt inszeniert. Vgl. dazu Griffith/Griffith (1992).

sition so einzunehmen, dass ich Gott durch meine Antwort nicht „verstelle", sondern ihn gegenüber meinem Gesprächspartner „ver-antworte". Das Prinzip der Stellvertretung wird durch diese Form in ganz besonderer Weise aufgenommen und umgesetzt. Wir wollen dies an einem weiteren Beispiel noch etwas verdeutlichen:

Herr Maurer, wir haben ihn bereits kennen gelernt (vgl. S. 63 und 101f.), sucht einen besseren Zugang zum Thema der Auferstehung. Er fordert seinen Berater in unterschiedlicher Weise heraus, Antworten auf seine drängenden Fragen zu geben. Dieser wird dadurch dazu geführt, sich gerade in der Auseinandersetzung mit Herrn Maurer noch einmal neu und existentiell damit auseinander zu setzen, was denn „Auferstehung" für ihn selber heute bedeutet. Diese Auseinandersetzung wird deshalb existentiell unausweichlich, weil sie von einem starken Denker in direkter Konfrontation herausgefordert wird. Der Rückgriff auf vorgedachte, theologisch korrekte Antworten scheint dabei nicht weiterzuhelfen. Herr Maurer kennt sie und kann sie selber zitieren, wenn es nötig ist. Gefordert ist eine andere Antwort. Diese Auseinandersetzung wird vom Berater aber auch als emotional bedrängend erlebt. Zum einen hängt dies mit eigenen „unerledigten Geschäften" zusammen. Zum anderen hat dies aber auch mit der Wucht der Bedürfnisse und Emotionen zu tun, die Herr Maurer aus einem lebensgeschichtlich-familiären Kontext in diese ungestüme Frage nach der Wahrheit der Auferstehung einträgt. Immer wieder neu lässt Herr Maurer den Berater mit seinen Antwortversuchen abblitzen. Nachdem Herr Maurer an einem bestimmten Punkt der Beratung einen Brief an Gott verfasst hat, liest der Berater am Ende der nächsten Stunde folgenden Brief vor:

Lieber Georg
Dein Brief geht nicht ins Leere. Ich bin zwar etwas in Verlegenheit, wie ich dir antworten soll, so dass du es hörst. So wird vorerst einmal C.M. in meinem Namen dir antworten. Ich weiss, ich weiss, der hat das Ganze auch noch nicht recht begriffen. Aber: Das ist ja das Vertrackte, dass ich mich nur durch Menschen und die sprachlose und vielstimmige Natur verständlich machen kann. Ich bin sehr darauf angewiesen, dass du diese Töne hörst und verstehst. Manchmal wünschte ich, ich hätte mich nicht eurem Verstehen ausgeliefert. Aber ich hab's ja eigentlich doch so gewollt.
Ich wollte euch frei. Ich will dich frei. Ich bin deine Freiheit. Ja, Georg, deine wunderbare, unvertretbare und verheissungsvolle Freiheit. Ich habe mich auch *deinem* Verständnis ausgeliefert, mich in *deine* Verantwortung gestellt. Und so fühlst du dich manchmal allein in deinem Suchen, im Stich gelassen, enttäuscht. Nach langen Phasen des intensiven Fragens kannst du nicht mehr, brauchst Erholung, Distanz. Ich verstehe das. Es ist ja auch vertrackt.
Manchmal bin ich gerade da, wo du mich nicht suchst. Ich bin nicht in den Antworten. Ich bin in deinen Fragen. Ich lasse mich nicht einsperren in den Hochsicherheitstrakt dogmatischer Systeme. Ich lasse mich nicht zwischen Bücherdeckel pressen. Ich lasse mich nicht als Wissensstoff fressen. Ich will gar nicht immer verständlich sein. Ich bin in deinem bohrenden Hunger, mit dem du alles verschlingst und doch nicht satt wirst. Ich bin kein Gott der Sattheit, oh nein! Ich bin in deinen Zweifeln, ob Erfolg glücklich macht. Ich bin kein Gott des sicheren Glaubens. Ich bin da in den Zwischenräumen, in den Lücken, in den Rissen. Dort, wo der Strom wegbleibt, in der Nacht des Nichtwissens und des Stillstandes. Als dein Nicht-Verstehen bin ich dir ganz nah.
Wahrscheinlich würde ich schon Wege finden können, mich dir zu zeigen. Doch ich fürchte: Ihr ertragt meine Gegenwart noch viel weniger als meine Abwesenheit. Mein Licht würde dich blenden. Mein Erscheinen wäre das Ende deiner Freiheit. Und das will ich nicht. Ich liebe dich, wenn du suchst und fragst und bohrst und klopfst. Ich liebe dich, wenn du verstehen willst. Anspruchsvoll bist du, Drachenkämpfer, du. Die grössten Fragen sind gerade gross genug für dich. Nur unter uns Männern gesagt (ich weiss, ich weiss, so darf man heute fast nicht mehr sprechen und ich habe so gewiss

andere Seiten an mir wie du sie an dir hast), aber für einmal unter Männern gesagt: Das Format
braucht es, um Theologe zu bleiben.

Auferstehung, das willst du begreifen. Ach, hätte ich ihn selber schon verstanden, jenen Moment, in
dem ich meine Jahrtausende alte Fassung verlor, in dem mir euer Elend so ans Herz ging, dass ich
verblutete, in dem ich nicht mehr mich selber bleiben konnte, sondern ganz anders werden musste,
sodass ich mich selber nicht wiedererkannte, nach jenem Blitz des Schmerzes und der Veränderung,
welcher alles durchzuckte. Hast du schon begriffen, wie du geboren wurdest? Nein?! So schwierig ist
es für mich, zu verstehen, dass ich aus Liebe zu euch an Ostern neu geboren wurde.

So musst du nicht meinen, ich hätte irgendwo im Faltenwurf meiner Schöpfung eine Trumpfkarte
verborgen, einen Zauberspruch, der dir auf einen Schlag alles erklären würde. Diese Trumpfkarte gibt
es nicht. Danach kannst du suchen, so lange du willst. Das weisst du ja selber. Wie willst du verstehen, was ich nicht verstehen kann: dass ihr mir so wichtig seid!

Und trotzdem: Suche, am Morgen, am Mittag, am Abend, in der Nacht. Bitte siebenundsiebzig mal
siebenmal. Klopfe, klopfe, bis sich die schwere Türe in ihren Angeln bewegt. Und betrete dann endlich den Raum, in dem du schon bist.

So viel für heute.

Im Namen

deines guten alten

Vaters, Sohns und Geistes.

Das Beispiel zeigt ein Erstes deutlich: Solche Briefe werden in einem Beziehungs-
kontext geschrieben. Sie sind ein Ausdruck der Übertragungssituation und gestalten
diese in gewisser Weise auch um. So ist auch dieser Brief zum einen ein letzter, fast
verzweifelt anmutender Versuch, Antwort zu geben. Diese Antwort prallt wie andere
Antwortversuche scheinbar von Herrn Maurer ab, „versinkt" ins Schweigen. Herr
Maurer nimmt den Brief zwar mit einer gewissen Betroffenheit entgegen, kommt später aber nicht mehr darauf zurück. Wie dieses Schweigen wirklich verstanden werden
muss, ist allerdings offen. Ist es ein widerständiges Schweigen, in dem sich nochmals
jene Angst vor Veränderung manifestiert, die Herrn Maurer in seiner theologischen
Suche irgendwie zu blockieren scheint? Ist es ein betroffenes Schweigen, das einer Art
„Numinosum" gilt, das durch diesen Brief evoziert wird? Ist es auch einfach — legi-
time! — Verweigerung der Umdeutung der Beziehung, die in diesem Brief vollzogen
wird? Die Antwort muss offen bleiben. Im Fortgang der Beratung zeigt es sich jedenfalls, dass für Herrn Maurer vor allem die Einsicht wichtig wird, dass auch der Berater
keine letzten Antworten weiss (nicht einmal in der Identifikation des Gottesbriefes!)
und dass ein (theologisch legitimes) Leben auch mit offenen Fragen möglich ist.

Gerade durch das Scheitern des Gottesbriefes — so können wir vermuten — wird
aber noch ein anderer Vorgang angesprochen: Herr Maurer beharrt in gewisser Weise
mit seinem Widerstand darauf, dass letzte Antworten auf letzte Fragen „wirklich" bei
Gott liegen, und auch in theologischer Identifikation mit Gott nicht gefunden werden
können. Wird durch das Wagnis des Gottesbriefes eine Einsicht verstärkt und auch
auf der psychodynamischen Ebene angesprochen, die theologisch und psychologisch
von einiger Brisanz ist? „Ohne feste Antwort" Theologe zu sein — und jene auflau-
fen zu lassen, die Antworten zu geben versuchen — könnte ja auch eine Form sein,
eine letzte Differenz zwischen Gott und dem Menschen ernst zu nehmen, „ganz
Mensch" zu sein. Eigenartig und doch auch „sprechend" ist in diesem Zusammenhang, dass dieser Gottesbrief für den Berater selber fast wichtiger wurde als für Herrn

Maurer. Gerade durch die „spielerische" Selbstunterscheidung und den gleichzeiti-
gen Ernst der Rollenübernahme wurde es ihm möglich, zu einer Form der „Antwort"
zu finden, die ihm so vorher nicht möglich war. Das führte zu Einsichten, die ihm persönlich vorher so nicht zugänglich waren.

7.5. Kreative Resonanz im Umgang mit biblischen Figuren

Wir regen im Freiraum des schöpferischen Spiels und des intermediären Raums die
Beziehungsaufnahme mit Jesus, Gott oder weiteren „Objekten" im religiösen Bereich
an. Auch für solche Beziehungen — das versuchen wir durch unsere Aufgabenstellung zu verdeutlichen — gilt eine Hermeneutik kreativer Resonanz. Biblische Figuren
werden dabei ja nicht in erster Linie als „Textgrössen" verstanden, die wir interpretieren und interpretatorisch in weitere Zusammenhänge stellen. Wir suggerieren durch
unsere Aufgaben vielmehr, dass auch mit solchen Figuren im imaginativen Raum eine
Begegnung möglich ist. Auch für einen solchen Textbezug ist das dialogische Prinzip
also grundlegend. Im Schreiben eines solchen Dialogs kreiere ich im intermediären
Raum, der zwischen dem Text und mir entsteht, eine Figur, mit der ich eine Beziehung
eingehen kann. Anstelle einer deutenden Reaktion auf den Text entsteht also ein kreatives Produkt als Ausdruck kreativer Resonanz.
Die Chancen dieses Vorgehens haben wir breit dargestellt. Wo sind jedoch die Grenzen und wo lauern Gefahren? Das Prinzip schöpferischer Resonanz wird vielleicht
noch deutlicher, wenn wir auch sie benennen. Um Grenzen dieses Umgangs mit Christus wie auch mit religiösen Figuren (Schutzengeln, Gott etc.) im Auge zu behalten, ist
die Art der Beziehungsaufnahme kritischer Aufmerksamkeit zu unterziehen. Schöpferische Beziehungen zu Gott — ähnliches gilt für dialogisch-fantasierte Bezüge zu
Jesus resp. zu weiteren religiösen Figuren — dürfen nicht für eigene Zwecke missbraucht und vereinnahmt werden. Eigene Bedürfnisse kommen zwar fast selbstverständlich zum Zug. Problematisch werden sie dann, wenn die Beziehungsaufnahme
dem alleinigen Ziel der eigenen Bereicherung dient resp. dazu, nur persönliche Bedürfnisse zu stillen (das gilt übrigens gleichermassen für kreative Produkte der zu
Beratenden wie für Produkte der Beratenden, die in schöpferischer Resonanz entstehen). Eine solche Beziehungsaufnahme ist nicht dialogisch, sondern manipulierend.
Sie widerspricht fundamental dem dialogischen Prinzip, in dem beide Dialogpartner
ihre Unverfügbarkeit bewahren. Wie können wir aber als Beraterinnen und Berater
Manipulation und Vereinnahmung vom dialogischen Bezug unterscheiden und Anzeichen einer problematischen imaginativen Produktion erkennen?

- Spirituelle Figuren bzw. literarische Formen sprechen zu präzise Wunscherfüllungen an und zu,
  bzw. nehmen manipulative Formen „positiven Denkens" an. Die „Kraft des Wünschens" ist auch
  im Bereich religiöser Fragen und Bedürfnisse zu kultivieren. Zum Wünschen gehört aber auch das
  Zugeständnis, dass sich mein Gegenüber entziehen kann und immer wieder entziehen wird. Positives Denken wirkt dann hilfreich, wenn es Selbstheilungskräfte und Ressourcen in Menschen zu
  aktivieren vermag, versagt aber kläglich, wenn es darum geht, schwierige Dimensionen der Realität anzunehmen und zu bewältigen (nicht zu beseitigen!). Ihre Form der Verwendung der Fantasie
  ist Einschränkung und Kanalisierung mit dem Zweck, sich letztlich in einer Welt ohne Leiden,
  Elend, Tod, Krankheit, Schicksalsschläge, Armut und Unrecht leichter zurechtzufinden.

- Künstlerisch und stilistisch zeichnen sich solche Produkte oft durch Klischees und starre Normen aus. Sprache ist nicht schöpferisch erfühlt und erschaut, sondern wird repetitiv wiederholt und wirkt starr und langweilig. Bilder sind kitschig, weil nur harmonisch oder an abgedroschenen, verbrauchten Vorlagen orientiert. Spiel wie Theater folgen nicht einem schöpferischen Fluss, sondern einem normativen Programm. Negatives wird nicht dargestellt und integriert, sondern ausgeblendet und verdrängt.

- Positive Hinweise auf schöpferische Resonanz finden sich dort, wo kreative Gestaltungen Überraschendes, Konfrontationen, Korrekturen und Hinweise auf Lebensansprüche anderer Menschen oder der Natur bzw. Hinweise auf Verantwortung enthalten, negative dort, wo schöpferische Gestaltungen über längere Zeit hinweg nur der eigenen Erbauung, Wunscherfüllung oder Bestätigung dienen.

- Positive Hinweise auf kreative Resonanz finden sich auch dort, wo es in einem Dialog zur Klärung von Standpunkten kommt, wo die Dialogpartner gegenseitige falsche Erwartungen zurechtrücken, wo sie falsche Übertragungen thematisieren und auflösen, wo sie authentisch von ihren Gefühlen sprechen, wo Dissens entsteht und Konsens mühsam wieder hergestellt werden muss.

Christlich inspirierte Beratung muss sich Allmachtsfantasien verweigern, denn sie weiss um die Brüchigkeit und Unvollkommenheit der Welt — und gerade mit Bezug auf die Kunsttherapie begreift sie Grenzen und Mangelsituationen als Herausforderung zum schöpferischen Sprung, zum Wandel, zum „Aus-sich-Herausgehen", zum Risiko des Dialogs und der schöpferischen Resonanz, die nicht verfügen will, aber antwortet.

7.6. Kreative Resonanz und Verkündigung

Wir möchten in diesem Zusammenhang noch eine letzte Frage aufgreifen. Zugespitzt gefragt: Findet in religiös-existentieller Beratung „Verkündigung" statt? Damit nehmen wir eine heikle Frage mit einer langen Geschichte auf, die wir hier nicht aufrollen können. Trotzdem provoziert das bisher Gesagte diese Frage, und dazu möchten wir einiges zu bedenken geben. Der Gegensatz von verkündigender und beratender Seelsorge hat eine lange Geschichte in der deutschsprachigen Pastoralpsychologie. Bis in die Achziger-Jahre wurden — in Abwehr gegen eine Position, wie sie Thurneysen vertreten hat (oder haben soll[8]) oder in Abwehr einer Position, wie sie die Seelsorgebewegung vertreten hat (oder haben soll) — Beratung und Verkündigung gegeneinander gestellt. Muss dies so sein? Immer wieder gab es Versuche, die beiden Pole miteinander zu verbinden.[9] Hier knüpfen wir in gewisser Weise an.

---

[8] Thurneysens Position (z.B. Thurneysen 1946) ist gerade in diesem Punkt immer wieder Ausgangspunkt interessanter Reinterpretationen geworden: vgl. z.B. Grözinger (1998) oder Gräb (1997).
[9] Lemke ist in ihrer Arbeit mehrfach (z.B. schon Lemke 1981) auf die Frage eingegangen, wie sich klientenzentrierte Arbeit und die „traditionellen Aufgaben" der Seelsorge miteinander verbinden lassen. Sie argumentierte immer wieder überzeugend dafür, dass sich Verkündigung und Personenzentrierung nicht ausschliessen, sondern aufeinander beziehen lassen. Vgl. auch Bukowskis Versuch, das Einbringen biblischer Texte in die Seelsorge theoretisch und methodisch neu zu fassen (Bukowski 1996), und Nicols Bericht über die Funktion biblischer Texte in der nordamerikanischen Pastoralpsychologie (Nicol 1998).

Kreative Resonanz, wie wir sie beschrieben haben, kommt in religiös-existentieller Beratung nicht nur dann zum Zug, wenn religiöse Fragen im Spiel sind. Sie ist ein kunstanaloges Verfahren der Hermeneutik, das auch dann gebraucht werden kann, wenn existentielle Fragen in kreativen Gestaltungen bearbeitet werden, ohne dass dies direkt ersichtliche religiöse Bezüge hat. In unseren Beratungen wird eine Hermeneutik kreativer Resonanz aber eben auch im religiösen Bereich wichtig. Das haben viele Beispiele nun gezeigt. Zugespitzt stellt sich im Blick auf unsere Gottesbriefe die Frage, wie eine Hermeneutik kreativer Resonanz denn in Beziehung zu setzen ist zu dem, was traditionellerweise „Verkündigung" genannt wird. Wir vergegenwärtigen uns noch einmal einige der Kennzeichen dieser Praxis:

- Wir machen den kreativen Anteil eines solchen Zuspruchs deutlich sichtbar. Er ist verantwortet und auf die beteiligten Personen bezogen. Er vollzieht einen Perspektivenwechsel. Er ist oft spielerisch, gerade auch in der Wahl verfremdender Formen und Stilmittel.

- Der Einbezug der kreativen Dimension führt zu entsprechenden künstlerischen Formen. Zuspruch erhält hier keine begrifflich-abstrakte Form. Er sucht den konkreten, poetischen, berührenden Ausdruck. Zuspruch weist Eigenarten eines „offenen Kunstwerks" auf und regt durch seine Komplexität und Mehrperspektivität Klientinnen und Klienten zu eigenen Gedanken und weiteren kreativen Resonanzen an.

- Im Gespräch besteht genügend Gelegenheit, individuelle Reaktionen auf eine solche Gestaltung auch über einen längeren Zeitraum in einem geschützten Rahmen zu verarbeiten, Dissens zu formulieren oder Gegenpositionen ins Spiel zu bringen. So regen solche Impulse den Dialog an und werden zum „Mehrweg-Zuspruch".

- In kreativen Gestaltungen entsteht ein Werk, das eine bestimmte Eigenständigkeit entwickelt und etwas „Drittes" anklingen lässt. Diesem Dritten gegenüber geraten Rezipient und Produzent einer solchen Gestaltung in eine eigentümlich ähnliche Position. Auch jene Person wird dadurch berührt und umgetrieben, durch die hindurch ein solches Werk entstanden ist (z.B. der Berater).

- Die Aufnahme religiöser Formtraditionen und Inhalte, das haben eine Reihe von Beispielen gezeigt, bringt in einer Art „Amplifikation" Möglichkeiten zur Sprache, die nicht aus dem Dialog direkt abgeleitet werden können. Dadurch haben sie nicht selten etwas heilsam Verfremdendes, führen zu Perspektivenwechseln, manchmal zum „Reframing" einer ganzen Problematik.

Soll diese Praxis „Verkündigung" genannt werden? Ja und nein. Diese Praxis trägt Züge dessen, was als „Verkündigung" in der poimenischen Tradition verstanden worden ist. So wird der Gottesbrief von Cristina Bandi (vgl. S. 22) durchaus als Zuspruch verstanden. Die Reinterpretation der Geschichte Frau Bandis, die diese aus der evangelikalen Gemeinschaft herausgeführt hat, bedeutet zudem eine Art „Bruch" im Gespräch, indem neue, vom Glauben der Beraterin inspirierte Perspektiven ins Spiel gebracht werden, die diese Geschichte in einen anderen Rahmen stellen.

So können wir deshalb ohne Weiteres an eine Reinterpretation der Problematik der Verkündigung im Seelsorgegespräch anschliessen, wie sie aufgrund semiotischer Überlegungen möglich ist (Meyer-Blanck/Weyel 1999). Biblische Traditionen enthalten unter dieser Perspektive Deutungspotentiale mit welterschliessender Kraft, die es in einer Haltung der „spielerischen Hypothese, welche mehr Freiheiten und Handlungsmöglichkeiten eröffnet" (136), in Beratungsprozesse einzubringen gilt. Ein wirklicher Perspektivenwechsel, ein „Bruch", kann unter semiotischen Vorzeichen so oder so „nur vom Rezipienten selbst herbeigeführt werden, aber es ist die Aufgabe des/der Seelsorgers/in, solche biblischen Texte anzubieten, die die Wahrnehmung zu verändern helfen" (134).

Auf der anderen Seite meinen wir, dass eine Hermeneutik kreativer Resonanz doch auch ein ganz eigenes Gepräge hat. Nicht nur führt das dialogische Grundprinzip, das uns hier wichtig ist, dazu, dass kreative Gestaltungen als Antwortversuche verstanden werden, die einer erneuten kreativen Resonanz der zu Beratenden rufen. Ein auch theologisch bedeutsamer Perspektivenwechsel ergibt sich zudem in einem Akt der Dezentrierung meist als „schöpferischer Sprung" (Kast 1990), von dem alle Beteiligten überrascht sind und der dann erst ins Gespräch „heimgeholt" werden kann. Dadurch kommen „Lösungen zweiter Ordnung" (Watzlawick 1992, 99ff.) in Gang, die nicht gemacht, wohl aber verdankt werden können.

Dieser Prozess hat Ähnlichkeiten mit der Methode des Reframing (vgl. dazu Capps 1990) und verläuft doch nochmals anders. Jede Anregung zu einer kreativen Gestatung und jede kreative Resonanz bringt eine Art Dereflexion in den Beratungsprozess. Dieser bezieht sich nun mehr auf dieses Produkt und weniger auf das Problem. Gleichzeitig sprechen wir hier von einem kokreativen Prozess, in dem beide Seiten kreativ und rezeptiv zugleich tätig sind. Reframing hingegen wird häufig als ein Vorgehen beschrieben, in dem v.a. die Beratenden produktiv-umdeutend tätig werden.

8. Abschluss und Abschied

8.1. Zeit und Zeitlichkeit

Begrenzung der Zeit ist nicht nur eine methodische Verlegenheit. Seit ihren Anfängen wird die zeitliche Begrenzung auch als Stärke kurztherapeutischer Ansätze verstanden.[1] „In der Kürze liegt die Würze." Auch das Beratungssetting, das wir vorschlagen, provoziert die Auseinandersetzung mit Fragen von Zeit und Zeitlichkeit. Prozesse der Bindung und Trennung, die in dieser Beratung in Gang kommen, sind zwar weniger intensiv als in längeren Therapien. Trotzdem darf nicht unterschätzt werden, was die zeitliche Begrenzung der Beratung unbewusst in Gang bringt. Eine Auseinandersetzung mit dem unbewussten Wunsch nach Zeitlosigkeit wird angeregt und die schmerzliche Erfahrung, dass Zeit in Wirklichkeit begrenzt ist, wachgerufen. Gelernte Muster, wie jemand auf eine solche Situation reagiert, werden aktiviert und mit Abwehr oder Verleugnung unbewusst gehalten. Durch die Begrenzung der Zeit werden zudem auch auf Seiten der Beratenden unbewusste Prozesse angestossen. Auch in ihnen kommen elementare Ängste auf, ob und wie denn in beschränkter Zeit einem anderen Menschen etwas Wesentliches vermittelt werden kann. Auch sie sind konfrontiert mit dem Ende einer wichtigen Beziehung, kaum hat diese angefangen. Auch sie müssen sich mit ihrer Endlichkeit auseinandersetzen. Gerade durch die zeitliche Begrenzung, das zeigt die psychoanalytisch orientierte Kurztherapie, werden psychische Prozesse innerhalb dieser Grenzen intensiviert. Solche therapeutische Begleitungen gelten als besonders beanspruchend. Klienten resp. Klientinnen sind für die Beratenden in anderer Weise präsent, als dies bei längeren Therapien der Fall ist, beschäftigen sie, treiben sie um. Auch Gegenübertragungen kommen intensiver und schneller in Gang. Dies zeigt sich nicht zuletzt am Ringen um das Setting, an dem gerüttelt wird.

Auch in den systemisch orientierten Kurztherapien ist die Frage nach der Zeit und zeitlichen Begrenzungen ein wichtiges Thema.[2] Auch hier besteht eine Tendenz zur radikalen Begrenzung der Sitzungen. Damit verbindet sich in systemischen Therapien eine bestimmte Absicht: Die Begrenztheit der therapeutischen Hilfestellung signalisiert von Anfang an, dass der Klient resp. die Klientin einen wesentlichen Beitrag zur Lösung der Probleme selber wird leisten müssen. Klienten und Klientinnen, so wird damit suggeriert, tragen die Ressourcen in sich, die es ihnen — wenn sie erst einmal (wieder) erschlossen sind — möglich machen, aus eigenen Kräften weiterzugehen und jene Problemlösefähigkeiten einzusetzen, die in der Beratung angeregt wurden.[3]

---

[1] Vgl. dazu die lange Auseinandersetzung mit der Frage der Zeit — „the horror of time" —, die sich bei einem der Pioniere der Kurztherapie findet (Mann 1978). Benz (1985) entwickelte die These, dass die Tendenz zur Verlängerung von Therapien, die in den klassischen therapeutischen Schulen unübersehbar ist, unbewusst dem Versuch entspringt, der Endlichkeit und dem Tod auszuweichen.

[2] So arbeiten beispielsweise Boscolo/Bertrando (1997) mit einer Dauer der Therapie von zehn Sitzungen. Am meisten Änderungen ergeben sich ihrer Erfahrung nach zwischen der siebten und achten Sitzung.

[3] Anders als wir dies in unserem Modell (teilweise auch aus Gründen des universitären Arbeitsumfeldes) vorsehen, werden die einzelnen Beratungsstunden in kurztherapeutischen Ansätzen, welche sich aus der Systemtherapie herleiten, in einem grösseren zeitlichen Abstand von drei bis fünf Wochen angeboten. Die Veränderungen, die bei einem einzelnen Menschen angestossen werden, müssen sich — so wird angenommen — zuerst durch das System hindurcharbeiten, bevor es sinnvoll ist, neue Anstösse zu geben.

In der empirischen Psychotherapieforschung — dies ist in unserem Zusammenhang ebenfalls wichtig — gilt als gut belegte Tatsache, dass es am Anfang einer Therapie fast regelmässig zu schnellen Veränderungen kommt. Besserungen erfolgen zeitverschoben im Blick auf das Wohlbefinden, die Symptomatik und die psychosoziale Anpassung (Grawe 1998, 30). Durch Beratung, insbesondere durch die damit verbundenen Veränderungen in den Erwartungshaltungen, wird ein Prozess positiver Feedbacks in den Systemen der zu beratenden Person in Gang gesetzt, der bereits zu realen Veränderungen führen kann, die sich im Verlauf der folgenden Zeit keineswegs als unstabil erweisen. Arrangements der Kurztherapie und Beratung suggerieren auch nicht, dass ein solcher Prozess lange dauern muss, damit er wirksam wird.

So stellt sich auch im Blick auf religiös-existentielle Beratung die Frage nach der Bedeutung der Zeit.[4] Wir haben eine auffällige Ambivalenz in der Beurteilung unseres Modells beobachtet: Gemessen an vielen Seelsorgebegegnungen, die im Pfarramt möglich sind, handelt es sich bei einer strukturierten, siebenstündigen Beratungsarbeit eigentlich bereits um eine „lange" Form von Seelsorge.[5] Und trotzdem — so haben wir es in Rückmeldungen von Kolleginnen und Kollegen aus der Theologie erlebt — wird auch im Blick auf dieses Beratungsmodell der Vorwurf laut, es handle sich hier um eine unverantwortlich kurze, oberflächliche Form von Seelsorge. Beide Reaktionen provozieren zur Frage: Weshalb wird das Problem der zeitlichen Dauer von Seelsorgebeziehungen in der Pastoralpsychologie so selten thematisiert? Was wird hier verdrängt und verleugnet? Wir nehmen an, beides: sowohl der Wunsch nach Unendlichkeit der Zeit wie die schmerzhafte Wirklichkeit der Endlichkeit der Zeit.

Diese Ambivalenz zeigt sich auch auf der Ebene der Mikroprozesse der Beratung. Frau Bandi (vgl. Kap. 2) äussert in der dritten Stunde ihre grosse Angst, sie könnte sich zu sehr sich selber zuwenden, sich für sich selber zu viel Zeit nehmen. Latent steht die Frage im Raum: Wieviel Zuwendung, wieviel Zeit darf ich mir selber widmen? Wo wird „es" zu viel? Die Beraterin reagiert folgendermassen: „Erst drei Wochen haben Sie zu sich geschaut und so viel Gutes ist daraus entstanden, und nun haben Sie bereits den Eindruck, dies sei zu viel Zuwendung zu sich selber."

Mit der Frage nach der Zeit sind zudem auf einer grundsätzlichen Ebene wichtige theologische Probleme verknüpft. Zeit, ihre Endlichkeit, die Frage nach einer Struktur der Zeit, die Frage nach Zeiten in einem hervorgehobenen Sinn (Kairoi) und der verfliessenden Zeit (Chronos) sind wesentliche Themen auch der jüdisch-christlichen Tradition.[6] Die Kürze dieser Beratung provoziert zur Auseinandersetzung mit solchen

---

[4] Das Thema der zeitlichen Begrenzung pastoraler Kurzberatung besitzt beispielsweise im Entwurf von Childs (1990, v.a. 121ff.) erhebliches Gewicht. Childs geht so weit, zu behaupten, die Vermeidung der Erfahrung, dass Zeit unwiederbringlich vergeht, liege oft an der Wurzel eines Beziehungsproblems (30). Er empfiehlt zehn Sitzungen. Manchmal können es weniger sein, nie aber mehr! Childs betont zudem, dass die zeitlichen Grenzen klar gesetzt werden müssen und daran nicht gerüttelt werden darf. Sonst geht seines Erachtens das Vertrauen in den Beratungsprozess verloren.

[5] Auch bei Riedel/Strecker (1999) dauert eine Beratung beispielsweise selten mehr als die von uns budgetierten sieben Stunden. Manchmal sind die Stunden zeitlich anders verteilt. Aber auch bei einer freieren Handhabung der Stundenzahl und ihrer Ansetzung scheinen uns sieben Stunden eine sinnvolle Dauer.

[6] So deutet Childs (1990) den Zeitbegriff in seiner beraterischen Relevanz auch theologisch (anhand von Überlegungen Barths und Tillichs). Slok (1997) kritisiert, dieser Zeitbegriff sei stark westlich geprägt.

Fragen, ist eine Übung in „abschiedlichem Leben" (Kast 1997) unter kontrollierten Bedingungen. Zusätzlich stimmt uns aus neutestamentlicher Sicht die Beobachtung nachdenklich, dass auch Jesus keine langen seelsorglichen Begleitungen durchgeführt hat. Viele Begegnungen trugen im damaligen gesellschaftlichen Umfeld überhaupt eher episodischen Charakter. So kam es auch im Umfeld Jesu zu vielen zeitlich begrenzten, oft heilsamen und herausfordernden Begegnungen. Capps (1993, 1f.) sieht auch darin ein Argument für die Aufnahme zeitlich begrenzter Beratungsformen in der Seelsorge. Zudem fällt etwas weiteres auf. Wie auch immer die neutestamentliche Nachfolge und Jüngerschaft sich genau gestaltete, eines ist deutlich: Menschen übernahmen darin (oft ziemlich schnell) neue Aufgaben, an und mit denen sie wuchsen. Könnte es sein, dass aus theologischer Sicht lang dauernde Beratungen Menschen entmächtigen, sie zu lange in einem Kind-Stadium verbleiben lassen und ihnen Verantwortung vorenthalten?

Die zeitlichen Grenzen religiös-existentieller Beratung sind im universitären Setting, wo wir unser Modell entwickelt haben, noch aus einem weiteren Grund absichtlich gesetzt: Wir bieten eine begrenzte Begleitung an, die zugleich einen „Statuswechsel" beinhaltet. Klienten und Klientinnen sind nicht mehr in erster Linie hierarchisch untergeordnete, von Lehrenden abhängige Theologiestudierende, sondern werden als gleichwertige, religiös Suchende auf demselben Weg der theologisch-religiösen Wahrheitsfindung betrachtet. In einer Kirchgemeinde kann dieser Statuswechsel noch klarer vollzogen werden: Klienten resp. Klientinnen werden zu Mitarbeitenden in der Gemeinde, erhalten zumindest die Möglichkeit (ohne dass sie unter Druck gesetzt werden), eigene Ressourcen in eine grössere Gemeinschaft einzubringen.

Wir gehen davon aus, dass Zeitgrenzen aus den genannten beraterischen, aber auch theologischen Gründen ein wesentliches Element des Beratungsmodells ist, das nicht abgeschliffen oder verwässert werden sollte — so schwer dies auch fallen mag. Die Gedanken in diesem Kapitel sollen Anregung vermitteln, wie dieser Prozess bewusster verstanden und gestaltet werden kann.

8.2. Trennungsmuster

Trennung hat ihre Rhythmen. Trennung kennt ihre Muster und Abläufe. Muster, wie wir uns von anderen Menschen trennen, bilden sich in oft langen, manchmal sehr schmerzlichen Lernprozessen aus, die durch Verluste, einschneidende Lebenserfahrungen und kritische Übergänge im Lebenslauf ausgelöst werden. Wir entwickeln dabei auch ein Gespür für die besondere Art der Zeitrhythmen und Zeiterfahrung, die solche Trennungserlebnisse charakterisieren. Solche Erfahrungen, Rhythmen und Muster werden aktiviert und wiederholen sich mehr oder weniger stark ausgeprägt, wenn es um eine neue Trennung in unserem Leben geht. Solche Trennungsmuster werden auch gegen Ende der Beratung aktiviert. Dies ist nicht nur so bei der Person, die Beratung sucht. Auch die Beratenden müssen sich mit dem bevorstehenden Ende einer (meist wichtigen) Beziehung auseinandersetzen. Nicht selten dienen die Muster, die dabei wach werden, der Abwehr des Trennungsschmerzes. Es ist manchmal nicht ganz einfach, sie zu erkennen und ansprechen zu lernen. Und doch ist dies hilfreich. Gerade so werden in der Unmittelbarkeit der Beratungsbeziehung nochmals wichtige Lernschritte möglich. Einige Muster, die sich in vielen individuellen Schattierungen wiederfinden lassen, seien genannt.

Gestaltete Trennung	Die Klientin hat Erfahrungen damit gemacht, dass eine kreativ-rituelle Gestaltung des Abschieds hilfreich ist. Solche Muster werden in der Beratung aktiviert und können weiterentwickelt werden.
Bewältigte Trennung	Der Klient hat Erfahrungen gemacht, wie mit Trennungsschmerz, mit Wut und Angst, die Trennungen auslösen, umzugehen ist, und hat entsprechende Strategien entwickelt, die in der Beratungsbeziehung als Ressourcen zum Vorschein kommen.
Verdrängte Trennung	Bis zum Schluss vermeidet die Klientin (und vielleicht mit ihr die Beraterin resp. der Berater) Gedanken, Gefühle, und Themen, die sich auf die Begrenztheit der Beratung beziehen.
Verschwiegene Trennung	Das Thema der Trennung ist zwar latent da, aber der Klient verschweigt, was er sich dabei denkt (und vielleicht auch die Beratenden mit ihm): Themen werden weggelassen und unterdrückt, weil die Beratung zu Ende geht.
Hinausgeschobene Trennung	Die Klientin versucht Mittel und Wege, wie die Dauer der Beratung verlängert, das Ende hinausgeschoben oder die Trennung verzögert werden kann.
Vorweg- genommene Trennung	Der Klient schlägt von sich aus vor, die Beratung vor deren Ende zu beenden. Trennungsängste werden so bearbeitet, dass die zu beratende Person selber die Kontrolle ausübt und den Zeitpunkt des Endes vorwegnimmt.
„Dankbare" Trennung	Die Trennung wird anerkannt und mit Selbstverständlichkeit, ja übergrosser Dankbarkeit hingenommen. Dabei werden alle jene Aspekte der Trennung unterdrückt, die Ärger verursachen, frustrieren oder schmerzen.
„Undankbare" Trennung	Die Trennung wird knurrend, mit verletzenden, verärgerten, frustrierten Reaktionen akzeptiert. Dabei werden alle jene Momente der Trennung unterdrückt, die mit dankbaren, zärtlichen oder verletzlichen Gefühlen zu tun haben.

Solche Trennungsmuster zeigen je auf unterschiedliche Weise, dass es möglich ist und dennoch schwierig bleibt, mit zeitlichen Grenzen zu leben. Die Trennungsformen, die in Beratungen beobachtet werden können, sind dabei noch wesentlich vielfältiger, ja höchst individuell, da von der persönlichen Lebensgeschichte tief geprägt. Wir erlernen alle in unserer Biographie ganz spezifische, besondere Muster, wie wir mit dem schwierigen Ende von Beziehungen umgehen. Diese Muster werden gegen Ende der Beratung wieder wach, werden auf die Situation übertragen und so — wenn sie erkannt werden — auch thematisierbar und bearbeitbar. Wichtig ist es deshalb für das Gelingen des Abschlusses einer Beratung, solche Muster bewusst anzusprechen, wenn sie in der Situation inszeniert werden. Es kann zudem auch direkt nach ihnen gefragt werden.

Frau Bratschi setzt sich mit dem Sterben ihrer Mutter auseinander. Diese ist schwer krank. Mehrmals hat sich Frau Bratschi bereits mit dem scheinbar unmittelbar bevorstehenden Ende auseinander setzen müssen. Die Mutter erholte sich dann jeweils wieder. Das macht es ihr schwer, loszulassen. Frau

Bratschi wird in der Beratung die Achterbahn von Gefühlen noch deutlicher bewusst, auf die sie dieser Abschied setzt. Die Struktur eines klar voraussehbaren Abschieds, die im Beratungsmodell gesetzt ist, enthält hier implizit eine andere Botschaft: Dieser Abschied wird sich auf eine voraussehbare Weise abwickeln. Es wird ihr dadurch möglich, selber kontrollieren zu können, wie viel sie noch geben will und kann — eine für sie im weiteren wichtige Erfahrung. Dieses Thema klingt in einem Brief, in dem sie auf die Beratung zurückblickt, an: „Ein Problem stellte für mich das Wissen um das Begrenztsein der Anzahl Sitzungen dar. Gegen Ende merkte ich, wie ich nicht bereit war, 'alles' zu geben, was da war. Obwohl, im Nachhinein erkenne ich für mich auch etwas wie 'einen kleinen Schritt', nicht etwas Endloses, sondern etwas klar Begrenztes, das es mir ermöglicht hat, jetzt diesen Schritt als solchen auszukosten." Das Thema der Zeit klingt auch sonst in diesem Schlussbrief an: Nochmals kommt Frau Bratschi mit klaren Worten auf die Schwierigkeiten des Loslassens zurück, die das besondere Sterben der Mutter ihr bereitet. Und fast paradox meint sie: „Ich bin auf dem Weg. So vergeht die Zeit, meine Zeit. Immer noch mache ich mir Gedanken um meinen Platz im Studium, warte fast wie auf einen Zufall, der für mich in dieser Hinsicht entscheidet — nun gut, ich habe Zeit."

Fragen zu Trennungsmustern

Es ist unsere Erfahrung, dass auch das Ende der Beratung wichtig ist. Wir werden uns trennen. Die Frage ist nur: wie?

- Wie haben Sie bisher in Ihrem Leben Trennungen erlebt?
- Wie haben Sie diese bewältigt, gestaltet? Was war dabei hilfreich?
- Wie könnten Sie im Falle dieser Beratung zu einem Ende finden, so wie Sie es gerne möchten? Was müssten Sie dann anders als sonst machen?
- Wie könnten wir es anstellen, dass eine Trennung besonders schwierig wird?
- Wie kann ich Ihnen dabei behilflich sein, zu einem guten Abschluss zu kommen?
- Was muss noch gesagt und getan werden?

Die Situation der Trennung weckt die Frage danach, was denn bleibt. Es ist eine Grundfrage auch der traumatischen Trennungserfahrung, die am Ursprung des Christentums liegt (vgl. Mt. 27!). Und sie verstärkt die Frage, ob eine heilende, Leben erweckende Wirklichkeit existiert, die auch traumatische Trennungen über- oder untergreift und ob es segensreiche Abschiede gibt (vgl. unten 8.5.).

8.3. Abschliessen lernen

Die Vielfalt der Vermeidungsmöglichkeiten offenbart es: Abschied ist nicht einfach. Und doch geht es am Schluss der Beratung genau darum. Bindungen, die aufgebaut wurden, müssen wieder gelöst werden. Schmerzliche Erinnerungen, welche damit bewusst und unbewusst verbunden sind, werden belebt und der Schritt in ein Leben ohne die Beziehungen, die sich in der Beratung entwickelt haben, muss getan werden. „Abschiedlich leben" lernen, das wird auch in dieser Situation zur Herausforderung. Denn an der Gestaltung dieses Abschieds hängt Wesentliches: Wahl spricht von der „Kunst loslassen zu können" (Wahl 1997, 315). Wo diese Kunst geübt wird, kann das Ende der Beratung zugleich als eine Art „Freisetzung" erfahren werden. Die

Arbeit, die dazu nötig ist, kann allerdings nicht einseitig den Klientinnen und Klienten aufgebürdet werden. Der reifere, stärkere Partner muss, wie auch sonst im Leben, oft intensivere Trennungsarbeit leisten, ja, Trennung müssen wir „primär als unsere eigene ansehen und bearbeiten" (315). Das ist die Voraussetzung dafür, „dass der Ratsuchende wirklich und glaubhaft seine Freisetzung erfährt: ich kann nun, ohne Groll und ohne Schuldgefühle, weggehen. Ich traue mich, weil es mir zugetraut wird — und damit auch zugemutet" (316).

Lernschritte zu einem abschiedlichen Leben, das Leben freisetzt, sind also nötig. Solche Lernschritte sind auch möglich. Lernschritte zur „Trennungskompetenz" (Müller-Ebert 2001) sollen auch in der Beratung angeregt werden. Dies kann in unterschiedlicher Weise geschehen. Folgende Vorgehensweisen können hilfreich sein:

Trennungsprozess reflektieren	Die Beraterin gibt Anstösse dazu, dass das Ende der Beratung in den Blick kommt, dass Gefühle, Phantasien und Impulse, die in diesem Zusammenhang auftauchen, wahrgenommen und ausgedrückt werden können und gegen Schluss der Beratung explizit darüber gesprochen wird, was das Ende der Beratung für die Klientin bedeutet, in welcher Weise der Abschluss gegebenenfalls frühere Trennungserfahrungen aktiviert und wie die Trennung bewältigt werden kann.
Trennungs- erfahrung mit Fokus verbinden	Der Berater versucht, Erfahrungen, die mit dem Ende der Beratung gemacht werden, nochmals auf den Fokus zu beziehen und so in den Gesamtzusammenhang der Beratungsthematik zu stellen.
Ziele und Programme erarbeiten	Die Beraterin hilft der Klientin dabei, Ziele zu erarbeiten, diese Ziele so zu formulieren, dass sie motivierend wirken und erreichbar sind, entsprechende Handlungsprogramme zu entwickeln, Schritte und Zwischenschritte, Timing und Verstärkung festzulegen und deren Umsetzung auch in der Zeit nach Abschluss der Beratung zu planen.
Integrierende Aufgaben formu- lieren	Der Berater formuliert im Blick auf die Schlusssitzung eine Aufgabe, die dabei hilft, die Erfahrungen aus der Beratung nochmals durchzugehen, sie in verdichteter Form zu vergegenwärtigen und mit bisherigen Erfahrungen zu integrieren.
Gelerntes und Erkanntes als Ressource ein- bringen	Die Beraterin erarbeitet mit der Klientin Möglichkeiten, Erkenntnisse und Erfahrungen in veränderter Form weiter zu bearbeiten, für das persönliche, berufliche oder gemeinschaftliche Leben fruchtbar zu machen.
Rückfälle und Schwierigkeiten voraussagen	Der Berater weist auf Schwierigkeiten hin, die nach Abschluss der Beratung zu erwarten sind, sagt Rückfälle voraus, entdramatisiert diese und warnt davor, allzu schnelle Fortschritte zu machen resp. zu erwarten. Dadurch werden Enttäuschungen, die im Blick auf Verbesserungen der Situation oder die Klärung einer Fragestellung nach der Beratung nicht ausbleiben werden, im Vornherein etwas entschärft.

Überweisen   Wenn sich gegen Schluss der Beratungszeit zeigt, dass eine vertiefte Beratung
                    oder Therapie nötig ist, macht die Beraterin auf diese Möglichkeit aufmerk-
                    sam, vermittelt Namen und Ideen für ein weiteres Vorgehen und bietet über die
                    Zeit der Beratung hinaus ihre diesbezügliche Hilfe an.

Begegnungen   Der Berater nimmt am Schluss der Beratung die Frage auf, wie sich die Bezie-
nach der   hung zwischen dem Klienten und ihm weiterentwickeln wird. Mögliche bela-
Beratung   stende Faktoren werden genannt. Wenn dem Klienten dies hilfreich ist, wird
                    ein Zeichen verabredet (z.B. eine spezielle Form des Grusses), das zeigt, dass
                    eine besondere Beziehung bestehen bleibt, auch wenn die Beratung nun abge-
                    schlossen wird. [7]

Eine besonders wichtige Voraussetzung, dass Trennungsprozesse in der Beratung
reflektiert werden können, ist die Festlegung der zeitlichen Begrenzung der Beratung.
Diese kann in unterschiedlicher Weise getroffen werden. In unserem Modell gehen
wir davon aus, dass die Beratung auf sieben Stunden begrenzt ist. Dies wird als Rahmen von vorne herein festgelegt, kommuniziert und — eingehalten! Wir lehnen uns
also an Modelle der Zeitbegrenzung an, die die Dauer einer Beratung von vornherein
genau definieren (Mann 1978, Fisch et al. 1987, Boscolo/Bertrando 1997). Dies hat
den Vorteil, dass das Setting für beide Seiten klar umschrieben ist und der Termin der
Trennung bereits zu Beginn der Beratung feststeht. Ein Nachteil dieser Regelung liegt
darin, dass damit die Begrenzung einseitig von den Beratenden definiert wird und so
auch an den wirklichen Bedürfnissen von Klienten resp. Klientinnen vorbeigehen
kann (die vielleicht auch eine kürzere Beratung bevorzugten). Eine allzu rigide Handhabung der Grenzen kann auch ein Zeichen der Abwehr bei den Beratenden sein: dass
sie sich überfordert fühlen, sich menschlich nicht betreffen lassen und in unnötiger
Weise auf Distanz gehen. Deshalb ist es wichtig, dass gegen Schluss der Beratung
sorgfältig überprüft wird, inwiefern der Prozess zu einem gewissen Ergebnis gekommen ist und wirklich abgeschlossen werden kann. In Ausnahmefällen verlängern auch
wir die Beratung noch um eine Stunde, nie aber mehr.

Adrian Frank (vgl. auch S. 87, 137, 158ff.) stösst, angeregt durch eine Metapherübung, die der Berater vorschlägt, in der letzten Sitzung auf ein Thema, das sich vorerst in symbolischer Form deutlich
abzeichnet, aber nicht befriedigend aufgearbeitet werden kann. Er äussert seinen dringenden Wunsch,
die Beratung jetzt nicht zu beenden, sondern den Prozess, den die Übung in Gang gebracht hatte,
nochmals aufzunehmen und abzurunden. Der Berater geht darauf ein, weil er selber mit der Metapherübung auch den Anstoss zu dieser Situation gegeben hat und es offensichtlich ist, dass hier etwas
in unguter Weise offen bleiben würde. Es kommt zu einem letzten Treffen, in dem das Bild in einer
katathymen Bildentwicklung aufgenommen und so abgerundet wird, dass sich für Herrn Frank ein
klareres Fazit ergibt. Er äussert dann auch seine Absicht, die therapeutische Begleitung wieder aufzunehmen, die für ihn in einer früheren Phase seines Lebens wichtig geworden war. So kann der Beratungsprozess abgerundet und die Trennung auf eine gute Art vollzogen werden, besser als dies vorher
möglich gewesen wäre.

---

[7] Childs (1990, 126) nennt dies „social leave taking" und betont ebenfalls, das Ende der Beratung
bedeute (beispielsweise im Umfeld eine Kirchgemeinde) den Übergang in eine neue Form von Beziehung und müsse deshalb bewusst gestaltet werden.

Zeitliche Grenzen der Beratung können aber auch anders festgelegt werden, als wir dies tun. Zum einen können Beratungen länger oder auch kürzer dauern. So sind in der Literatur zur Kurztherapie Längen von zehn (Fisch et al. 1987, Boscolo/Bertrando 1997), zwölf (Mann 1978) oder auch zwanzig und mehr Stunden zu finden. Nicht selten sind auch Angaben flexibler Rahmenzeiten. Es kann auch eine bestimmte Periode („bis zu den Ferien...", „ein Jahr...") festgelegt werden. Für die religiös-existentielle Beratung finden wir aber insgesamt eine nicht allzu lange Dauer sinnvoll, verantwortbar und realisierbar. Und wir meinen, dass es — gerade wegen der Wichtigkeit von Trennungsprozessen — unverzichtbar ist, über diese Grenzen schon von Anfang der Beratung an nachzudenken und sie bewusst in den Blick zu fassen. In keinem Fall sollte eine Beratung ohne sorgfältige Reflexion und gute Gründe über die verabredete Zeitdauer hinausgehen.

8.4. Das Beratungspanorama

Ein Abschied kann besser bewältigt werden, wenn die Erfahrungen, die ihm vorangehen, nochmals in ihrem Zusammenhang vergegenwärtigt werden. Hilfreich ist hier ein „Beratungspanorama", eine integrierende Sicht dessen, was in der Beratung erarbeitet wurde. Sie wird auf das letzte Gespräch hin vorbereitet.[8] Dienlich sind dazu Aufgaben, die diesem Rückblick ein Profil geben und ihn zugleich so gestalten, dass er auch Perspektiven für den weiteren Weg eröffnet. Wir haben bereits gesehen, wie Frau Beck die Anregung aufnimmt, sich die Beratungserfahrung nochmals als sieben Schöpfungstage zu vergegenwärtigen und wie sie aus dieser Anregung ihre schöpferischen Sprachbilder spannt (vgl. S. 58f.). Hier soll ein weiteres Beispiel zeigen, wie eine solch zusammenfassende Sichtweise erarbeitet werden kann.

Erika Widmer (vgl. S. 124ff., 131ff. und 141) wird in der zweitletzten Sitzung vorgeschlagen, sich den Gang der Beratung nochmals im Ganzen zu vergegenwärtigen. Vielleicht wäre es ihr eine Hilfe, suggeriert der Berater, wenn sie dies in eine besondere Form kleiden würde. Er schlägt ihr folgende Aufgabe vor und nimmt dabei Motive aus der gemeinsamen Beratungserfahrung auf: Angenommen, ihr Schutzengel, auf den sie in der Beratung zu sprechen kam, müsse Gott nun einen Bericht über ihre Erfahrung abliefern. Sicher könnte sie ihm dabei behilflich sein, wenn sie das, was für sie in dieser Beratung wesentlich war, nochmals aus ihrer Perspektive zusammenfasste... Frau Widmer kommt mit dem folgenden Brief in die letzte Beratungsstunde:

Lieber Schutzengel,
Erst einmal möchte ich dir danken für deine tägliche Arbeit mit mir, für alles, was du schon für mich getan hast. Leider merke ich oft zu wenig, wie viel Mühe du bestimmt mit mir hast und was du dir alles einfallen lassen musst, damit ich mich nicht verrenne. Es kommt ja immer alles gut; daran merke ich, dass du ein Schwerstarbeiter sein musst. Trotzdem habe ich mich schon bei dir beklagt, wenn etwas nicht geklappt hat. Doch ich nehme an, dass das wohl meistens an mir gelegen hat. Du

---

[8] Vgl. dazu auch Dreesen/Eberling (1996, 50ff.), die in einem u.U. mehrstündigen, kokreativen Prozess Schlussdokumente mit ihren Klientinnen und Klienten erarbeiten, in denen „massgeschneidert" festgehalten wird, was auf verschiedenen Ebenen erreicht worden ist. Dadurch wird markiert, dass Psychotherapie als eine Art „Übergangsritus" von einem Problem- in einen Lösungsraum, von unstabilen, external attribuierten zu stabiler und stärker internal attribuierten Verhaltensweisen führt.

hast wirklich so viel in die richtigen Wege geleitet, dass ich mich über kleine Schwierigkeiten nicht gleich beschweren sollte. Bitte entschuldige meine Ignoranz.

Nun zu deiner Anfrage wegen des Berichts, den du dem Chef abliefern solltest (Ich hätte ehrlich nicht gedacht, dass auch im Himmel die Bürokratie schon so fortgeschritten ist. Was ihr alles für Akten sammelt!). Doch wenn es dir hilft, stelle ich dir gerne einige wichtige Etappen auf, welche ich in letzter Zeit erlebt habe. Falls ich etwas vergessen sollte, kannst du es ja aus deiner eigenen Erinnerung ergänzen, du warst ja wohl meistens dabei...

Also zuerst war ja da mein Fadenknäuel von Fragen und Zweifeln, die ich mit mir rumgetragen habe. Die Lage schien hoffnungslos, das Gewirr je wieder auseinander zu bringen. Ich wusste nicht so recht, wie ich darüber sprechen konnte, und doch merkte ich, dass ich das Gespräch brauchte. Ich konnte noch so viele Bücher lesen über diesen Christus, meine ganz persönlichen Fragen vermochten sie mir nicht zu beantworten. Wenn sich Gespräche ergaben, merkte ich, dass entweder andere dasselbe oder ähnliche Probleme hatten (und mir deshalb nicht helfen konnten) oder sie meine Fragestellung gar nicht verstanden. — Aber ich komme vom Thema ab, du wolltest ja eigentlich nur einige Stichworte...

Also, ich entschloss mich zur Seelsorge bei C. M., du kennst ihn ja.

Es begann sich etwas zu ent-wickeln, ich konnte das Fadenknäuel langsam aufzurollen beginnen.

Ich versuchte, mit Gott oder diesem fremden Christus oder Jesus oder was auch immer ins Gespräch zu kommen: Was dachten sie über Christologie? Einerseits habe ich wohl meine Gedanken etwas auf sie übertragen, so mit Minotaurus und so, aber das Beste ist, dass sie das verkraften. Sie haben ja einen unendlichen Humor. Hier entstand die Gewissheit, dass es ja nicht so auf die Christologie drauf ankommt, sondern was unser Chef zu sagen hat: „Mach dir das Leben nicht so schwer!", hat er zu mir gesagt.

Ich konnte mich langsam mit dem Gedanken von „ganz Gott ganz Mensch" anfreunden, als Mysterium, als Paradoxon, womit unser Chef vielleicht am ehesten umschrieben werden kann. Gleichzeitig frage ich mich, wie dieser ganze Gott Platz gehabt hatte in einem Mutterleib und später in einem Menschen, nur einem Menschen. Der Gott, der Himmel und Erde geschaffen hatte, konnte er sich so stark zurückziehen, eine solch grosse Kenosis ertragen? Wer blieb am Leben, wenn dieser Mensch am Karfreitag starb, um ihn dann an Ostern aufzuerwecken? Denn für mich ist Gott der Einzige, der Leben schenken kann.

Trotzdem begann sich eine schemenhafte Christusfigur abzuzeichnen, nachdem ich unter gefährlichen Bedingungen auf diesem hohen Seil balanciert hatte und endlich diesem Eckpfeiler einen Abschiedsbrief schreiben konnte. Er hat mir übrigens zurückgeschrieben, das hat mich sehr gefreut. Wenn ich die richtige Karte für ihn gefunden habe, werde ich sie ihm schicken. Ich denke nicht, dass ich in der „grossen weiten Welt" je so sicher sein werde, dass ich sie ihm beschreiben kann, aber die Karte soll ihm ein Fenster sein, um etwas hinüberblicken zu können.

Und dann brauchte es etwas Zeit, Zeit, in der nicht viel geschah, äusserlich, doch Zeit, die ich mir einfach nehmen konnte mit dieser Figur, die sich doch nicht recht packen liess. Eine sehr zarte Zeit, zerbrechlich, doch sicher.

Ich habe angefangen, diese dünne Matte zu betreten und auszuprobieren. Bis jetzt hat sie standgehalten. Ich habe angefangen, mir Gedanken zu machen über das Paradies statt über den Weltuntergang, mir wieder meine kleinen Utopias aufzubauen, meine Inseln, wo ich einfach nur sein konnte und nichts tun musste. Diese Bibel von Steinwede ist wirklich Gold wert, in der ich jetzt lese. Du hast sie ja schon gesehen. Ich habe entdeckt, dass ich die ja auch für mich persönlich brauchen kann, nicht nur für die andern; mein eigenes Weiherchen, wo ich spielen und planschen kann...

Ich freue mich richtig auf die Karwoche und Ostern und bin gespannt, was da noch alles geschehen wird, was sich mir alles eröffnen wird.

Tja, das ist so eine kleine Zusammenfassung. Ich möchte sie jedoch noch in anderer Form liefern:

„Ein kleines Mädchen irrt umher.
Wo ist mein Gott, wo kommt er her?
Wage dich an die Fragen, wenn du die Antwort nicht scheust!
Doch gibt es Antwort, Lösung denn
für ein Geschehen
unerklärlich wie wunderbar zugleich?
Haben nicht auch die Alten gerungen, war es nicht immer ein Mysterium?
Auf, auf! Du bist nicht so daneben! Gott wirst du nicht erkennen, doch wichtig sind die Wege.
Geh, sei ehrlich und aufrecht,
ein stolzes Abbild Gottes, geliebt,
ob mit oder ohne Christologie.
Natürlich wird dein Weg auch durch die Wüste führen, auch Israel hat dort gemurrt.
Wirst Wasserquellen finden, Lebensmittel genug. Was brauchst du mehr?
Am Ende wirst du auf den hohen Berg klettern, um auf das gelobte Land zu sehen
als stolze, reife Frau.
Wirst vielleicht sterben dort oder rennen, ohne zu erreichen.
Doch, es ist da, das Lebensland, und Christus hat es mir neu gezeigt."

Kannst du damit etwas anfangen, lieber Schutzengel? Denk ja nicht, das sei ein Psalm, das sind einfach so Fetzen, die in meinem Kopf rumfliegen; sie zeigen das Ganze vielleicht noch etwas von einer andern Seite, mehr nicht.
Also, ich wünsche dir viel Erfolg beim weiteren Aktensammeln und -ordnen; doch bitte vergiss darüber nicht deine Hauptaufgabe, ich brauche dich, hörst du? Du bist ja schliesslich ein Schutzengel, nicht ein Schreibengel...
Ich danke dir nochmals für deine Treue — und das feine Fächeln deiner Flügel, das ich manchmal spüre.
Sei ganz herzlich gegrüsst
Erika

Engel entziehen sich jedem Zugriff. Erika Widmer nimmt in ihrem Brief ihren alten Bekannten, den Schutzengel, trotzdem so ähnlich in Anspruch, wie dies Stubbe (1999) beschreibt, die Engelerfahrungen in Analogie zu Erfahrungen mit Übergangsobjekten und -phänomenen deutet (vgl. dazu Kap. 9.2.). „Nur durch diese Garanten von Schutz und Geborgenheit, sowie Zusammenhalt und Ganzheit können Engel wie auch Übergangsobjekte ihren 'Auftrag' erfüllen. Der durch sie garantierte 'Raum' gewährleistet die Möglichkeit von Selbstwerdung, und zwar hier von religiöser Selbstwerdung" (41). Engel dienen der schrittweisen Begründung bzw. dem Zusammenhalt des Selbst und werden zu Begleitern im „religiösen Selbstwerdungsprozess" (43). Solche Engelerfahrungen werden gerade an kritischen Übergängen des Lebenszyklus wichtig. Wie andere Engel erfüllt auch der Schutzengel, an den sich Frau Widmer in ihrem Brief richtet, dabei eine höchst individuelle Aufgabe: als schützende Gestalt im sprachlich schwer fassbaren Übergangsraum — kommt es wohl auch deshalb zum Wechsel der Textsorten im Brief? — zwischen innen und aussen, zwischen ihr und dem Berater, zwischen Diesseits und Jenseits. Die Gestalt, so suggeriert das Übergangsobjekt „Brief", wird Frau Widmer weiterbegleiten, jetzt auch mit dem ganzen Wissen um die Beratung und das, was sie gebracht hat, und doch auch nicht mit der letzten Verantwortung, denn Engel verweisen wesensmässig auf Gott. Wichtig ist alles, was in der Beziehung zu dieser Gestalt aus der Beratung nochmals lebendig werden kann: Die Vision des „ganzen Lebens", vom kleinen Mädchen bis zur stolzen, reifen Frau. Das Sichern von Erreichtem. Der Dank. Die Erlaubnis zur „kleinen Form", die sich die Autorin selber gibt. Die Vorwegnahme neuer Möglichkeiten. Dadurch, dass dies alles ausformuliert wird, wird es auch wirklich. Der Text weist über das hinaus, was in einem Gespräch gesagt werden kann, weil er den Berater und die Schreibende gemeinsam in den Raum eines Dritten verweist, das nicht verfügbar ist, aber notwendig, wenn denn ein neuer Weg gelingen soll. Kreativität als ureigene Ressource macht so den Abschied leichter. Zudem erlaubt sie auf der symbolischen Bühne des Übergangsraums ein subtiles Spiel von Übertragungen. Der Schutzengel übernimmt am Schluss der Beratung sozusagen wieder jene Funktion, die das Beratungssetting in der Zwischenzeit erfüllt hatte.

8.5. Segen — Ende und Anfang

Anfang und Ende kommen bei der Trennung auch in Beratungen in merkwürdiger Weise zusammen. Nicht nur werden am Schluss der Beratung Themen nochmals gebündelt und Einsichten, die gewonnen wurden, auf die Frage zurückbezogen, die zur Beratung geführt hat. Der Abschied selber markiert zugleich einen Neuanfang (wie der Beginn der Beratung dies auch getan hatte). Die Anfänge schicken ihr gutes Licht in die Zukunft. Der Abschied weist über sich hinaus, auf das Leben, das wird. Als Erwünschtes kann es noch deutlicher in den Blick kommen. Es ist nicht von ungefähr, dass der Segen, der Abschied und Beginn verbindet, nicht nur in der biblischen Tradition, sondern auch am Ende einer Beratung eine grosse Kraft entfalten kann.

Frau Mahler bringt die tiefe Angst in die Beratung mit, nicht gesehen zu werden — wie auch gesehen zu werden. Das Thema ist ihr nicht unbekannt, hat sie doch während vielen Jahren eine Psychoanalyse gemacht. Nach Abschluss dieser Analyse kam es zum Engagement bei der Betreuung von Asylsuchenden. „Ich hatte mehr Zeit, und die Leute brauchten mich."

In der Beratung soll es um den Umgang mit einer tiefen, bodenlosen Angst gehen. Frau Mahler erzählt uns von ihrem gegenwärtigen künstlerischen Projekt, welches das Thema aufnimmt: Sie malt Bilder zum Thema Apokalypse. Im Laufe der Beratungseinheiten gewinnt die erwähnte Angst vielerlei Ausdrucksformen: die Angst, zu verschwinden, Existenzängste (Frau Mahler hat für zwei Kinder zu sorgen und hat alle beruflichen Verpflichtungen gekündigt, um sich ganz ihrem Studium zu widmen), die Angst, den Boden unter den Füssen zu verlieren.

Frau Mahler erzählt von ihrem Engagement im Bereich eines Kirchenasyls für abgewiesene Asylbewerber, in eigenen Worten für Vertriebene und Heimatlose, für Menschen, die von einem ähnlichen Grundgefühl erfüllt sind wie sie selber. Sie erlebte Gemeinschaft und Gebrauchtwerden, „Es war eine einmalige Zeit.", und fragt sich: „Ist nur die Not gemeinschaftsbildend?". Sie erlebte jedoch auch Überforderung, schwache Leiter, zu grosse Nähe zueinander und trotz aller Gemeinschaft Einsamkeit in dieser Gruppe.

Die Ängste scheinen sich in der Beratung zu verstärken. Sie formuliert: „Es wird immer schlimmer, wenn man sich damit beschäftigt." Sie fühlt sich ohne Boden, „als Abel (‚Hauch'), ich habe das Gefühl zu verschwinden. Kain geht nach Hause, er hat wenigstens einen Ort, wo er hingehen kann." Erneut meldet sich Angst: „Tanze ich nur mit den Toten?" Der Kontakt zu Lebenden fällt ihr schwer.

An der Universität fühlt sie sich nicht beheimatet, niemand versteht sie. „Die Uni will das Wissen nicht mit mir teilen. Meine Stimme wird ausgelöscht."

Dennoch hat sie auch gute Erlebnisse an der Universität. Im Rahmen eines Seminars kommt es zu einem intensiven religiösen Erlebnis des aaronitischen Segens in seinem hebräischen Sprachgewand. Dank den erworbenen Hebräischkenntnissen versteht Frau Mahler diesen Segen, er wirkt zusätzlich fast klangmagisch: „Er berührt mich zutiefst, klingt durch mich hindurch." Anhand dieses Segens erlebt Frau Mahler den Einbruch einer unaussprechlichen, doch heilenden, bergenden Wirklichkeit. Seitdem ringt sie darum, diese Erfahrung in ihren Alltag zu integrieren. Ist alles nur Einbildung?Eine biblische Figur taucht auf und wird während der Beratung immer wichtiger, ist vermutlich — wir wagen nicht, genauer nachzufragen, Frau Mahler spricht dies nie explizit aus — Chiffre für eine reale Person, einen Mann, wie auch biblische Symbolfigur: Joseph. Die Figur dieses Joseph ist vielschichtig und schillernd. Joseph delegiert z.B. Aufträge an Frau Mahler: „Mir wird etwas aufgeladen." Andererseits ist er verführerisch: „Er traut mir etwas zu." Joseph erscheint auch als Urmann, als Teddybär, nach dem sie sich sehnt und an dem sie urtümliche, frühkindliche Verletzungen wiedererlebt, als Schutzpatron. „Wenn man ihn haben könnte, könnte sich einiges auflösen. Doch er lebt von seiner Unberührbarkeit. Ich kann nichts machen, ausser es zu akzeptieren: Er hat alle Macht, und tut, wie wenn ich keine habe."

Vermutlich ist Joseph ein konkreter Mann, an den sie sich gebunden hat, doch der nicht zu haben ist, jedenfalls nicht real, ein Geistlicher vielleicht. Doch wieder wagen wir nicht zu fragen, zu fragil scheint die Brücke des Verständnisses zwischen uns und Frau Mahler, vom jähen Einsturz bedroht, wenn wir ein Missverständnis zu verstehen gäben. Die Abhängigkeit zu diesem Joseph schmerzt. „Ich habe niemanden, um Joseph zu ersetzen." Und — als wir sie bitten, zu phantasieren, wie denn diese Beziehung aussehen müsste: „Es müsste klar sein, dass kein Gefälle in der Beziehung ist." Das scheint jedoch mit dem realen (wie auch dem symbolischen?) Joseph nicht möglich, denn dieser entzieht sich.

In die letzte Stunde bringt Frau Mahler erneut Bilder mit, doch diesmal nicht mehr mit apokalyptischen Bildmotiven. Mit den Bildern ist sie zufrieden, mit dem Beratungsprozess weniger. „Der Bogen ist auf kreative Weise geglückt — im Persönlichen weniger." Doch sie begründet auch diese Schwierigkeit: „Es ist nicht so einfach, Joseph zu relativieren."

Die Beraterin liest Frau Mahler zum Schluss der Sitzung einen Segen vor, den sie in der Zwischenzeit für sie formuliert hat:

Segen für Frau Mahler
Du suchtest den Boden,
einen Halt und Sinn
und du fandest
Vertriebene und Heimatlose.
Einen eindrücklichen Joseph, dem du dich hingabst.
Ein Gewirr von menschlichen Beziehungen,
Überforderung,
Gemeinschaft und Alleinsein.
Du suchtest Boden
und du fandest Klang und An-sehen
in einem uralten Text.
Antworten und Aufgaben,
ein verletzliches Gefüge von Geben und Nehmen.

Du suchtest den Boden
und du fandest ihn.

Und jetzt?
Kopfgeburt?
Nur Übertragung? In Frage gestellt.
Oder Einbruch einer unaussprechlichen Wirklichkeit?

Du:
schau genau!
Noch genauer, noch näher.
Nein, die Menschen wirklich wahrzunehmen, ist nie lieblos.
Du:
gehe frei!
Lass hinter dir voller Liebe
den konkreten Mann;
durchschaut — doch nicht lieblos.
Ebenbürtig endlich,
du und er.

Ich segne dich,
ich, dein Boden,
dein schützender Mantel,
deine Heimat
und dein Glanz.

Als Fokus der Beratung stellt sich die Frage der Bodenlosigkeit resp. des Bodens heraus. Das Lebensgefühl der Bodenlosigkeit entfaltet sich auch innerhalb der Beratung. Wie können wir hier religiös „andocken", welchen religiösen sowie zeitlich begrenzten Zugang mit diesem Problem wählen? Was kann religiös orientierte Beratung Menschen bedeuten, die bereits lange Erfahrung der Psychotherapie hinter sich haben?
Die biblischen Figuren und Symbolgeschichten, die sich im Laufe der Beratung anbieten, erweisen sich als wenig tragend und in sich ambivalent, ja als bedrohlich. Die Apokalypse versteht Frau Mahler nicht als Neugeburt, sondern als bedrohliche Auflösung von bestehenden Welten. Die kreative Gestaltung dieser Auflösung erbringt zwar eindrückliche Bilder, aber keine Heilung. Auch die Geschichte von Kain und Abel bietet Frau Mahler nicht den dringend benötigten Boden. Abel verbindet sich für sie mit „Häbel", hebr. Hauch, Zeichen der Hinfälligkeit. Kain ist ebenfalls Prototyp des Heimatlosen, Ruhelosen. Auch die Gestalt des Joseph wirkt zutiefst ambivalent. Joseph ist der nicht erreichbare Prototyp eines Mannes und eines Gottes, der sich entzieht. Als positive religiöse Ressource in der Beratung erscheint allein die archaische, fast körperhafte klangliche Erfahrung des alttestamentlichen Segens. Insofern ist es „stimmig", dass sich die Beraterin in der schöpferischen Resonanz dazu geführt sieht, für Frau Mahler einen Segen zu schreiben. Bewusst reflektiert wurde dieser Vorgang jedoch auch von den Beratenden nicht. Der Segen entstand erst im Vorgang des

Schreibens, gleichsam prozesshaft. Dennoch „stimmt" dieser Einfall und dokumentiert damit vielleicht auch einen Moment der „Vollmacht", Vollmacht als Möglichkeit verstanden, das Richtige im richtigen Moment zu sagen. Im Nachhinein ist jedoch eine Reflexion dessen, was der Segen zu bewirken versucht, möglich:

- Der Segen greift (in seiner ersten Strophe) hart an den Spuren des (leidvollen wie freudvollen) Alltags an, spricht Frau Mahler persönlich an und zeigt damit: „Ich habe dich gehört und verstanden." Er würdigt ihren Einsatz, ihre Hingabe.

- Hermeneutik des Verdachts: Es ist eine wahrnehmende, nicht blinde Liebe, die der Segen in Auftrag gibt: Er segnet Liebe, die auf Geben und Nehmen beruht, und nicht auf Selbstaufgabe, ebenbürtige Liebe jenseits eines Gefälles.

- Aus systemischer Sicht fügt der Segen abgebrochene Beziehungen wieder zusammen, resp. stiftet sie erneut. Beziehungen sind ja möglich nicht nur zu Menschen, sondern auch zu Objekten, in unserem Fall zu Boden, Heimat, Mantel. Der Segen des Mantels, des Bodens, der Heimat, des Glanzes beginnen im schöpferischen Spiel zu klingen, wirkmächtig zu werden, sich zu vergegenwärtigen. Dies alles sind im Übrigen Objekte, welche Frau Mahler zugänglich sind: Sie erscheint oft in einen weiten Mantel gehüllt. Sie steht de facto auf dem Boden, dieser gibt nicht nach. Heimat spürt sie vielleicht dann, wenn sie sich erlaubt, sich selber zu spüren, wenn sie sich selbst beheimaten kann und sich nicht missbrauchen lässt. Allein der Glanz kündet wohl von einer Wirklichkeit jenseits der konkret erfahrbaren, Segen spendenden Objekte.

- Der Segen nimmt die Ressource Theologie der zu Beratenden auf (ihre Erfahrung des Segens, vgl. zweite Strophe) und verstärkt sie. Zutiefst angesprochen fühlte sich Frau Mahler durch den archaischen Klang des Segens. Dieses Motiv wird aufgenommen, schöpferisch vergegenwärtigt und damit erneuert. Auch aus theologischer Sicht ist Gott symbolisierbar im Boden, in Heimat (vgl. Vorstellungen von der „Mutter Erde"). Der (existentielle) Fokus, den Frau Mahler in der Beratung zu bearbeiten hofft, erhält nun eine religiöse Dimension: Es ist das Gefühl einer Bodenlosigkeit in Bezug auf Gott, das zur Sprache kommt resp. im Segen Boden findet. Dem alttestamentlichen Segen sind diese Dimensionen nicht fremd, ist es doch der fruchtbare Boden resp. die Fruchtbarkeit der Frau, die besonders gesegnet sind resp. die den Segen Gottes sichtbar zu machen vermögen.

In exegetischer Hinsicht interessant ist, dass der aaronitische Segen genau die Thematik betrifft, die Frau Mahler in die Beratung geführt hat.[9] Er verspricht das An-sehen Gottes in einer Gotteserscheinung. Im alttestamentlichen Segen ist Gott gleichsam gegenwärtig, Gott „wird", und das Angesicht (der Anblick) Gottes ist Symbol für die liebevolle Nähe eines wahrnehmenden Gottes (erinnern wir uns an die Angst von Frau Mahler, nicht wahrgenommen zu werden!). Gott blickt sie freundlich an, nimmt sie wahr, ist ihr nahe, und schenkt ihr damit Glück und Frieden — das spricht ihr der Segen zu. Im Sprechen des Segens wird die Nähe Gottes spürbar, scheint die Gegenwart Gottes auf, erlebt sie Gottes Glanz. Gott selber ist Spender des aaronitischen Segens, Mose als Mittler teilt ihn Aaron und seinen Söhnen mit. Der Segen ist wirkendes Wort, ist ein in Vollmacht gesprochenes Wirk-Wort, ist Zuspruch von heilvoller Kraft und Anrede zugleich. Er sagt das Aufleuchten des Angesichts Jahwes und

---

[9] Vgl. dazu und zum Weiteren Horst (1961), 1650.

damit gleichsam eine Gotteserscheinung an und zielt auf den Zuspruch des Umfassenden Schalom Gottes.

Sind wir — auch in religiös-existentieller Beratung — ähnlich wie Aaron und seine Söhne (und heutzutage Töchter!) nicht auf spezielle Weise Segensträger? Kranke, Zweifelnde, in Sinnlosigkeit Verirrte erfahren durch unser Ansehen und Wahrnehmen das freundliche Antlitz Gottes, werden durch unser Ohr gehört, durch unser Auge wahrgenommen, erleben An-sehen. „Nein, Gott verflucht dich nicht in deinem Schicksalsschlag, in deiner Krankheit, im Gegenteil: Er will dir nahe sein." Was tun wir also aus theologischer Sicht, wenn wir als Beratende einen eigenen Segen formulieren und laut vorlesen? Wir verweisen weder auf ein Jenseits, noch verweilen wir ausschliesslich im Diesseits. Könnte man nicht sagen: Wir machen das Jenseits im Diesseits fest? Am konkreten Beispiel veranschaulicht: Ohne Boden ist für Frau Mahler beispielsweise göttlicher Boden nicht erfahrbar. Der Segen knüpft an Mankos und Erfahrungen der Fülle an und verweist auf Grösseres. Er stiftet eine Verbindung (ja Beziehung) zwischen Transzendenz und Immanenz, zwischen Himmel (Glanz) und Erde (Boden).

Wir schliessen uns in solchen Momenten der Beratung an die Wirkmächtigkeit des Wortes an, formuliert in einem besonderen Kairos. Nicht die allgemeine Aussage zählt, sondern der individuell zugesprochene, entworfene Zuspruch, der symbolisiert: „Du bist gemeint, als Individuum, mit deiner Geschichte." Ein Symbol resp. im vorliegenden Fall der symbolisch wirkende Segen würdigt das Konkrete und spiegelt gerade damit das Allgemeine (die Segenskraft Gottes). Lebendig Angeschautes, Erfahrenes wird damit „unendlichkeitstransparent" (Binder 1989), und die poetologische Reflexion bemerkt das, Gott sei Dank, zu spät! Die symbolische Qualität der kreativen Gestaltung muss uns zunächst gar nicht bewusst sein, sie ergibt sich erst durch den lebendigen Prozess, erst hinterher (Schibler 1999, 281).

Die Wirkkraft des Wortes, von dem auch der alttestamentliche Segen lebt, wirkt nun erneut in der schöpferischen Vergegenwärtigung. Aus künstlerischer Sicht wird dieser Vorgang durch die Personalisierung verstärkt. Von Frau Mahler bisher im wörtlichen Sinne übergangen, meldet sich derjenige Teil zu Worte, den sie bis jetzt erfolgreich übersehen hat. Nicht Joseph ist es, der ersehnte, nicht erreichbare Mann, sondern der Boden selbst, der zu sprechen beginnt. Er spricht sie an, sie persönlich ist gemeint, sie kann sich seiner Stimme nicht entziehen. Seine Anrede (oszillierend zwischen Imperativ und Indikativ) ist beziehungsstiftend, ja sogar beziehungsgebietend: „Nimm mich endlich wahr! Ich bin da, schon immer. Im Boden, der dich seit Urzeiten trägt, im Mantel, der dich schützend umgibt."

Der Segen bewirkt damit eine Fokusveränderung und schlägt — als Lösung im Werk (vgl. 5.5.) — einen Wechsel zweiter Ordnung bzw. ein Reframing vor. Das Reframing versucht ja, Ratsuchenden zu helfen, sich dem Unerwarteten zu öffnen. Probleme resp. Fragen sollen unter anderen Rahmenbedingungen wahrgenommen werden. Im konkreten Fall: Der Blick von Frau Mahler fällt — dem Imperativ des Segens folgend — nicht mehr auf die Bodenlosigkeit, sondern auf Boden. Paradoxerweise ist das Unerwartete in diesem Fall das Naheliegendste. Aus künstlerischer Sicht führt der Einfall, einem „Objekt" eine Stimme zu verleihen, zur Möglichkeit, tiefere Wahrheiten zum Ausdruck zu bringen. Der Boden, den sie bis jetzt sträflich negierte in einer verengten Weltsicht, spricht plötzlich selber — eine machtvolle „Inszenierung"! Der Boden war ja immer da, jetzt aber gewinnt er eine Stimme.

Aus genderspezifischer Sicht werden Geschlechtsrollen der Unterordnung aufgebrochen und dauerhaft in Frage gestellt (Hermeneutik des Verdachtes). Die Klientin erhält — dem Segen folgend — den Auftrag, krank und abhängig machende Beziehungsstrukturen zu erkennen und zu vermeiden. Dank dieser Hermeneutik des Verdachtes könnte Frau Mahler die dringend benötigte Kraft erlangen, sich selber davor zu schützen, in destruktiven Beziehungsstrukturen zu verweilen. Damit gewährte sie sich dringend benötigte Freiräume.

Howe (1995) stellt in überzeugender Weise dar, welche Potenziale gerade die Formulierungen des aaronitischen Segens besitzen, wenn man sie vor dem Hintergrund früher Phasen der Selbstentwicklung hört: Ein starkes, lebensbejahendes Selbst kann sich nur entwickeln, wenn das kleine Kind an einem Gegenüber, am Gesicht beispielsweise der Mutter, ablesen kann, dass es erwünscht, bejaht und willkommen geheissen ist. Der Blick ist sehr wichtig, aber auch die Hand, das Gehalten-Werden, so wie das Kind ist. Im Gesicht der Mutter spiegelt sich noch mehr als die Freude an einem Kind, das zum Gegenstand der Liebe der Mutter wird. Im Gesicht der Mutter spiegelt sich auch das, was die Mutter im Kind werden sieht. Das Kind internalisiert auch diesen Teil dessen, was das Gesicht der Mutter spiegelt. Howe vermutet, dass das Bild vom leuchtenden Angesicht Gottes, das im aaronitischen Segen so kraftvoll zum Ausdruck kommt, solche frühen Erfahrungen wieder anspricht. Dieser liebende, verstehende und hoffende Blick brauchen auch erwachsene Menschen, um auf ihren gefährdeten Wegen weiter gehen zu können. Dort, wo sie in einem tiefen Sinn nicht „gesehen", in ihrer Besonderheit „wahrgenommen" werden, verlieren sie ihren Halt oder können ihn gar nicht finden. Es scheint uns, es entspreche einer tiefen inneren Notwendigkeit, dass sich die Beratung von Frau Mahler gerade auf diese „Abschieds-Szene" des Segens hin bewegt. Frau Mahler nimmt in der Beratung das offene Ohr und den hoffenden Blick von Beraterin und Berater in Anspruch, um (auch mit ihren kreativen Gestaltungen) gesehen zu werden und Gehör zu finden. Beraterin und Berater lassen sich in dieser Schlussszene noch in einem tieferen Sinn in Anspruch nehmen: als konkret hörendes Ohr, genau wahrnehmendes Auge, mitfühlendes Herz, verstehender Geist dessen, der sein Angesicht über uns aufgehen lässt. In der positiven Annahme und Erfüllung dieser Übertragung verweisen wir auf Gott und damit auf Gottes heilende Nähe — Menschwerdung, Inkarnation auch hier, in ihrer ganzen Ambivalenz und Unvollkommenheit (es gab auch viele Momente des Nichtverstehens in dieser Beratung!)

Ist diese Beratung gelungen? War der vorgeschlagene Fokuswechsel für die Klientin nachvollziehbar, wirkte er dauerhaft? Dies wird sich erweisen müssen. Dies zeigt auch das stilistische Mittel des Segens: Segen als Zuspruch, als Proviant auf einen Weg, als „Abschiedsgeschenk" einer kurzen, zumeist glückenden, nicht hierarchischen Beziehung, in der wir versucht haben, sowohl unser theologisches Wissen wie auch unsere spirituellen Schätze zu teilen und damit zu vermehren.

9. Religiosität, Beziehung und Entwicklung

In den vorangegangenen Kapiteln haben wir wichtige methodische und konzeptionelle Elemente unseres Beratungsmodells vorgestellt. Zum Schluss sollen nun nochmals Grundfragen religiös-existentieller Beratung aufgegriffen werden. Zuerst wollen wir die theoretischen Vorstellungen im Zusammenhang entwickeln, die uns bei der Arbeit und der Interpretation der Beispiele geleitet haben. Wenn genauer verstanden werden soll, wie sich die Religiosität eines Menschen in religiös-existentieller Beratung zeigt, wie sie Probleme schafft und Probleme lösen hilft und wie sie sich im Verlauf der Beratung verändert, dann ist ein vertieftes religionspsychologisches Nachdenken nötig. Von welchem Ausgangspunkt her wollen wir dies tun? Wir wollen auch hier psychoanalytische und systemische Überlegungen aufeinander beziehen und sie mit feministischen und kunsttherapeutischen Einsichten ergänzen.

9.1. Beziehungen, Gott, Selbst und Co.

Wenn wir zurückblicken auf die Beratungsprozesse, die wir kennengelernt haben, dann drängt sich der Eindruck auf, dass die Frage nach Gott, nach bedeutungsvollen anderen Menschen und nach dem eigenen Selbst in unterschiedlicher Art immer wieder miteinander verwoben sind.

Das zeigt sich in den Schwierigkeiten von Cristina Bandi mit ihrem „alten" Gott und ihrer Suche nach einem neuen Gottesverhältnis (vgl. Kap. 2). Mit dieser Frage untrennbar verbunden ist die Frage nach ihrer eigenen Identität als denkende, sich selber bestimmende Frau und die Frage nach ihren Beziehungen, wie sie früher wichtig gewesen waren und neu wichtig wurden.
Ähnliches zeigt sich in Frau Becks's Frage nach der Integration neuer affektiver Anteile, besonders ihrer Wut, in ihr weibliches Selbst- und Gottesbild (vgl. Kap. 3). Wiederum sind von diesem Prozess ihre Beziehungen zu anderen Menschen, vor allem zu Männern, insbesondere ihrem Freund, betroffen.
Auch Herrn Strahm geht es in seiner Frage nach der Bedeutung der Wolke der Schuld, die sein Leben beschattet, um einen affektiven Teil seines Selbsterlebens (vgl. Kap. 6.5.). „Energetische" Brücken zwischen der „Wolke" der Schuld und dem Licht Gottes rücken auch Beziehungen, die ihn mit einer religiösen Gemeinschaft verbunden hatten, und Beziehungen in seiner Familie in ein klareres Licht.
In auffällig vielen, wenn nicht fast ausnahmslos allen Beratungen steht die Beziehung zu einer religiösen Gruppe, die für die bisherige Identitätsbildung wichtig geworden war, auf dem Spiel. Es geht um Emanzipation von solchen Prägungen und Selbstwerdung.

Ausgehend von diesen Beobachtungen stellt sich die Frage, wie die Dynamik dieses Geflechts von Beziehungen zwischen Gottesbild, Selbstbild, inneren Persönlichkeitsanteilen und bedeutungsvollen anderen besser verstanden werden könnte.
Wir nehmen auch hier psychoanalytische Sichtweisen zum Ausgangspunkt weiterer Gedanken. Sucht man in der Tradition der psychoanalytischen Theoriebildung nach Konzepten und Erklärungsmodellen, die in diesem Zusammenhang erhellend wirken könnten und auch die beraterische Arbeit zu inspirieren vermögen, dann scheinen uns Vorstellungen zur Entwicklung des Selbst und der sogenannten „Objektbeziehungen" aufschlussreich, die in der psychoanalytischen Arbeit in den letzten Jahrzehnten wichtig geworden sind.

Ausgangspunkt ist folgende gegenüber Freud neu akzentuierte Grundvorstellung: Die menschliche Psychodynamik wird weniger vom Triebgeschehen her motiviert, sondern leitet sich aus frühkindlichen Beziehungserfahrungen und deren Konsequenzen ab. Der Wunsch nach Beziehung zu einem „Objekt" — damit ist etwas missverständlich ein bedeutungsvolles Gegenüber gemeint — und nicht die Befriedigung von Triebimpulsen ist grundlegend für psychische Motivation.[1] Diese Annahme hat Konsequenzen auch für das Verständnis religiöser Phänomene: Religiosität, so wird von objektpsychologisch orientierten Vertretern der Psychoanalyse argumentiert, entspringt nicht primär der Abwehr von Trieben und den Projektionen eines internalisierten Objekts — des in den Himmel erhöhten Vaters —; sie ist vielmehr primär Beziehung (mit Gott, dem Heiligen, dem Kosmos), die sich parallel zu anderen wichtigen Beziehungen, z.T. abhängig und zum Teil unabhängig von ihnen entwickelt. Eine so orientierte psychoanalytische Religionspsychologie analysiert folglich, wie individuelle Glaubenssätze, religiöse Erfahrungen und Praktiken das Beziehungsleben eines Menschen spiegeln und beeinflussen und dadurch im Ganzen mitbestimmen, wie ein Mensch Erfahrungen macht und verarbeitet.[2]

Dieser Ausgangspunkt ist zum Verständnis einer „themenzentrierten Psychotherapie" (Boscolo/Bertrando 1997, 80) hilfreich. Die Objektbeziehungspsychologie erlaubt es, eine substantivische und eine funktionale Sicht von Religiosität miteinander zu verbinden (nach McDargh 1983). Sowohl die Inhalte und konkreten Traditionen, auf der individuelle Religiosität aufbaut, wie deren Funktion und Auswirkungen in der Psyche eines Menschen können also berücksichtigt werden. Auch das personale Element, das für menschliche Beziehungen zum Letztgültigen im Raum jüdisch-christlicher Traditionen in besonderem Mass charakteristisch ist, kann mit diesem Theorieansatz heimgeholt werden. Dieser Zugang kann zudem so angelegt werden, dass weibliche und männliche Aspekte des Gottesbildes gleichermassen einbezogen werden können. Das Gottesbild ist dabei nicht ein fixiertes einzelnes Bild, sondern gilt eher als „the individuals very personal dynamic relationship to this conscious and unconscious constellation of values, impressions, memories and images" (18).

Wir können nicht in die Details der Diskussion zur Objektpsychologie und ihrer religionspsychologischen Rezeption gehen (vgl. dazu Steinmeier 1998, Thierfelder 1998). Eine Möglichkeit, die psychischen „Verhältnisse", um die es hier geht, noch etwas besser zu fassen, sei herausgegriffen: Objektbeziehungen können als internalisierte Beziehungsstrukturen verstanden werden: Diese Vorstellung lässt sich besonders gut mit unseren Beispielen und der bisherigen Diskussion vereinbaren. Eine Person kann

---

[1] Diese Entwicklung wurde durch jüdische Analytikerinnen und Analytiker wie Klein, Mahler, später Winnicott, Balint, Bion, Fairbarn initiiert, die nach England emigrieren mussten. In den USA war es die Selbstpsychologie Kohuts, die der Theorieentwicklung wesentliche weitere Anstösse gab. Nach Rohde-Dachser (1991, 172) können Eckwerte dieser Entwicklung stichwortartig wie folgt benannt werden: weg von Ödipus zu Präödipus, von Triade zu Dyade, von Triebtheorie zu Objektpsychologie, von Neurosen zu den Frühstörungen, von den Vätern zu den Müttern. Vgl. zu den religionspsychologischen Implikationen z.B. Finn/Gartner (1992), Steinmeier (1998).

[2] Fairbairn, Guntrip, Winnicott u.a. kritisierten Freuds Vorstellungen der Gottesbeziehung: Die Beziehungen, die Menschen zu Gott aufbauen, verlaufen parallel zu den Beziehungen zu anderen Menschen, obschon sie sich im Umfang resp.Gewicht unterscheiden können. Eine einflussreiche religionspsychologische Rezeption dieser Sichtweise findet sich bei Rizzuto (1979), McDargh (1983); vgl. dazu die informative Darstellung bei Thierfelder (1998). Einen entsprechenden religionspsychologischen Ansatz hat Murken (1998) empirisch untersucht.

verstanden werden als ein „nexus of external and internal relationships that interrelatively affect one another" (Kosek 1996, 375). Dabei wird vermutet, dass eine Parallelität zwischen Alltagsbeziehungen und religiöser „Formation" besteht. Veränderungen in Beziehungen beeinflussen das Selbstbild und die Wahrnehmung der Beziehungen zu anderen. Von diesen Veränderungen ist auch das Gottesbild betroffen. Es wandelt sich und trägt selbst auch zu diesem Wandel bei. So gibt es auch Parallelen zwischen der Stufe der religiösen Entwicklung, die ein Mensch erreicht hat, insbesondere seiner Beziehung zu Gott, und der allgemeinen psychischen Entwicklung, insbesondere seinen Beziehungen zu anderen Menschen (ebd. 377).

Murken (1998) versteht Religion — ebenfalls an die psychoanalytische Objektbeziehungstheorie anknüpfend — insgesamt als „Beziehungsprozess" (207): Religiosität vermittelt Beziehungen zu Gott, zu religiösen Spezialisten und Gemeinschaften, zu Mitmenschen, Umwelt und Selbst. Für Murken wird dabei als zentrales vermittelndes Element das Selbstkonzept wichtig. Die Erinnerungsspuren an die Eltern und an frühe Beziehungen beeinflussen das gegenwärtige Erleben vor allem vermittelt durch das Selbstbild. Dieses wird als Resultat der „individuell verarbeiteten Beziehungserfahrungen" (212) verstanden. Die Beziehung zwischen Selbstwert und Gottesbild ist dabei als wechselseitiger Prozess zu verstehen. Bei einem negativen Selbstwert z.B. kann beispielsweise die verinnerlichte Erfahrung von Ablehnung in der Gottesbeziehung wiederbelebt werden. Ein schuldiges Selbst verweist auf einen rachsüchtigen Gott; ein entfremdetes Selbst entfremdet sich noch tiefer in einer distanzierten Gottheit. Möglich ist auch eine kompensatorische Beziehungsstruktur: Ein unsicheres Selbst sucht Zuflucht in einem warmen, zärtlichen „Selbstobjekt-Gott". Erfahrungen von Ablehnung können so ausgeglichen, ja sogar überwunden und damit durch Erfahrungen der Annahme in der Gottesbeziehung „geheilt" werden.[3]

In Anlehnung an diese Vorstellungen lässt sich ein theoretisches Modell entwickeln, das es uns erlaubt, die Phänomene, die in den Beratungen sichtbar werden, präziser zu verstehen (vgl. Abb. S. 189). Bilder des Selbst, Vorstellungen von bedeutungsvollen anderen, von Gott und weiteren religiösen „Objekten" sind in inneren psychischen Repräsentationen abgelagert, die bei der Bewältigung unterschiedlichster Lebenssituationen immer wieder aktiviert, gefestigt und weiterentwickelt werden. Einige zentrale Punkte dieses Modells seien hervorgehoben:

Dem *Selbst* kommt innerhalb der Struktur dieser Repräsentationen eine besonders wichtige Bedeutung zu. Dieses Selbst bildet sich aus den frühen Erfahrungen mit jenen Menschen, die Elternfunktion übernehmen und das Selbst in seinem Werden spiegeln und begleiten, und aus späteren Beziehungen und entwickelt sich zu einer zugleich autonomen und bezogenen Struktur von Selbst- und Fremdbildern, Affekten und Bewertungen.

Beziehungen zu bedeutungsvollen anderen sind eine zweite, für psychisches Funktionieren zentrale Grösse. Eine besondere Bedeutung besitzen die frühen Beziehungserfahrungen mit Elternfiguren und Geschwistern. An ihnen schliessen „psychische Reihen" an, in denen diese frühen Erfahrungen der Kindheit in aktuelle Beziehungserfahrungen und -erwartungen übergeleitet werden. Menschen haben die Tendenz, aktuelle Erfahrungen nach dem Modell der internalisierten Beziehungsmuster wahrzunehmen

---

[3] Empirische Untersuchungen zum Zusammenhang von Selbstwert und Gottesbild kommen nicht zu einheitlichen Aussagen. Mehrere Studien belegen jedoch den Zusammenhang von Gottesbild und Selbstwert (auch bei Extremgruppen wie vergewaltigten Frauen, nach Murken 1998, 212ff.).

und neu zu inszenieren. Auch die Beziehungen zu religiösen Gemeinschaften werden anhand dieser internalisierten Strukturen wahrgenommen und gestaltet.

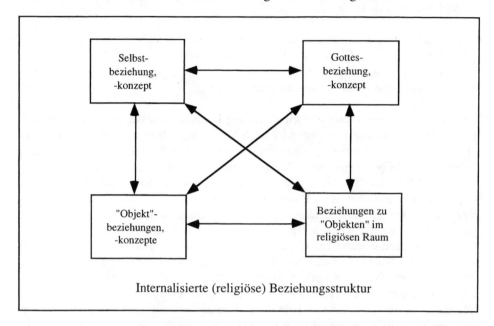

Internalisierte (religiöse) Beziehungsstruktur

Gotteskonstrukte, das zeigt eine breite Linie religionspsychologischer Forschung, sind von solchen Beziehungserfahrungen geprägt und stehen in aktueller Wechselbeziehung insbesondere zu Selbst und Selbstwert. Zugleich sind auch sie nicht einfach Abklatsch solcher Erfahrungen. Auch sie bilden sich als Repräsentationen in einem steten Wechselspiel mit allen anderen Beziehungserfahrungen einer Person heraus. Gotteskonstrukte haben in Praxis und Forschung besondere Aufmerksamkeit erhalten. Für die Gestaltung des religiösen Raums sind aber *andere „Objekte"* und die Beziehungen, die Menschen zu ihnen entwickeln, zweifellos ebenfalls wichtig: Jesus Christus, Engel, Figuren aus verschiedenen religiösen Traditionen, aus Volksfrömmigkeit, Märchen, Kunst, aber auch religiöse Begriffe, Gegenstände, Rituale etc. Diese vier „Verdichtungen" im inneren System der Repräsentationen sind miteinander systemisch verbunden:

- Die Elemente sind zirkulär, nicht linear miteinander verbunden. Es finden sich also gegenseitige Abhängigkeiten zwischen den verschiedenen Grössen. Die Beziehung zu Gott ist nicht einfach nur nach dem Modell der anderen Objektbeziehungen gestaltet. Auch die Umkehrung gilt: Das Gotteskonzept hat seinerseits — je nach Inhalt — stabilisierende oder destabilisierende Wirkungen auf Selbstkonzept, Selbstwert etc.

- Einzelelemente und das Ganze dieser Beziehungen sind in einem dynamischen Sinn miteinander verbunden: Wenn sich Einzelelemente ändern, ändert sich das Ganze und wenn sich die Struktur des Ganzen verändert, ändern sich auch alle einzelnen Elemente.

- Nach dem Prinzip der Äquifinalität können gleiche Wirkungen unterschiedliche Ursachen haben: Veränderungen des Gottesbildes können sowohl durch Veränderungen der Beziehungen zu bedeutungsvollen anderen wie durch Veränderungen im Selbstbild verursacht sein. Veränderungen im Gottesbild können ihrerseits Veränderungen in den Beziehungen zu anderen religiösen Grössen und zum Selbst zur Folge haben.

- Nach den Prinzipien der Homöostase und der autopoietischen Selbstorganisation bestehen Tendenzen, dass sich dieses System in seinem Umfeld in einem optimalen Zustand einstellt. Es vermag zugleich „Verstörungen" aufzunehmen und entwickelt sich selber autopoietisch und „nichttrivial", also in nicht kontrollierbaren Schritten, weiter.

Vor dem Hintergrund dieser Modellvorstellung können Prozesse, wie wir sie in den verschiedenen Beratungen nachgezeichnet haben, bereits besser verstanden werden. Trotzdem fehlt diesen Überlegungen eine für unsere psycho-*systemische* Sichtweise wichtige Dimension. Diese „innere" Welt ist nicht nur von ihrem Werden her mit der äusseren Welt verbunden. Diese innere Welt bleibt auch später mit der äusseren verkoppelt, so dass in einem steten Prozess der Assimilation und Akkommodation innere Repräsentationen und neue Erfahrungen, die das Individuum in der Auseinandersetzung mit der Umwelt gewinnt, aufeinander abgestimmt werden.

Den inneren Repräsentationen entsprechen aktuelle äussere Beziehungen. Selbstbild, Selbstwert und Selbstbeziehung stehen in Wechselwirkung mit der sozialen Unterstützung, die eine Person in ihren Beziehungsnetzen erfährt, sowie mit den Erwartungen, Projektionen und Delegationen, die sie aus jenen Systemen erreichen, denen sie sich zugehörig fühlt. Das innere Bild ihrer sozialen Umwelt steht in Interaktion mit jenen aktuellen Erfahrungen, die sie mit Menschen macht, die für sie gegenwärtig wichtig sind, mit deren Zugehörigkeiten zu sozialen Systemen wie Familie oder Universität, aber beispielsweise auch mit dem System der Geschlechtsrollen ihrer Gesellschaft. Ihr Gottesbild und ihre Gottesbeziehung werden von Gotteskonstrukten, die sich in ihrer Familie und in weiteren bedeutungsvollen Beziehungen (z.B. zu einem Liebespartner) gebildet haben (vgl. Morgenthaler 2000, 86ff.), und von religiösen Praktiken in ihrem sozialen Umfeld beeinflusst. Ihre Beziehung zu Engeln, Heiligen, zu Christus oder Maria hängen ebenfalls zusammen mit Bildern, Traditionen und Einflüssen, die in jenen religiösen Systemen zirkulieren, denen sie angehört.

Auch hier finden reziproke Beeinflussungen statt. Menschen versuchen, ihre Beziehungen kongruent zu ihrem Selbstbild zu gestalten. Beziehungssysteme wirken andererseits mit mächtigen sozialen Kräfte auch auf Menschen ein. Sie sollen dort bestimmte Rollen übernehmen (auch wenn diese mit ihrem Selbstbild nicht unbedingt kongruent sind), damit Systeme funktionieren und ihre Aufgaben erfüllen können. Zentrale psychische Grössen entstehen gerade an diesen Schnittstellen zwischen innerer und äusserer Welt. So ist beispielsweise ein positives Selbstkonzept, das mit einem unterstützenden sozialen Netz verbunden ist, eine der wichtigsten Ressourcen für psychische Gesundheit.

Auch Religiosität ist, wenn wir von dieser Modellvorstellung ausgehen, nicht einfach etwas, was im „Innern" der Person — also in der internalisierten Struktur ihrer religiösen Repräsentationen — oder im „Äussern" — also in den Traditionen und Praktiken einer Religion — zu lokalisieren ist. „Religiosität" entwickelt sich ebenfalls aus der Interaktion dieser Grössen, in einem „Zwischenraum", den wir gleich noch genauer kennenlernen werden. Religiosität entwickelt sich insbesondere, wenn die schöpferische Gestaltkraft genügend zur Entfaltung und Wirkung kommen kann. Die

Interaktionen zwischen den einzelnen Parametern sind zum grössten Teil schöpferischer Natur, gerade wenn ein heilsamer, konstruktiver Bezug erfolgt.

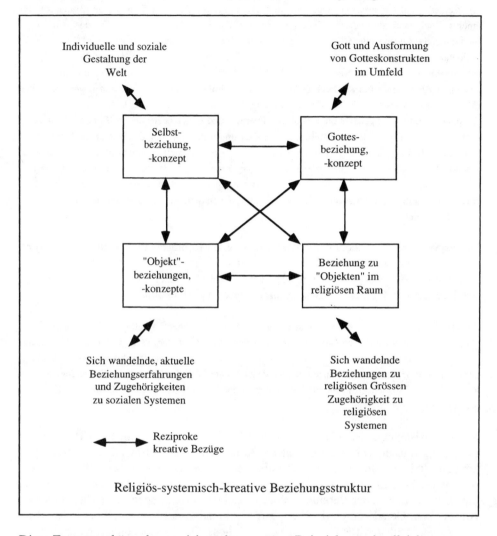

Religiös-systemisch-kreative Beziehungsstruktur

Diese Zusammenhänge lassen sich auch an unseren Beispielen nachvollziehen:

Es ist offensichtlich, wie in der Beratung von Frau Bandi zugleich das Selbstbild, die menschlichen Beziehungen und die Gottesbeziehung in Bewegung gerät. Die Beziehung zu ihrem Freund, Beziehungen in der religiösen Gemeinschaft, der sie sich anschliesst, und Beziehungen zu Gott sind in der Zeit des „alten Gottesbildes" kongruent strukturiert: Frau Bandi lässt sich von aussen, von männlichväterlichen Grössen bestimmen. Mit dem tendenziell (über-)fordernden Charakter dieser Beziehungen ist auch ein instabiles weibliches Selbstwertgefühl verbunden. Die Bewegung, die in der Beratung teils nachvollzogen, teils in Gang gesetzt und — gerade mit kreativen Mitteln — verdeutlicht wird, verändert diese ganze Konstellation: Der Bruch mit ihrem Freund und eine neue Selbstdefinition als denkende, selber urteilende, theologisierende Frau beginnen auch das Gotteskonzept und die Gottesbeziehung zu durchdringen, in der Frau Bandi ihr Recht auf Eigenständigkeit einfordert — und im „Gottesbrief" auch zugestanden erhält. Dies ist gleichzeitig mit einer Veränderung anderer Objektbeziehungen resp. mit einer Veränderung der entsprechenden inneren Repräsentanzen verbunden: Fritz wird verabschiedet, auf der äusseren (Bruch mit dem Freund) und der inneren Bühne. Die Mutter tritt als inneres Objekt erstmals zu diesem Zeitpunkt der Beratung in Erscheinung. Dieser Prozess wird insgesamt durch das Leben an der Universität gefördert, durch neue Beziehungen und Loyalitäten, durch die Teilnahme am sozialen System einer theologischen Fakultät mit seinen Rollen und Wertvorstellungen, in dem auch bestimmte Konzepte des Religiösen kursieren und internalisiert werden sollen.

Auch in der Beratung von Frau Beck (Kap. 3) ist eine ähnliche Bewegung erkennbar: weg von alten „Verhältnissen" zwischen Selbstbild (Frau Beck als freundliche, harmonische, lächelnde, schweigsame Frau), Gottesbild (Gott gedacht ohne Wut und Energie) und Objektbeziehungen (Frau Beck ist diejenige, die sich auf die anderen einstellt, sich anpasst und mitmacht) hin zu einer neuen Struktur, in welchem sich diese Grössen in einem kreativen Prozess neu einstellen: einem Selbst, das auch die Position der tanzenden Wutschlange einnehmen kann, einem Gott, der mit seiner zornigen Lebensenergie wegfegt, was seinem Lebenswillen nicht entspricht, und bedeutungsvollen anderen, mit denen eine wechselseitige, achtungsvolle Beziehung eingegangen wird, in der Abgrenzung und das Nein ihren legitimen Ort haben.

Dieses System von Beziehungen zwischen inneren Repräsentationen und „äusseren" sozialen Systemen ist in konstanter Bewegung. Es gibt Phasen, in denen es sich in einem relativen Gleichgewicht befindet. Dann gibt es Phasen, in denen — ausgehend von irgendeinem Element — Bewegung in dieses System kommt.

So verändert beispielsweise die Sozialisation an einer theologischen Fakultät die äusseren Beziehungen, die Quellen sozialer Unterstützung, die Konzepte von Gott und Welt, mit denen Studierende konfrontiert sind, und auch die Zugehörigkeit zu religiösen Systemen. Die bisherigen Verhältnisse zwischen den inneren Repräsentanzen geraten dadurch unter Druck. Es entsteht Bewegung in ihren Relationen und Inhalten. Das kann das ganze System der Vorstellungen in eine Bewegung der Veränderung hineinziehen.[4]

Religiös-existentielle Beratung ist in einem hervorgehobenen Sinn ein Ort, wo diese Beziehungsmuster, einzelne ihrer Elemente und ihr Wechselspiel betrachtet werden können. Zudem bietet sie Raum, dass die Person, die Beratung sucht, ihre Veränderungswünsche artikulieren kann — zugleich mit der Angst, die dies auslöst. Darüber hinaus werden so in der Beratung selber Beziehungserfahrungen vielleicht korrektiver Art möglich. Gerade durch den Einbezug der kreativ-imaginativen Dimension entstehen im intermediären Raum zudem neue religiöse Objektbeziehungen (resp. werden alte reaktiviert). Das Selbstbild des zu Beratenden wird zudem empathisch gestützt, aber auch konfrontativ herausgefordert. Ressourcen werden erschlossen oder zur Verfügung gestellt. Im Rahmen dieser Beratungsbeziehung erfahren Klienten und Klientinnen zudem — hoffentlich — nicht hierarchisch geprägte, ebenbürtige und „geschlechtsrollenatypische" Beziehungen. Insbesondere bei einer Beratung mit „rotierenden Rollen" (Frau und Mann) erfahren Klienten resp. Klientinnen die unterschiedlichsten Beziehungskonstellationen (Frau – Mann; Mann – Mann bzw. Mann – Mann; Mann – Frau.) Das ermöglicht grundsätzlich die Erfahrung der ebenbürtigen

---

[4] Empirische Untersuchungen zeigen allerdings, dass dieser Druck unter anderem dadurch abgefedert wird, dass Studierende in ihrem Studium häufig ein Beziehungsnetz aufbauen, das sie in ihren theologischen Überzeugungen unterstützt und trägt, die sie bereits ins Studium mitbringen (Engels 1990).

Begegnung der Geschlechter sowie — auf der Ebene von Eltern–Kind-Repräsentanzen — die Erfahrung eines gleichberechtigt agierenden „Eltern-Paares" jenseits von problematischen Kompetenzzuschreibungen. Der Beratungsraum muss dabei ein stabiler Raum sein, damit die entsprechenden Prozesse in Gang kommen und aufgefangen werden können.

9.2. Übergangsraum und Religiosität

Wir haben bereits davon gesprochen, dass Religiosität, wie sie sich lebensgeschichtlich entwickelt, nicht einfach in einem „Aussen", aber auch nicht einfach in einem „Innen" angesiedelt werden kann, sondern — nicht zuletzt wegen der systemischen Komponenten, die hier im Spiel sind — in einem eigenartigen „Zwischenraum", in einem Übergangsbereich zwischen „innen" und „aussen", zwischen „internalisierten" Repräsentationen und „externen" Einflüssen und Traditionen. Diesem Zwischenraum wenden wir uns in einem nächsten Schritt unserer Überlegungen nun zu.
Überlegungen des Kinderpsychoanalytikers Winnicott (z.B. Winnicott 1985) sind in den letzten Jahrzehnten häufig aufgenommen worden, um diesen Zwischenraum besser zu verstehen (vgl. dazu etwa: Neubaur 1987). Auch uns scheint diese Sicht — mit gewissen Vorbehalten — weiterführend. Winnicott beschreibt diesen Übergangsraum als einen Raum zwischen Symbiose und der zunehmenden Möglichkeit, Realität zu erkennen, zwischen Ich und Anderem, Subjektivität und Objektivität, Phantasie und Wirklichkeit. In der Phase einer ersten Ablösung von der Mutter übernehmen Übergangsobjekte wie ein Teddy und Übergangsphänomene wie eine Melodie Hilfs-, Puffer- und Trostfunktion, die den Übergangsraum markieren. Das Kind ernennt diese zu Stellvertretern der Mutter, mit denen gesprochen, gezürnt, gehandelt werden kann. Das Kind lernt so das Alleinsein, ohne ganz allein zu sein, und entwickelt sein Selbst. Dieses kann sich bilden, wenn das Kind in seinem Erleben gespiegelt wird. Übergangsobjekte sind dabei keine vollendeten Produkte, sondern eher so etwas wie eine „Erfahrungsbewegung", die in paradoxer Weise Vorgefundenes in Selbstgeschaffenes verwandelt — ein Paradox, das angenommen und begriffen werden muss, aber nicht erklärt werden kann.
In diesem Zwischenraum entsteht also eine Wirklichkeit, die das Kind gleichzeitig vorfindet und selbständig erschafft, eine Art „dritte Dimension" neben „äusserer" und „innerer" Welt, ein Zwischenreich des Erlebens, ein Ruheplatz, der nötig ist, wenn ein Mensch mit der lebenslangen Aufgabe beschäftigt ist, innere und äussere Realität getrennt und doch miteinander verknüpft zu halten. Diese Übergangserscheinungen verlieren sich in der Entwicklung eines Kindes allmählich wieder, „gehen unter". Der Zwischenraum selber weitet sich ins Gesamtgebiet der Kultur aus. Wenn fraglose Sicherheiten verloren gehen, können Übergangsobjekte allerdings schlagartig wieder wichtig werden.
Diesem Spielbereich „gesunder Täuschungen" gehören nach Winnicott auch Kunst, Philosophie und Religion an. So helfen Winnicotts Konzepte dabei, den Charakter dieses Zwischenraums, in dem sich auch Religiöses entwickelt, psychologisch zu verstehen und bestimmte Phänomene, die auch für religiös-existentielle Beratung von Bedeutung sind, noch tiefer zu durchdringen: Es ist sehr auffällig, wie in vielen Beratungen — gerade durch den Einsatz kreativer Techniken (wie sollte es anders sein!) — Übergangsobjekte geschaffen werden, die dabei behilflich sind, schwierige Übergänge

im Leben besser zu bewältigen. Auch für sie gilt, dass in paradoxer Weise Vorgefundenes in Eigenes verwandelt wird. Auch sie schaffen einen Raum, in dem eine Entscheidung zum Alleinsein und zur „Selb-ständigkeit" möglich wird. Auch sie helfen, kritische Übergänge im Lebenszyklus zu bewältigen. Und auch für die zu Beratenden gilt dabei das Paradox der Übergangsobjekte: Die Produkte, die entstehen und welche diese Wirklichkeiten vertreten, sind „nichts als" Produkte und zugleich viel mehr als „Produkte"; sie evozieren in diesem „potential space" die Möglichkeit ganz anderer Wirklichkeiten, in denen Wunsch und Wirklichkeit, Realität und Phantasie, Möglichkeit und Macht zusammenkommen.

So wird z.B. der „Gottesbrief" für Frau Bandi offenbar während einer gewissen Zeit zu einem Übergangsobjekt, an dem sie sich bei der schwierigen „Passage" in ein neues Gottesverständnis festhalten kann, bis dieses eine neue, persönliche Ausdrucksform findet (vgl. S. 22ff.). Interessant ist ebenfalls, wie das Symbol der Hand, des Gehalten-Werdens für sie wichtig ist. Es ist das einzige Moment, welches den alten und den neuen Gott verbindet.

Auch das Tonband, das der Berater für Herrn Burli kreiert, lässt sich hier nennen (vgl. S. 113): Auf ihm sind Vorstellungen einer Zukunft zu hören, die von Herrn Burlis selber zuerst im Gespräch artikuliert wurden. Der Berater leiht ihnen seine Stimme und sieht dabei Herrn Burli so, wie dieser sich werden sieht. Diese neue Stimme begleitet ihn in die Examenssituation und hilft ihm, diese zu bewältigen.

Frau Widmer hilft das Bild des neuen Jesus, auf ihrem Seil mutig vorwärts zu gehen (vgl. S. 133). Beim Abschied wird zudem ihr Schutzengel wichtig, den sie bei dieser Trennung wieder herbeiruft und um seine hilfreiche Gegenwart bittet (vgl. S. 177ff.). Auch die Karte, die sie dem Berater schreiben will, wird bereits in der Vorwegnahme zum Übergangsobjekt, das eine gute Zukunft symbolisiert.

Das Konzept des Übergangsraums scheint uns für das Verständnis der Prozesse, die in den Beratungen ablaufen, hilfreich (vgl. auch Bohleber 1989). Trotzdem sind Präzisierungen nötig.

So unterscheiden sich beispielsweise die Übergangsobjekte der Kindheit, wie sie Winnicott beschreibt, von den Übergangsobjekten von Erwachsenen, wie sie sich in Kunst und Religion zeigen. Die Übergangsobjekte der Kindheit sind individueller und idiosynkratischer als jene des Erwachsenen. Sie sind in einem Raum individueller und nicht geteilter Bedeutungen angesiedelt. Die Übergangsobjekte der Erwachsenen sind stärker sekundär bearbeitet und stabilisieren in einem intersubjektiven Raum Identität, Kontinuität und Zusammenhalt.[5]

Charakteristische Eigenarten der postmodernen Situation unterminieren allerdings den Glauben von Menschen in die Transzendenz, Universalität und Verbindlichkeit ihrer Übergangsobjekte und ihrer Auslegung des Glaubens. Die zunehmende Individualisierung und Privatisierung von Glaubensvorstellungen führt vielmehr dazu, dass sich

---

[5] Vgl. dazu die aufschlussreichen Ausführungen von LaMothe (1999). Er bezieht sich hier auf die Dynamik des Glaubens, die Niebuhr als Dialektik zwischen Glaube/Unglaube, Vertrauen/Misstrauen, Loyalität/Illoyalität beschreibt. Die Übergangsobjekte der Kindheit helfen dabei, mit den Schwierigkeiten dieser Gegensätze zurecht zu kommen und dienen dazu, Übergänge von den imaginierten kindlichen Konstruktionen zu den intersubjektiv getragenen, erwachsenen Verhältnisbestimmungen der Dialektik des Glaubens zu schaffen. Übergangsobjekte und die mit ihnen verbundenen Rituale und Erzählungen stellen Menschen deshalb a) einen subjektiven und intersubjektiven Sinn von Identität und Kontinuität zur Verfügung und bieten b) eine interpretative Linse, mit der die Dialektik des Glaubens durchgearbeitet werden kann.

Glaubensformen, die einzelne Menschen pflegen, wieder von einer Interpretation des Glaubens ablösen, die andern verständlich gemacht werden kann und von diesen geteilt wird. Damit droht auch der Glaube an die mit den Übergangsobjekten verbundenen Geschichten zu zerfallen. Der Verlust von Vertrauen in die Übergangsobjekte und ihre Gemeinschaft begründende Kraft schmälert also die Zuverlässigkeit des zwischenmenschlichen Raums, in dem die einzelne Person subjektive und intersubjektive Identität aufbauen und festigen kann. Diese Verunsicherung führt zu Erfahrungen von Entfremdung, Scham und Isolation.[6]

Auch aus kunsttherapeutischer Sicht ist Winnicotts Konzept des Übergangsraums zu ergänzen bzw. zu präzisieren: Der Übergangsraum wird nicht nur erobert, indem die mütterliche Symbiose überwunden wird — überhaupt erscheinen die psychoanalytischen Symbiosekonzepte angesichts der modernen Säuglingsforschung (Stern 1992) nicht mehr haltbar. Menschen prägt ein eigener kreativer Trieb, welcher lebenslang altersadäquat nach Ausdruck und Exploration verlangt (Petzold/Orth 1990, 609). Das Ausleben dieses genuinen, spielerischen Triebs spendet Freude, befriedigt Kompetenzbedürfnisse („selber machen"), lockert Abhängigkeiten von Bezugspersonen und lässt Autonomie wachsen. Kreative Kompetenz hilft beim Abbau von Abhängigkeiten vom allmächtigen Gegenüber und verhilft zu Eigen-macht und Selbstständigkeit. Kreativität stellt damit eine Kraft dar, welche als schöpferische Ressource Selbstgefühl und Selbstwertgefühl aufzubauen vermag und Kinder und Erwachsene gleichermassen ermächtigt, von fremder Akzeptanz unabhängiger zu werden. Betont sei hier: Klientinnen und Klienten werden in der Beratung unabhängiger, nicht gänzlich unabhängig, denn auch schöpferische Produkte brauchen ein Gegenüber, das sie wahrzunehmen versteht. Ohne ein Echo verdorrt resp. verkümmert der schöpferische Spieltrieb.

Aus genderspezifischer Sicht ist es zudem nicht nur die Symbiose mit der Mutter (falls es sie überhaupt gibt), welche in der Phase der Erweiterung der kreativen Kompetenz verlassen wird, sondern es vollzieht sich die Emanzipation von früheren Beziehungen insgesamt (also gegebenenfalls — so er in der Beziehung prägend vorhanden ist — auch vom Vater resp. von weiteren Bezugspersonen). „Die Mutter" verliert damit den Nimbus des Numinosen: Weder prägt den Menschen eine vollkommen einzigartige, symbiotische Beziehungsstruktur der Verschmelzung mit ihrer biologischen Mutter, noch schafft die Überwindung dieser angeblich einzigartigen Beziehungsstruktur den — ebenfalls uniquen — Übergangsraum Kunst und Kultur. Mit diesem Abbau von Überhöhungen (des Mutterkonzeptes, des Übergangsraumes) gelingt aus genderspezifischer Sicht eine Rückeroberung von erweiterten Rollendefinitionen: Menschen „muttern" manchmal; Menschen als Mütter wie auch manchmal als Väter bzw. nichtbiologische Mütter. Kinder erkunden und gestalten in und dank ihres kreativen Triebes ihre eigene Welt seit ihrer Geburt mit, neben und gegen alles „Muttern" (und nicht allein dadurch, dass sie sich davon emanzipieren). Damit zeigen sich — dies ist der besondere Gewinn einer für Genderfragen sensibilisierten Sichtweise — die Pole von Autonomie und Bindung/Beziehung nicht mehr als Gegensätze. Sie sind vielmehr einander bedingende Grundlagen des persönlichen Wachstums des Selbst. Wenn wir diese Einwände berücksichtigen, lässt sich unser Modell nun ergänzen.

---

[6] LaMothe (1999) beschreibt fünf typische Positionen, wie Menschen und Gruppen in einem postmodernen Milieu mit dieser Situation umgehen (intransigence, isolative avoidance, indifference, soliptic-eclectizism, engaged containment).

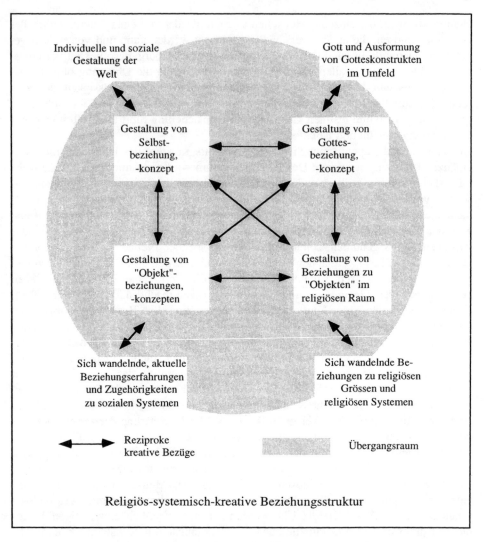

Individuelle und soziale
Gestaltung der
Welt

Gott und Ausformung
von Gotteskonstrukten
im Umfeld

Gestaltung von
Selbst-
beziehung,
-konzept

Gestaltung von
Gottes-
beziehung,
-konzept

Gestaltung von
"Objekt"-
beziehungen,
-konzepten

Gestaltung von
Beziehungen zu
"Objekten" im
religiösen Raum

Sich wandelnde, aktuelle
Beziehungserfahrungen
und Zugehörigkeiten
zu sozialen Systemen

Sich wandelnde Be-
ziehungen zu religiösen
Grössen und
religiösen Systemen

Reziproke
kreative Bezüge

Übergangsraum

Religiös-systemisch-kreative Beziehungsstruktur

9.3. Kreativität in Beziehung

Welche Rolle spielen nun aber kreative Bezüge resp. die Kreativität in diesem Modell? Wie wirkt sich eine ins Kunsttherapeutische ausgeweitete Vorstellung aus? Dieser Frage wollen wir nun genauer nachgehen. Wir fassen zuerst nochmals zusammen: Auffällig ist zunächst die Vorgegebenheit der Beziehungsstruktur, welche — psycho-analytischen Vorstellungen folgend — vornehmlich durch relevante, prägende Beziehungserfahrungen von Menschen mit ihren Eltern in der Kindheit erfolgen. Von ge-lingenden Beziehungen schliessen kleine Kinder in ihrer religiösen Entwicklung auf glückende Gottesbilder. Problemhafte Beziehungsformen zwischen Kind und Eltern spiegeln sich in problemhaften Beziehungsformen zu Gottesbildern (kompensatorisch oder als Beziehungsstörung zu Gott). Diese frühkindlichen Beziehungserfahrungen sind zwar prägend, aber nicht abschliessend: Sie werden erweitert durch die vielfältigen Beziehungsangebote im Rahmen der Sozialisation (Schule, Umfeld, Freundeskreis, Peergroup, christliche Gemeinde, religiöse Erziehung etc.).

Die systemische Erweiterung der Modellskizze brachte die Fülle der gegenwärtigen Einflüsse auf das gesamte „Beziehungssystem" zum Bewusstsein. Die innere Welt bleibt ständig mit der äussern verkoppelt und durch Assimilation und Akkomodation sind diese aufeinander abgestimmt. Innen und Aussen beeinflussen sich fortlaufend gegenseitig, nicht ein für allemal prägend in der Kindheit. Welche Kräfte jedoch ermöglichen es Menschen, mitzugestalten, nicht nur Erwartungen, Projektionen und Delegationen aus entsprechenden Systemen resp. der sozialen Umwelt aufzunehmen und zu assimilieren, sondern selber zu prägen und damit Einfluss auszuüben?

Es ist die sich kreativ ausformende Gestaltkraft des Einzelnen, welche ihn aus einem passiven Empfänger (von Liebe, Beziehungen, Rollen, Delegationen, Aufträgen etc.) in einen aktiv Handelnden verwandelt. Er/sie prägt entscheidend die Beziehungsqualität mit, in welchem Quadranten auch immer:

Objekt- und Selbstbeziehungen und -konzepte: In diesem Bereich sollte ein Mensch den eigenen Selbstwert begründen können. Dies geschieht nicht nur durch das Erbringen von Leistung (oft erfordert das Erbringen von Leistung einen Anpassungsprozess, welcher den Selbstwert schwächt), sondern auch durch die schöpferische Bewältigung von Herausforderungen des Lebens. Neben der Mitgift einer „genügend guten Mutterliebe" ermöglicht die Erfahrung und Entfaltung des eigenen schöpferischen „Triebs" sowie die Befriedigung des Leistungsbedürfnisses den Erwerb von Kompetenzgefühlen, die Fähigkeit zum Ausdruck und zur Gestaltung der eigenen, individuellen, einmaligen Welt. Auch als kleine Kinder sind wir Menschen damit keinesfalls allein auf Gedeih und Verderb auf die Erfahrung einer selbstlosen, hingabefähigen Mutter- oder Vaterliebe angewiesen (ein Ideal, das die wenigsten Eltern zu erfüllen vermögen, zu sehr durchsetzt ist das eigene Lieben von Eigeninteresse und Narzissmus etc.), um genügend Selbstwert zu entwickeln. Durch andere bedingungslos geliebt zu werden, verhilft zwar dazu, sich selber zu lieben und anzunehmen. Ebenso wichtig ist jedoch auch die Erfahrung der eigenen Gestaltungsfähigkeit und Prägekraft. Sie ist durchaus nicht nur kompensatorisch wirksam, sondern vermag auf der Beziehungsebene Eltern z.B. zu besserem (bzw. bezogenerem) „Lieben" herauszufordern. Der „kompetente Säugling" (Stern 1992) ermöglicht es durch seine Interaktionsfähigkeit seinen Eltern, seine nonverbale Signale zu entziffern. Dadurch können sie sich adäquat auf ihn und auf die Bedürfnisse, die er (noch) nicht selber befriedigen kann, einlassen. Der Säugling „vermittelt" damit seinen Bezugspersonen in ähnlicher Weise seine Sprache wie die Bezugspersonen ihm ihre Sprache zu lehren verstehen.

Gottesbeziehung/-konzept: Bedeutungsvoll ist auch hier, dass Menschen sich nicht nur als passive Konsumenten erfahren, sondern als aktive, schöpferische Gegenüber Gottes ihren eigenen Glauben entwickeln, gestalten, kritisch hinterfragen und gegebenenfalls überarbeiten. Dies geschieht immer mit Hilfe eines kreativen Schrittes: Im Mittelpunkt steht jedenfalls gemäss unserem Ansatz nicht die (gehorsame) Übernahme eines vorgegebenen Glaubens, sondern die individuelle Ausgestaltung eines persönlich verantworteten Welt- und Glaubensbildes. Indem ich meinen Glauben wie auch gegebenenfalls meinen Zweifel schöpferisch formuliere, ja in einer schönen Weise gestalte, verleihe ich ihm Form, gewinne ihn dem Chaos ab (vgl. Kap. 6.2.). Bereits dieser Vorgang trägt symbolische Bedeutung: Der Sinnlosigkeit des Lebens ringt der Klient dadurch Sinn ab, gestaltet Kosmos, seinen Kosmos. Auch seine Zweifel und Fragen, seine Erfahrung von Absurdität und Verzweiflung werden gestaltet und damit verwandelt. Allerdings: Löst sich der Anspruch unserer Beratung, bei der Sinnsuche behilflich zu sein, nicht auf, wenn ein Klient, eine Klientin in diesem schöpferischen Prozess ein Dokument der Sinnlosigkeit gestaltet? In der Tat: in der schöpferischen Anlage des Beratungssettings erhalten auch Dokumente des Zweifels, der Sinnlosigkeit, ja der Verzweiflung Ohr und Raum. Sie werden gehört, sowohl von der Klientin wie auch vom Beratungsteam. Oftmals werden sie auch „coram deo" formuliert. Wie in alttestamentlichen Psalmen schleudern Klientinnen ihre Wut, ihre Sinnlosigkeit, ihre Gottesferne dem — scheinbar absenten — Gott entgegen. Oftmals findet die schöpferische Hausaufgabe in solchen Fällen literarisch gesehen auch die Form eines Briefs, eines Dialogs, der direkten Rede, womit zu Gott — bei gleichzeitiger Bezugslosigkeit — eine Beziehung aufgenommen wird. Dies weist auf ein Paradox hin: Der schöpferische Spielraum, der intermediäre Raum ermöglicht eine Auseinandersetzung mit religiösen Fragen „etsi deus non daretur": Alle Fragen, Zweifel etc. sind zugelassen. Das Setting selbst — symbolisiert durch das Beraterteam — „suggeriert" jedoch Antworten und verwandelt vieles gleichsam von selbst in ein „coram deo": Im Moment der religiösen Ausweitung der Übertragung weisen wir als Beratungsteam auf höhere Instanzen hin, letztlich auf Gott, der gleichsam durch unsere Ohren hört, durch unsere Präsenz Zweifel, Wut, Anklage und Verzweiflung aushält. Wenn wir als Beratende im Laufe der Beratung Antworten geben (wir tun dies nicht oft, nur in besonderen Momenten, und wenn, dann meist in poetischer und nicht absoluter Form), scheint manchmal — im Prozess der religiösen Auflösung der Übertragung — „Gott selber" Antwort zu geben. Diese Macht gilt es auszuhalten, anzunehmen, zu verantworten und positiv zu nutzen (anders ist seelsorgliche Beratung nicht möglich, ausser man verzichtet auf Antworten welcher Art auch immer, und damit auf spirituelle Kompetenz).

Andere „Objekte" im religiösen Raum: Dieser Quadrant unserer Modellskizze scheint uns besonders bedeutsam zu sein, weil hier das Potenzial von Kreativität in erweiterter Form zu wirken beginnt. Vorausgesetzt, theologische resp. religiöse Abwehren können aus dem Wege geräumt werden (z.B. im protestantischen Umfeld die Abwehr gegen Heilige, Engel, Rituale und Symbole oder die Mutter Gottes), bieten diese „Objekte" besondere schöpferische Herausforderungen. Viele Dinge des Alltages, religiös bedeutsam für gewisse Klientinnen und Klienten, vermögen plötzlich zu „sprechen", eine Gestalt zu gewinnen. Schutzengel beginnen zu reden. Altäre werden gestaltet, Bedeutungslandschaften von Trauer geformt. Lieder, Gesänge, Gesten und Rituale des Überganges, des Loslassens und Neuanfanges gewinnen eine Form, eine Stimme und werden damit aussagekräftig. Zumeist kann erst dank kreativer Gestaltung der „spirituelle Mehrwert" solcher Objekte erschlossen werden. Schibler (1999) hat gezeigt, dass und wie Objekte resp. Gesten oder Rituale des Aberglaubens — psychologisch gesprochen zu Zwangshandlungen, Klischees und Zeichen erstarrte Symbole — durch die schöpferische Gestaltung erneut zu lebendigen Symbolen werden können. Als künstlerischen Ausdrucksformen wohnt Symbolen (und damit „Objekten" im religiösen Raum, im Speziellen symbolischen Ritualen, Gesten, Geschichten, Gegenständen) eine Kraft inne, die zu existentiellen Einsichten führt. Ein poetisch-künstlerisches Produkt wird seine Symbolkraft erst entfalten, wenn es aus dem Unbewussten der Seele prozesshaft entsteht und wenn es auf lebendig Angeschautem beruht. Gemachten, erstarrten, bloss übernommenen Bildern fehlt diese Ausstrahlung zumeist. In der Beratung ermuntern wir deshalb Klienten nicht zur Gestaltung des Allgemeinen, sondern zum Wahrnehmen und Gestalten des Sinnlich-Konkreten. Das Spezielle, die eigene Welt, die eigene Wahrnehmung, der Ausdruck für meinen Glauben oder Zweifel, für meine Trauer oder Freude, für meine Erfahrung von Sinnlosigkeit oder von Sinn stehen im Mittelpunkt. Durch den eigenen Ausdruck wird die Beziehung zu diesen „Objekten" im religiösen Raum lebendig und verwandeln sich diese gegebenenfalls in nährende Symbole.

Wesentlich ist im Ganzen die spielerische Form, die durch die Integration von Ansätzen der intermedialen Kunsttherapie möglich wird. Sie wurde von den Studierenden in unserem Projekt mit grosser Ernsthaftigkeit — wenn es nicht fast paradox wäre, hier so zu formulieren — aufgenommen. Das scheint gerade für die eigenartige Übergangszeit der Postadoleszenz charakteristisch zu sein, in der sich viele dieser Studierenden befinden. Bohleber (1989) meint, der Adoleszente könne in Fortsetzung früher Spielerfahrungen „auch mit Ideen und Vorstellungen vor seinem inneren Auge spielen. Bei der spätadoleszenten Identitätsbildung werden Identifizierungen, vor allem Überich-Identifizierungen, wieder externalisiert, wodurch sie in den oben genannten Spiegel- und Pendelprozess einbezogen werden können. Um sich von den elterlichen Werten und Vorstellungen zu lösen und zu einer eigenen Identität zu finden, bedarf es notwendig dieser Re-externalisierung von Überichanteilen und der Erprobung neuer Werte, neuer Vorstellungen und Handlungsmuster" (29). Die Externalisierung im intermediärer Raum macht einen spielerischen Umgang mit solchen Vorstellungen möglich. Das gilt im Licht unserer Erfahrungen gerade auch im Umgang mit theologischen Themen, die so externalisiert, de-konstruiert, bearbeitet und in veränderter Form wieder internalisiert werden können.[7]

9.4. Beziehungen und die Hermeneutik des Verdachts

Welche Einsichten gewähren eine genderorientierte Sicht resp. die Hermeneutik des Verdachtes im Blick auf das Modell, das wir bisher entwickelt haben? Diese Frage wollen wir nun aufnehmen und damit noch den vierten theoretischen Standpunkt aufgreifen, der für unser Modell wichtig geworden ist (vgl. dazu Schibler 1999). Wir haben Beziehungen in den Mittelpunkt unseres Modells gestellt. Wir haben diese als systemisch- resp. kreativ-reziprok bezeichnet. Dies sind bisher eher formale Bestimmungen geblieben. Wie werden aber Beziehungen in unserer Gesellschaft faktisch

---

[7] Wir können sogar noch einen Schritt weiter gehen: Beratungsraum und -zeit selber können insgesamt als eine Art Übergangsraum verstanden werden: Erfahrung mit Studierenden in universitären Beratungsstellen zeigen, dass diese die Beratung als Raum beanspruchen, in dem die „transitionnalité" dieser Lebensphase bearbeitet werden kann. Beratung schafft in der verwirrten Zeitlichkeit, die oft zu dieser Situation gehört, ein „Vorher" und „Nachher"; vgl. dazu Sanzana/Schmid-Kitskis (1995).

gelebt? Und: Wie sollen sie gelebt werden? An welchen Modellen der Beziehung orientieren wir uns?

Die feministische Hermeneutik bietet hier eine breite, kritische Analyse im Bereich der Beziehungsqualität zwischen den Geschlechtern, die wir aufnehmen. Insbesondere sind in ihrer Sicht hierarchische resp. patriarchale Beziehungsgefüge für viele Frauen, letztlich aber auch für Männer, problematisch. Sie können auch den Zugang zu Gott verdunkeln — gerade weil und wenn die Gottesbeziehung von menschlichen Beziehungserfahrungen mitgeprägt wird.

Hierarchische Beziehungsgefüge werden deshalb (und nur dann) als problematisch erachtet, wenn sie Unterdrückungs- und Unterordnungsverhältnisse beschreiben, welche Männer vermehrt an Macht teilnehmen lassen und sich häufig mit Gewalt verbinden (vgl. Rieger 1991). Im seelsorglichen Setting beschreiben sie ein Beziehungsgeflecht zwischen Ratsuchenden und Beratenden, in dem Ratsuchende sich (oft freiwillig) unterordnen und Beraterinnen resp. Seelsorger durch ihr Deutungsmonopol Macht (und manchmal Gewalt, sexuelle Ausbeutung etc.) ausüben.

Patriarchal geprägte Beziehungsgefüge zeichnen sich in Ergänzung dazu aus durch die Unterordnung von Frauen unter die Männer mit Hilfe von ausserfamiliären Herrschaftsstrukturen (Rechtsprechung, politische Machtausübung durch Männer, religiös fundamentiertes Patriarchat). Insbesondere das Christentum ist spätestens seit dem vierten Jahrhundert eine enge Verbindung mit einem umfassenden politischen Patriarchat eingegangen. Aristoteles (Schüssler Fiorenza 1988) und Cicero (Schottroff 1991) haben mit ihren Vorstellungen von patriarchaler Herrschaft das Christentum stärker bestimmt als das Neue Testament. Auch auf der religiösen Ebene, in der Gottesvorstellung, wiederholt sich nach dieser Analyse die hierarchische Struktur patriarchaler Herrschaft und gesellschaftlich gewünschter Praxis von Weiblichkeit. Mit der Gestalt des Patriarchats ist zugleich die Ideologie verbunden, dass diese Herrschaftsformen „harmonisch" seien. Der Vater oder König herrsche mit Liebe, clementia, Milde (Seneca) und Verantwortung, die Abhängigen entsprechen dem mit Gehorsam. Nur durch diesen Liebespatriarchalismus der christlichen Gemeinden habe das Christentum überlebt. Problematisch daran jedoch sei, dass die Botschaft und Praxis Jesu zum Aussenseiterphänomen verkomme und die Befreiungsarbeit von Frauen unsichtbar werde. Letztendlich werde mit dieser Deutung die Geschichte des Christentums zur Geschichte derjenigen gemacht, die gesiegt haben (Schüssler Fiorenza 1988).

Die Auseinandersetzung mit christologischen Fragen wird für eine feministische Analyse in diesem Zusammenhang entscheidend. Die Theologin Strahm (1991) nennt als Problem eines genderspezifischen Zugangs zu Jesus die exklusive und universale Heilsrelevanz einer partikulären Person: „In einer patriarchalen und androzentrischen Kultur und Gesellschaft führt der Glaube, dass ein Mann die einmalige Inkarnation, die einzigartige Selbstoffenbarung Gottes und der universale Erlöser der ganzen Welt ist, zu einer weiteren theologischen und praktischen Abwertung und Marginalisierung der Frauen" (12). Strahm zeigt auf, dass die Verfasser neutestamentlicher Schriften in ihrem Reden über Jesus nicht so sehr metaphysische Aussagen über seine Natur machen, sondern zu beschreiben versuchen, wer Jesus für sie und ihre Gemeinden war, dass diese Aussagen also eine Beziehungs- und Bindungsqualität darstellen. Insgesamt sei ihre Sprache nicht die Sprache von Metaphysikern oder Dogmatikern, sondern die Sprache von Liebenden. „So wie die Liebenden einander versichern, die oder der Einzige auf der ganzen Welt zu sein, und dies für sie ‚wahr' ist, ohne dass sie damit sagen wollen, dass es absolut keinen anderen Menschen auf der Welt gäbe, den sie ebenfalls lieben könnten, so drücken die meisten der 'einzig und allein' Adjektive im Neuen Testament die Überzeugung von begeisterten Glaubenden aus, die in Jesus den Messias, ihren Erlöser erkannten, und sind nicht als ontologische Aussagen und schon gar nicht als ein für allemal gültige Definitionen zu verstehen" (13). Nach Strahm müsste die ursprüngliche Bekenntnis-Struktur resp. der relationale Charakter der christologischen Sprache ernstgenommen werden, damit Christinnen und Christen von Jesus sprechen können *ohne* einen Anspruch auf Exklusivität resp. Einzigartigkeit. Prüfstein christologischer Aussagen ist nach Strahm nicht die Korrektheit von theologischen Formeln und Aussagen, sondern die Praxis, „d.h. die Frage, ob sie eine unterdrückende oder eine befreiende Praxis hervorrufen, zur Unterdrückung oder zur Befreiung von Menschen beitragen. Ihre Gültigkeit bemisst sich daran, ob sie die befreiende Reich-Gottes-Botschaft Jesu in einem je konkreten Kontext zu aktualisieren vermögen" (27).

Theologinnen wie Mary Grey, Carter Heyward und Elisabeth Moltmann-Wendel nehmen hier einen weiteren, für unsere Beratungstätigkeit interessanten Fokuswechsel vor. Es geht ihnen darum, den alleinigen Fokus auf die Person von Jesus Christus in Frage zu stellen. Im Mittelpunkt des Interesses dieser Theologinnen steht nicht Jesus allein, sondern das *Beziehungsnetz* rund um Jesus. Sie verstehen die Heilstat Jesu nicht als göttliches Handeln eines genialen Einzelnen, sondern einer — durchaus unvollkommenen — Gruppe. Sie lösen damit Gott nicht im Wirken von Menschen auf, sondern sie sprechen von Gott als „Kraft-in-Beziehung".[8]

Elisabeth Moltmann-Wendel (1991) schlägt für die feministische Christologie sogar einen umfassenden Perspektivenwechsel vor. Nicht (Hohheits)-Titel über Jesus — und damit intensivste christologische Diskussionen über Definition und Relevanz dieser Titel — sind für sie wichtig, sondern sie rückt Frauen als Subjekte auch im Bereich der Christologie in den Mittelpunkt. In der Gegenwart sei zunächst in den Jesusbildern immer mehr der Mensch Jesus ins Zentrum des Interesses getreten (Jesus der Revolutionär, der Therapeut, der Pionier etc.). Doch alle diese Trends seien letztlich nicht alternativ. „Sie sind weiter an dem männlichen Individuum, seiner Besonderheit, an seinem Modell- und Vorbildcharakter interessiert. Sie variieren nur das Anliegen einer männlich dominierten Kultur in einer männlichen Gesellschaft: ihren Helden ein Heldenmuster vorzustellen" (100). Auch Frauen seien lange diesem Personenkult gefolgt. „Der Jesus der Frauen, der sie interessierte, war der heilende, lehrende, helfende, gütige Herr, der Befreier, der der Aktive, Gebende, Interessante war. Inzwischen haben Frauen gemerkt, dass sie in einer männlichen Kultur leben, die Person und Werk eines Menschen ins Zentrum gerückt hat, und dass dabei eine entscheidende Dimension menschlichen Lebens fehlt: die Dimension der Beziehung. Wie kann ein Mensch richtig gesehen werden, wenn das Beziehungsnetz, aus dem er lebt, wächst, reift, das ihn beeinflusst und prägt, vergessen wird?" (100). Moltmann-Wendel entdeckt im Neuen Testament einen Jesus, der sich aufgrund von aktiven Frauen positiv verändert. Sie sucht explizit nach dem weiblichen persönlichen Umfeld von Jesus und stösst dabei auf Spuren von Christologien bei Frauen, bei denen Christuserfahrungen Kosmoserfahrung sind, und die im Unterschied zu einem person-

---

[8] Wir werden im letzten Kapitel am Beispiel einer Beratung aufzeigen, wie solche Aspekte unterschwellig zum Ausdruck kommen, und auf welche Weise auch die Beratungsgruppe selbst ein Ort ist, an dem diese Kraft erfahren werden kann (Kap. 10.)

orientierten Christusbekenntnis neue Akzente setzen, indem Gott in diese Welt eingeht und in den Erfahrungen dieser Welt lebt.

Mary Grey (1991) geht mit Bezug auf Carter Heyward dieser Spur weiter nach. Auch sie verwirft das Held-Erlöser Konzept. „Die ganze Aufmerksamkeit gilt dem Helden und seinen Leistungen — in diesem Falle Jesus von Nazareth und seinem Opfertod. Anstatt alle unsere eigenen Kräfte in den Kampf für Gerechtigkeit und Frieden einzubringen, konzentrieren wir uns auf das, was der Held für uns getan hat oder tun wird. Er ist verantwortlich und initiativ, nicht wir. Gleichzeitig wird alles auf ein vergangenes Ereignis bezogen. Erlösung ist geschehen, und zwar ein für alle Mal" (155). Grey definiert Erlösung (und Befreiung) neu: Es ist ein „dynamischer Fluss leidenschaftlicher Energie, welche die fundamentale, kreativ-heilende Energie der Existenz darstellt. Gott (...) ist Macht-in-Beziehung, diese Leidenschaft für das Schaffen von Gerechtigkeit. Und wir sind aufgerufen, mit-schöpferisch zu sein, am schöpferisch-erlösenden Prozess zu partizipieren, indem wir unsere Macht-in-Beziehung in Anspruch nehmen" (156). Das tatsächlich Erlösende ist nach Grey, dass „Jesus jene, die ihm begegnen, ermächtigt, ihre eigene Macht-in-Beziehung in Anspruch zu nehmen" (158). Dabei geht Grey von Gegenseitigkeit aus: Auch Jesus wurde in Beziehungen (gerade von Frauen) ermächtigt. Grey entdeckt dabei neutestamentliche Bilder von Gemeinschaft („am wahren Weinstock bleiben" Joh. 15), von Kommunion mit Jesus (Essen des eucharistischen Brotes) und des Leib Christi neu.

Was zeigen diese Überlegungen in unserem Zusammenhang? Die feministische Hermeneutik liefert mit dieser Analyse ein verschärftes Augenmerk für problematische Beziehungsformen innerhalb den verschiedensten sozialen Strukturen: Innerhalb von Partnerschaften, Freundschaften, Beziehungen insgesamt, in (christlichen) Gemeinschaften und der offiziellen Kirche, aber auch im Bereich von theologischen Konstrukten (Ehevorstellungen, Beziehungszuschreibungen Gott-Mensch resp. zwischen religiösen Rollenträgern und Gemeindegliedern). So hilft sie auch dabei, innerhalb unserer Modellvorstellungen Beziehungen kritisch in den Blick zu fassen. Welche Beziehungsmodelle werden im Umfeld einer Person gelebt? Was bedeutet es, wenn solche Beziehungsmodelle internalisiert werden? Mit einer Hermeneutik des Verdachts können insbesondere geschlechtstypische Rollendefinitionen und geschlechtstypische Verzerrungen von Beziehungen auf den verschiedenen Ebenen, die unser Modell beschreibt, deutlich gemacht werden.[9] Das betrifft das Gotteskonstrukt, das Selbstbild, die Art und Weise, wie religiöse Gemeinschaft gelebt wird und auch die Beziehungen zu anderen religiösen Objekten.

Zudem zeigt sich, dass ein solches Modell, wie wir es entwickelt haben, nicht nur formal beschrieben werden kann. Es sind dabei auch normative Fragen mit im Spiel: Wenn Beziehungen wichtig sind, wie sollen sie gestaltet werden? Hier liefert uns die feministische Theologie wichtige Anhaltspunkte. Beziehungen werden kritisch aus der Perspektive jener zu verstehen versucht, denen Gerechtigkeit vorenthalten wird. Und

---

[9] Die „Hermeneutik des Verdachtes", z.B. als Infragestellung von geschlechtstypischen Rollendefinitionen muss im seelsorglichen Zusammenhang fruchtbringend und nicht vereinnahmend eingebracht werden (Schibler 1999). Insbesondere ist die Metapher des Verdachtes für den seelsorglichen Zusammenhang zu entschärfen, um zu vermeiden, dass der „Text des eigenen Lebens" als entwertet und damit abgeurteilt erfahren wird. Es geht im seelsorglichen Zusammenhang darum, die Hermeneutik des Verdachtes zu einer Hermeneutik des Verdachtes und der Wertschätzung zu erweitern, um eine Verengung des Blickwinkels zu vermeiden (vgl. die Fragestellungen und Aufgaben aus der Tradition der feministischen Hermeneutik, Kap. 5.7.).

Beziehungen sollen so betrachtet, gelebt und gestaltet werden, dass mehr Gerechtigkeit, mehr Gegenseitigkeit, mehr gemeinsam geteilte Verantwortung, mehr Freiheit für alle an solchen Beziehungen Beteiligten möglich wird. Dieses Kriterium hat — wie unsere Beispiele und theoretischen Überlegungen bisher gezeigt haben sollten — Auswirkungen auf Theorie und Praxis einer kritisch-theologisch reflektierten religiös-existentiellen Beratung.[10]

9.5. Adoleszenz, „Gott Jenseits" und Emanzipation

Wie können wir vor dem Hintergrund der bisherigen Erörterungen nun die Entwicklungen, die wir in unseren Beratungen feststellten, besser verstehen? Dieser Frage wollen wir in einem nächsten Schritt nachgehen. Gerade durch die Arbeit im intermediären Raum verändert sich ja die religiös-systemische Beziehungsstruktur. Ausgehend von einem oder mehreren Elementen in diesem System von Repräsentanzen und Kräften kann Bewegung in das gesamte Arrangement kommen, so haben wir postuliert. Auch Kreativität als transformierende Kraft führt dazu, dass sich die Muster dieses Systems weiterentwickeln, differenzieren und auf höheren Stufen neu integrieren. Das Kriterium gerechter Beziehungen, das wir eingeführt haben, wirkt ebenfalls als verändernder Faktor in den Beratungen. Was bedeutet es aber, wenn wir hier von Entwicklung sprechen? Welche Entwicklung streben wir an?

Shea (1995a,b) hat ein Modell vorgelegt, wie sich die „Selbst-Gottes-Struktur", wie er sie nennt, von der Adoleszenz zum Erwachsenenalter weiter entwickelt (vgl. Kasten). Wir haben bereits bei der Interpretation der Veränderungen des Gottesbild von Cristina Bandi darauf zurückgegriffen (vgl. 2.3.). Ähnlich wie wir geht Shea von der Vorstellung aus, dass Gottesbild und Selbstbild eng miteinander verkoppelt sind. Im Übergang von der Adoleszenz ins (frühe) Erwachsenenalter verändert sich diese Gott-Selbst-Struktur nochmals grundlegend. Dem Selbst des Adoleszenten, das in vieler Hinsicht von seiner Herkunft noch abhängig und nicht fertig ausgebildet ist, entspricht ein Gottesbild, das ebenfalls noch stark die Züge der internalisierten Elternbilder trägt. Dem entspricht — was Shea für ausserordentlich wichtig hält — eine noch weitgehende Gebundenheit dessen, was er die „Kraft des Bilderns", das „Imaging" nennt. Dies zeigt sich bis hin zum Wortgebrauch des Adoleszenten. Im Übergang zum Erwachsenenselbst verändert sich nun diese Struktur grundlegend. Die Imagination wird mehr und mehr „entfesselt". Sie entwickelt sich als kreative Kraft des „intermediären" Raums. Das erwachsene Selbst nimmt deutlichere Formen an und damit verbunden verändert sich auch das Bild eines Gottes, das psychisch weitgehend Über-Ich-Funktionen (normativer und idealisierender Art) übernommen hatte, hin zum „Gott Jenseits", der sich solchem Zugriff entwindet.

---

[10] Graham (2000) zeigt in einem Überblick über die aktuelle pastoralpsychologische Debatte in den USA, wie wichtig auch hier „Wechselseitigkeit als ethische Norm und soziale Praxis" (38) — gerade in der Auseinandersetzung mit feministischer Theologie und Befreiungstheologie — für „pastoral care" geworden ist. In überraschender Weise argumentiert auch Müller (1998) für ein „Ethik gleichberechtigter Partnerschaft" (353) als Maxime von Beratung. Diese Ethik orientiert sich an Modellen eines fairen Markts und versteht die Adressaten psychosozialer Dienstleistungen nicht als „Käufer einer Ware" sondern als „Koproduzenten eines Gebrauchswertes" (356). Auch für Steinkamp (1998) ist Bejahung und Gegenseitigkeit ein Grundkriterium christlicher Orthopraxie.

Überich-Gott und der „Gott Jenseits"
nach: Shea (1995a,b)

Überich-Gott

Selbst-Gott-Struktur: Überich-Gott
Adoleszentes Selbst <--> gebundene Imagination
<--> Überich-Gott

Das Selbst des Adoleszenten
- unvollständiges Körper-Selbst
- ungeformtes, abhängiges Selbst
- noch nicht seine Ganzheit
- Objekt-Person-Selbst, Teilobjekt für sich selbst
- Suche nach Wert, indem Selbst ihm auferlegte Werte und Bedeutungen zu leben versucht

Imagination
Gebunden/gefesselt („fettered")

Charakteristika des Überich-Gottes
- Objekt-Person-Gott
- Gott des Gesetzes
- Gott der Glaubensinhalte
- Gott der Abhängigkeit und Kontrolle
- Gott der Gruppe

Den Überich-Gott hören
- laute, externale Stimme
- im Kopf gehört

Sprechen über Gott
- in klaren, logischen, objektiven Begriffen

Sprechen zu Gott
- z.T. persönlich, wie zu einem Elternteil, z.T. am Buchstaben klebend, objektivierend

„Gott Jenseits"

Selbst-Gott-Struktur: Gott Jenseits
Erwachsenes Selbst <--> entbundene
Imagination <--> Gott Jenseits

Das erwachsene Selbst
- Körper-Selbst
- ein im Gefühl erschlossenes Selbst
- Selbst mit einem gefühlten Sinn der Tiefe
- Selbst mit eigenen, klaren Grenzen
- Selbst, das lebt, sich entfaltet und sein Sein in der Intimität findet

Imagination
Entbunden/entfesselt („unfettered")

Charakteristika des Gottes Jenseits
- Gott des Du
- Gott der Liebe
- Gott des Mysteriums
- Gott der Freiheit
- Gott der Gemeinschaft

Den Gott Jenseits hören
- respektvolle, innere Stimme
- im Körperselbst gehört

Sprechen über Gott
- in persönlichen, relationalen, figuralen und symbolischen Begriffen

Sprechen zu Gott
- metaphorische Rede, in entbundener Imagination, aus dem Körper-Selbst

Uns scheint dies in mancher Hinsicht ein interessantes Modell. Es gibt viele Parallelen zwischen Beobachtungen, die wir in unseren Beratungen machen konnten, und den Kategorien von Shea.

So liest sich die Gegenüberstellung von „altem" und „neuem" Gott, die Cristina Bandi in die dritte Stunde mitbringt, wie ein Kommentar zu den Kategorien Sheas. Auch die Veränderung der Sprachebene ist frappant (wobei hier unsere kreativen Anregungen das Ihre beigetragen haben). Einige dieser Aussagen seien in Auswahl aufgeführt:

Was fordert Gott von mir? Wie soll mein Glaube aussehen?

Ich übergebe mein Leben völlig in Gottes Hand.

Ich bekenne vor allen Menschen, dass Jesus Christus für mich gestorben ist.

Ich bitte um Vergebung für meine Sünden.

Ich werde immer mehr ein Mensch nach Gottes Wille. Mein Wille tritt zurück, an seine Stelle tritt der Heilige Geist.

Ich schrecke nicht davor zurück, dass mein Glaube geprüft wird. Denn dabei habe ich die Gelegenheit, Gottes Hilfe zu erfahren. Dann soll ich Gott für mich arbeiten lassen und nicht versuchen, mich selbst zu retten.

„Wer da glaubt und getauft wird, der wird selig werden; wer aber nicht glaubt, der wird verdammt werden" (Mk. 16,16).

Gott, du lässt mich nicht allein, ich bin geborgen bei dir.

Du hältst deine schützende Hand über mir. Trotzdem lässt du mich frei, lässt mich meinen eigenen Weg gehen.

Ich darf die Fehler machen, die ich tue, du bist nicht böse auf mich, du unterstützest mich, damit ich daraus lernen kann.

Ich darf bei dir aufatmen, mich in deine Arme fallen lassen, wenn ich nicht mehr mag.

Du willst, dass ich selbständig bin und mich nicht einfach an dich klammere. Du hast mir die Fähigkeit geschenkt, Verantwortung zu tragen und Entscheidungen zu treffen.

Du bist stark aber gleichzeitig auch schwach. Du leidest mit mir, wenn es mir nicht gut geht. Du bist mein Freund.

Du bist allemal grösser als alles Reden von Dir. Du bist nicht einfach ein Vater oder ein Herr, ein Ego-Götze oder ein Gruppen- oder Stammesidol, ein Herrscher. Du hast gesagt: „Ich bin der, der ich bin" (Ex. 3,14). Darauf will ich mich verlassen.

Eine ganze Reihe empirischer Untersuchungen unterstützt die Annahme Sheas, dass es Zusammenhänge zwischen der Entwicklung der Objektbeziehungen, psychischer und spiritueller Reifung gibt (vgl. Hall et al. 1998; Murken 1998).[11] Trotzdem scheint uns das Modell Sheas in mancher Hinsicht auch fragwürdig. Mit eigenen Beobachtungen und Überlegungen möchten wir deshalb anschliessen und unsere Vorstellun-

---

[11] Shea (1997) zieht interessante Schlussfolgerungen für Beratungsarbeit aus seinem Modell. Er nimmt Dimensionen seines Entwicklungsmodells auf und beschreibt sechs Charakteristiken eines erwachsenen Glaubens. Er unterscheidet dabei menschliches Erwachsensein und eine erwachsene Beziehung zu Gott. Ein erwachsenes Selbst ist für ihn „an identity in a mutuality of relating" (260). Ein erwachsenes Selbst und eine erwachsene Beziehung zu Gott „live, move, and have their being in self-reflection/self-actualization" (266f.). Glaube bedeutet dann (nach Elhard): „saying 'I' in the presence of God, finding all the experiences, part-identifications, and images of the past given unity, continuity, and mastery in the living encounter with God's love in Christ" (261). Insgesamt ist Shea stark von Intentionen v.a. der humanistischen Therapien geprägt und skizziert anhand bestimmter Charakteristiken der dort implizierten Anthropologien sein Bild des erwachsenen Glaubens. Breit ausgearbeitet ist die Thematik auch bei Louw (1998).

gen im Blick auf die Entwicklungsphase der Studierenden, die religiös-existentielle Beratung in Anspruch nahmen, weiter präzisieren.

Shea greift unserer Meinung nach zu kurz, wenn er sich auf die „Selbst-Gottes-Struktur" als eine innerpsychische Grösse allein konzentriert. Dies ist ein erster Einwand. Wir betonen demgegenüber stärker die Bezüge dieser Struktur zu anderen Objektvorstellungen — wie den inneren Bildern anderer Personen und religiöser „Objekte" — und zum sozialen Umfeld. Die Bewegung hin zum „Gott jenseits", welche im Modell Sheas als Adoleszenzkrise definiert wird, kann nämlich auch anders gedeutet werden: als die kulturell eingeforderte und subjektiv notwendige Wende von einer „identité prescrite" zu einer „identité construite" (vgl. 3.7.). Es ist eine spezifische Erfahrung der heutigen Generation von Adoleszenten, die Shea als gleichsam überzeitlich gültige Form der Selbstentwicklung thematisiert.

Diese Kritik kann noch präzisiert werden, wenn wir unsere genderbezogene Perspektive beiziehen. Auch unter diesen Vorzeichen bedeutet dieser Übergang nicht nur einen Übergang von der Adoleszenz zum Erwachsensein. Mit ihm verbunden sind ja auch bestimmte Beziehungsbilder. In der Charakterisierung der adoleszenten Stufe entdekken wir Beziehungsvorstellungen, die die feministische Kritik in Frage gestellt hat: Ein Beziehungsnetz, hierarchisch geordnet, patriarchal verankert, im Liebespatriarchat weitergegeben. In der Gegenwart zeigt sich, dass ein so geordnetes Beziehungsnetz für beide Geschlechter problematisch wird: Es überlastet den Mann mit Verantwortung und versetzt Frauen in künstliche, auch religiös schädliche Abhängigkeit. Beratungsprozesse können unter diesem Vorzeichen ebenso gut — wenn nicht sogar besser — verstanden werden.

Cristina Bandis (Kap. 2) Ringen beispielsweise um die Frage, ob eine nicht hierarchische Beziehung zu Gott jenseits von Schuldgefühlen und Selbstaufgabe möglich ist, ist damit nicht ein adoleszenter Entwicklungsprozess von einem Überich-Gott zu einem Gott jenseits, sondern das reifende Gottesbild einer sich emanzipierenden Frau, welche weder im Alltag noch in der Gottesbeziehung auf hierarchische Beziehungsmuster zurück greifen will.

Dies führt zu einem weiteren kritischen Punkt, der häufig mit Entwicklungsmodellen verbunden ist. Durch die Zuordnung von problematischen Gotteskonstrukten (vgl. Überich-Gott) zur Phase der Adoleszenz und von positiven zum „Gott jenseits" des Erwachsenenlebens wird die Phase der Adoleszenz in gewisser Weise abgewertet bzw. erscheint sie zumindest als ein — reifungsmässig zu überwindendes — Durchgangsstadium. Damit bleibt aus der Sichtweise einer feministischen Hermeneutik beispielsweise unberücksichtigt, dass viele sogenannt klassische theologische Konzepte zu Varianten einer „Überich-Theologie" tendieren. Die Unterschiede zwischen „Überich-Gott" und dem „Gott jenseits" scheinen uns weniger in einer biographischen Phase denn in einem unterschiedlichen theologischen Standort begründet.

Dadurch verschieben sich Akzente: Adoleszente (wie auch Kinder) sind nicht einfach nur unfertige, unreife Erwachsene. Auch ein jugendlicher oder kindlicher Glaube stellt nicht nur eine Vorform eines reifen Erwachsenenglaubens dar. Verschiedene Glaubensformen können einander gleichwertig bereichern und ergänzen. Reife und Alter sind nicht Norm aller Entwicklung (vgl. die neutestamentlichen Texte zum Stellenwert von Kindern im Glauben). Wie wir aufgezeigt haben (vgl. 9.2.) beinhaltet gerade die im Kind erwachende und übermächtig zum Ausdruck drängende Spiel-, Kreativ- und

Experimentierfreude auch aus religiöser Sicht ein grosses Potenzial, welches oft im erwachsenen Menschen verlorengeht und beispielsweise im Rahmen einer religiös-existentiellen Beratung neu erschlossen werden kann.

Wir heben zudem — verglichen mit Shea — stärker die Dynamik von Regression und Progression in der Entwicklung auch Adoleszenter und Erwachsener hervor. Viele unserer Beispiele haben gezeigt, das Theologiestudierende oft „zurück" müssen, bevor sie weitere Schritte in eine autonomere Position ihrer Selbstentwicklung wagen können. Problematische und ressourcenvolle Aspekte früherer Entwicklungspositionen müssen nochmals erhoben, sortiert, abgestossen oder integriert werden. Religiosität ist damit keineswegs nur mit der Dynamik der Progression verbunden, aber auch keineswegs nur mit derjenigen der Regression! Religiosität kann sowohl progressive wie regressive Bewegungen fördern, legitimieren oder auch blockieren. Es kommt darauf an, dies differenziert wahrzunehmen und je spezifisch danach zu fragen, in welcher Form es denn lebensförderlich ist, wenn religiöse Impulse in einer bestimmten Situation progressiv oder regressiv wirken. Beides ist möglich und es kann hilfreich sein, sowohl das Paradox einer „reifen Abhängigkeit", des „Ich-Sagens in Beziehung" wie auch der bezogenen Individuation zu leben! So ist für die Entwicklung von Frau Beck (vgl. S. 59) sowohl das Symbol des Mäuschens in seinem Mauseloch wie der tanzenden Wutschlage hilfreich geworden:

da flammte das Feuer
und meine Freundin, das Mäuschen,
begleitete mich.

Ein letzter Punkt sei hervorgehoben: Aus Sheas Modell geht nicht klar hervor, wie sich denn dieser Übergang von der Adoleszenz ins Erwachsenenwerden vollzieht. Versteht Shea dies als eine Art „naturwüchsigen" Prozess, der sich in diesem Alter vollzieht? Uns scheint — gerade im Zusammenhang mit den Beratungserfahrungen — etwas anderes wichtig: Solche Veränderungen vollziehen sich in einem sozialen Zusammenhang. Wir haben bereits auf jene sozialen Einflüsse hingewiesen, die in der Phase des Studiums Bewegung auch in das innere Arrangement von Objektbeziehungen bringen. Hier möchten wir unterstreichen, dass sich Veränderungen, wie wir sie verstehen möchten, ja nicht zuletzt auch im Beziehungsfeld der Beratung anbahnen oder doch deutlicher abzeichnen. Menschliches Wachsen und Reifen ist möglich nur in einem interpersonalen Kontext. Es beinhaltet die Trennung von früheren Bindungen, das Aushalten eines Zustandes, in dem der Verlust erfahren wird, die Neueinschätzung früherer Beziehungen und das Eingehen neuer Beziehungen. So lässt sich dieser Prozess von Bindung, Trennung, Trauer und neuer Bindung an der Auseinandersetzung mit religiösen Prägungen nachvollziehen, wie sie sich in unseren Beratungssequenzen abzeichnen. Das Angebot einer Beratungsbeziehung ist dabei ein auslösender und stützender Faktor in diesem Prozess. Autonomie ist auch in diesem Zusammenhang keine absolute Grösse. Sie ist und bleibt „relationale Autonomie", Selbständig-keit, welche gerade in Beziehung wird und lebt.

Wir haben in diesem Kapitel darzustellen versucht, wie Prozesse, wie wir sie in unseren Beratungen mitverfolgt haben, aufgrund von religionspsychologischen Konzepten besser verstanden werden können. Ist damit alles gesagt? Ist Theologie lediglich eine

Funktion dieser Entwicklungsprozesse, ein Oberflächenphänomen, oder wirkt sie in der Tiefe und vermittelt produktive Anstösse? Wir sind in diesem Kapitel zuerst auf psychodynamische, systemische, feministische und kunsttherapeutische Aspekte zu sprechen gekommen. Theologische Überlegungen blieben allerdings nicht ausgespart. Sie halfen uns, die Qualität erstrebenswerter Beziehungen genauer zu umschreiben. Theologie bringt also auf ihre eigene Art Vorstellungen ins Spiel, die sich nicht einfach auf Psychologie reduzieren lassen. Das wollen wir auch im abschliessenden Kapitel zeigen. Noch einmal soll ein Fallbeispiel in seinem ganzen Ablauf zum Zug kommen. Die Relation von Selbstbeziehung, Beziehung zu anderen und Christusbeziehung, eine Problematik, welche seit Paulus das christliche Denken immer neu herausfordert, tritt dabei nochmals in den Mittelpunkt.

10. Selbst und Christus

Es ist kaum verwunderlich, dass sich die Frage nach dem Verhältnis des menschlichen Selbst zu Jesus Christus in vielen Beratungen von Theologiestudierenden als die zentrale theologische Frage entpuppt. Wie verhalten sich Selbstverhältnis und Christusverhältnis, die christliche Lehre vom Menschen und seiner Erlösung, Anthropologie und Soteriologie zueinander? Was bedeutet ein stellvertretender Tod Jesu für mich? Wie ist das Verhältnis von Gott und Jesus zu denken? Wie wurde aus Jesus der Christus? Wie kann ich das Geschehen der Auferstehung verstehen? Welche Bedeutung haben die klassischen christologischen Formeln für meine Theologie? So und ähnlich lauten die zuerst häufig auf einer theologisch-abstrakten Ebene gestellten Fragen, mit denen Theologiestudierende ringen. Dabei zeigt sich im Verlauf dieser Beratungen immer wieder in überraschender Weise, wie höchst persönliche Fragen der Identitätsbildung und Selbstfindung mit der Klärung christologischer Themen verbunden sind. Diesen Prozess möchten wir an der ausführlichen Dokumentation einer weiteren Beratung nachzeichnen.

Es ist nochmals eine Frau, die wir in ihrer Suche begleiten. Für Frauen stellt sich die genannte Frage ja in einem zugespitzten Sinn: Wie kann ein männlicher Erlöser für Frauen auf ihrem Weg, „ein eigener Mensch" (Moltmann-Wendel 1980) zu werden, bedeutsam sein? Die Problematik einer männlich geprägten Christologie wurde — wie wir dargestellt haben — von der feministischen Theologie in den letzten Jahren oft im Zusammenhang mit der Frage nach weiblicher Identitätsbildung aufgegriffen. Umgekehrt kann allerdings auch gefragt werden: Welche Ängste löst(e) eine weibliche Christa bei Männern aus? Oder, direkter gefragt: Welche Bedeutung für die Selbstwerdung von Männern hat es, dass die zentrale christliche Erlöserfigur ein Mann ist? Die Antworten gehen in unterschiedliche Richtungen. Auch in unseren Beratungen ist es offensichtlich, dass Männer und Frauen die christologische Frage je anders aufgreifen und in einen Zusammenhang mit ihrer Identitätsentwicklung bringen.[1] Die Frage nach der Beziehung zwischen christlicher Erlösungslehre und Selbstentwicklung ist zudem aus einem weiteren Grund für die Pastoralpsychologie besonders aufschlussreich, wie nun kurz gezeigt werden soll.

---

[1] Vgl. dazu Kelley (1997), die fragt, wie eine weibliche Christus-Figur auf Männerpsychen wirkt/e. Wenn Christus als Frau dargestellt wird oder würde, dann wären v.a. männliche Geschlechtsrollen-Identifikationen bedroht, die Kelley anhand der Theorie von Nancy Chodorow skizziert: Die Identifikation mit dem Vater, die ein Knabe ausbildet, ist nicht sehr stabil (sie lässt eine bleibende Wunde zurück). Deshalb würde ihn die Identifikation mit einem weiblichen Bild von Christus hinter diese mühsam aufgebaute Position zurückwerfen. Deshalb entsteht nach Kelley Angst vor Regression (von der Mutter aufgesogen zu werden): Die verdrängten weiblichen Identifikationen (die durch die Definitionen von Männlichkeit auf Distanz gehalten werden) würden wieder auftauchen. Frauen ihrerseits haben weniger Schwierigkeiten, sich mit einer männlichen Figur zu identifizieren, da ihre Grenzen weniger starr sind. Zugleich dient für manche die Identifizierung mit Christus dazu, an der patriarchalen Macht Anteil zu haben. Aus diesem Grund reagieren manche Frauen ebenfalls mit Abwehr, wenn Christus als Frau dargestellt wird. Eine ähnliche Dynamik kommt in Gang, wenn Christus als Angehöriger einer anderen Rasse dargestellt wird: Auch da werden grundlegende Identifikationen aufs Spiel gesetzt. Kelley ist der Meinung, dass genau dieser Prozess der Infragestellung solcher Identifikationen nötig ist, wenn Christologie wirklich universal gültig werden soll. Hindus, so wird gesagt, hätten 330 Millionen Symbole für Gott. Vielleicht brauchen Christen genau so viele für Christus...

„Jesus ist Sieger!" Dies war für Johann Christoph Blumhardt die Formel, die den
Geister- und Dämonenspuk in einer intensiven seelsorglichen Begleitung eines
Gemeindeglieds, der Gottliebin Dittus, verschwinden liess.[2] An diesem Satz aus
einem klassischen Fallbeispiel der Seelsorgegeschichte und an dessen Interpretation
lassen sich verschiedene Stationen der Entwicklung der Pastoralpsychologie in
unserem Jahrhundert ablesen. Scharfenberg hatte ihn im Rahmen einer theologischen
Dissertation noch aus seinem zeit- und theologiegeschichtlichen Kontext heraus
verstanden (Scharfenberg 1959). Nach seiner psychoanalytischen Ausbildung
erprobte Scharfenberg den neuen Verständnisrahmen dann an einer Reinterpretation
der Befreiung der Gottliebin Dittus. Er versteht das Geschehen nun im Sinn einer
„Heilung als Sprachgeschehen": Es ist im Wesentlichen das Gespräch, das in der
Begleitung der Gottliebin zur befreienden Kraft wird. Scharfenberg sieht in ihm „den
Urtypus des psychotherapeutischen Gesprächs andeutungsweise verwirklicht"
(Scharfenberg 1991, 38). Scharfenbergs Interpretation hält während einer Generation
der Pastoralpsychologie stand. In ihr spiegeln sich wesentliche Annahmen, die
psychoanalytische Pastoralpsychologie entwickelte: Im Raum eines verstehenden
Gesprächs kann die christliche Symbolik zum Ort der Bearbeitung psychischer
Konflikte mit heilendem Potenzial werden. Kritisch setzt hier später Steinmeier
(1998) in einer Reinterpretation Scharfenbergs wieder an. Scharfenberg sei an diesem
Punkt der Verhältnisbestimmung von religiöser Symbolik und Selbstwerdung zu
wenig weit gegangen. Befreiung, wie sie am Beispiel der Gottliebin Dittus exemplarisch nachgezeichnet wurde, könne adäquat nur verstanden werden, wenn der Prozess
der Selbstwerdung gleichzeitig als Prozess Gottes im Menschen gedeutet werde.
Scharfenberg weiche an entscheidender Stelle der Religionskritik Freuds aus. In der
Analyse des Falls der Gottliebin Dittus postuliere er zwar, Religion könne auch
utopisch-progressive Funktion haben, zeichne dies aber nicht im Detail nach. Nach
Steinmeier genügt es theologisch nicht, „Christus als Symbol des Selbst zu behaupten. Es müsste vielmehr deutlich gemacht werden, *inwiefern* denn die Gottliebin ein
eigenes *Selbstverhältnis* in dem *Christusverhältnis* findet" (ebd. 28). Es müsste also
— anders als in einem lediglich utopischen Verweis — gezeigt werden, wie sich in
der „*gegenwärtig*, sinnenhaft erfahrenen, erlebten und erlittenen Realität die behaup-
tete religiöse Wirklichkeit zeigt" (ebd.). In jüngster Zeit hat Josuttis (2000) am
selben Ort interpretatorisch nochmals anders angesetzt: Die Fallgeschichte der
Gottliebin Dittus kann nach Josuttis nur verstanden werden, wenn wir die psychologischen Kategorien hinter uns lassen und davon ausgehen, dass in dieser Geschichte
eine ganz andere Konfliktdynamik, nämlich die zwischen dämonischen Mächten und
Christus gemeint ist, die es in ihrem besonderen, phänomenalen, „energetischen"
Gehalt zu sehen gelte. Seelsorge muss nach Josuttis auf Einsichten religiöser Anthropologie fussen, die mit religiösen, transpsychologischen Konflikten rechnet. Eine so
verstandene transpsychologische Seelsorge ist „übermenschliche Handlung" (71),
„Kampf-geschehen" (72) und als solche auch „pneumatisches Geschehen" (72).
Dies sucht auch Josuttis an einer Reinterpretation der Heilung der Gottliebin aufzu-
zeigen. Konflikte, die in dieser Geschichte zu Tage treten, sind mit psychologischen
Kategorien nicht zu erfassen. „Energetisch" wird diese Seelsorge, wo sie „destruktiven Machtfeldern die Geistesgegenwart des Heiligen entgegenzusetzen vermag" (84).

---

[2] Eine ausführliche Darstellung findet sich in Scharfenberg (1959)

Vor diesem Hintergrund nehmen wir die Frage nach dem Verhältnis von menschlichem Selbstverhältnis und Christusverhältnis auf. Wir tun dies nicht in einem weiteren Versuch der Reinterpretation der Geschichte der Gottliebin Dittus. Wir tun dies am Beispiel einer Theologiestudierenden, die — gewiss nicht im gleichen Mass dramatisch und doch auch mit weitgehenden Implikationen — der Frage nach der Bedeutung stellvertretenden Leidens nachgehen will und dabei unversehens die Verbindung dieser Problematik zu Fragen der persönlichen Selbstwerdung entdeckt. Die nun folgenden Gesprächsteile enthalten nochmals längere Auszüge aus dieser religiös-existentiellen Beratung, in eine lesbare Schriftsprache übersetzt. Wir versuchten dennoch, den Sprachfluss — inspiriert von mündlicher Sprache, einem Schweizer Dialekt — beizubehalten. Wir fügen den Auszügen stichwortartig einige Beobachtungen an, die uns im jeweiligen Abschnitt auffallen.

10.1. „Wie kann ich mir vorstellen, dass Jesus 'für mich' gestorben ist?" Fokusfindung und initiale Übertragung

Der Berater erklärt zu Beginn den Vorgang der Fokusfindung. Frau Blumer hat als Vorbereitung ihre Fragen schriftlich aufgeschrieben. Die erste Frage ist persönlich: „Wenn ich mich in einer grösseren Gruppe äussern sollte, habe ich so etwas wie einen 'Block'. Es ist schwierig, mich authentisch zu äussern." Die zweite Problemstellung ist theologischer Art: „Wie kann ich mir vorstellen, dass Jesus für mich gestorben ist? Der Tod von jemandem, speziell von Jesus, will ich mir nicht nur metaphorisch erklären. Er ist für mich eine grosse Frage, die ich nicht begreifen kann." Im weiteren Verlauf des Gesprächs erläutern beide die Frage, welcher Fokus auszuwählen ist und ob die beiden Foki möglicherweise miteinander verknüpft sind. Frau Blumer entscheidet sich schliesslich: „Ich würde gerne bei den theologischen Fragen einsteigen." Der Berater geht darauf ein, nicht ohne anzumerken, dass es möglicherweise Verbindungen zwischen diesen Themen gebe, und ermuntert Frau Blumer zu weiteren persönlichen Fragen.

Frau Blumer nimmt dies auf: „Was kann der Tod eines anderen für mich bedeuten? Wieso der Tod eines anderen für mich...? Er hat mit meinen Sünden zu tun. Doch dass es gerade den Tod braucht dafür? Es passieren ja so viele Tode um mich herum! Wozu muss ich erlöst werden? Der Tod von Jesus ist ja eine Erlösung für mich, er ist das Zentrale des christlichen Glaubens. Dies ist ein Bereich, zu dem ich den Zugang gefunden habe: zu Sünden. Doch Erlösung ist für mich abstrakt. Was heisst Erlösung für den heutigen Menschen?" Und, ein wenig später: „Auferstehung kann ich mir eher vorstellen, weil ich es auch erlebe. Aber das mit diesem Tod und der Erlösung — das ist schwerer zu verstehen. Was haben Tod und Erlösung miteinander zu tun? Und erst noch ein grausamer Tod! Das ist für mich sehr abstrakt." Frau Blumer hat ebenfalls Mühe mit dem Bösen und mit der Ungerechtigkeit in der Welt. „Das ist schon die Frage: Wie halte ich die Ungerechtigkeiten aus? Lauter Fragen, die momentan hervorquellen! Jetzt ist jedoch der erste Schwall draussen. Ich fühle mich ohnmächtig, dass es darauf keine Antworten gibt!"

Berater: „Und es gibt keine..."

Frau Blumer: „Das weiss ich denn auch im Kopf."

Berater: „Ich weiss es nicht. Doch ich höre es so. Es gibt keine Antworten. Das Gefühl von Ohnmacht ist besonders stark."

Frau Blumer: „Einerseits ist es auch schön, dass alles so offen ist, dass man nicht nur sagen kann ‚Gott ist so und so', sondern dass er verschiedenste Schattierungen haben kann. Aber es ist so wenig handfest. Einfach Gott in Verbindung zu bringen mit Ungerechtigkeit und Elend... Das wäre fast das

Verbindende der Theodizeefrage und der Frage 'Warum ist Jesus für mich gestorben?'. Wie muss ich mir diesen Tod vorstellen? Ich kann mir diesen Tod nicht vorstellen."

Der Berater geht auf die Geschichte der Frage ein: „Wie ist das alles denn zu Ihrer Frage geworden?" Frau Blumer erzählt: „Ich habe viele Kontakte mit Leuten aus der evangelikalen Ecke. Sie glauben genau so. In diesem Zusammenhang muss ich mir klar werden, wie ich das für mich erklären kann." Später präzisiert sie: „Es ist meine Schwester, die diese theologische Position einnimmt. Ich habe dies alles auch einmal geglaubt, war auch in einer Jugendgruppe und habe meine evangelikalen Erfahrungen hinter mir. Ganz kurz nur. Es war wie ein Rausch, ich fühlte mich sehr zu Hause. Plötzlich kehrte es...".

Zum Schluss fragt der Berater: „Was machen Sie normalerweise, wenn Sie eine solche Frage haben?" Frau Blumer erinnert sich: „Dann gehe ich fragen und erzählen. Zum Beispiel bei meinem Freund. 'Häre lege' (hinlegen). Sagen, das ist eine Frage. Und ich studiere nach."

Als Aufgabe gibt das Beraterteam am Ende der ersten Stunde die Anregung mit, sich Notizen zum Thema: „Wenn einer für mich sterben würde..." zu machen

Beobachtungen

Die Stunde dokumentiert, wie sich ein Fokus zuerst im Bereich einer religiösen Fragestellung herauskristallisiert, wobei der Berater bereits auf mögliche Querverbindungen zum existentiellen Pol (den Schwierigkeiten, sich in einer Gruppe zu artikulieren) hinweist.

Zusätzlich umfasst sie eine ausführliche Erkundung der Bedeutungslandschaft, in welcher der Fokus angesiedelt ist: Wo liegen die Fragen und Probleme? Welche Geschichte haben sie? Von wem hat die Ratsuchende die Fragen „geerbt"? Für wen geht sie diese Fragestellung unter Umständen an? Wer ist ihr innerer (und äusserer) Gesprächspartner? Hier werden also systemische Gesichtspunkte mit einbezogen, um zu einer Deutung der Funktion dieser Fragen und Probleme zu kommen. Auch das Prinzip der Ressourcenorientierung kommt zum Zug: Der Berater sucht nach Ressourcen, welche der Ratsuchenden in ähnlichen Fragestellungen bereits zugänglich waren und hilfreich wirkten („Was machen Sie normalerweise, wenn Sie eine solche Frage haben?"). Noch bleibt die Frage offen: Bewähren sich diese Ressourcen auch in diesem Fall? Oder: Wird die Lösung selber zum Problem? Müssen also neue Lösungen gesucht werden, die jenseits der (gegenwärtigen) Bedeutungslandschaft der Ratsuchenden liegen?

Die religiöse Bedeutungslandschaft wird einerseits durch ernsthaftes theologisches Nachdenken im Rahmen historisch-theologischer Studien, andererseits durch Austausch und Gespräch (z.B. mit ihrem Freund, früher in einer — kurz als rauschhaft genossenen — christlichen Gemeinschaft) geprägt. Eine genderspezifische Problematik scheint dabei in der Beratung keine Rolle zu spielen. Sie wird jedenfalls vorerst nicht thematisiert.

Der Berater wird am Anfang deutlich als theologische Autorität (Vaterfigur?) in Anspruch genommen, an die Antworten delegiert werden. Deshalb ist es auch aufschlussreich, die Übertragungsebene zu beachten. Frau Blumer — dies fällt auf — erfährt die empathische Spiegelung des Beraters („Es gibt keine Antwort") als normative Feststellung, welche erschreckt und ohnmächtig macht. Die erste Sitzung ist getragen von der Übertragungshoffnung, der Berater möge theologische Antworten liefern. Interessant ist in diesem Zusammenhang, dass das Beratungsteam entgegen seiner Usanz, nach jeder Beratungseinheit die Leitung zu wechseln, dies in den beiden ersten Sequenzen ohne weitere Reflexion unterlässt. Spiegelt sich darin die Gegenübertragung des Teams, nach der sich der ältere und hierarchisch höher gestellte Berater (der Theologieprofessor und nicht die Assistentin) der Verpflichtung zur Antwort zu stellen hat?

10.2. „Von Erlösung keine Spur, sondern das Gegenteil: Verbannung." Die Exploration eines naturalistischen Zugangs zum Bibeltext

Frau Blumer hat sich tatsächlich Gedanken zur Thematik: „Wenn einer für mich sterben würde" gemacht. Nichts Schriftliches zwar. Und: Es sei nicht sehr viel heraus gekommen. „Es wäre sehr schlimm für mich, wenn jemand für mich sterben würde, es würde mein ganzes Leben überschatten. Ich könnte dies nie vergessen. Ich hätte das Gefühl, ich müsste etwas gutmachen, und kann es nicht. Ich hätte ein schlechtes Gewissen oder Schuldgefühl gegenüber der Person, die jetzt tot ist. Es wäre ein Tod für mich in dieser Welt... Es ist eine sehr absurde, weit hergeholte Vorstellung. Kriegsbilder kommen mir in den Sinn. Dort passieren ja unzählige Tode. Vielleicht stirbt dort jemand für mich, doch ich weiss es nicht."

Der Berater versucht, einen persönlichen Bezug zur Thematik herzustellen: „Hat der Tod etwas mit Ihnen selber zu tun?"

Frau Blumer: „Ich komme sehr wenig mit dem Tod in Verbindung. Ich bin glücklich, habe nie jemand Nahestehender verloren."

Berater: „Sie wollten die Ebene klären: Was heisst 'Tod' auf einer natürlichen Ebene, nicht metaphorisch?"

Frau Blumer erkennt: „Ich kann es mir nicht zusammenreimen. Vielleicht muss man sich das — wenn man es wirklich durchdenkt bis zum Schluss — dennoch metaphorisch vorstellen... Wenn es jedoch einfach ein Bild ist, denke ich: Ist das nicht zu billig? Auferstehung kann ich mir zwar zusammenreimen — dass es für die Jünger ein Wahnsinns-Erlebnis war, das für sie weiterging."

Berater: „Bei Auferstehung prägt Sie keine naturalistische Vorstellung. Vielleicht können Sie dort eine Unterscheidung machen?"

Frau Blumer: „Weil es in meiner Welt Auferstehung auch nicht naturhaft gibt, doch Tod gibt es naturhaft. Auferstehung gibt es in unserer Welt nicht. Hingegen die Realität des Todes ist handfest zu spüren."

Lange Stille.

Frau Blumer: „Es war gut, dass ich das gesehen habe: Wenn man das 'für mich gestorben' wirklich durchdenkt, kann es nicht naturalistisch verstanden werden. Es wäre sogar grässlich. Es ist zwar möglich, dass das mal passiert, doch es wäre ein Albtraum. Von Erlösung keine Spur, sondern das Gegenteil: Verbannung."

Berater: „Wenn man es realistisch anschaut, verdreht sich die Aussage ins Gegenteil...".

Frau Blumer kommt ins Fragen: „Was unterscheidet den Tod von unschuldig Gestorbenen vom Tod Jesu? Gestorben für...? Was heisst das?"

Der Berater versucht nun erstmals eine Antwort: „Das war die Antwort und Deutung der Jünger auf einen *ungerechten* Tod."

Frau Blumer: „Ist Jesus dann in einer Linie mit Ghandi, Bonhoeffer etc. zu sehen? Ist Jesus noch etwas Besonderes, oder wurde er zu etwas Besonderem gemacht? Für evangelikale Kreise ist alles klar... — ist es das für sie? *Sollte* es einem klar sein? Ich möchte gerne meinen eigenen Standpunkt klären. Evangelikale leben in einem geschlossenen Kreis. Dies gibt ein gutes Gefühl, dazu zu gehören. Es existiert eine grosse Macht des Predigers und eine Abhängigkeit der Gläubigen. Sünde ist für mich nicht moralisch zu verstehen, sondern bedeutet z.B.: nicht in Einklang zu sein mit der Natur."

Die Zeit nähert sich dem Ende, das Beratungsteam zieht sich zurück, und entwickelt für Frau Blumer folgende drei „Hausaufgaben": Sie solle die Worte „für uns/ für mich" als „Mantra" täglich während fünf Minuten in der Stille wiederholen und meditieren. Frau Blumer erhält zudem Anregungen zu einem kreativen Umgang mit der Passionsgeschichte. Es wird ihr auch eine Frage zum Überlegen mitgegeben: „Gibt es generationenübergreifende Hinweise, dass es Opfer und Delegationen in Ihrer Herkunftsfamilie gab, in die Sie selber verwickelt sind?"

Beobachtungen
Der Rückgriff auf die Ressourcen der Klientin (eigenes theologisches Nachdenken, Gespräch, Nachfragen) — alles auch in der ersten und zweiten Beratungsstunde selber ausprobiert — bringt keine entscheidend neuen Impulse („Es ist nicht viel herausgekommen."). Doch dies schenkt die Erkenntnis, dass genau dieser „gewohnte" Zugang allein in die Sackgasse führt. Dies *ist* eine wichtige Einsicht!
Der erste Versuch eines Bezugs des religiösen Themas zur Lebenserfahrung von Frau Blumer durch den Berater („Hat der Tod etwas mit Ihnen zu tun?") schlägt fehl. Es wird kein persönlicher Leidensdruck von Frau Blumer erkennbar. Es bleibt aus lebensgeschichtlicher Sicht unklar, warum die Frage „für mich gestorben" Frau Blumer so intensiv beschäftigt. Aus systemischer Sicht ergeben sich allerdings erste Hinweise: Die *Schwester* gehört einer evangelikalen Gemeinschaft an, nahe Familienbande verbinden die beiden (Schwestern stehen sich systemisch sehr nahe, was sich sowohl in Nähe wie auch Streit und Abgrenzung äussern kann).
Die vom Beratungsteam spontan entwickelten Aufgaben stammen interessanterweise aus unterschiedlichen Disziplinen: Die erste versucht, einen persönlichen Bezug zum theologischen Fokus anzuregen, führt damit den Verknüpfungsversuch der ersten Stunde — wie sich zeigen wird: erfolglos — weiter. Die zweite aktiviert kunsttherapeutisch-kreative Zugänge und die dritte ist inspiriert von systemischen Hintergründen und intendiert ihre Erhellung. Welche Anregungen wird die Klientin in der Zwischenzeit wohl aufnehmen?

10.3. „Das möchte ich lernen: Phantasieren." Das Feld wird frei für eigene Deutungen

Frau Blumer erzählt zu Beginn der dritten Stunde, dass ihr die Auswahl der Aufgabe schwerfiel. „Ich blieb bei der Passionsgeschichte. Das Mantra vergass ich, obwohl es mich ansprach. In der Familie nachzuforschen war wenig hilfreich. Wirkliche Tode sind wenig passiert — ich kam nicht weiter. Bei der Passionsgeschichte stolperte ich beim Wort 'kreativ'. Ich las die Johannespassion. Ich habe mich jedoch unter Druck gesetzt, dass etwas Kreatives entsteht. Mich in eine Rolle hineinzuversetzen fällt mir sowieso schwer. Es fiel mir auf: Nirgends steht 'für mich gestorben...'. Ich möchte herausfinden, wo genau das 'für uns gestorben' steht. Vielleicht steht es nirgends? Vielleicht starb Jesus einfach, weil er lästig für die Römer war."
Frau Blumer realisiert: „Ein gewisser Prozess ist erkennbar: Bereits in der letzten Stunde dämmerte die Erkenntnis: Die Frage ist absurd. Nun kommt die Erkenntnis: Es steht nicht einmal genau so in der Bibel. Es ist wohl schon auf einer Bildebene zu deuten. Die Erkenntnis ist für mich wichtig, dass ich Distanz schaffen muss zum Geschehen. Ich muss das Geschehnis in die damalige Zeit hinein-

setzen, damit ich mich dazu in Verbindung setzen kann. (...) Dann wird es ein Tod eines guten Menschen, der sich für die Randständigen eingesetzt hat. Es hat mich gefreut, dass das 'für mich/für uns/für jemand' nicht dasteht."

Die Beraterin fasst zusammen: „Jetzt ist das Feld frei für Ihre eigenen Deutungen zu diesem Tod mit Hilfe biblischer Texte!"

Frau Blumer nimmt sich vor: „Der nächste Schritt wäre, dass ich nachschaue, wo das 'für uns' steht, dass ich diese Stelle finde."

Beraterin: „Wenn Sie einmal die befreiende Distanz haben, kann es sein, dass das 'für uns' eine neue Botschaft enthält."

Frau Blumer: „Ich muss schauen, wer den Text geschrieben hat und für wen er gegolten hat. Ich habe das bis jetzt einfach übernommen. Dieser Tod galt *für mich* — da konnte ich nicht ausbrechen!"

Im Folgenden geht Frau Blumer auf Unrechtssituationen in der Welt, speziell gegenüber dem palästinensischen Volk ein. Erneut versucht die Beraterin, nach längerem Verweilen beim Unrecht gegen die Palästinenser auf die Möglichkeit von eigener Erfahrung von Unrecht überzuwechseln: „Gibt es in Ihrem eigenen Leben Kreuzigungsszenen, oder gibt es in dem Kreis, dem Sie verbunden bin, Kreuzigungsszenen? Nehmen Sie sich ruhig auch Zeit, eigenen Unrechtssituationen nachzugehen, um etwas zu verstehen."

Stille...

Frau Blumer: „Dass es auf der Welt Kreuzigungsszenen gibt, sehe ich nur zu gut."

Beraterin: „Was Sie spüren — Sie leiden mit diesen Menschen mit!"

Lange Stille...

Frau Blumer: „Mir würden Auferstehungsszenen eher einfallen. Kreuzigungsszenen sind schwierig. "

Frau Blumer fährt mit theologischen Überlegungen fort: „Kreuzigung hat zu tun mit Leiden. Sie findet dort statt, wo Menschen leiden... Kreuzigung führt zum Tod von Jesus, doch dies war nicht alles, es führte zur Auferstehung. Es ist wichtig, dass man Kreuzigung und Auferstehung zusammen sieht. Oder gibt es auch nur Kreuzigung allein? Das gibt es z.B. bei den Palästinensern eben schon: Kreuzigung ohne Auferstehung."

Die Beraterin stimmt bei: „Es gibt sie vielleicht häufiger, als es uns lieb ist. Nicht beweinte, sinnlose Tode. Auferstehung und Tod gehören nicht automatisch zusammen. Dies ist das Geheimnis der christlichen Botschaft: Es hat an Ostern irgend eine Veränderung gegeben. Befreiungserfahrungen..."

Frau Blumer: „Es waren ihre Erfahrungen, die auch wir so erfahren können. Es sind eigentlich menschliche Erfahrungen."

Beraterin: „Erfahrungen wovon?"

Frau Blumer: „Erfahrungen von Auferstehung. Zum Leben stehen."

Beraterin: „Ich selber glaube, dass ohne die eigenen kleinen Erfahrungen von Auferstehung Glaube wie papieren ist. Sonst kann ich es gar nicht wissen, dass es das gibt. Es ist wichtig, dass Menschen kleine Erfahrungen von Auferstehung machen, damit sie ermessen können, was damalige Menschen erfahren haben."

Der Berater (eigentlich in der Beobachtersituation, doch er fühlt sich offensichtlich zur Mitsprache herausgefordert) fügt bei: „Lösegeld für viele, ein Logion, steht doch im Markus-Evangelium" (Mk 10,45).

Die Beraterin fügt an: „Mich fasziniert am 'für uns', dass ich nicht alles machen muss. Es ist eine schwere Bürde, alles selber zu machen. Vielleicht gilt auch in der Dimension des Todes: Wenn jemand für uns stirbt — dann kann und darf ich ja leben. Ich muss nichts Lebensfeindliches wiederholen. Ich muss mich nicht kasteien, mir nicht das Leben verbieten. Es reicht, wenn dies einer machen musste, es war schon schrecklich genug, wir müssen es nicht wiederholen. Das ist *mein* Zugang zum 'für uns gestorben'.

Frau Blumer: „Es ist ein sehr freier Zugang."

Beraterin: „Er stimmt aber auch mit einigen Traditionen überein. Frei wie bei den ersten Jüngern damals. Sie hatten ja keine Bibel, in der schon alles stand."

Frau Blumer: „Das möchte ich lernen: Phantasieren. Was mich anspricht — dies mit Eigenem füllen. Nicht nur nachdenken, das andere Element — die Phantasie — fehlt mir."

Beraterin: „Weil Sie wohl Angst haben, das überhaupt zu tun. Möglicherweise haben Sie folgende Stimmen in sich: 'Das darf man doch nicht! Sonst muss ich ja gar nicht Theologie studieren...'. Es führt zu einem Abwägen und einem ständigen Suchen. Nichts ist allgemein gültig. Alles kann man auf diese Weise interpretieren — und wieder anders."

Frau Blumer: „Ich leide drunter, dass es keine Antworten gibt. Und dass ich es mir zu wenig zutraue, zu phantasieren. Ich will eben auch nicht leichtfertig werden."

Beraterin: „Sie könnten einen Vertrag mit sich machen: Er enthält die Erlaubnis zu phantasieren, eventuell auch Ketzerisches. Doch nachher wieder kritisch nachzuprüfen: War ich zu leichtfertig, habe ich etwas Wichtiges über Bord geworfen? Damit hätten beide Seiten in Ihnen einen Platz."

Frau Blumer: „Genau, ich spüre ja beides in mir. Ich will zur Theologie stehen, wie sie in den Büchern steht. Im Moment habe ich das Gefühl, dass ich zu viel nachforschen muss, und ich das andere vernachlässige und eher befreit über den Tod nachdenken sollte. Dies würde sicher mehr bringen."

Im Folgenden geht es um Chancen und Grenzen eines freieren, kreativen Umgangs mit Bibeltexten. Frau Blumer betont, dass ihr beide Ansätze des Umgangs mit der Bibel wichtig sind: „Ich will es ja auch wissen. Ich habe einen unkritischen Umgang mit der Bibel erlebt. Ich war mit Leuten zusammen, die genau wussten, was sie aussagt. Das ist der Grund, mich genau zu vertiefen — mit befreiendem Aspekt."

Beraterin: „Wenn Sie spüren, dass Befreiungsprozesse passieren — vertrauen Sie ihnen ruhig. Sie dürfen ja auch gegen Gott schimpfen — der hält es schon aus. Wie soll man sonst weiterkommen, wenn man nicht zweifeln darf? Es geht ums Spüren: Wo befreit mich etwas, wo geht etwas auf? Es geht um befreiende Verwandlungen des Evangeliums."

Frau Blumer: „Ich beobachte an mir die Tendenz, nicht viel über die Theologie zu reden, weil ich das Gefühl habe, 'das kann ich sowieso nicht sagen'. Damit unterdrücke ich etwas in mir."

Beraterin: „Im Studium oder mit Freunden?"

Frau Blumer: „Auch bei Freunden, die nicht vom Fach sind. Die genau wissen wollen: Wie war es damals, mit diesem Jesus!"

Beraterin: „Sie fühlen sich fast in eine Rolle gedrängt?"

Frau Blumer: „Manövriere ich mich selber in eine Rolle — oder drängen sie mich rein? Es wäre zum Ausprobieren: Das Durchbrechen der Erwartung, dass der Pfarrer oder der angehende Pfarrer auf alles eine Antwort haben muss. Das ist ein wahnsinniger Stress!"

Beraterin: „Es ist ja für beide Seiten ein Stress. Die einen *können* nicht selber theologische Antworten geben, und die anderen *müssen* immer Antworten geben!"

Das Beratungsteam gibt Frau Blumer folgende „Hausaufgaben" mit, die drei Aspekte des Themas dieser Stunde akzentuieren: „Entwerfen Sie einen Dialog zwischen der exakten und phantasievollen Seite in Ihnen in Bezug auf die Theologie! Lesen Sie von Ernst Käsemann, Theologie des Neuen Testamentes, den Abschnitt über die Deutung des Todes Jesu! Entwerfen Sie eine eigene Christologie des ‚für uns' in zwei Sätzen!" Phantasie, genaues Studium theologischer Zusammenhänge und die eigenständige Formulierung theologischer Aussagen sollen angeregt werden.

Beobachtungen

Es wird klarer, warum es Frau Blumer schwer fällt, im Rahmen der Beratung endlich einmal zu kreativen Mitteln zu greifen. Es sind sowohl kreative wie auch theologische Blockaden, die sie daran hindern, religiös schöpferisch zu werden. Diese Stunde dokumentiert präzise eine — theologisch argumentierende — Angst vor Kreativität und zeigt bedeutsame, wirksame Abwehren und Blockaden:

- Angst vor Legitimationsverlust und Leichtigkeit (gemeint ist wohl Leichtfertigkeit): sog. ernsthafte Theologie wie auch das Bücherstudium würden in Frage gestellt
- Angst vor Beliebigkeit, die normative Wahrheit auflöst
- Angst, kreativ unbegabt zu sein
- Angst, ungenau oder unkritisch zu sein.

Die Stunde dokumentiert auch Auswirkungen dieses Stresses bzw. dieser Blockaden: Sie führen zur Rollenerwartung des Pfarrers bzw. der Pfarrerin an sich selbst wie auch von Laien an eine Pfarrerin, in allen Fällen theologische Antworten zur Verfügung zu haben. Dieser Stress blockiert Frau Blumer. Das Beratungsteam spornt er zu Antworten an.

Interessanterweise kommt erstmals in diesem Zusammenhang der zweite, von Frau Blumer am Anfang der Beratung genannte lebensgeschichtlich orientierte *Fokus* der Beratung ins Gespräch (eine Blockade, sich in grösseren Gruppen zu äussern). Die Beratung wird zwar in der Folge diesem Fokus nicht weiter nachgehen, doch es ist anzunehmen, dass ein Ergebnis der Beratung (die Klientin ist sich klarer darüber, was für sie gewisse theologische Themen beinhalten) hilfreich wirkt, diese Position auch in grösseren Gruppen kompetent zu vertreten. In diesem Moment kann nur vermutet werden: Kann Frau Blumer nicht kompetent über gewisse Themen der Theologie sprechen, weil ihr die Theologie keine Sprache zur Verfügung stellt, in der sie ihr Wichtiges ausdrücken kann? Um welche Sprache müsste es sich aber handeln? In den Anmerkungen zur siebten Stunde werden wir auf diese Frage zurückkommen.

Auf auffällig intensive Weise beginnen Beraterin und Berater, theologische Antworten zur Verfügung zu stellen. Wieder kann dies auf der Übertragungsebene verstanden werden. Neben der Rechtmässigkeit dieses Vorganges (in der kreativ-emanzipierenden Beratung ist es durchaus erwünscht, eigene theologische Positionen ungeschützt als Herausforderung zur Verfügung zu stellen) stellt sich hier nämlich die Frage der Gegenübertragung: Erfährt auch das Beratungsteam in umgekehrter Rolle einen gewissen „Antwortstress", wobei es diesmal die Klientin ist, welche die Beratenden diesem aussetzt und damit fühlbar das eigene Dilemma dem Gegenüber zu erfahren gibt?

Wie steht es mit der lebensgeschichtlichen Relevanz des theologischen Fokus? Erneut lässt die Klientin zunächst die Erlaubnis zur Thematisierung eigener Leiderfahrung links liegen. Es kommen ausschliesslich fremde Leiderfahrungen zum Zuge (Palästinenserproblem, Theodizeefrage). Das eigene Manko darf — noch — nicht gespürt werden, doch erste Wünsche tauchen auf: Der Wunsch, phantasieren zu lernen (biographisch relevante Wünsche und Sehnsüchte sind oft geboren aus der Erlaubnis, gewisse Mankos spüren zu dürfen). Auch wenn diese — Gott sei dank! — nicht die Tragik fremder Leiderfahrung aufweisen, dürfen sie dennoch nicht übergangen werden. Fremdes Leid darf zwar zur Relativierung von eigenem Leid, aber nicht zur

Verdrängung desselben dienen. Interessanterweise taucht in der Wortwahl von Frau Blumer erstmals der Begriff „Leiden" auf: „Ich leide darunter, dass es keine Antworten gibt. Und dass ich mir zu wenig zutraue, phantasieren zu können." Dieses Manko muss jedoch nicht in erster Linie erforscht, sondern kann vielmehr überwunden werden. Deshalb ist es angemessen, dass dieser Mangelerfahrung im Rahmen der Seelsorge nicht weiter nachgegangen wird, sondern dass nachdrücklich zu schöpferischem Tun ermutigt wird und die Seelsorge dabei behilflich ist, kreative Barrieren abzubauen.

Insgesamt erfolgt eine Fokusverschiebung, welche sich im Verlauf der nächsten Stunden noch deutlicher abzeichnen wird: Die Fragen nach dem Tod Jesu verlieren an Dominanz, die Verhältnisbestimmung zweier Teile (Fantasie/Kreativität versus Intellekt) werden zum Thema. Wie beides sich konstruktiv aufeinander bezieht, entdeckt Frau Blumer in der vierten Stunde.

Die wiederum spontan und ad hoc formulierten Hausaufgaben des Beratungsteams nehmen Bezug auf die unterschiedlichen Seiten in Frau Blumer: Ihre intellektuelle, exakte Seite wird angeregt durch den Hinweis auf ein weiterführendes theologisches Buch. Die zwei anderen Aufgaben regen die kreative Seite an. Wie hängen die kreative und intellektuelle Seite in Frau Blumer zusammen? Wie phantasiert sich Frau Blumer das „für uns gestorben"?

10.4. „Susi und Thea." Das Gespräch mit verdrängten Anteilen setzt ein

Frau Blumer lässt sich nun doch auf die schöpferische Hausaufgabe ein. „Ich habe mich für den Dialog zwischen der theologischen und schöpferischen Seite entschieden. Die theologische Seite ist Thea, die schöpferische ist Susi." Sie liest einen Dialog vor:

Susi: Hallo Thea, wie geht es dir? Ich habe dich schon lange nicht mehr gesehen.

Thea: Ah, du bist da, Susi. Schon habe ich gedacht, es gebe dich nicht mehr, du seist verschollen. Wo treibst du dich herum? Hast du noch so gute Ideen wie dazumal?

Susi: Ich bin nicht verschollen. Es gibt mich immer mehr, und es geht mir gut. Warum tust du so erstaunt? Oder hast du etwa gedacht, nach unserem letzten Zusammentreffen, ich könne mich nicht durchs Leben schlagen? Du hast mich ja so belächelt und mich hochgenommen. Auf meine Ideen bist du gar nicht eingegangen. Da musst du verstehen, dass ich mich von dir verabschiedet habe. Weisst du, Distanz tut manchmal gut. Das solltest du als genaue Exegetin auch verstehen. Du weisst, Distanz zu den Texten...!

Thea: Jetzt machst aber du dich lustig über mich. Ja, wir haben uns das letzte Mal wirklich nicht verstanden. Du musst ja selber sagen: Was du damals gesagt hast, war wirklich etwas abstrus. Da konnte ich dich nicht ernst nehmen.

Susi: Ah, Du meinst das mit dem Tod Jesu.

Thea: Ja. Du sagtest damals, du könnest dir diesen Tod erklären. Und dann kamst du mit dieser Gefühlsduselei. So ohne Hand und Fuss.

Susi: Genau. Und dann wurdest du total sauer, und dann begannst du mir zu predigen. Von Sühnopfer, Christologie und vieles mehr. Da habe ich bald einmal abgeschaltet. Du hast so hochgestochen argumentiert, von Büchern und Theorien, da war ich eben schnell an der Decke oben.

Thea: Du hast mir gar nichts vorzuhalten. Du argumentierst so gedankenlos, ohne viel zu überlegen, einfach so ins Blaue hinaus.

Susi: Aber verstehst du denn nicht? Wir leben doch heute in unserer Zeit, und nicht mehr zur Zeit Jesu. Wir müssen doch eine Sprache finden, um die biblischen Aussagen für jetzt und heute erklärbar zu machen. Ich lebe jetzt und nicht in der Vergangenheit. Wenn ich mit jemandem diskutiere, will ich nicht zuerst stundenlange Studien betreiben müssen, bevor ich meine Argumentation gefunden habe. Du sagst, ich sei ein Gefühlsdusel. Wenn die Bibel nichts mit dem Gefühl zu tun hat, dann kannst du sie gerade noch begraben.

Frau Blumer: „Das wäre es, und es könnte noch weitergehen."
Berater: „Die begannen wieder miteinander zu reden!"
Frau Blumer: „Ich schrieb den Dialog gerne. Beide Seiten lernen miteinander zu leben. Kommt Thea schlechter weg? Susi redet jedenfalls mehr. Weil ich selber auf der Suche nach meiner schöpferischen Seite bin? Susi lebt endlich mehr in mir. Es sind zwei Seiten in mir: Kommt bei mir nun ein schöpferischer Weg? Das Schwergewicht lag bis jetzt auf dem theologischen Verstehen. Susi liess sich bis jetzt immer beeindrucken von Thea."
Berater: „Woher kennen Sie Susi?"
Frau Blumer: „Aus kreativen Phasen, die in der Theologie selten sind. Susi singt, läuft gerne, ist mit netten Leuten zusammen, kann gut kochen. Wenn ich beispielsweise in der Theologie etwas von Sölle lese, weckt es schöpferische Kräfte. Trotzdem ist mir die kritische Distanz wichtig. Zwei Seiten leben nebeneinander in mir. Ich bin oft verkrampft, gerade wenn ich theologische Antworten geben müsste. Ich versuchte mich bis jetzt immer rauszureden, anstatt zu sagen: Das weiss ich nicht. Es ist ein Stress, theologische Antworten zu geben."
Berater: „Wie würde Susi antworten?"
Frau Blumer: „Susi hat ein sehr geringes Selbstwertgefühl. Ich beschäftige mich oft mit fremden Fragen und erlebe mich als Versagerin. Theologie beinhaltet für mich auch sehr viel langweiliges Wissen, das mich nicht interessiert. Thea sollte Ferien machen dürfen... Auch Jesus antwortete oft nicht direkt, sondern in Gleichnissen."
Der Berater endet mit der Frage: „Könnte es darum gehen, Susi mehr Raum zu geben?"
Folgende Hausaufgaben entwickelt das Beratungsteam: Schreiben Sie einen Text zum Thema: „Über die Schwierigkeit, in Frau Blumer Susi zu sein." Entwickeln Sie einen Dialog zwischen Susi und Thea über den Tod Jesu! Schreiben Sie eine Geschichte mit dem Titel: „Susi übernimmt das Ruder."

Beobachtungen
In der vierten Stunde bricht sich Kreativität ihre Bahn. So kann sich praktisch zeigen, ob die Ängste vor ihr berechtigt sind. Frau Blumer äussert ebenfalls erstmals eine implizite Kritik am klassischen „Theologisieren". Aus genderbezogener Sicht könnte man sagen: Erstmals taucht eine — wenn auch implizite — genderspezifische Dimension in der Beratung auf. Frau Blumer erlebt die Theologie teilweise als fremdes Gebiet und als langweiliges, trockenes Kopfwissen. Erstmals ist sie bereit, solche Kritik zu äussern. Vorher versicherte sie immer eilfertig, wie wichtig für sie ein ernsthaftes Nachdenken sei. Dieser Ablauf macht Sinn: Das intellektuelle Studium („das ernsthafte Nachdenken") ist Frau Blumer behilflich zur Distanzierung von der evangelikalen Frömmigkeit ihrer Schwester und ihrer früheren Glaubensgemeinschaft und kann deshalb zunächst nicht in Frage gestellt werden. Nun, da eine eigene theologische Position als Möglichkeit am Horizont auftaucht, finden auch kritische Anfragen an die klassische Theologie Sprache. Die universitäre Beschäftigung mit theologischen Fragen wird zwar einerseits als Befreiung erfahren, andererseits wagen sich nun zaghaft ebenso Mangelerfahrungen in dieser Theologie an die Oberfläche.

Susi als wichtige Seite in Frau Blumer kommt zu kurz, was zu einem geringen Selbstwertgefühl dieses Teils führt. Susi (wie auch Frau Blumer) fühlt sich angesichts der abstrakten Theologie als Versagerin oder — das ist die alternative Reaktionsweise: nicht Selbstabwertung, sondern kritische Beurteilung des Gegenübers — erlebt die abstrakte Theologie als langweilig. Wiederum erhält der lebensgeschichtliche Fokus der ersten Stunden indirekt genauere Konturen (ohne dass darüber gesprochen wird): Es wird einsichtiger, warum es sowohl Thea wie Susi in Frau Blumer schwer fällt, (theologisch) Position zu beziehen: Die eine traut sich Antworten nicht zu resp. hat keine adäquate Sprache gefunden, theologische Antworten zu formulieren; die andere bricht unter dem Stress, präzise, theologisch ernsthafte und richtige Antworten zu geben, zusammen und erlebt sich als stumm und unfähig.

10.5. „Das Himmelreich ist gleich der Schwesterlichkeit." Dialog und Transzendenz

Frau Blumer erzählt zu Beginn der Stunde: „Ich mochte nicht so Aufgaben machen. Aber in der letzten halben Stunde habe ich etwas aufgeschrieben zum Thema 'Susi übernimmt das Ruder'." Sie liest ihren Text vor:

Susi erwacht. Sie gähnt und streckt sich. Die Sonne scheint ihr direkt ins Gesicht. Verwundert fragt sie sich, wo sie wohl sei, und entdeckt, dass sie zuoberst im Haus im Mansardenzimmer liegt. Sie hat lange geschlafen, wie lange weiss sie nicht genau. Es können Monate, auch Jahre sein. Sie fühlt sich gut ausgeschlafen. Sie hört Geräusche, welche von unten in ihr Zimmer dringen. Susi denkt: „Aha, Thea ist am Werk. Was sie wohl die ganze Zeit getan hat? Ich will mal nachsehen." Susi denkt kurz, eigentlich wäre es noch schön gewesen, einige Zeit im Bett liegen zu bleiben, zieht sich aber bald an und steht auf. Sie geht die Treppe hinunter und in die Küche, wo sie Thea antrifft. Thea ist gerade daran, den Boden zu fegen. Sie schaut auf und sagt: „Aha. Hallo Susi. Du hast aber schön lange geschlafen." Susi: „Ich habe dich in der Küche gehört." Sie schaut sich um. „Die Küche ist ja blitzblank." „Ja, ich bin schon seit dem frühen Morgen am Putzen, und mag bald nicht mehr." Susi erwidert: „Das glaube ich dir gerne. Sitz doch kurz ab und mach eine Pause." „Ja meinst du", sagt Thea. „Aber weisst du, das Badezimmer ist noch nicht geputzt, das sollte ich vor Mittag auch noch tun, und...". Susi kennt ihre Schwester. Sie nimmt ihr Kessel und Fegbürste aus der Hand und führt sie in den Sommergarten. Dort drückt sie sie in einen Stuhl und sagt: „So. Jetzt mache ich dir einen Vorschlag. Du fährst jetzt für eine Woche ins Tessin, ruhst dich da aus, und überlässt das Haus für diese Zeit mir. Ich bin jetzt gut ausgeschlafen. Um 13.45 fährt der Zug, bis dann kannst du deine Koffer packen. Dann bringe ich dich an den Bahnhof." Thea merkt, dass es da nicht mehr viel zu sagen und zu entgegnen gibt. Widerwillig zwar geht sie in ihr Zimmer und packt sich ihre Reisetasche. Susi bringt ihre Schwester an den Bahnhof. Wieder im Haus zurück, lässt sie sich aufs Sofa fallen und denkt: „So, jetzt habe ich eine sturmfreie Bude." Susi versorgt schnell die noch stehengebliebenen Putzsachen.

Berater: „Maria und Martha kamen mir in den Sinn, wie auch das Dornröschen, welches Monate oder sogar Jahre geschlafen hat."
Frau Blumer fragt sich, ob Thea schlecht wegkommt als Putzfrau. „Wird sie ein wenig ungerecht behandelt? Kam es schwarz-weiss raus? Ist Thea die Martha, und Susi die Maria, welche schläft, festet, Leute einlädt, nicht weiter putzen will..."

Der Berater lädt Frau Blumer ein, ihre Gedanken wandern zu lassen zum Thema, was Susi alles machen könnte.

Frau Blumer: „Ein Fest könnte ich mir vorstellen, Leute einladen. Die Woche ist aber bald vorbei. Thea kommt zurück, dann werden sie zusammen auskommen müssen."

Berater: „Dann kommt es zur Konfrontation. Susi hat Thea richtig zum Haus rausgeworfen!?"

Frau Blumer: „Ja. Doch Thea ist fast froh, dass sie weg muss. Jemand erlöst sie, sie hat so gekrampft. Der Garten müsste auch noch umgestochen werden. Es hat ein Machtwort gebraucht. Susi ist jetzt ausgeruht. Sie kennt ihre Schwester." Die Rede kommt auf Susi vor dem grossen Schlaf.

Frau Blumer: „Susi kam nicht gegen Thea an. So kam es zur Flucht in den Schlaf, auch um Kräfte zu tanken. Thea soll eine andere Seite entdecken. Susi will Raum für sich. Zuerst war Thea Alleinherrscherin, jetzt ist es Susi. Wie jedoch funktioniert ein 'geregeltes Zusammenleben'? Beide brauchen Platz." Frau Blumer fällt auf: „Es ist keine weitere Person dabei" — der Berater wirft ein: „wie z.B. bei Maria und Martha: Jesus". Frau Blumer: „Thea hat eine ernsthafte Arbeit zum Inhalt, die Arbeit der Susi jedoch ist unbekannt. Thea meint die ‚verknorzte' theologische Seite. Susi fordert Raum. Wie sie jedoch diesen Raum nutzt, ist noch fraglich. Was macht sie mit der Woche? Was kommt nachher?" Und später:

„Es sind zwei Seelen in meiner Brust: Was wünscht sich Thea? Was ist der Sinn dieses 'Kuraufenthaltes'? Dass Susi selber auch das Leben geniessen kann, ohne ständig Thea um sich zu haben. Sie wünscht sich, dass Thea auch eine andere Seite leben kann. Dass Thea merkt, dass es nicht nur Putzen und Krampfen gibt. *Nur* selbstlos ist sie nicht, Susi. Sie will nicht nur das Gute für Thea, sie will es auch für sich. Sie hat vorher schon Erfahrungen gemacht, dass es nicht immer so einfach war. Es geht auch um Susi selber, sie muss einfach einmal Platz haben. Selber entscheiden, was sie machen will... Nicht immer absprechen... Doch wie weit ist Absprechen möglich, wenn Thea bestimmt? Sie hatten viel früher zwar gute Zeiten zusammen. Doch nachher gewann Thea die Überhand, deshalb ging Susi schlafen."

Frau Blumer entscheidet sich: „Ich bin auf der Suche nach dem Gleichgewicht von Maria und Martha in mir. Ich muss nicht immer 'sauber' theologisch argumentieren. 'Putzen' gilt nicht als Selbstzweck, sondern als Mittel zum Zweck."

Folgende Hausaufgaben gibt das Beratungsteam Frau Blumer mit: „Schreiben Sie einen Text zum Thema ‚Wie Thea im Tessin Gott entdeckte...'! Entwerfen Sie eine ‚Hausordnung' für Susi und Thea! Schreiben Sie einen Brief an Susi (Brief an die kreative Seite in Ihnen): ‚Liebe Susi! ...' — oder einen Brief, eine Botschaft von Susi an Sie! Susi wirkt zwar sehr fröhlich, aber vielleicht hat sie auch andere Seiten."

Die Beraterin liest Frau Blumer zum Schluss ein „Gleichnis" vor, das während des Zuhörens entstanden ist:

Das Himmelreich für Frau Blumer ist gleich der Schwesterlichkeit zwischen Susi und Thea. Susi und Thea: Ungetrennt und doch unvermengt. Die beiden achten einander. Jede hört der anderen zu, schätzt ihre Fähigkeiten. Keine dominiert — und keine wird in Gettos verbannt. Susi gehört nicht nur in Küche, Alltag, Ferien — sondern mitten in die Theologie, in Fragen nach Gott. Thea gehört nicht nur in die Theologie, sondern mitten in Küche, Alltag, Ferien.

Susi und Thea, verbündete Schwestern, die nicht destruktiv rivalisieren, sondern in anspornendem Wettstreit gegenseitig das Beste herausholen.

Das Himmelreich wird, wenn Frau Blumer diese beiden Schwestern in sich liebt, sie achtet und beiden vertraut. Und wenn sie weiss, dass Susi der Sauerteig ist, der alles durchgärt und neu werden lässt. Und Thea das Mehl, das dazu gegeben wird und das sich durchgären lässt. Und sie selbst ist die Hausfrau, die Brot bäckt (vgl. Mt. 13,33).

Oder das Himmelreich wird, wenn Susi das Senfkorn ist, das Frau Blumer auf ihren Acker — Thea — sät. Und aus diesem kleinsten aller Samen wird ein riesiger Baum, den man zunächst noch verachten könnte. Doch Vögel des Himmels werden kommen und auf seinen Zweigen wohnen. Und Frau Blumer pflegt den Baum, wässert ihn und freut sich an Gott und den Vögeln (vgl. Mt. 13,32).

Beobachtungen
Trotz ihrer Vorbehalte gegen Kreativität, die auch am Anfang dieser Stunde wieder spürbar werden, wird Frau Blumer erneut kreativ tätig. Sie schreibt eine Kurzgeschichte. In diesem kreativen Produkt fällt der geheimnisvolle Schlaf von Susi auf. Symbolisiert er die Narkotisierung einer ursprünglichen und urtümlichen Kreativkraft in Frau Blumer? Oder ist er — wie die Aussage von Frau Blumer andeutet — eine gesunde Reaktionsweise des Kraftholens, der Regression im Dienste des Ichs? Dank des Erwachens von Susi gelingt die Wiedereroberung von Raum und Themen. Es zeigt sich, dass auch die Aufgabenteilung (Susi ist zuständig für Entspannung und Erholung, Thea für die ernsthafte Theologie) durcheinander gerät. Wenn beide Interpretationsweisen des geheimnisvollen Schlafes ihre Richtigkeit haben, lässt sich der folgende religiös-lebensgeschichtliche Prozess vermuten: Im Rahmen der Stärkung der kritischen Vernunft und der historischen Distanzierung, die ein Theologiestudium abfordert, erweist sich auch die Stärkung der schöpferisch-gefühlsmässigen Potenz in Frau Blumer — gleichsam als Gegengewicht — als unabdingbar. Diese Seite ahnt dies und begibt sich in einen Heilschlaf, welcher die dadurch entstehenden Defizite nur umso sichtbarer macht. Dies könnte darauf hinweisen, dass die Verdrängung der kreativen Potenz wie auch der Gefühle bei Frau Blumer lebensgeschichtlich relativ spät erfolgte. Nicht die kreative Gestaltungskraft oder der schöpferische Gefühlsausdruck selber wurden beschädigt, sondern „nur" das Gleichgewicht geriet gefährlich aus den Fugen.
Frau Blumer und später der Berater bringen assoziativ einen Bezug zu einer biblischen Geschichte (Martha und Maria) ein. Eigentümlicherweise kommt in dieser Sequenz die Figur von Jesus nicht ins Spiel. Wir konstatieren vielmehr: Der Fokus — Was bedeutet der Tod Jesu resp. das ‚für uns gestorben'? — gerät ganz aus der Sicht. Der thematische Schwerpunkt verlagert sich von der problemorientierten religiösen Dimension zum lösungsorientierten lebensgeschichtlichen Aspekt. Es kommt gleichsam zu einem „Seitwärtssprung." Uns leitet die Erfahrung, dass ein solch doppelter Ebenenwechsel (vom Problem zur Lösung wie auch von der Lebensgeschichte zum religiösen Thema resp. umgekehrt) oft hilfreich wirkt (vgl. dazu das Schema auf S. 98). Auch hier wird sich zeigen, dass dieser Wechsel viele neue und überraschende Perspektiven in den Blick bringt, die dann auch theologisch fruchtbar werden.
Die Hausaufgaben sollen starre Rollenzuweisungen etwas aufweichen: Nicht Thea ist allein für die ernsthafte Theologie und Susi nur für Spass, Erholung und Kreativität zuständig. Beide sollen sie ihnen Unbekanntes erschliessen. Und beide sollen sie einen neuen Umgang miteinander lernen. Die dritte Aufgabe regt erneut dazu an, dass Frau Blumer eine persönliche Leidenserfahrung zur Sprache bringt. Immer noch halten die Beratenden die Vermutung aufrecht, im Fokus könnten sich auch lebensgeschichtliche Komplikationen verbergen. Es wird sich allerdings im weiteren Verlauf der Beratung zeigen, dass diese Spur so nicht weiter führt. Die Bedeutung des Leidens liegt auf einer anderen als von den Beratenden vermuteten Ebene.

Am Produkt der kreativen Resonanz, das die Beraterin vorliest, fällt Folgendes auf: Das religiöse Symbol „Himmelreich" dient hier unter anderem der Symbolisierung einer synergetischen Beziehung zwischen den beiden Polen. Ebenso fasst das Bild des Sauerteiges resp. Senfkornes genauer in Worte, was der phantasievolle Teil in Frau Blumer zu leisten vermag: Von Susi, von der Fähigkeit zur religiösen Kreativität, stammen die neuen Impulse! Selbstverständlich enthält das Gleichnis der Beraterin keine tiefer dringende Exegese der biblischen Gleichnisse. Doch im seelsorglichen Einfall wird symbolisch darzustellen versucht, wie sich die (individuell zu vollziehende) Versöhnung zwischen der Phantasie und dem Intellekt, die je in eigener Art mit religiösen Fragestellungen befasst sind, in einer Hoffnungs- wie auch Zukunftsgeschichte darstellen könnte. Dies ist aus unserer Sicht auch theologisch ein interessanter Einfall, dessen Brisanz in Bezug auf den religiösen Fokus der Beratung noch sichtbar werden wird (vgl. siebte Stunde.)

10.6. „Weil ich das Leiden bei Jesus weiss, kann ich mich dem Leben zuwenden." Lösungen zeichnen sich ab

Frau Blumer erzählt, wie es ihr ging. „Ich wählte die Aufgabe: 'Wie Thea im Tessin Gott entdeckte und Susi zu Hause Gott entdeckte.' Ich habe nicht alles ausformuliert. Ich habe aber mit einem Text begonnen, danach noch Stichworte aufgeschrieben."

Thea sitzt am Ufer des Lago Maggiore auf einer Bank. Seit gestern logiert sie im Hotel 'Sole' in einem Zimmer mit wunderschöner Aussicht. Gestern hatte sie gar nicht richtig realisiert, wie ihr geschah. Plötzlich sass sie im Zug. Heute macht sie sich schrecklich Vorwürfe, dass sie dies mit sich geschehen liess, sie ist auch sauer auf ihre Schwester. Thea hat heute morgen auch versucht, Susi telefonisch zu erreichen, es war ständig besetzt. Nun sitzt sie also da und weiss nicht so recht, was sie mit dem Tag anfangen soll. Dabei hätte sie doch so viel zu tun, stattdessen sitzt sie hier untätig herum.

Frau Blumer fährt fort: „Bis hierher habe ich den Text ausformuliert, danach kommen einfach Gedanken. Es wäre schön, wenn sie sich verliebt, das heisst: Sie trifft einen Mann und verliebt sich in ihn, macht Ausflüge mit ihm. Sie verlängert ihren Aufenthalt um eine Woche, teilt Susi mit, dass sie eine Woche später kommt, und sie kauft sich auch ein Notizbuch und beginnt Tagebuch zu schreiben und zeichnet ab und zu ein Skizze der Landschaft. Sie erlebt da unten offenbar eine schöne Zeit.
Susi daheim freut sich, sie hat das ganze Haus für sich. Sie lädt Freunde ein, geht manchmal auch ins Kino. Als sie vor ihrem Büchergestell steht, um sich etwas zum Lesen zu nehmen, fällt ihr die Bibel auf, die verstaubt im Regal steht. Sie denkt: 'Ja, die hat bei mir auch schon bessere Zeiten erlebt, aber neben Thea ist sie mir völlig verleidet.' Sie nimmt die Bibel aus dem Regal und blättert darin. Danach habe ich mir überlegt, dass sie einen ersten Kontakt zur Bibel aufnimmt, dazu eine Zeichnung macht, jedenfalls hat sie einen Kontakt aufgenommen.
Diese zwei sind also immer noch nicht zusammen. Also das mit der Hausordnung, das hätte ich auch spannend gefunden. Zuerst habe ich mir überlegt, ob ich noch weiter mit diesen beiden Figuren arbeiten will, weil beim ersten Mal kam es mir vor, dass ich mich mit ihnen verliere, aber jetzt habe ich Freude daran, es ist noch ein wenig spielerisch. Doch es ist schon auch die Frage, was dies alles mit der Anfangsfrage zu tun hat: Was bedeutet der Tod Jesu für mich? Ich habe dazu eine Formulie-

rung versucht. Sie ist überhaupt nicht fundiert: 'Jesus ist einen sinnlosen Tod gestorben. Gerade darum leidet Gott mit an den sinnlosen Toden dieser Welt. Er solidarisiert sich mit dem sinnlosen Leiden auf dieser Welt. Weil ich das Leiden bei Jesus und bei Gott weiss, kann ich mich dem Leben zuwenden.' Das wäre nun ein Versuch einer Deutung. Das war ohne ‚Chnorz' (Krämpfe) geschrieben. Ich habe mir auch überlegt, ob ich ein Bild dazu malen soll. Doch es fehlte mir an Zeit und Material."

Beraterin: „Wie sähe das Bild aus?"

Frau Blumer: „Keine Ahnung. Ich überlegte mir: Eigentlich wäre es schön gewesen, einmal eine andere kreative Aufgabe zu erhalten."

Beraterin: „Haben wir Ihnen immer nur schriftliche Aufgaben gegeben? Nie malen?"

Frau Blumer: „Nie kam malen vor! Ich male nicht sehr viel. Vielleicht hätte ich diese Aufgabe nicht gewählt. Doch es fiel mir auf, dass es viele schriftliche Aufgaben gab."

Beraterin: „Susi würde gerne malen, nicht?"

Frau Blumer: „Ich dachte mir nur: Bei der Kreativität gibt es doch noch anderes als Schreiben. Zeichnen kam mir in den Sinn."

Das Beratungsteam nimmt diesen deutlichen Hinweis von Frau Blumer auf. Als Auswertungsaufgabe zum ganzen Beratungsprozess gibt es ihr folgende Anregungen mit: „Gehen Sie die sechs Stunden durch (evtl. den Aufgaben und entstandenen Texten, der eigenen Erinnerung und den Notizen entlang). Malen Sie auf sechs Blättern Farben und Formen zu diesen sechs Stunden. Schreiben Sie darauf sechs kleine Texte, zu jeder Stunde einen! Oder: Malen Sie einen Schöpfungsbericht! Spielen Sie einfach mit den Formen und Farben, setzen Sie sich nicht unter Stress. Vielleicht mögen Sie auch zwei Bilder, eines zur ersten bis dritten Stunde, und eines zur vierten bis sechsten Stunde malen?"

Beobachtungen

Die sechste Stunde liefert weiterführende schöpferische Produkte und damit Lösungen für beide Themenbereiche: Der Versuch einer theologischen Formulierung zur Bedeutung des Todes Jesu erfolgt „ohne Chnorz". Frau Blumer gelingt es, für sie wichtige theologische Aussagen auf befriedigende Weise auszuformulieren, ohne blockierendem Druck ausgeliefert zu sein. Die Geschichte von Susi und Thea spinnt sich weiter. Es ist interessant, wie Frau Blumer nicht nur Thea in die Ferien schickt, sondern sich selbst vom Druck befreit, eine ausgefeilte Geschichte in die Stunde mitzubringen und sich mit der Skizze des Beginns einer neuen Episode und einigen Stichworten begnügt — und damit Thea in sich eine Rast gönnt.

Erstmals kommt zudem leise Kritik am Beratungsteam auf. Man könnte sagen: Nachdem sich die Klientin eine Hermeneutik des Verdachtes und der kreativen Aktualisierung gegenüber biblischen Traditionen erlaubt hat, wagt sie Verdacht gegenüber uns: Das Team hat ihr bisher nur schriftliche Hausaufgaben gegeben, das findet Frau Blumer — wohl zu Recht — einseitig. Es wird sich zeigen, wie sich dieser kritische Einwand auswirkt. Aus der Sicht der Übertragung und Gegenübertragung könnte man sagen: Die Autorität der Überväter resp. -mütter (vgl. Anfang) wird abgebaut. Frau Blumer versucht, mit ihrer kritischen Anfrage eine Ebenbürtigkeit herzustellen, welche das Team nur zu gerne zulässt. Denn damit werden auch die Beratenden vom Druck, Antworten zu liefern, befreit. Frau Blumer ist nun selbst herausgefordert, Antworten zu finden und entsprechende Kompetenzen zu entwikkeln. Aus beraterischer Sicht ist dieser Effekt sehr begrüssenswert. Frau Blumer scheint sich so innerlich auf den Abschluss der Beratung einzustellen.

10.7. „Ich kann mir gut vorstellen, dass der Malkasten draussen bleibt." Das Dritte erscheint und führt weiter

Frau Blumer bringt in die letzte Sitzung, die — wie dies in unserem Modell vorgesehen ist — nach einer Pause von einigen Wochen als Dreiergespräch durchgeführt wird, drei Bilder mit und erzählt: „Seit langem zum ersten Mal habe ich meinen Malkasten aus einer Kiste herausgenommen. Es hat mir gefallen, das Malen war sehr meditativ. Ich dachte zuerst, es gibt zwei Bilder. Es gab ja zwei 'Blöcke' bei mir, zuerst mit der Frage des Tods von Jesus, und danach die zwei Seiten von mir. Dann gefiel es mir jedoch so sehr, zu malen, dass ein drittes Bild entstand. Wie es zuzuordnen ist, habe ich mir nicht überlegt."

Berater: „Das dritte Bild ist quasi aus der Erfahrung der ersten beiden 'herausgesprungen'?"

Frau Blumer: „Das Malen gefiel mir so, und der Malkasten war da. Sechs Bilder waren mir doch zu viel. Ich ging mit dem Vorsatz zum Tisch, zwei zu malen, und dann kam es zu einem Dritten. Die beiden Bilder stehen für das Markante der Gespräche. Das Erste nimmt das Thema 'Tod Jesu' auf. Das Zweite steht für die beiden Seiten in mir."

Beraterin: „Das Zweite ist sehr frühlingshaft."

Frau Blumer: „Ich habe bei beiden mit denselben Farben gemalt. Schwarz konnte ich mir nicht vorstellen. Eindrücklich war: Sterben und Tod würde ich sonst doch mit Schwarz verbinden. Doch auf diesem Bild ist es nicht so. Da habe ich in der Mitte begonnen mit dem Gelb, dann gab es immer mehr Kreise."

Beraterin: „Am Anfang haben wir so intensiv mit theologischen Fragen gekämpft. Es hat sehr viel Lichtes, Luftiges, Wässriges in den Bildern, nichts von Kampf."

Frau Blumer: „Es war sehr schön, das Blau zu malen. Dieses Bild habe ich zuerst gemalt und an die ersten drei Sitzungen gedacht. Aber ich habe sehr unbelastet gemalt, was mir gefallen hat."

Frau Blumer beschreibt im Folgenden ihre Bilder, die sie am Boden vor sich ausgebreitet hat: „Ich war in einem Tunnel drin, und sehe von weitem das Loch, den Ausgang. Ich sah nicht so weit. Ich wurde angetrieben vom Wunsch nach Antwort und Klärung. Hier ringen die beiden Seiten miteinander, sie erschüttern sich gegenseitig."

Berater: „Für mich als Betrachter wirkt es nicht als Ringen, sondern als neue harmonische Einheit, welche fliesst. Es kommt wie zu einem weiteren Schritt durch das Malen: die beiden Farben befruchten einander. Es passiert etwas: Bewegung, Wind, Sturm."

Frau Blumer: „Wind, es ist viel Luft drin! Es brodelt. Und das dritte Bild ist wie ein Tor. Ich weiss noch nicht wohin. Es ist wie ein Regenbogen dahinter."

Beraterin: „Man könnte durchs Tor hindurchgehen?"

Frau Blumer: „Zuerst war da die Linie, der Bogen. Zuerst brauchte es ja überhaupt Überwindung, zu malen. Ich verwünschte mich innerlich: 'Was habe ich mir da wieder aufgebrummt!' Doch als alles da war und ich anfangen konnte, hatte ich sehr Freude."

Beraterin (zum zweiten Bild): „Es scheint mir, wie wenn die Farben (rot-blau) schon vorher vorkommen, aber irgendwie gebändigter. Eindrücklich: Sie kommen nicht einfach von selbst zu diesem Gelb hier, indem Sie den Tunnel spurlos hinter sich lassen. Der Tunnel selbst verwandelt sich vielleicht auch."

Frau Blumer: „Dies fiel mir nicht auf. Doch es stimmt."

Beraterin: „Es kommen (in allen drei Bildern) die gleichen Farben vor. Sehe ich es richtig, dass dies (deutet auf das dritte Bild) nur ein kleiner Ausschnitt vom Tor ist?"

Frau Blumer: „Ja, links geht es noch weiter."

Berater: „Es ist eindrücklich, wie Sie mit dem Malen dieser Bilder einen weiteren Schritt gemacht haben, gegen viele Widerstände."

Frau Blumer: „Ich kann mir gut vorstellen, dass der Malkasten draussen bleibt!"

Berater: „Dass Farben zu Ihnen gehören!"

Beraterin: „Es ist auch schön, dass es Ihnen Spass gemacht hat. So ist es möglich, weiterzukommen."

Frau Blumer: „Es war, wie wenn ich mit den Farben spielte. Es hat mich befreit. Sie sagten: Mit den Farben spielen. Gegenständlich zu malen hätte mich unter Druck gesetzt. Wenn man ein Bild malen muss, bei dem es stimmen muss, mit Perspektive etc."

Beraterin: „Es ist, wie Stimmungen umzusetzen in Farben und Formen. Man könnte anhand dieser Bilder eine ganze Geschichte erzählen. Am Anfang der Tunnel, dann der Freiraum, das Tor, die Farbe Gelb. Zum letzten Bild ist mir eine Geschichte von Michael Ende in Sinn gekommen: Bastian aus der unendlichen Geschichte kommt zum 'Ohne-Schlüssel-Tor'. Nur wenn er hinein geht, geht es von selber auf. Er geht zunächst um das Tor herum. Es sieht von der anderen Seite genau gleich aus. Etwas Neues kommt erst, wenn er hindurchgeht. Sonst steht einfach ein Tor in der Landschaft, um das man herumgehen kann."

Frau Blumer: „Diese Geschichte ist schön. Sie zeigt: Man muss den Schritt wagen."

Stille.

Berater: „Ich hatte vorher das Gefühl: Sie stehen vor dem Tor, finden es schön, es ist aber noch nicht ganz klar, wohin es führt."

Frau Blumer: „Ich habe mir nicht überlegt, wo genau ich beim Tor stehe. Es fasziniert mich schon von der unendlichen Geschichte, dass man zuerst den Schritt machen muss, und dass man sich nicht vorher absichern kann. Es war nur schon ein Schritt für mich, das Malzeug herauszunehmen."

Beraterin: „Es gibt ja auch so viele *kleine* Törchen. So oft sagen wir uns: Das kann ich nicht, ich will zuerst wissen, was es bringt. Was bringt das, hat das einen Sinn?"

Frau Blumer: „Ich hatte auch das Gefühl einer gewissen Verantwortung, indem ich kritisierte, dass ich nur Aufgaben zum Schreiben bekam. So dachte ich: Jetzt *muss* ich aber malen, sonst bin ich nicht glaubwürdig."

Berater: „Sie selber hatten ein Gespür dafür: Worte sind gut und wichtig, doch Farben könnten noch mehr ausdrücken."

Frau Blumer: „Genau. Und danach, nach dem Schöpferischen, suche ich auch. Ich habe Freude daran."

Beraterin: „Wenn ich an die ersten drei Sitzungen zurückdenke, an die theologischen Fragen: 'Für uns/mich gestorben' — wie haben sich diese verwandelt! Gab es Antworten? Meine Vorstellung ist, dass in den Bildern selbst ein Stückchen einer Antwort verborgen ist."

Frau Blumer: „Die Bilder erscheinen mir sehr licht. Dass ich im Licht suchen muss, und mich nicht nur verbohrt in den Fragen verknorze... Die Bilder habe ich einfach kommen lassen, habe nicht viel nachgedacht, geschweige denn nachgelesen. Es ist wahrscheinlich schon so, dass ich mehr im Lichten suchen bzw. die Antworten kommen lassen darf."

Beraterin: „Sie können sie sich vielleicht auch schenken lassen. Und Sie dürfen mehr das Spielerische ausleben. Eine erstaunliche Antwort auf einen schweren theologischen Satz 'für uns gestorben'!"

Frau Blumer: „Wobei diese Phase des wirklich Wissenwollens und theologischen Nachforschens schon auch gut ist!"

Berater: „Dies ist ja auch eine der Seiten von Ihnen."

Beraterin: „Doch sie kann ergänzt und befruchtet werden durch das Leichte, Spielerische, Kommenlassen, das Tänzerische."

Frau Blumer: „Genau."

Lange Stille.

Berater: „Es ist Ihnen auch wichtig, die Seite des genauen Wissens und Nachforschens nicht zu verlieren!"

Frau Blumer: „Aber einfach dass es mehr im Gleichgewicht ist. Irgendwie habe ich darunter gelitten, mich verbohrt zu haben. Das spüre ich auch, wenn ich ein theologisches Buch lese, z.B. im Moment eine Theologie des Alten Testaments. Ich beobachte mich: 'Ui, jetzt solltest du gescheiter das Buch weglegen. Jetzt bist du verbohrt darin.' Und ich bin am Suchen, wie ich mit solchen Wahrnehmungen umgehen kann — vielleicht einen Pinsel hervornehmen und malen, was ich gelesen habe? Jedenfalls ist es ein Ziel für mich, die Momente zu merken, wo ich darunter leide, mich zu fest hinein zu verbeissen. Auch die Gruppengespräche (mit anderen Theologiestudierenden, Anmerkung der Beratenden) sind für mich sehr schöpferisch: Miteinander die Fragen zu formulieren suchen... Dies hat für mich auch einen schöpferischen Anteil."

Berater: „Dies würde wohl ins 'Schwarze' führen. Zu mehr Gleichgewicht, Auseinandersetzung und Begegnung."

Beraterin: „Hilfreich ist wohl auch das Verstehen mit anderen Medien. Bis jetzt habe ich so verstanden — und nun versuche ich es anders. So wie bei dieser Tür am Schluss. Eventuell verstehe ich etwas nicht, das macht auch nichts."

Frau Blumer: „Genau. Ich habe den Anspruch, dass ich alles verstehen muss — da verstehe ich am Schluss gerade nichts mehr!"

Berater: „In den ersten Stunden war die Frage nach dem Tod von Jesus gekoppelt mit dem Satz: Metaphorisch will ich das nicht verstehen. Die Bildebene galt als Ausflucht. Trotzdem blieben Sie in den Fragen stecken. Nun kam etwas Neues dazu. Nicht einfach etwas Metaphorisches."

Frau Blumer: „Das aber auch. Es entlastete mich, dass man die Bibel metaphorisch auslegen darf."

Beraterin: „Mir kamen beim Anschauen der Bilder die Stichworte 'Auferstehung — Licht — durch den Tunnel hindurch — Gelb in der Mitte — vor der Tür stehen — Verwandlungen des Lebens'. Passiert dies nicht immer wieder: Wir mögen nicht mehr weitermachen — und dann erleben wir die befreiende Erfahrung: Er ist für mich gestorben. Ich muss nicht den schmerzhaften Tod wiederholen, sondern darf die Verwandlung zulassen und annehmen, dass ein anderer es für mich macht. Aufopferung muss nicht sein."

Frau Blumer: „Es ist schwierig, jeweils einen Ausgleich zu finden. Haben Sie mir Rezepte?"

Beraterin: „Auf sich selber hören, so wie Sie es vorhin skizzierten. Spüren: 'Oh, jetzt komme ich zu kurz.' Sowohl Susi wie Thea können darauf hinweisen. Sie bleiben wohl wichtige Figuren in Ihnen."

Frau Blumer: „Ich habe noch nicht das Gefühl, dass ich ausgeglichen bin. Jedenfalls weiss ich jetzt, dass es solche Signale gibt in mir, auf die ich hören muss. Wenn etwas in mir zu kurz kommt, muss ich es wahrnehmen. Beim Lernen auf Prüfungen ist es am schwierigsten, einen Ausgleich herzustellen."

Berater: „Vielleicht können wir Vorschau halten für die Zeit, in denen es keine Beratung gibt. Können wir 'Erlaubnissätze' finden? Die schöpferische Seite in Ihnen stärken? Was würde gut tun, was führt weiter?"

Beraterin: „Sie könnten sich ja auch ein Versprechen abgeben: 'Susi, ich möchte auf dich hören. Ich erfülle dir nicht jeden Furz, doch ich höre.'"

Berater: „Sie haben sich ja auch bei uns eine Verpflichtung gegeben: Ich möchte malen. Gibt es noch weitere solche hilfreichen Verpflichtungen? Sie könnten sich selber auch mit Hilfe der beiden Frauen Susi und Thea überlisten. Weiterhin einen Dialog führen, weiterfahren mit Texten, welche entstanden sind."

Frau Blumer: „So etwas habe ich mir auch schon vorgestellt. Ich will diese Teile auch mehr einbringen. Dass dies geht — diese Erfahrung habe ich nun gemacht."

Beobachtungen

Der schöpferische Gestaltungsprozess, den Frau Blumer in dieser Sitzung schildert, ist aufschlussreich. Frau Blumer plant anfänglich, zwei Bilder zu den unterschiedlichen Bedeutungslandschaften entsprechend der unterschiedlichen Phasen der Beratung zu gestalten: Zur Bedeutungslandschaft „Für uns gestorben" und zur Bedeutungslandschaft „Susi und Thea". Sie beschliesst, dazu nicht konkrete Bilder zu malen, sondern ausschliesslich Farben und Formen zu wählen (der Hinweis auf diese Möglichkeit befreit von kreativem Leistungsdruck). Wie von selbst entsteht der Impuls, ein drittes Bild zu malen. In diesem „dritten Bild" — so wird sich zeigen — manifestieren sich weiterführende theologische und lebensgeschichtliche Impulse. Das Dritte (vgl. Schibler 1999) erscheint quasi in ihm, führt weiter, verwandelt. Dieser Prozess wiederholt sich auf der Ebene des kreativen Prozesses: Alle drei Bilder entstehen ebenfalls spielerisch, fast von selbst, ohne Krampf.

Bedeutsam ist dabei aus theologischer Sicht: Das Bild zeigt ein Tor mit einem Regenbogen, ein Tor in die Freiheit. Man/frau muss jedoch einen Schritt machen, um hindurchzugehen, regt die Beraterin an. Der (erste) konkrete Schritt, den Frau Blumer vollziehen musste, war, ihre Malutensilien aus der „Versenkung" hervorzunehmen (und sich damit gleichsam wieder neu an ihre schöpferische Ausdruckskraft anzuschliessen). Dank dieses intermedialen Wechsels erfolgt für Frau Blumer ein Verstehen mit anderen Medien. Frau Blumer entdeckt dadurch eine „Sprache" wieder, die ihr früher wohl bekannt war und mit der sich — in Ergänzung zur diskursiven theologischen Sprache — Wichtiges ausdrücken lässt. Frau Blumer gewinnt damit auch eine (malerische) Weise des Zugangs zu Gott und zu wesentlichen religiösen Aussagen wieder.

Der Einsatz des Malens ermöglicht Frau Blumer jedoch nicht nur, ihr unaussprechliche Dimensionen der Gotteserfahrung in Bilder auszudrücken. Die Bilder selber haben wiederum eine (religiöse) Botschaft, welche in dieser Stunde ebenfalls erkundet wird. Die „ernsthafte" theologische Suche muss ergänzt und befruchtet werden durch das Leichte, Spielerische, Tänzerische, damit sie sich nicht verbohrt und es ihr gelingt, schöpferisch zu bleiben. Sonst erstarrt sie, wird und bleibt Gefängnis. Aktuelle Defizite in Frau Blumer dürfen gespürt werden. Sie ist nicht mehr wie bisher dazu verdammt, sich zu narkotisieren und ihre schöpferische Seite in Schlaf zu versetzen.

Auch Gruppengespräche erlebt Frau Blumer nun schöpferisch. Wie selbstverständlich spricht sie hier vom ersten Fokus, der als Schwerpunkt der Beratung zur Debatte stand. Dürfen wir dies so verstehen, dass sich auf indirekte Weise auch hier eine neue Kompetenz entwickelt hat: Da sie entlastet und phantasievoll ihren eigenen theologischen Weg suchen darf, kann sie auch die Herausforderung anderer Standpunkte als kreative Bereicherung erfahren?

Auch die hart errungene Erlaubnis des metaphorischen Verständnisses der Bibel und die Möglichkeit neuer, schöpferischer Zugänge schenkt Entlastung. Die Beraterin versucht mit Frau Blumer gemeinsam zum Abschluss der Beratung eine Formulierung des theologischen Gehalts der schöpferischen Verwandlung: „Mir kamen beim Anschauen der Bilder die Stichworte: Auferstehung — Licht — durch den Tunnel hindurch! Gelb — in der Mitte vor der Tür stehen — Verwandlungen des Lebens. Dies geschieht immer wieder... Ich muss nicht den grausamen Tod wiederholen, sondern kann die Verwandlungen zulassen, und darf annehmen, dass ein anderer 'es macht'. Aufopferung muss nicht sein." Indirekt gemeint ist damit auch: Die Aufopferung der schöpferischen Seite in Frau Blumer muss, ja darf nicht sein.

Frau Blumer fragt deshalb auch nach: „Es ist schwierig, den Ausgleich zu finden. Haben Sie dazu Rezepte?" Das Team muss nun keine neuen Ideen produzieren, sondern vergegenwärtigt in der Folge Strategien, welche Frau Blumer im Lauf der Beratung mehrmals erfolgreich verwendete (Selbstbeobachtung, die Erlaubnis, Stagnation und Narkotisierung der schöpferischen Seite wahrzunehmen, Rückbesinnung auf die Figuren Thea und Susi.) Und es ermuntert Frau Blumer zum Versprechen an den schöpferischen Teil in sich, auf ihn fortan besser zu hören. Mit diesen Perspektiven, wie eine Vernachlässigung des schöpferischen Potenzials in Frau Blumer vermieden werden kann, endet die Beratung.

10.8. Der Beratungsprozess als Ganzes

Blicken wir zuerst nochmals unter psychologischen Vorzeichen auf den Beratungsprozess zurück, bevor wir die theologische Frage, von der wir ausgegangen sind, wieder aufgreifen! Welche Eigenarten dieser Beratungssequenz sind unter den vier Gesichtspunkten, die uns leiten, hervorzuheben? Wir fassen einige Beobachtungen zusammen.

Bemerkungen aus kunsttherapeutischer Sicht
Was treibt den Beratungsprozess weiter, was lässt ihn stocken? Auffallend ist die bereits erwähnte Zweiteilung des Beratungsprozesses: In der ersten bis dritten Sitzung kommen theologische Fragen zur Sprache. Es ergeben sich (fast) keine Antworten, die Auseinandersetzung erschöpft sich zusehends. Etwas bis ins Letzte weiterzudenken (zweite Stunde) führt die Ausweglosigkeit einer gewissen Fragestellung und Lösungsstrategie vor Augen. Systemisch gesprochen: Im System selber zu bleiben, es nach dem Prinzip „mehr desselben" konsequent weiterzuführen, bis es sich selber erledigt, bzw. ad absurdum führt, ist ein wichtiger Schritt. Auch hier scheint also das Prinzip wirksam, Wirklichkeit durch die Verschreibung von „mehr Wirklichkeit" aufzubrechen.

Durch die Herausforderung der kreativen Hausaufgabe ergibt sich ein Fokuswechsel. Der kreative Zugang befreit, unerwartete „Antworten" tauchen auf. Der kreative Umgang mit der Bibel (in der Hausaufgabe: mit der Passionsgeschichte) bedeutet für Frau Blumer zunächst einmal, sich eigene Gedanken zu erlauben. Diese führen zu einer Klärung: Es *gibt* nicht beweinte Tode, sinnlose Kreuzigungen ohne Auferstehungen. Das Geheimnis der christlichen Botschaft beruht unter anderem darauf, dass sie auf Veränderung, ja Befreiung und „Sieg" beruht. Es werden jedoch auch Grenzen spürbar. Ängste vor der Phantasie kommen auf: Der Pfarrer (bzw. ich als angehende Pfarrerin) muss doch die Antworten wissen.

Der intermediale Wechsel des Mediums (vom Schreiben zum Malen) bringt aus kunsttherapeutischer Sicht die neuen Antworten. Das ist ungewöhnlich und im theologischen Zusammenhang bedeutsam: Auch den nichtverbalen Medien sind offenbar (sogar besondere!) Antwortpotenziale zuzutrauen (siebte Stunde). Sie sind nicht nur Mittel zum Zweck, zur Entspannung, Vorbereitung von Leistung oder Zerstreuung.

Auf die Frage, wo Leiden resp. Tod im eigenen Leben spürbar werden, bleibt Frau Blumer stumm. Erst im kreativen Tun erweist sich, dass es die schöpferische Seite ist, die in einen magischen Schlaf versetzt wurde. Dadurch fehlt Frau Blumer in der Gegenwart ein wichtiger Ausgleich und Austausch. Sie ist einem theologischen „Krampf" gnadenlos ausgeliefert. Vermutlich ist dies auch ein „Tod", der angesichts der spektakulären Tode und Unrechtssituationen in der Welt jedoch nicht als solcher „wahr" genommen wird: der Verlust der schöpferischen Seite. Für eine lebendige Religiosität hat dies besonders gravierende Auswirkungen.

Entscheidende weiterführende Impulse gehen in den Geschichten über Thea und Susi von der Figur der Susi aus. Kreativität bekommt dadurch (vgl. auch das Dokument schöpferischer Resonanz) die Qualität des Sauerteiges bzw. des Samenkornes. Das „Reich der Himmel" wird Symbol für den Raum resp. das Reich der schöpferischen Entfaltung, für Wachstum und Geist. Solche Gedanken sind anstössig, ist es doch nicht Gott als Handelnder, sondern der kreativ tätige Mensch, der das Reich der Himmel erschafft. Angelegt sind diese aber bereits in den biblischen Gleichnissen, in denen es auf der Bildebene ebenfalls der Mensch (Senfkorngleichnis) bzw. die Frau (Sauerteig-Gleichnis) ist, welche handelnd tätig wird (und nicht Gott). Aktives, schöpferisches Handeln wird auch in den neutestamentlichen Gleichnissen nicht ausschliesslich Gott zugeordnet, sondern bleibt Verantwortungs- und Gestaltungsraum des Menschen.

Bemerkungen aus psychoanalytischer Sicht

Prozesse auf der Übertragungs- und Gegenübertragungsebene erfahren eine Veränderung. Die Verweigerung der theologischen Autoritätsrolle durch das Beratungsteam ermöglicht wachsendes Zutrauen und befähigt zu eigenen religiösen Antworten. Indem Frau Blumer die Beratenden kritisch hinterfragt, entdeckt sie weitere kreative Ausdrucksmöglichkeiten und -potenziale. Kreativität und ihre Produkte dienen dabei als Übergangsobjekte zur eigenen Selbständigkeit, zur Möblierung, Besetzung, ja Schaffung des intermediären Spiel-Raums der Seele. Kreativität ist damit aus religiöser Sicht nicht eine menschliche Fähigkeit unter anderen, sondern in speziellem Masse diejenige Fähigkeit, welche religiöse Spielräume eröffnet, symbolisch gestaltet, deutet und verwandelt und welche hilft, religiös zu wachsen.

Bemerkungen aus systemischer Sicht

Der systemischen Dimension des Fokus wurde zwar im Falle von Frau Blumer nicht vertieft nachgegangen. Entsprechende Hausaufgaben wurden von ihr „liegen gelassen". Dennoch waren systemische Potenziale implizit wirksam. Erkennbar ist das am Fokus: „Jesus, für mich gestorben?" Dieser könnte unter anderem einen Geschwisterkonflikt ansprechen. So glaubt die Schwester, die sich nach wie vor einer als eng empfundenen Gläubigkeit und Gemeinschaft verbunden fühlt. In einem solchen Falle sind die Mittel der Externalisierung, Distanzierung und Verabschiedung — wie im Eingangsbeispiel gezeigt (vgl. S. 24ff.) — seelsorglich nicht angezeigt, denn es müssten fundamentale familiäre Banden aufgesprengt oder gar gewaltsam abgebrochen werden. Eine Schwester *bleibt* eine Schwester, frau kann sich systemisch von ihr nicht verabschieden. Und doch droht durch das kritische Denken, das sich Frau Blumer aneignet, ein solcher Bruch. Gerade die kritische denkerische Erhellung dieses Zusammenhangs ist deshalb für sie ambivalent.

Als Vorgehen wählt das Beratungsteam in diesem Fall die Exploration der Vision einer neuen Schwesterlichkeit zunächst in Frau Blumer (vgl. Produkt schöpferischer Resonanz: „Das Himmelreich für Frau Blumer ist gleich der Schwesterlichkeit..."). Dabei ist wohl für Frau Blumer die Möglichkeit, diese Schwesternschaft auch mit der realen Schwester zu erleben, eher Zukunftsmusik. Doch vielleicht wird diese „Melodie der Schwesterlichkeit" dennoch einmal hörbar. Wenn nämlich die gegeneinander kämpfenden Anteile in Frau Blumer zur Ruhe und Synergie gelangen, könnte damit längerfristig auch ein verstehender und annehmender Umgang mit der eigenen Schwester erleichtert werden.

Bemerkungen aus genderspezifischer Sicht
Im Prozess der Beratung erfahren Seiten von Frau Blumer eine indirekte Stärkung, die sie in ihrem Frausein bestätigen. Dies geschieht auf verschiedenen Ebenen. So enthält das Senfkorn- bzw. Sauerteiggleichnis einen konkreten Bezug zu einer eigenen, bislang vernachlässigten Seite von ihr selbst. Dies stärkt Frau Blumer besonders in ihrem Alltag und in ihrer weiblichen theologischen Kompetenz. Durch diesen individuellen Bezug der biblischen Gleichnisse zu ihrem persönlichen Lebens- und Glaubensproblem gewinnen biblische Texte an Lebensrelevanz. Ein Gewinn liegt auch in der neu gewagten „Hermeneutik des Verdachtes". In der neutestamentlichen Geschichte von Maria und Martha (Ähnlichkeiten zu Susi und Thea sind unübersehbar!) ist die Bezogenheit auf Jesus grundlegend: *Jesus* bringt Befreiung. Auf Jesus als wichtigste Person beziehen sich beide Frauen, Martha und Maria. In den Geschichten zu „Susi und Thea" kommt jedoch Jesus nicht ausdrücklich vor. Es ist die Lebensfreude, eine spielerische, schöpferische Seinsweise, welche Befreiung bringt. Ist dieser Unterschied ein Defizit oder eher eine Ressource? Die christologische Fragestellung verliert im Lauf der Beratung durch die Fokusveränderung an Wichtigkeit, doch nicht für immer. Sie wird in der Auswertungssitzung wieder aufgenommen. Nur zeitweise geht sie also vergessen, wird überflüssig, versinkt — auch sie! — in einen schöpferischen Schlaf.
Für die *weibliche* religiöse Identität von Frau Blumer wirkt diese — sicherlich nicht direktiv angeregte — Veränderung hilfreich. Sie beinhaltet, wie die letzte Stunde der Beratung zeigt, keine entgültige Liquidation von christologischen Fragen, jedoch eine (unbewusste) Identifikation von Frau Blumer mit Jesus. Das Beziehungsdreieck „Maria-Martha-Jesus" spiegelt sich innerpsychisch in Frau Blumer. Wenn Susi und Thea wie Maria und Martha Seiten in ihr symbolisieren, dann steht sie selbst, als ganzheitliche Persönlichkeit und Frau, für Jesus. Jesus kommt in Frau Blumers Geschichte nicht vor „ausser in der Identifikation": Frau Blumer *handelt* als Jesus, in erster Linie an sich selber: Sie weiss — bzw. sie lernt es im Laufe der Beratung zu wissen (vgl. letzte Stunde) — wann ihr welche Seite mit Hilfe welcher künstlerischer Medien (vgl. ihr Insistieren auf dem Gebrauch von Malen in Ergänzung des Schreibens) auf ihrer religiösen Suche weiterhilft. In der fünften Stunde bringt Frau Blumer dies explizit zum Ausdruck: „Jemand erlöst Thea. Sie hat so ‚gekrampft'." Thea, so könnten wir sagen, wird vom Krampf erlöst, Susi vom Schlaf.
Frau Blumer handelt jedoch nicht nur an sich selbst wie Jesus, sie betreibt und „geniesst" nun auch „Theologie im Gespräch". Gruppengespräche sind ihr schöpferischer Austausch, bringen neue Ideen und stillen ihr Bedürfnisses nach Gemeinschaft. Diesmal geschieht dies aber nun nicht auf „rauschhafte Weise" (vgl. erste

Stunde), sondern unter Integration der verschiedenen Persönlichkeitsanteile. Denn wohlgemerkt, es sind nicht jene „missionarisch" aufgebauten Gespräche, welche sie in der evangelikalen Gemeinde kennenlernte, sondern es sind suchende Gespräche, ausgehend von offenen Fragen, offen für Lösungen, Zweifel, Fragen, neue Erkenntnisse.

Eine Hermeneutik des Verdachtes wirkt auch in Bezug auf den Bibeltext. Der Text von Frau Blumer korrigiert einen — jedenfalls aus genderbezogener Sicht — problematischen Zug des biblischen Textes von Maria und Martha: Nicht nur Belehrung und klare Rollenverteilung zwischen Martha, Maria und Jesus zählen (Martha dient, Maria lauscht, der göttliche Mann belehrt). Diese Rollen lösen sich auf. Frau Blumer beginnt (in unbewusster Identifikation mit Jesus) zu dienen — und zwar ihrem schöpferischen Teil als Frau. Thea-Martha entkommen Dienerinnenrollen, die sie beschränken, und Susi wird von der selbstunsicheren, in den Schlaf gezauberten Dienstmagd (Kreativität im Dienst von Erholung und Rekreation) zur „Belehrerin" auch in theologischen Belangen und Fragestellungen. Synergien zwischen allen drei Seiten entstehen. Hierarchien werden auch auf dieser Ebene aufgeweicht.

Herausfordernd an der ebenfalls narrativ eingebrachten Geschichte von Michael Ende ist die sie prägende Gleichzeitigkeit von Ziel-losigkeit (Passivität) und Wagnis (Aktivität). Bastian vergisst sein Ziel, und muss dennoch einen ersten Schritt wagen. Die Affinität zum individuellen Prozess von Frau Blumer liegt vermutlich darin, dass auch ihr Ähnliches not tut: Sie muss ihr Ziel aus den Augen verlieren (Antwort auf die Frage finden „für mich gestorben" — Arbeit der ersten Sitzungsperiode) und den Mut aufbringen, die Seinsweise des schöpferischen Spiels zu wagen: sich auf die kreativen Hausaufgaben einzulassen, den Malkasten hervorzukramen etc. Der Verstand ist — im Falle von Frau Blumer — ein Verhinderer, weil und wenn er einseitig genutzt wird. Die religiöse Erkenntnis dämmert auf: Nichts Neues wird mir klar, wenn ich den Weg nicht gehe. Mit dieser Einsicht knüpft Frau Blumer — so hoffen wir jedenfalls — an biographische Erfahrungen und Ressourcen der (evangelikalen) Vergangenheit an. Frau Blumer sind nämlich solche Vorstellungen nicht fremd. Die Betonung von Nachfolge, Glaubensgehorsam und Hingabe gehört zur Verkündigung evangelikaler Gemeinschaften. Doch: Wurden damals solche Aussagen als Zwang und Vereinnahmung empfunden und herrschte Glauben und Gefühlsrausch der Gemeinschaft, können nun auch der kritische Intellekt, das Mittel der historischen Kritik und der kreativen Aktualisierung als erweiterte Möglichkeiten der Gotteserfahrung zum Zuge kommen. Frau Blumer könnte es dadurch gelingen, bis anhin abgewertete Lebensphasen in ihrem problemhaften wie positiven Gehalt zu integrieren.

10.9. Selbstverhältnis, Christusverhältnis und Gemeinschaftsverhältnis

Kehren wir zum Schluss nochmals zur Frage zurück, mit der wir diesen Abschnitt eingeleitet haben! Welche Schlussfolgerungen lassen sich unter theologischen Vorzeichen denn nun aus der Analyse des Beratungsprozesses ziehen? Wir gliedern sie nochmals unter verschiedenen Geschichtspunkten. Leid- und Glückserfahrungen sind gleichermassen relevant für ein erfülltes Leben. In ihnen können sich Gottes- und Christuserfahrungen spiegeln, die zur Dezentrierung des Selbst führen und dieses über sich hinausführen und ihm unerhörte, neue Lebenshorizonte öffnen.

Die Lebensrelevanz von Leid- und Mangelerfahrungen

Nach unserer Erfahrung ist es gerade in religiös-existentieller Beratung angezeigt, Leiderfahrungen, die angesichts fremder wie auch neutestamentlicher Leiden undramatisch, banal und unwichtig erscheinen, genügend Aufmerksamkeit zu widmen (wie in der dritten Stunde gezeigt). Die christliche Botschaft des leidenden Gottessohnes darf nicht zu einer Verdrängung eigener Leiderfahrung führen, denn sonst entwertete das „für uns gestorben" in problematischer Weise eigene Leiderfahrungen und entfaltete ein geheimes Programm des „Du darfst dein Leid nicht fühlen, denn das Leiden Christi ist immer bedeutender als deines". Die Botschaft des „für uns gestorben" verwandelte sich dadurch aus unserer Sicht in ihr Gegenteil. Für uns gestorben ist Christus dann nicht, damit wir Leben in Fülle haben, sondern damit wir uns eigene Lebensimpulse verbieten. Leid kann und darf nicht gegeneinander ausgespielt werden. Abgestumpfte, abgewürgte Lebensimpulse, verbotene, narkotisierte Neugierde und Schöpferkraft, verdrängte, vernachlässigte Träume, Wünsche und Bedürfnisse bewirken Leid und führen zur Not an der Seele, zu Leblosigkeit, Verkrampfung und Einseitigkeit, welche in ihrer lebensblockierenden Kraft nicht unterschätzt werden dürfen. In religiös-existentieller Beratung wollen wir uns nicht mit lebensblockierenden Kräften verbinden. Sie sollte vielmehr anstreben, Lebendigkeit, Lebensfreude und Schöpferkraft in Menschen gerade im Namen Gottes freizulegen und anzuregen.

Die Lebensrelevanz von Glücks- und Erfüllungserfahrungen

Im Laufe dieser Beratung kommen Zukunftsgeschichten als Reich-Gottes-Geschichten zum Zuge. Frau Blumer lernt, selber Verantwortung zu übernehmen für die eigene Theologie wie auch die Nutzung eigener kreativer Talente (durchaus im neutestamentlichen Sinne, wonach „Talente" nicht vergraben werden sollten). Dieser Prozess beinhaltet indirekt eine Stärkung der eigenen weiblichen Identität in Bezug auf religiöse Kompetenzen und die Erlaubnis zur Wahrnehmung eigener Gefühle in Bezug auf einseitiges intellektuelles Theologisieren. Die Stärkung der weiblichen Identität erfolgt unter anderem dank des Produktes schöpferischer Resonanz und durch einen fundamentalen Fokuswechsel, welcher in der Folge noch genauer betrachtet werden soll.

Die Frage, welche Frau Blumer in die Beratung treibt, ist zunächst defizitorientiert (was ganz natürlich ist, fast immer treiben offene Fragen und Defizite Menschen zu genaueren Nachforschungen und persönlicher Neuorientierung). Zur Sprache kommen soll die Frage nach dem Tod, nach Ungerechtigkeit und Unvollkommenheit. Nach einigen Stunden erfolgt ein Wechsel des defizitorientierten Gesprächs hin auf Ressourcen und Lösungen: auf innere Bilder, auf Genussfähigkeit, die Erlaubnis zu leben und zu lieben. Wir sind überzeugt, dass diese Ressourcen- und Lösungsorientierung in Ergänzung zur Ausrichtung auf den Tod, auf Leiden, Unrecht, Sünden und Negatives nicht in Gegensatz zu neutestamentlichen Perspektiven stehen muss. Insbesondere entdeckt Frau Blumer — nach ambivalenten Erfahrungen von Gemeinschaft in der evangelikalen Gemeinde — die Potenz von Gruppen zur religiösen Suche, sie entdeckt die neutestamentliche Weisheit der Verheissung: „Wenn zwei oder drei zusammen sind in meinem Namen, so bin ich mitten unter ihnen" (Mt. 18,20). Jesus bzw. die Frage nach ihm verschwindet bzw. wird irrelevant angesichts der Suche nach dem erfüllten Leben. Sie wird damit jedoch nicht überflüssig. Findet

sie nicht eher einen erweiterten — wenn auch nicht ausschliesslichen — lebensgeschichtlichen Ort? Es ist ebenso wichtig, auf Grund von Lebensfülle, Glück und
sinnlicher Erfahrung von Liebe nach Gott zu fragen wie angesichts von Defiziten und
problembeladenen Erfahrungen. Es wäre höchst sonderbar, wenn Gott nur mit
problemhaften und nicht auch mit glückhaften Erfahrungen in Beziehung gebracht
werden könnte. Die mehrmalige, erfolglose Nachfrage des Beratungsteams nach
eigenen Problemzonen und Leiderfahrungen erfährt eine überraschende Erklärung:
Frau Blumer fragt offensichtlich nicht anhand von Defiziten, sondern anhand von
Glücksmomenten nach Gott. Diese Bewegung ist nicht als Widerstand zu verstehen,
sondern als gesundes Potenzial. Man könnte — in systemischer Begrifflichkeit —
geradezu von einer ressourcenorientierten Suche nach Gott sprechen, die allerdings
Leiden als Erfahrung — wie die Beratung gezeigt hat — nicht ausblendet.

Diese lösungsorientierte Suche nach Gott setzt da ein, wo in der Beratung in und mit
schöpferischen Prozessen und Produkten nach theologischen Antworten gesucht
wird. Dabei zeigt sich nochmals unser Ansatz: Wir trauen den schöpferischen
Produkten und Prozessen — ähnlich wie glückenden Beziehungen und sinnlichen
Lebenserfahrungen — Antwortcharakter zu. Es steht folgende Konzeption eines
synergetischen Verhältnisses von Kreativität und Theologie dahinter:

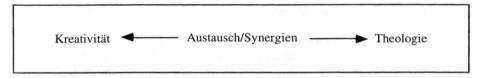

Diese Verhältnisbestimmung lehnt insbesondere eine hierarchische Beziehung
zwischen den beiden Polen Kreativität und Theologie ab, wie sie folgendermassen
gezeichnet werden könnte:

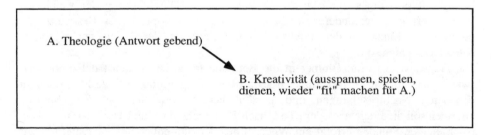

Gott als „Kraft in Beziehung"
Zusätzlich gehen wir davon aus, dass auch im Raum der Beratung „Gott als Kraft in
Beziehungen" wirksam wird. Wie vollzieht sich im „Dreierteam" der Weg von der
Problemorientierung zur Lösungsorientierung? Es ist kein linearer Weg. Die Lösung
ergibt sich nicht logisch resp. linear aus dem Ausgangspunkt. Sie ergibt sich auch
nicht durch reine Zeitdauer. Erst durch einen Blickwechsel, durch einen schöpferischen Sprung *wird* ein Weg.
Das heisst: Es ist zwar gut, ein Problem in seiner Tiefe, in seiner Geschichte und
seinen Auswirkungen in Gegenwart und Zukunft zu kennen. Doch meist genügt dies
nicht. Es gibt keinen Weg vom Ausgangspunkt zur Lösung ohne schöpferischen

Sprung, theologisch gesprochen ohne Vertrauen, Glauben und Nachfolge. Im Text der Klientin schickt Susi Thea in die Ferien (und Thea geht tatsächlich!). Der Text der Beraterin benennt das Besondere der Beratung zusätzlich mit einem religiösen Begriff: Reich Gottes. „Reich Gottes in Aktion" bedeutet im vorliegenden Fall einen fundamentalen Wechsel des Blickpunkts auf das eigene Leben. Durch den Bezug auf die Bibel mit ihren Geschichten und Bildern bleibt dies nicht nur ein individueller Fokuswechsel, sondern erhält einen geschichtlich-gemeinschaftlich-religiösen Bezug. Gott als Kraft in Beziehungen — Gott geschieht in der liebenden Kraft unter Menschen: so lauten christologische Ansätze von weiblichen Theologinnen (vgl. Kap. 9.4.). Die Beziehung, die Menschen „unter der Kraft Gottes" zusammenführt, wird im vorhin zitierten Bibelvers genauer qualifiziert: „In Christi Namen" gilt es zusammen zu sein. Paradox ist: Im Fallbeispiel „verschwindet" Jesus bzw. die Suche nach einer zusammenhängenden Christologie wird irrelevant angesichts erfüllten Lebens (Thea im Tessin), und dennoch ereignet sich ein Zusammensein „in seinem Namen": Wir drei werden momenthaft füreinander zu Jesus, zu Martha, zu Maria: Jeder lauscht, jeder dient (ermöglicht Raum), jeder lehrt.

Auf (religiöse) Ressourcen hin orientierte Beratung sucht — in Erweiterung der systemischen Therapie und der Kunsttherapie — nicht nur Ressourcen im Einzelnen und in seinen schöpferischen Quellen, sondern in der Kraft der Gemeinschaft. Frau Blumer selber benennt diese Ressource in der Beratung präzise: „Die Gruppengespräche sind für mich schöpferisch: Die Fragen formulieren, suchen...". Sie lässt sich in einer Gemeinschaft entdecken, in der gemeinsam gesucht wird und Menschen offen sind dafür, dass sich immer wieder Gott ereignet. Antworten werden dabei geschenkt, es ist ein Gespräch ohne das Wissen um die „richtigen" Antworten, ein Hin und Her.

Damit könnte sich für Frau Blumer — wie bereits angedeutet — eine Integration von biographischen Abschnitten ergeben: Die Suche nach Gemeinschaft, einst ambivalent erlebt in rauschhafter Intensität, fände dann tiefere Erfüllung. Ohne Opfer des Verstandes, sondern im Gegenteil unter kritischem, bewusstem Gebrauch der Vernunft wie auch des schöpferischen Einsatzes der Phantasie. Die Gemeinschaft der Beratungsgespräche würde dabei in einem tiefen Sinn zu einem Raum der „transitionnalité", zu einem Übergangsraum im zeitlichen und räumlichen Sinn. Er baut Brücken von vergangener religiöser Gemeinschaft, in der das Selbst unter die Räder des Gruppenzwangs geriet, hinein in eine zukünftige (utopische?) Gemeinschaft der Versöhnung, in der echtes Selbstsein und Miteinandersein zusammenfinden.

Selbstverhältnis und Christusverhältnis

Mit dem bisher Gesagten ist bereits deutlich markiert, dass wir ähnlich wie Steinmeier (1998) davon ausgehen, dass Gott mit dem Prozess der Selbstwerdung verbunden ist, ja Subjektwerdung auch als Prozess der Gotteswirklichkeit verstanden werden kann. „Darum aber gilt auch das: Wer Gott ist, wird im Prozess der Auseinandersetzung um die Werdung des Selbst erfahren, oder von Gott ist nicht wirklich die Rede. Das heisst: Es gibt keine theologische Aussage jenseits der Auseinandersetzung im Prozess von Subjektivität. Als Prozessaussage — als Aussage, in der ein Mensch für sich *selbst* einsieht und darum auch für andere potenziell verstehbar machen kann, wie er die Auseinandersetzung um all das, was Leben ausmacht, lebt, Gott glaubt — ist eine Aussage als theologische allein *wahr*" (200).

Zugänge und Anfragen zur Christologie

Systemisch

Aus systemischer Sicht scheinen uns im Bereich der Christologie Möglichkeiten der Auflösung von bindenden Delegationen wichtig und chancenreich (vgl. als kritische Impulse die familien- und traditionskritischen Äusserungen Jesu). Die systemischen Ansätze schärfen den Blick dafür, wenn im individuellen Glaubenssystem eines Ratsuchenden lebensfeindliche Identifikationen stattfinden (z.B. Identifikation mit dem leidenden Gottesknecht mit dem Zwang, selber leiden zu müssen; Identifikation mit Leid, Tod, Verfolgung und Ausgrenzung mit einer Tendenz zur zwanghaften Wiederholung von Leiden; Identifikation mit dem Opfer oder — konträr — dem Schuldigen, in der Figur von Jesus oder von Judas).

Psychoanalytisch

Eine psychoanalytische Sicht auf die Christologie bzw. auf die Erzählungen rund um Sterben, Tod und Auferstehung ermöglicht einen geschärften Blick für Phänomene der Übertragung und Gegenübertragung sowohl damals wie bei Ratsuchenden heute. Welche Übertragungsgefühle richten Ratsuchende auf Jesus? Wie gehen sie mit Überhöhungen bzw. Abwertungen um? Inwiefern bewirken Übertragungen problematische Abhängigkeiten? Wie können sie aufgelöst werden? Übertragungen auf Christus können dabei zum Problem wie auch zur Ressource werden, dann nämlich, wenn sich Glaubende durch ihre Übertragung nicht ihrer eigenen Kraft entleeren (so wirken sie problematisch), sondern „in Christi Geist" Vollmacht erfahren bzw. die Quelle des Geistes in ihnen zu sprudeln beginnt. Auch für das Verständnis der Beziehungen um Jesus ermöglicht das Konzept der Übertragung interessante Blickwinkel. Welche Übertragungsphänomene wirkten unter den Jüngern, zwischen den Jüngern und Jesus? Wie wirkte sich sein Abschied und gewaltsamer Tod aus?

Genderbezogen

Aus genderbezogener Sicht wurden wichtige Aspekte erwähnt: Kann ein Mann Frauen erlösen, befreien? Wie wirkt es sich aus, dass — geschlechtstypisch — ein (göttlicher) Mann an der Spitze eines Religionssystems steht, das Frauen nicht gleichwertig behandelte und ihnen Eigenständigkeit und Kompetenz absprach? Welcher „heimliche Lehrplan" verbirgt sich hinter christologischen Vorstellungen? Welche Bilder eines ganzheitlichen, kosmischen, naturmystischen Christus gibt es (Christus als Glanz, Licht, Weinstock), die neu gewürdigt werden können? Der Fokuswechsel innerhalb der feministischen Theologie — Christus wird stärker als Teil eines Beziehungsnetzes gesehen — führt zur Sensibilisierung für die Kraft einer Gemeinschaft und damit zu Formen der Zusammenarbeit und zu Synergien in einem Team, z.B. einer christlichen Gemeinde. Dank der Hermeneutik des Verdachtes gegenüber Dogmen und Glaubenstraditionen kommen Fragen nach weiblichen Gottesbildern — erlaubt, ja mit Notwendigkeit — in den Blick.

Kunsttherapeutisch

Kunsttherapeutische Zugänge zur Christologie eröffnen die Freiheit, kreative Wege von und zu Christus neu zu wagen. Insbesondere ermöglichen sie auch dialogische Formen der Auseinandersetzung mit Fragen der Christologie und dialogische Beziehungsformen zu Jesus Christus. Sie vermitteln zudem Erkenntnisse darüber, was in solchen Prozessen geschieht und wie sie kompetent angeleitet und begleitet werden.

Die von Steinmeier gestellte Aufgabe, dieses Verhältnis zu denken, möchten wir hier zugespitzt an der Frage nach der Relation von Selbstverhältnis und Christusverhältnis nochmals aufgreifen. Kann auch an einem solchen Beratungsprozess gezeigt werden, was Steinmeier im Rückgriff auf Tillichs Verständnis des Christussymbols postuliert: „In Christus seiner selbst ansichtig zu werden, ist kein Erkennen zum Untergang, es ist ein ins Verstehen Geborgenwerden" (201)?

Gewiss ist deutlich: Die Aussage „Jesus ist Sieger" muss im Blick auf den dargestellten Beratungsprozess umformuliert werden: bescheidener, gebrochener, vermittelter, nicht mehr in der patriarchalen Symbolik eines „Sieges" über zu unterwerfende Dämonen resp. innere Kräfte. Und doch: Im Beratungsprozess von Frau Blumer geht es in vielfacher Weise genau um diese Frage. Wie kann eine Relation von Selbst- und Christusverhältnis gedacht und gedeutet werden, so dass weder der eine noch der andere Pol negiert werden muss? Es scheint zuerst, dass ein Christusverhältnis nur unter Negation wichtiger Persönlichkeitsanteile gefunden werden kann — die Doppelbödigkeit dieses Ansinnens zeigt sich im ambivalenten Charakter des „für uns gestorben", einer Formel, die eigentlich Befreiung ansagt und von Frau Blumer doch als belastender (Denk-)Zwang erfahren wird. Dieses Christusverhältnis muss untergehen — und so taucht die soteriologische Thematik ja auch tatsächlich während einiger Zeit „unter" oder wird nur noch sehr gebrochen sichtbar: in der kreativen Resonanz der Beraterin, in der Assoziation zu Maria und Martha, beides Zumutungen, das Christussymbol als ein ins Verstehen Geborgenwerden nicht nur zu denken, sondern auch zu erfahren. Es liesse sich also — an Steinmeiers Kritik an Scharfenberg anknüpfend — zeigen, dass eben das inhaltliche Einbringen theologischer Sprache in diesem Prozess der Selbstwerdung freisetzend wirkt.

Zugegeben: dieser Prozess vollzieht sich in Windungen und Sprüngen, scheint manchmal abzubrechen und geht unvermittelt an einem unerwarteten Ort weiter. Wir suchten den Spuren dieser mäandernden Entwicklung zu folgen. Einiges mussten wir dabei auch vermuten und ergänzen. Und doch scheint uns: der Formalismus des Postulats, Selbstverhältnis und Christusverhältnis seien miteinander verbunden, lässt sich nur so, im geduldigen und bescheidenen Nachzeichnen eines solchen, höchst individuellen Prozesses, der sich nicht verallgemeinern lässt, überwinden oder auch unterlaufen.

Gegen Josuttis möchten wir dabei festhalten: Dieser Prozess ist sehr wohl, wie wir zu zeigen versuchten, mit psychologischen Mitteln nachzuvollziehen. Er hat seine Voraussetzungen und Folgen in der innerpsychischen und systemischen Dynamik. Er wird im Gespräch und mittels bestimmter beraterischer Interventionen angeregt und strukturiert. Und doch halten wir mit Josuttis zugleich fest: Transformationen geschehen in Sprüngen, Umbrüchen, Einfällen, Resonanzen und bisoziativen Wendungen, die sich nicht einfach „machen" lassen. Wesentlich steht für diese Dimension das Kreative, das „Dritte", das aus dem Kreativen spricht.

Christologie offen hin auf Fragen nach dem menschlichen Selbst zu denken, halten wir für eine wichtige Herausforderung der Theologie gerade in einem postmodernen Kontext, wo dieses Selbst fraglich wird. Dieses Selbst als einen Prozess in Beziehung zu sehen — nicht als eine in sich identische, hierarchisch und zentralistisch geordnete Grösse — scheint uns ebenfalls eine Chance einer relationalen Christologie. Spannend ist es zudem, dies als einen Prozess zu denken, in dem das Seelsorgeteam und die Klientin gemeinsam betroffen sind und sich verändern.

Dabei sind zwei Bewegungen paradox aufeinander bezogen: Raum für Kreativität, für eigene Entwicklung, Phantasie und ein wirklich bezogenes, relationales Selbst ergibt sich in der Beratung in einer ersten Phase durch eine wachsende Wahrnehmung der Differenz von Selbst und Christus. Das „für uns" wird zur historisch einzuordnenden, damit auch relativierten Metapher. Eine Differenz zwischen Selbsterleben und christologischer Formel wird erkannt und anerkannt. Der Intellekt ist wichtiges, ja not-wendiges Mittel solcher Differenzierung. Auf einer unbewussten Ebene scheint sich aber in den anschliessenden Stunden — jedenfalls in der Perspektive unserer Rekonstruktion — eine andere Identifikation abzubilden: Es gibt offenbar eine erzählend-poetische Kraft in Frau Blumer, die die Gestalten von Susi und Thea nicht nur findet/erfindet, sondern ihre Geschichten so weiterspinnen kann, dass sich daraus neue Möglichkeiten des bezogenen Selbstseins ergeben. Susi in Relation zu Thea, Thea in Relation zu Susi und beide in Relation zu einer Kraft, die nach Differenzierung und Integration drängt. Wir bringen sie — vermittelt über Metaphern und Assoziationen, Susi und Thea alias Maria und Martha — in Verbindung mit der Figur des Jesus als des Christus. Dadurch setzt letztlich ein Prozess der Selbsttranszendenz ein: das Christusverhältnis führt durch die Prozesse dieser Beratung nicht zur Stabilisierung, sondern zur Dynamisierung des Selbstverhältnisses. Es ist ein Verhältnis, das einen Prozess der Selbsttranszendenz in Gang setzt und in Gang hält. Es ist ein Verhältnis, das Beziehung stiftet. Es gipfelt nicht im „Sieg", wohl aber in einer schöpferischen „Lösung", in einer Er-lösung, die in und für Gemeinschaft freisetzt.

Literatur

ACHENBACH, G.B. (1984): Philosophie als Beruf, Köln.

ACKERMANN, D.M./BONS-STORM, R. (1998): Liberating Faith Practices. Feminist Practical Theologies in Context, Leuven.

ALEXANDER, F./FRENCH, T.M. (1946): Psychoanalytic Therapy. Principles and Applications, New York.

ANDERSEN, T. (Hrsg.) (1990): Das reflektierende Team, Dortmund.

ANDERSON, H./GOOLISHIAN, H. (1990): Menschliche Systeme als sprachliche Systeme, in: Familiendynamik 15, 212-243.

APOSTOLOS-CAPPADONA, D. (Ed.) (2000): Art, Creativity, and the Sacred. Anthropology of the Sacred, London.

ASQUITH, G.H., JR. (Ed.) (1992): Vision From a Little Known Country. A Boisen Reader (Journal of Pastoral Care Publications, Inc.), o.O.

BAKMAN, N. (1995): Balance zwischen Abhängigkeit und Autonomie. Probleme von Studierenden im Spiegel der Beratung, in: Psychoscope 16/8, 4-6.

BALINT, M. et al. (1973): Fokaltherapie. Ein Beispiel angewandter Psychoanalyse, Frankfurt/M.

BAMBERGER, G.G. (1999): Lösungsorientierte Beratung, München.

BARRY, W.A./CONOLLY, W.J. (1992): Brennpunkt Gotteserfahrung im Gebet. Die Praxis der Geistlichen Begleitung, Leipzig.

BELLAK, L./SMALL, L. (1972): Kurzpsychotherapie und Notfall-Psychotherapie, Frankfurt/M.

BENOÎT, J.-D. (1940): Direction Spirituelle et Protestantisme. Etude sur la Légimité d'une Direction Protestante, Paris.

BENZ, A. (1985): Therapie und Lebenszeit. Psychoanalytische Kurztherapien als Todeserfahrung — eine kritische Glosse, in: Leuzinger-Bohleber, M. (Hrsg.), Psychoanalytische Kurztherapien. Zur Psychoanalyse in Institutionen, Opladen, 114-131.

BINDER, W. (1988): Das „offenbare Geheimnis". Goethes Symbolverständnis, in: Benedetti, G./Rauchfleisch, U. (Hrsg.), Welt der Symbole, Göttingen, 146-163.

BLASBERG-KUHNKE, M. (1999): Theologie studieren als Praxis. Ein Beitrag zur Korrelationsdiskussion, in: International Journal of Practical Theology 1, 52-68.

BLASER, A. et al. (1992): Problemorientierte Psychotherapie, Bern etc.

BOHLEBER, W. (1989): Die verlängerte Adoleszenz und ihre Bedeutung für die Identitätsbildung, in: Wege zum Menschen 41, 16-31.

BOSCOLO, L./BERTRANDO, P. (1997): Systemische Einzeltherapie, Donauwörth.

BOYD, G.E. (1996): Pastoral Conversation. A Social Construction View, in: Pastoral Psychology 44, 215-226.

BRADT, K.M. (1997): Story as a Way of Knowing, Kansas City/Missouri.

BREM-GRÄSER, L. (1993 a-c): Handbuch der Beratung für helfende Berufe. 3 Bde, Bern.

BUBER, M. (1973): Das dialogische Prinzip. Ich und Du, Heidelberg, 3. Aufl.

BUCHHOLZ, M.B. (Hrsg.)(1993): Metaphernanalyse, Göttingen.

BUCHHOLZ, M.B. (1996): Metaphern der „Kur". Eine qualitative Studie zum psychotherapeutischen Prozess, Opladen.

BUKOWSKI, P. (1996): Die Bibel ins Gespräch bringen. Erwägungen zu einer Grundfrage der Seelsorge, Neukirchen-Vluyn, 3. Aufl.

BULKELEY, K. (1994): The Wilderness of Dreams. Exploring the Religious Meanings of Dreams in Modern Western Culture, New York.

BUROW, O.-A. (1999): Die Individualisierungsfalle. Kreativität gibt es nur im Plural, Stuttgart.

CAMERON-BANDLER, L. et al. (1992): Musterlösungen. Lösungsmuster für alltägliche Probleme, Bern etc.

CAMPICHE, R.J. (unter Zus.arb. v. Bovay, C.) (1992): De l'identité religieuse prescrite à l'identité religieuse construite, in: Hugger, P. (dir.), Les Suisses, modes de vie, traditions, mentalités (Territoires, Vol. III), Lausanne 1992, 1141-1464.

CAPPS, D. (1990): Reframing. A New Method in Pastoral Care, Philadelphia.

CAPPS, D. (1993): The Poet's Gift. Toward the Renewal of Pastoral Care, Louisville/ Kentucky.

CAPPS, D. (1995a): Agents of Hope. A Pastoral Psychology, Philadelphia.

CAPPS, D. (1995b): The Child's Song: The Religious Abuse of Children, Louisville/Kentucky.

CASPAR, F./GRAWE, K. (1992): Psychotherapie. Anwendung von Methoden oder ein heuristischer integrierender Produktionsprozess?, in: Report Psychologie 7, 10-22.

CHILDS, B.H. (1990): Short Term Pastoral Counseling. A Guide, Nashville/New York.

CHILDS, B.H. (1999): Pastoral Care and the Market Economy. Time-limited Psychotherapy, Managed Care, and the Pastoral Counselor, in: Journal of Pastoral Care 53, 47-56.

CHUR, D. (1997): Beratung und Kontext — Überlegungen zu einem handlungsanleitenden Modell, in: Nestmann, F. (Hrsg.), Beratung. Bausteine für eine interdisziplinäre Wissenschaft und Praxis, Tübingen, 39-70.

CLINEBELL, H. (1985): Modelle beratender Seelsorge, 5., erw. Aufl.

CLINEBELL, H. (1991): Basic Types of Pastoral Care and Counseling. Resources for the Ministry, Nashville, Rev. and enlarged, third Ed.

CRAMER, F. (1994): Das Schöne, das Schreckliche und das Erhabene. Eine chaotische Betrachtung des lebendigen Formprinzips, in: Bien, G. et al. (Hrsg.): „Natur" im Umbruch. Zur Diskussion des Naturbegriffs in Philosophie, Naturwissenschaft und Kunsttheorie, Stuttgart.

CULBERTSON, P.L. (1994): Counseling Men, Minneapolis.

CULLEY, S. (1996): Beratung als Prozess. Lehrbuch kommunikativer Fertigkeiten, Weinheim/Basel.

CZELL, G. (1998): Evangelische Beratung zwischen Jugendhilfe, Bildung, Psychotherapie und Seelsorge, in: Wege zum Menschen 50, Göttingen, 111-121.

DEHOFF, S.L. (1998): In Search of a Paradigm for Psychological and Spiritual Growth: Implications for Psychotherapy and Spiritual Direction, in: Pastoral Psychology 46, 333-346.

DEMARINIS, V. (1993): Critical Caring. A Feminist Model for Pastoral Psychology, Louisville.

DENYS, J. G. (1997): The Religiosity Variable and Personal Empowerment in Pastoral Counseling, in: Journal of Pastoral Care 51, 165-175.

DIETERICH, D. et al. (1992/1993): Feministische Seelsorge — Theoretische Ansätze und praktische Erfahrungen, in: Degen-Ballmer R. et al. (Hrsg.): „Neuer Wein in alten Schläuchen." Frauen in kirchlichen Ämtern, Werkstattberichte forschender Theologinnen, Basel.

DIETRICH, G. (1991): Allgemeine Beratungspsychologie. Eine Einführung in die psychologische Theorie und Praxis der Beratung, Göttingen etc., 2. Aufl.

DÖRING-MEIJER, H. (Hrsg.) (1998): Ressourcenorientierung, Lösungsorientierung. Etwas mehr Spass und Leichtigkeit in der systemischen Therapie und Beratung, Göttingen.

DREESEN, H./EBERLING, W. (1996): Success Recording. Komplimente und Dokumente in der systemisch-lösungsorientierten Kurztherapie, in: Eberling, W./Hargens, J. (Hrsg.), Einfach kurz und gut. Zur Praxis der lösungsorientierten Kurztherapie, Broadstairs/UK.

DUBACH, A./CAMPICHE, R.J. (Hrsg.) (1993): Jede(r) ein Sonderfall? Religion in der Schweiz. Ergebnisse einer Repräsentativbefragung, Zürich/Basel.

EBERHARDT, T. (1996): Storytelling and Pastoral Care, in: Journal of Pastoral Care 50, 23-33.

EBERLING, W./HARGENS, J. (Hrsg.) (1996): Einfach kurz und gut. Zur Praxis der lösungsorientierten Kurztherapie, Broadstairs/UK.

EBERLING, W./VOLGT-HILLMANN, M. (Hrsg.) (1998): Kurzgefasst. Zum Stand der lösungsorientierten Praxis in Europa, Bern etc.

ENGEL, F. (1997): Dacapo — oder moderne Beratung im Themenpark der Postmoderne, in: Nestmann, F. (Hrsg.), Beratung. Bausteine für eine interdisziplinäre Wissenschaft und Praxis, Tübingen, 179-216.

ENGELS, D. (1990): Religiosität im Theologiestudium, Stuttgart etc.

ERIKSON, E. H. (1973): Identität und Lebenszyklus. Drei Aufsätze, Frankfurt/M.

ETTER, U.W. (1987): Sinnvolle Verständigung. 2 Bde, Bern etc.

FARADAY, A. (1984): Deine Träume — Schlüssel zur Selbsterkenntnis. Ein psychologischer Ratgeber, Frankfurt/M.

FERRIS, M. (1993): Compassioning. Counseling Skills for Christian Care-Givers, Kansas City/Missouri.

FINN, M./GARTNER, J. (Eds.) (1992): Object Relations Theory and Religion. Clinical Applications, Westport.

FISCH, R. et al. (1987): Strategien der Veränderung. Systemische Kurzzeittherapie, Stuttgart.

FURMAN, B./AHOLA, T. (1992): Solution Talk. Hosting Therapeutic Conversations, New York.

FÜRSTENAU, P. (1994): Entwicklungsförderung durch Therapie. Grundlagen psychoanalytisch-systemischer Psychotherapie, München, 2. Aufl.

FÜRSTENAU, P. (1996): Lösungsorientierte psychoanalytisch-systemische Therapie. Effizienzsteigerung und Behandlungsverkürzung durch Synergie, in: Hennig, H. et al. (Hrsg.), Kurzzeit-Psychotherapie in Theorie und Praxis, Lengerich etc., 30-36.

GALINDO, I. (1997): Spiritual Direction and Pastoral Counseling: Adressing the Needs of the Spirit, in: Journal of Pastoral Care 51, 395-402.

GANTZ, R. (1987): Art as a Tool in Pastoral Care, in: Journal of Pastoral Care 41, 48-54.

GEHRING, H.-U. (2000): Seelsorge als mediale Praxis. Vermittlungsformen einer Lebenskunst der Übergänge, Basel (unveröff. Habilitationsschrift).

GERKIN, C.V. (1989): The Living Human Document. Re-visioning Pastoral Counseling in a Hermeneutical Mode, Nashville/New York, 3. Aufl.

GLANDON, C. (1999): Pastoral Psychotherapy as a Practice of Psychodynamic Spirituality, in: Journal of Pastoral Care 53, 395-407.

GOODRICH, T.J. (Hrsg.) (1994): Frauen und Macht. Neue Perspektiven für die Familientherapie, Frankfurt/M./New York.

GORDON, D. (1985): Therapeutische Metaphern, Paderborn.

GRÄB, W. (1997): Deutungsarbeit. Überlegungen zu einer Theologie therapeutischer Seelsorge, in: Praktische Theologie 86, 325-340.

GRAHAM, L.K. (1992): Care of Persons, Care of Worlds. A Psychosystems Approach to Pastoral Care and Counseling, Nashville/New York.

GRAHAM, L.K. (2000): Neue Perspektiven von Theorie und Praxis der Seelsorge in Nordamerika, in: Schneider-Harpprecht, C. (Hrsg.), Zukunftsperspektiven für Seelsorge und Beratung, Neukirchen-Vluyn, 35-52.

GRAWE, K. (1998): Psychologische Therapie, Göttingen etc.

GREY, M. (1991): Jesus — Einsamer Held oder Offenbarung beziehungshafter Macht?, in: Strahm, D./Strobel, R. (Hrsg.): Vom Verlangen nach Heilwerden, Fribourg/Luzern, 148-171.

GRIFFITH, J.L./GRIFFITH, M.E. (1992): Therapeutic Change in Religious Families: Working with the God-Construct, in: Burton, L.A. (Ed.), Religion and the Family. When God Helps, New York etc., 63-86.

GRÖZINGER, A. (1986): Seelsorge als Rekonstruktion von Lebensgeschichte, in: Wege zum Menschen 38, 178-188.

GRÖZINGER, A. (1987): Praktische Theologie und Ästhetik. Ein Beitrag zur Grundlegung der Praktischen Theologie, München.

GRÖZINGER, A. (1989): Erzählen und Handeln. Studien zu einer trinitarischen Grundlegung der Praktischen Theologie, München.

GRÖZINGER, A. (1998): Die Kirche - ist sie noch zu retten? Anstiftungen für das Christentum in postmoderner Gesellschaft, Gütersloh.

HABERMAS, J. (1981): Theorie des kommunikativen Handelns. 2 Bde, Frankfurt/M.

HABERMAS, T. (1999): Geliebte Objekte. Symbole und Instrumente der Identitätsbildung, Frankfurt/M.

HALBERSTADT, H. (1986): Psychologische Beratungsarbeit in der evangelischen Kirche. Geschichte und Perspektiven, Stuttgart, 2. Aufl.

HALEY, J. (Vorw.: Mandel, K. H.) (1991): Die Psychotherapie Milton H. Eriksons, München, 3. Aufl.

HALKES, C. (1980): Gott hat nicht nur starke Söhne, Gütersloh.

HALL, T. et al. (1998): An Empirical Exploration of Psychoanalysis and Religion. Spiritual Maturity and Object Relations Development, in: Journal for the Scientific Study of Religion 37, 303-313.

HASSIEPEN, W./HERMS, E. (Hrsg.; im Auftrag der Gemischten Kommission für die Reform des Theologiestudiums) (1993): Grundlagen der theologischen Ausbildung und Fortbildung im Gespräch. Die Diskussion über die „Grundsätze für die Ausbildung und Fortbildung der Pfarrer und Pfarrerinnen der Gliedkirchen der EKD", Dokumentation und Erträge 1988-1993, Stuttgart.

HENNIG, H. et al. (Hrsg.) (1996): Kurzzeit-Psychotherapie in Theorie und Praxis, Lengerich.

HERMS, E. (1991): Die ethische Struktur der Seelsorge, in: Pastoraltheologie 80, 40-62.

HESSE, J. (Hrsg.) (1997): Systemisch-lösungsorientierte Kurztherapie, Göttingen.

HESSE, J. (1999): Die lösungs- und ressourcenorientierte Kurztherapie in Deutschland und den USA, in: Döring-Meijer, H. (Hrsg.), Ressourcenorientierung — Lösungsorientierung. Etwas mehr Spass und Leichtigkeit in der systemischen Therapie und Beratung, Göttingen, 47-69.

HEYMEL, M. (1999): Trost für Hiob. Musikalische Seelsorge, München.

HEYWARD, C. (1986): Und sie rührte sein Kleid an, Stuttgart.

HOLM-HADULLA, R. (1996): Tiefenpsychologisch fundierte Krisenberatung und Kurzpsychotherapie als hermeneutischer Gestaltungsprozess, in: Henning, H. et al. (1996): Kurzzeit-Psychotherapie in Theorie und Praxis, Lengerich etc., 226-244.

HÖRISCH, J. (1988): Die Wut des Verstehens. Zur Kritik der Hermeneutik, Frankfurt/M.

HORST, F. (1961): Art. Segen, in: Die Religion in Geschichte und Gegenwart, Tübingen, 3. Aufl.

HOWE, L.T. (1995): The Image of God. A Theology of Pastoral Care and Counseling, Nashville/New York.

JONES, W.P. (1985): The Burned of God. Portrait of the Postliberal Pastor, in: Quarterly Review. A Scholarly Journal of Reflection on Ministry, Summer, 10-24.

JORDAHL, D. (1988): Das Verhältnis zwischen kirchlicher Beratungsarbeit und Seelsorge. Mit besonderer Berücksichtigung der Beratungsarbeit in der Evangelischen Kirche von Kurhessen-Waldeck, Frankfurt/M. etc.

JOSUTTIS, M. (2000): Segenskräfte. Potentiale einer energetischen Seelsorge, München.

KAST, V. (1990): Der schöpferische Sprung. Vom therapeutischen Umgang mit Krisen, Olten/Freiburg i.B., 5. Aufl.

KAST, V. (1997): Trauern. Phasen und Chancen des psychischen Prozesses, Stuttgart, 19. Aufl.

KELLEY, A.R. (1997): Christology Crossing Boundaries: The Threat of Imaging Christ as Other than a White Male, in: Pastoral Psychology 45, 389-399.

KEUPP, H. (1999): Subjektsein heute, in: Wege zum Menschen 51, 136-152.

KLEIN, J. (1994): Seelsorge und Beratung in einer pluralistischen Gesellschaft, in: Wege zum Menschen 46, 247-249.

KLESSMANN, M. (1982): Religiöse Sprache als Ausdruck und Abwehr, in: Wege zum Menschen 34, 33-42.

KLESSMANN, M. (2001): Zwischen Energetik und Hermeneutik. Ein Literaturbericht, in: Pastoraltheologie 90, 39-54.

KLINGENBECK, P. (1981): Studentenberatung an Schweizer Hochschulen, Bern etc.

KNILL, P. (2000): WAS wirkt eigentlich WIE in Kunst und Therapie?, in: Forum für Kunsttherapie, 13/1.

KNILL P. et al. (1995): Minstrels of Soul, Toronto.

KOENIG, H. G. (1997): Is Religion Good for Your Health? The Effects of Religion on Physical and Mental Health, New York/London.

KOHUT, H. (1979): Die Heilung des Selbst, Frankfurt/M.

KOLLAR, C.A. (1999): Staying Solution-Focused in Brief Pastoral Counseling: A Conceptual Schema, in: Journal of Pastoral Care 53, 57-69.

KOPP, R.R. (1995): Metaphor Therapy. Using Client-generated Metaphors in Psychotherapy, New York.

KÖRTNER, U.J. (2000): Seelsorge und Ethik. Zur ethischen Dimension seelsorgerlichen Handelns, in: Schneider-Harpprecht, C. (Hrsg.): Zukunftsperspektiven für Seelsorge und Beratung, Neukirchen-Vluyn, 87-104.

KOSEK, R.B. (1996): The Contribution of Object Relations Theory in Pastoral Counseling, in: Journal of Pastoral Care 50, 371-383.

KREJCI, E. (1993): Psychoanalytisch orientierte Beratung. Erfahrungen und Überlegungen, in: Wege zum Menschen 45, 85-93.

KUSCHEL, K.-J. (1991): Vielleicht hält sich Gott einige Dichter, Mainz.

LACHAUER, R. (1992): Der Fokus in der Psychotherapie. Fokalsätze und ihre Anwendung in Kurztherapie und anderen Formen analytischer Psychotherapie, München.

LAKOFF, G./JOHNSON, M. (1998): Leben in Metaphern. Konstruktion und Gebrauch von Sprachbildern, Bern etc.

LAMOTHE, R. (1999): Challenges of Faith: Traditional Objects, Faith, and Postmodernity, in: Journal of Pastoral Psychology 53, 255-267.

LEECH, K. (1992): Soul Friend. An Invitation to Spiritual Direction, San Francisco.

LEMKE, H. (1981): Verkündigung in der annehmenden Seelsorge. Religiöse Erfahrung durch Begegnung, Stuttgart etc.

LEMKE, H. (1995): Personzentrierte Beratung in der Seelsorge, Stuttgart etc.

LESTER, A.D. (1995): Hope in Pastoral Care and Counseling, Louisville/Kentucky.

LEUZINGER-BOHLEBER, M. (Hrsg.) (1985): Psychoanalytische Kurztherapien. Zur Psychoanalyse in Institutionen, Opladen.

LEVINE, S. (1990): Die Idee der Integration in den Kunsttherapien, in: Mitteilungsblatt der IAACT, Heidelberg.

LEWIS, P. (1999): Schöpferische Prozesse. Kunst in der therapeutischen Praxis, Olten/Freiburg i.B.

LINDEMANN, F.-W. (1994): Psychologische Beratung — eine Aufgabe der Kirche, in: Wege zum Menschen 46, 114-119.

LINDEMANN, F.-W. (1998): Sola fide — Zur evangelischen Qualität psychologischer Beratung, in: Wege zum Menschen 50, 342-351.

LORENZER, A. (1971): Sprachzerstörung und Rekonstruktion. Vorarbeiten zu einer Metatheorie der Psychoanalyse, Frankfurt/M.

LORETAN-SALADIN, F. (1997): Geistliche Begleitung im Rahmen der Berufseinführung des Bistums Basel, in: Diakonia 28, 340-342.

LOUW, D. J. (1998): A Mature Faith. Spiritual Direction and Anthropology in a Theology of Pastoral Care and Counseling, Leuven.

LÜDERS, W. (1974): Psychotherapeutische Beratung. Theorie und Technik, Göttingen.

LUTHER, H. (1992): Religion und Alltag. Bausteine zu einer praktischen Theologie des Subjekts, Stuttgart.

LYNCH, G./WILLOWS, D. (1998): Telling Tales. The Narrative Dimension of Pastoral Care and Counseling, Contact Pastoral Monographs 8, Edinburgh.

MAGALETTA, P.R. (1996): An Object Relations Pardigm for Spiritual Development with Highlights from Merton's Spiritual Journey, in: Pastoral Psychology 45, 21-28.

MALAN, D.H. (1965): Psychoanalytische Kurztherapie. Eine kritische Untersuchung, Stuttgart.

MANN, J. (1978): Psychotherapie in 12 Stunden. Zeitbegrenzung als therapeutisches Instrument, Olten/Freiburg i.B.

MARQUARD, O. (1996): Glück im Unglück, München.

MCDARGH, J. (1983): Psychoanalytic Object Relations Theory and the Study of Religion. On Faith and the Imaging of God, Lanham etc.

MCDARGH, J. (1986): God, Mother, and Me: An Object Relational Perspective on Religious Material, in: Pastoral Psychology 34, 251-263.

MEANS, J.J. (1997): Pastoral Counseling. An Alternative Path in Mental Health, in: Journal of Pastoral Care 51, 317-328.

MEYER-BLANCK, M./WEYEL, B. (1999): Arbeitsbuch Praktische Theologie. Ein Begleitbuch zu Studium und Examen in 25 Einheiten, Gütersloh.

MOLTMANN-WENDEL, E. (1980): Ein eigener Mensch werden. Frauen um Jesus, Gütersloh, 4. Aufl.

MOLTMANN-WENDEL, E. (1991): Beziehung — die vergessene Dimension der Christologie, in: Strahm, D./Strobel, R. (Hrsg.): Vom Verlangen nach Heilwerden, Fribourg/Luzern, 100-111.

MORGENTHALER, C. (1992): Der religiöse Traum. Erfahrung und Deutung, Stuttgart etc.

MORGENTHALER, C. (1999): Subjekt, Story und Tradition, in: Lämmermann, G. et al. (Hrsg.), Bibeldidaktik in der Postmoderne, Stuttgart etc., 90-103.

MORGENTHALER C. (2000): Systemische Seelsorge. Impulse der Familien- und Systemtherapie für die kirchliche Praxis, Stuttgart etc., 2. Aufl.

MORGENTHALER, C. (2000a): Jenseits von Gott Vater Sohn und Co.? Unmöglichkeiten und Möglichkeiten einer männlichen Gottesrede, in: Kössler, H./Bettinger, A. (Hrsg.), Vatergefühle. Männer zwischen Rührung, Rückzug und Glück, Stuttgart, 137-150.

MORGENTHALER, C./SCHIBLER, G. (2000b): Gott und die Wut, in: Wege zum Menschen 52, 78-94.

MORGENTHALER, C. (2001): Theologiestudium, Erwachsenwerden und Gott jenseits. Religiöse Beratung im Theologiestudium, in: Pastoraltheologie 90, 384-398.

MÜCKE, K. (2001): Probleme *sind* Lösungen. Systemische Beratung und Psychotherapie — ein pragmatischer Ansatz — Lehr- und Lernbuch, 2., völlig überarb. und erw. Aufl., Potsdam.

MÜLLER, B. K. (1998): Psychosoziale Hilfen zwischen Markt und Humanität, in: Wege zum Menschen 50, 351-362.

MÜLLER, W. (1994): Ganz Ohr. Grundhaltungen in der seelsorgerlichen und spirituellen Beratung und Begleitung, Mainz.

MÜLLER-EBERT, J. (2001): Trennungskompetenz — Die Kunst, Psychotherapien zu beenden, Stuttgart.

MURKEN, S. (1998): Hilft die Gottesbeziehung bei der Lebensbewältigung?. Eine beziehungstheoretische Analyse, in: Henning, C./Nestler, E. (Hrsg.): Religion und Religiosität zwischen Theologie und Psychologie, Frankfurt/M. etc., 205-236.

NEIMEYER, R.A./MAHONEY, M.J. (Eds.) (1995): Constructivism in Psychotherapy, Washington.

NESTMANN, F. (Hrsg.) (1997): Beratung. Bausteine für eine interdisziplinäre Wissenschaft und Praxis, Tübingen.

NESTMANN, F. (1997a): Beratung als Ressourcenförderung, in: Nestmann, F. (Hrsg.): Beratung. Bausteine für eine interdisziplinäre Wissenschaft und Praxis, Tübingen, 15-38.

NESTMANN, F. (1997b): Big Sister is Inviting You — Counseling und Counseling Psychology, in: Nestmann, F. (Hrsg.): Beratung. Bausteine für eine interdisziplinäre Wissenschaft und Praxis, Tübingen, 161-178.

NEUBAUR, C. (1987): Übergänge. Spiel und Realität in der Psychoanalyse Donald W. Winnicotts, Frankfurt/M.

NICOL, M. (1990): Gespräch als Seelsorge. Theologische Fragmente zu einer Kultur des Gesprächs, Göttingen.

NICOL, M. (1998): Leben deuten mit der Bibel. Zum Schriftgebrauch in der nordamerikanischen Seelsorge, in: Wege zum Menschen 50, 2-17.

PARGAMENT, K. I. (1997): The Psychology of Religion and Religious Coping. Theory, Research, Practice, New York.

PETERSEN, P. (1987): Der Therapeut als Künstler. Ein integrales Konzept von Psychotherapie und Kunsttherapie, Paderborn.

PETZOLD, H. (1990): Überlegungen und Konzepte zur integrativen Therapie mit kreativen Medien und einer intermedialen Kunstpsychotherapie, in: Ders./Orth, I. (Hrsg.): Die neuen Kreativitätstherapien. Handbuch der Kunsttherapien, Bd. 2 Paderborn, 585-637.

PETZOLD, H./ORTH I. (Hrsg.) (1990): Die neuen Kreativitätstherapien. Handbuch der Kunsttherapien; Bd. 1 und 2, Paderborn.

PFÄFFLIN, U. (1992): Frau und Mann. Ein symbolkritischer Vergleich anthropologischer Konzepte in Seelsorge und Beratung, Gütersloh.

PICKWORTH FARROW, E. (1984): Bericht einer Selbstanalyse. Eine Methode, unnötige Ängste und Depressionen abzubauen, Stuttgart, 3. Aufl.

POHL-PATALONG, U. (2000): Individuum und Gesellschaft in der Seelsorge, in: Schneider-Harpprecht, C. (Hrsg.): Zukunftsperspektiven für Seelsorge und Beratung, Neukirchen-Vluyn, 117-126.

PROGOFF, I. (1975): At a Journal Workshop. The Basic Text and Guide for Using the Intensive Journal Process, New York.

PSYCHOLOGISCHE BERATUNGSSTELLE KASSEL (1990): Psychoanalytisch orientierte Beratung, in: Wege zum Menschen 42, 308-335.

RECHTIEN, W. (1998): Beratung. Theorien, Modelle und Methoden, München.

REDLICH, A. (1997): Psychologische Beratung ist mehr als verkürzte Therapie, in: Nestmann, F. (Hrsg.), Beratung. Bausteine für eine interdisziplinäre Wissenschaft und Praxis, Tübingen, 151-160.

REINHARD-HITZ, A. (1997): Der Beratung Raum geben, in: Diakonia 28, 333-336.

RICO, G. L. (1987): Garantiert schreiben lernen. Sprachliche Kreativität methodisch entwickeln. Ein Intensivkurs auf der Grundlage der modernen Gehirnforschung, Reinbek b.H.

RICOEUR, P. (1999): Die Interpretation, Frankfurt/Main.

RIEDEL-PFÄFFLIN, U./STRECKER, J. (1999): Flügel trotz allem. Feministische Seelsorge und Beratung. Konzeption, Methoden, Biographien, Gütersloh, 2., korr. Aufl.

RIEGER, R. (1991): Art. Herrschaft/Hierarchie, in: Wörterbuch der feministischen Theologie, Gütersloh.

RITSCHL, D. (1988): Zur Logik der Theologie. Kurze Darstellung der Zusammenhänge theologischer Grundgedanken, München, 2. Aufl.

RIZZUTO, A.M. (1979): The Birth of the Living God, Chicago.

ROHDE-DACHSER, C. (1991): Expedition in den dunklen Kontinent. Weiblichkeit im Diskurs der Psychoanalyse, Berlin, etc.

ROSSI, E. L. (Hrsg.) (1995ff.): Gesammelte Schriften von Milton H. Erickson. Bde. 1-6, Bern etc.

ROTHENBERG, A. (1988): The Creative Process in Psychotherapy, New York.

RUSCHMANN, E. (1999): Philosophische Beratung, Stuttgart etc.

RÜTTGARDT, J.O. (1994): Schweige und höre. Erfahrungen aus Meditation und geistlicher Beratung, Hannover.

SANDER, K. (1999): Personzentrierte Beratung, Köln.

SANDLER, J./SANDLER, A.-M. (Hrsg.) (1999): Innere Objektbeziehungen, Stuttgart.

SANZANA, A. et al. (1995): Etudiants entre adolescence et vie adulte. Une perspective psychoanalytique, in: Psychoscope 16/8, 14-17.

SCHAEFER-ROLFFS, B. (1992): Psychologische und pastorale Beratung auf dem freien Markt, in: Wege zum Menschen 44, 98-101.

SCHARFENBERG, J. (1959): Johann Christoph Blumhardt und die kirchliche Seelsorge heute, Göttingen.

SCHARFENBERG, J. (1974): Psychologie und Psychotherapie, in: Klostermann, F./Zerfass, R. (Hrsg.), Praktische Theologie heute, München/Mainz, 339-346.

SCHARFENBERG, J. (1990): Einführung in die Pastoralpsychologie, Göttingen, 2. Aufl.

SCHARFENBERG, J. (1991): Seelsorge als Gespräch. Zur Theorie und Praxis seelsorgerlicher Gesprächsführung, Göttingen, 5. Aufl.

SCHARFENBERG, J./KÄMPFER, H. (1980): Mit Symbolen leben. Soziologische, psychologische und religiöse Konfliktbearbeitung, Olten.

SCHAUPP, K. (1994): Gott im Leben entdecken. Einführung in die geistliche Begleitung, Würzburg.

SCHIBLER G. (1999): Kreativ-emanzipierende Seelsorge. Konzepte der intermedialen Kunsttherapien und der feministischen Hermeneutik als Herausforderung für die kirchliche Praxis, Stuttgart etc.

SCHIBLER G. (2000): Sich durch Trauer verwandeln lassen. Werkstattbericht, Männedorf.

SCHLIPPE VON, A./SCHWEITZER, J. (1996): Lehrbuch der systemischen Therapie und Beratung, Göttingen.

SCHNEIDER, E. (1994): Psychologische Beratung als Auftrag der Kirche, in: Wege zum Menschen 46, 238-245.

SCHNEIDER-HARPPRECHT, C. (1999): Fremdheit und Annäherung. Interkulturalität in der Seelsorgeausbildung, in: Wege zum Menschen 51, 370-380.

SCHNEIDER-HARPPRECHT, C. (2000): Empowerment und kulturelle Sensibilität, in: Schneider-Harpprecht, C. (Hrsg.): Zukunftsperspektiven für Seelsorge und Beratung, Neukirchen-Vluyn, 53-65.

SCHOTTROFF, L. (1991): Art. Patriarchat, in: Wörterbuch der Feministischen Theologie, Gütersloh.

SCHRÖDTER, W. (1992): Gutachten „Regeln des fachlichen Könnens in der psychosozialen Beratung", in: Wege zum Menschen 44, 351-371.

SCHRÖDTER, W. (1994): Institutionelle psychologische Beratung in kirchlicher Trägerschaft, in: Wege zum Menschen 46, 102-113.

SCHUBERT VON, H. et al. (1998): Von der Seele reden. Eine empirisch-qualitative Studie über psychotherapeutische Beratung in kirchlichem Auftrag, Neukirchen-Vluyn.

SCHULZ VON THUN, F. (1981ff.): Miteinander reden. Störungen und Klärungen. Psychologie der zwischenmenschlichen Kommunikation, Reinbek b.H.

SCHÜSSLER FIORENZA, E. (1988): Zu ihrem Gedächtnis, München etc.

SCHÜSSLER FIORENZA, E. (1991): Zur Methodenproblematik einer feministischen Christologie des Neuen Testamentes, in: Strahm, D./Strobel, R. (Hrsg.), Vom Verlangen nach Heilwerden, Fribourg/Luzern.

SHARP, J.R. (1999): Solution-Focused Counseling. A Model for Parish Ministry, in: Journal of Pastoral Care 53, 71-79.

SHAZER DE, S. (1992): Wege der erfolgreichen Kurztherapie, Stuttgart, 4. Aufl.

SHAZER DE, S. (1995): Der Dreh. Überraschende Wendungen und Lösungen in der Kurzzeittherapie, Heidelberg, 4. Aufl.

SHEA, J.J. (1995a): The Superego God, in: Pastoral Psychology 43, 333-352.

SHEA, J.J. (1995b): The God Beyond, in: Pastoral Psychology 43, 411-432.

SHEA, J.J. (1997): Adult Faith, Pastoral Counseling, Spiritual Direction, in: Journal of Pastoral Care 51, 259-270.

SICKENDIEK, U. et al. (Hrsg.) (1999): Beratung. Eine Einführung in sozialpädagogische und psychosoziale Beratungsansätze, München.

SLOK, C. (1997): Short-Term Pastoral Counseling and the Use of Reframing, in: Pastoral Psychology 46, 119-129.

STEINHOFF SMITH, R. H. (1997): Dialogue: Hermeneutic and Practical, in: Pastoral Psychology 45, 439-449.

STEINKAMP, N. (1998): Qualität und (christliches) Menschenbild, in: Wege zum Menschen 50, 307-318.

STEINMEIER, A.M. (1998): Wiedergeborgen zur Freiheit. Skizzen eines Dialogs zwischen Theologie und Psychologie zur theologischen Begründung des seelsorgerlichen Gesprächs, Göttingen.

STERN, D. (1992): Die Lebenserfahrung des Säuglings, Stuttgart.

STEVENSON MOESSNER, J. (Ed.) (1996): Through the Eyes of Women. Insights for Pastoral Care, Philadelphia.

STONE, H.W. (1994a): Brief Pastoral Counseling, Philadelphia.

STONE, H.W. (1994b): Brief Pastoral Counseling, in: Journal of Pastoral Care 48, 33-43.

STONE, H.W. (1999): Pastoral Counseling and the Changing Times, in: Journal of Pastoral Care 53, 31-45.

STRAHM, D. (1991): „Für wen haltet ihr mich?" Einige historische und methodische Bermerkungen zu Grundfragen der Christologie, in: Dies./Strobel, R. (Hrsg.): Vom Verlangen nach Heilwerden, Fribourg/Luzern, 11-36.

STRAHM, D./STROBEL, R. (Hrsg.) (1991): Vom Verlangen nach Heilwerden, Fribourg/Luzern.

STREIB, H. (2000): Seelsorge im Kontext fundamentalistisch-neureligiöser Gruppierungen, in: Schneider-Harpprecht, C. (Hrsg.): Zukunftsperspektiven für Seelsorge und Beratung, Neukirchen-Vluyn, 139-163.

STRICKER, H. (1998): Darstellung und Deutung religiöser Erfahrungen in spontan gemalten Bildern. Pastoralpsychologische Erkundungsstudie zur Korrelation von Symboltheorie und Maltherapie, Bern etc.

STRUPP, H.H./BINDER, J.L. (1991): Kurzpsychotherapie, Stuttgart.

STUBBE, E. (1999): Engel zwischen lautem Markt und leisem Reden, Zürich.

STUBBE, E. (2001): Jenseits der Worte. Gebet, Schweigen und Besuch in der Seelsorge, Zürich.

TANNER, K. (1992): Kirche und Beratungsarbeit, in: Theologia Practica 27, 30-40.

TAYLOR, C.W. (1991): The Skilled Pastor. Counseling as the Practice of Theology, Philadelphia.

THIERFELDER, C. (1998): Gottes-Repräsentanz. Kritische Interpretation des religions-psychologischen Ansatzes von Ana-Maria Rizzuto, Stuttgart etc.

THORNTON, M. (1984): Spiritual Direction, London.

THURNEYSEN, E. (1946): Die Lehre von der Seelsorge, Zürich.

TOWNSEND, L.L. (1996): Creative Theological Imaging. A Method for Pastoral Counseling, in: Journal of Practical Care 50, 349-363.

TRACY, D. (1993): Theologie als Gespräch, Eine postmoderne Hermeneutik, Mainz.

UNDERWOOD, R.L. (1985): Empathy and Confrontation in Pastoral Care, Philadelphia.

VAASSEN, B. (1994): Die narrative Gestalt(ung) der Wirklichkeit. Grundlinien einer postmodern orientierten Epistemologie für die Sozialwissenschaften, Bamberg.

VOGT, I. (1997): Geschlechtsspezifische Aspekte von Beratung — Exemplarische Überlegungen am Beispiel Suchtkrankenhilfe, in: Nestmann, F. (Hrsg.): Beratung. Bausteine für eine interdisziplinäre Wissenschaft und Praxis, Tübingen, 137-150.

VOGT, R. (1996): Zur Integration lösungsorientierten und analytisch orientierten kurzzeittherapeutischen Vorgehens in der tiefenpsychologisch fundierten psychotherapeutischen Praxis, in: Hennig, H. et al. (Hrsg.): Kurzzeit-Psychotherapie in Theorie und Praxis, Lengerich etc. , 910-917.

VOIGT, D./JAWAD-ESTRAK, H. (Hrsg.) (1991): Von Frau zu Frau. Feministische Ansätze in Theorie und Praxis psychotherapeutischer Schulen, Wien.

VOLGER, I. (1997): Tiefenpsychologisch orientierte Beratung, in: Wege zum Menschen 49, 213-230.

VOPEL, K. (1986): Briefe als Lebenstherapie. Materialien für den Gruppenleiter, Hamburg.

WAGNER-RAU, U. (1992): Zwischen Vaterwelt und Feminismus. Eine Studie zur pastoralen Identität von Frauen, Gütersloh.

WAHL, H. (1997): Zuhören — Partizipieren — Freisetzen. Psychologisch-theologische Überlegungen zum Beratungsgeschehen, in: Wege zum Menschen 49, 306-319.

WALTERS, M. et al. (1991): Unsichtbare Schlingen. Die Bedeutung der Geschlechterrollen in der Familientherapie. Eine feministische Perspektive, Stuttgart.

WASER, G. (1996): Magie und Symbolisierung mit Handpuppen und Marionetten, in: Zeitschrift für Therapie und Kunst 2, Basel.

WATZLAWICK, P. (1991): Die Möglichkeit des Andersseins. Zur Technik der therapeutischen Kommunikation, Bern etc., 4. Aufl.

WATZLAWICK, P. et al. (1992): Lösungen. Zur Theorie und Praxis menschlichen Wandels, Bern etc., 5. Aufl.

WATZLAWICK, P. et al. (2000): Menschliche Kommunikation. Formen, Störungen, Paradoxien, Bern etc., 10. Aufl.

WEBER, W. (1991): Wege zum helfenden Gespräch, Gesprächspsychotherapie in der Praxis. Ein Lernprogramm mit kurzen Lernimpulsen, konkreten Hinweisen und vielen praktischen Übungen, München, 9. Aufl.

WEISS, T. (1988): Familientherapie ohne Familie. Kurztherapie mit Einzelpatienten, München.

WEISS-FLACHE, M. (Hrsg.) (2001): Befreiende Männerpastoral. Männer in Deutschland auf befreienden Wegen der Umkehr aus dem Patriarchat: Gegenwartsanalyse, theologische Optionen, Handlungsansätze, Münster.

WERBICK, J. (1989): Glaubenslernen aus Erfahrung, München.

WHITE, M. (1989): Der Vorgang der Befragung: eine literarisch wertvolle Therapie?, in: Familiendynamik 14, 114-128.

WHITE, M./EPSTON, D. (1994): Die Zähmung der Monster. Literarische Mittel zu therapeutischen Zwecken, Heidelberg, 2. Aufl.

WHITEHURST, F.H. (1996): Art and Pastoral Theology, in: Pastoral Psychology 44, 321-332.

WILLIAMS, S.K. (1984): Durch Traumarbeit zum eigenen Selbst. Die Jung-Senoi-Methode, Interlaken.

WINKLER, K. (2000): Seelsorge. Lehrbuch und Kompendium für Studenten, Pfarrer, Religionslehrer, Berater, Berlin/New York, 2. verb. u. erw. Aufl.

WINNICOTT, D.W. (1985): Vom Spiel zur Kreativität, Stuttgart, 3. Aufl.

WITTSCHIER, S. (1994): Männer spielen Mann. Dramen mit Gott und Vater, Salzburg/München.

GINA SCHIBLER
Kreativ-emanzipierende Seelsorge
Konzepte der intermedialen Kunsttherapien und der feministischen Hermeneutik als Herausforderung an die kirchliche Praxis
1999. 471 Seiten. Kart.
€ 35,25
ISBN 3-17-016105-9
Praktische Theologie heute, Band 43

Viele der heutigen psychotherapeutisch orientierten Seelsorgekonzepte gehen von einer latenten hierarchischen Beziehung Seelsorger – Klient aus und berücksichtigen kaum spezifisch weibliche Lebensentwürfe. Das Modell der kreativ-emanzipierenden Seelsorge begegnet diesen Mängeln: Es orientiert sich an den intermedialen Kunsttherapien, in denen der Klient bzw. die Klientin mit ihrer Kreativität im Zentrum stehen. Zusätzlich integriert die Autorin die Hermeneutik von Elisabeth Schüssler-Fiorenza, die auf eine kritische Befragung des Textes des eigenen Lebens – der eigenen Lebensgeschichte – hindrängt. Diese Seelsorge ist kreativ, weil sie Verkündigung als Kreation begreift, die sich in unhierarchischer, individueller Weise ereignet. Sie ist ebenso emanzipatorisch, weil sie von einer Ebenbürtigkeit der Geschlechter ausgeht. Die Autorin reflektiert ausführlich die Bedeutung der Kreativität für den Seelsorgeprozeß. Ihr Buch bietet neben einer fundierten Modellentwicklung eine Fülle kreativer Beispiele wie auch einen sorgfältig dokumentierten Fall einer seelsorglichen Modellberatung.

Dr. Gina Schibler ist Pfarrerin in der reformierten Kirchengemeinde Erlenbach ZH.

Kohlhammer
W. Kohlhammer GmbH · 70549 Stuttgart · Tel. 0711/78 63 - 72 80